LE GUIDE VERT

Jura

Franche-Comté

D0280561

MANUFACTURE FRANÇAISE DES PNEUMATIQUES MICHELIN

Société en commandite par actions au capital de 2 000 000 000 de francs

Place des Carmes-Déchaux – 63000 Clermont-Ferrand – R. C. S. Clermont-Fd 855 200 507

© Michelin et Cie, Propriétaires-Éditeurs, 2000

Dépôt légal mars 2000 – ISBN 2-06-034005-5 – ISSN 0293-9436

Toute reproduction, même partielle et quel qu'en soit le support,
est interdite sans autorisation préalable de l'éditeur

Compograveur : LE SANGLIER, Charleville-Mézières – Printed in EU 12-99/1

Impression et brochage : CASTERMAN à Tournai

Conception graphique : Christiane Beylier à Paris 12ᵉ

Maquette de couverture extérieure : Agence Carré Noir à Paris 17ᵉ

LE GUIDE VERT,
l'esprit de découverte !

Avec cette nouvelle collection LE GUIDE VERT, nous avons l'ambition de faire de vos vacances des moments passionnants et mémorables, d'accompagner votre découverte de nouveaux horizons, bref... de vous faire partager notre passion du voyage.

Voyager avec LE GUIDE VERT, c'est être acteur de ses vacances, profiter pleinement de ce temps privilégié pour découvrir, s'enrichir, apprendre au contact direct du patrimoine culturel et de la nature.

Le temps des vacances avec LE GUIDE VERT, c'est aussi la détente, se faire plaisir, apprécier une bonne adresse pour se restaurer, dormir, ou se divertir.

Explorez notre sélection !

Une mise en page claire, attrayante, illustrée d'une nouvelle iconographie, des cartes et plans redessinés, outils indispensables pour bâtir vos propres itinéraires de découverte, une nouvelle couverture parachevant l'ensemble...

LE GUIDE VERT change.

Alors plongez vite dans LE GUIDE VERT à la découverte de votre prochaine destination de voyage. Partagez avec nous cette ouverture sur le monde qui donne au temps des vacances son sens, sa substance et en définitive son véritable esprit.

L'esprit de découverte

Jean-Michel DULIN
Rédacteur en Chef

Sommaire

Informations pratiques

Introduction au voyage

Impérial sous son dôme, le clocher de Boussières n'oublie pas ses origines romanes.

Vous ne rêvez pas, vous êtes bien au lac de Chalain, et il y en a tant d'autres...

Villes et sites

De l'or en bouteille ça existe, dans le Jura cela s'appelle du vin jaune.

Comme ses voisines des Alpes, la montbéliarde est de la fête pour l'estive.

Cartographie

Les cartes routières qu'il vous faut

Tout automobiliste prévoyant doit se munir d'une bonne cartographie. Les produits Michelin sont complémentaires : chaque site présenté dans ce guide est accompagné de ses références cartographiques sur les différentes gammes de cartes que nous proposons. L'assemblage de nos cartes est présenté ci-dessous avec délimitations de leur couverture géographique.

Pour circuler sur place vous avez le choix entre :

• les **cartes régionales** au 1/200 000 n°s 243, 244, qui couvrent le réseau routier principal, secondaire et de nombreuses indications touristiques. Elles seront favorisées dans le cas d'un voyage qui couvre largement un secteur. Elles permettent d'apprécier chaque site d'un simple coup d'œil. Elles signalent, outre les caractéristiques des routes, les châteaux, les grottes, les édifices religieux, les emplacements de baignade en rivière ou en étang, des piscines, des golfs, des hippodromes, des terrains de vol à voile, des aérodromes...

• les **cartes détaillées**, dont le fonds est équivalent aux cartes régionales mais dont le format est réduit à une demi-région pour plus de facilité de manipulation. Celles-ci sont mieux adaptées aux personnes qui envisagent un séjour davantage sédentaire sans déplacement éloigné. Consulter les cartes n°s 66, 70, 74.

• les **cartes départementales** (au 1/150 000, agrandissement du 1/200 000). Ces cartes de proximité, très lisibles, permettent de circuler au cœur des départements suivants : Ain (n° 4001), le Doubs (n° 4025). Elles disposent d'un index complet des localités et le plan de la préfecture.

Et n'oubliez pas, la **carte de France n° 989** vous offre la vue d'ensemble de la région Franche-Comté, ses grandes voies d'accès d'où que vous veniez. Le pays est ainsi cartographié au 1/1 000 000 et fait apparaître le réseau routier principal.

Enfin sachez qu'en complément de ces cartes, un serveur minitel **3615 Michelin** permet le calcul d'itinéraires détaillés avec leur temps de parcours, et bien d'autres services. Les **3617** et **3623 Michelin** vous permettent d'obtenir ces informations reproduites sur fax ou imprimante. Les internautes pourront bénéficier des mêmes renseignements en surfant sur le site **www.michelin-travel.com**.

L'ensemble de ce guide est par ailleurs riche en cartes et plans, dont voici la liste :

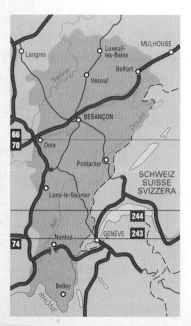

Cartes thématiques

Plans de ville

Cartes des circuits décrits

Plan de monument

Légende

Monuments et sites

Itinéraire décrit, départ de la visite

Église

Temple

Synagogue - Mosquée

Bâtiment

Statue, petit bâtiment

Calvaire

Fontaine

Rempart - Tour - Porte

Château

Ruine

Barrage

Usine

Fort

Grotte

Monument mégalithique

Table d'orientation

Vue

Autre lieu d'intérêt

Sports et loisirs

Hippodrome

Patinoire

Piscine : de plein air, couverte

Port de plaisance, centre de voile

Refuge

Téléphérique, télécabine

Funiculaire, voie à crémaillère

Chemin de fer touristique

Base de loisirs

Parc d'attractions

Parc animalier, zoo

Parc floral, arborétum

Parc ornithologique, réserve d'oiseaux

Promenade à pied

Intéressant pour les enfants

Abréviations

A   Chambre d'agriculture

C   Chambre de commerce

H   Hôtel de ville

J   Palais de justice

M   Musée

P   Préfecture, sous-préfecture

POL.   Police

Gendarmerie

T   Théâtre

U   Université, grande école

	site	station balnéaire	station de sports d'hiver	station thermale
vaut le voyage	★★★	≜≜≜	✸✸✸	✦✦✦
mérite un détour	★★	≜≜	✸✸	✦✦
intéressant	★	≜	✸	✦

Autres symboles

🛈		Information touristique
▬▬	═══	Autoroute ou assimilée
❶	❶	Échangeur : complet ou partiel
⊞⊞	══	Rue piétonne
ɪ══ɪ		Rue impraticable, réglementée
▭▭▭	- - - -	Escalier - Sentier
🚂	🚂	Gare - Gare auto-train
🚌	S.N.C.F.	Gare routière
⊶		Tramway
Ⓜ		Métro
P R		Parking-relais
♿		Facilité d'accès pour les handicapés
✉		Poste restante
☎		Téléphone
▱		Marché couvert
⦁×⦁		Caserne
△		Pont mobile
℧		Carrière
✕		Mine
B	F	Bac passant voitures et passagers
⛴		Transport des voitures et des passagers
⛵		Transport des passagers
③		Sortie de ville identique sur les plans et les cartes Michelin
Bert (R.)...		Rue commerçante
AZ B		Localisation sur le plan
⌂		Hébergement
▣		Lieu de restauration

Carnet d'adresses

20 ch : *250/375F*	Nombre de chambres : prix de la chambre une personne/chambre double. *(Chambre d'hôte : petit-déjeuner compris)*
⇌ *45F*	Prix du petit-déjeuner
jusq. 5 pers. : *sem 1500F,* *w.- end 1000F*	Capacité du gîte rural : prix pour la semaine, pour le week-end
100 appart. *2/4 pers. :* *sem.* *2000/3500F*	Nombre d'appartements et capacité, prix minimum/maximum par semaine *(résidence ou village vacances)*
100 lits : 50F	Nombre de lits et prix par personne *(auberge de jeunesse)*
120 empl. : *80F*	Nombre d'emplacements de camping et prix pour 2 personnes avec voiture
110/250F	Restaurant : prix mini/maxi des menus servis midi et soir ou à la carte
rest. *110/250F*	Repas dans un lieu d'hébergement : prix mini/maxi des menus servis midi et soir ou à la carte
restauration	Petite restauration proposée
repas 85F	Repas type « Table d'hôte »
réserv.	Réservation recommandée
⊘	Cartes bancaires non acceptées
P	Parking réservé à la clientèle de l'hôtel

Les prix sont indiqués pour la haute saison

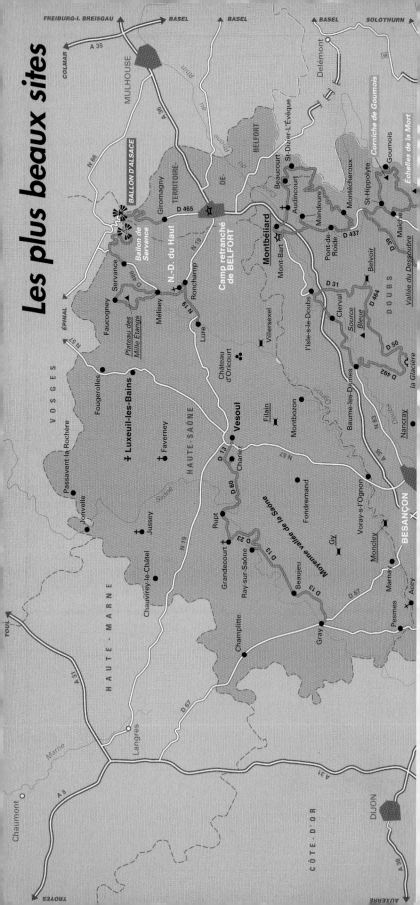

Les plus beaux sites

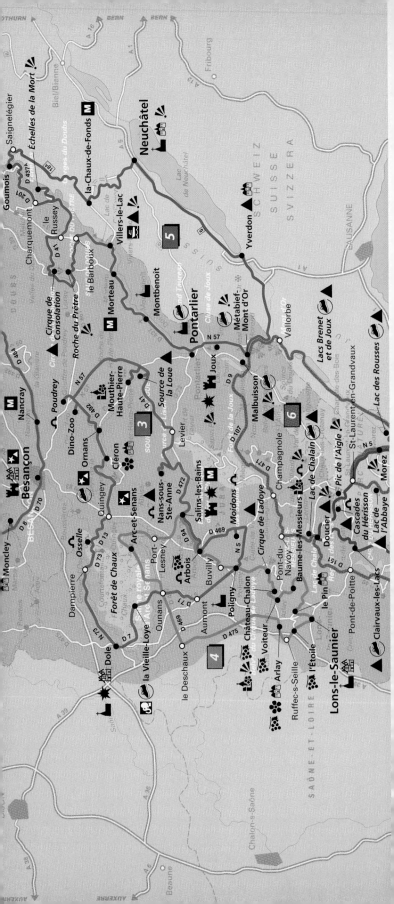

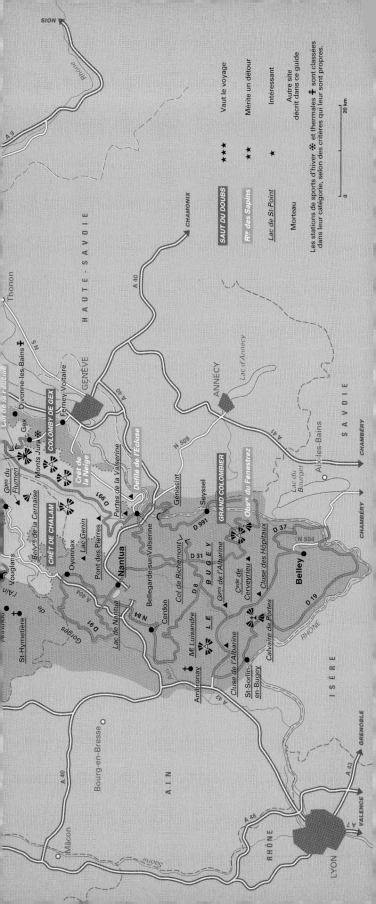

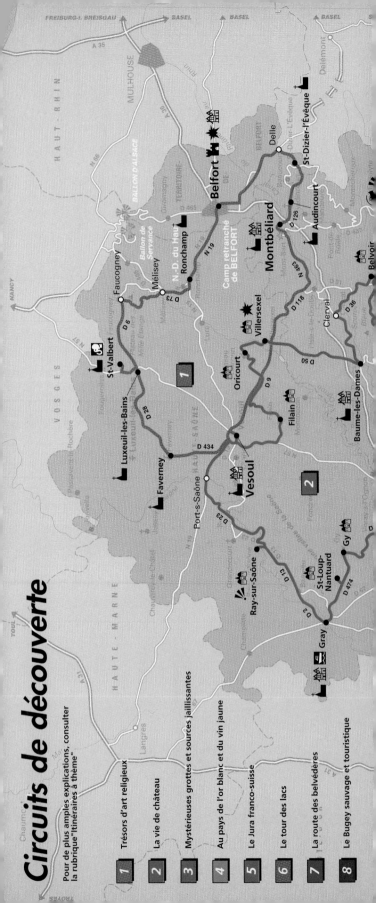

Circuits de découverte

Pour de plus amples explications, consulter la rubrique "Itinéraires à thème"

1 Trésors d'art religieux

2 La vie de château

3 Mystérieuses grottes et sources jaillissantes

4 Au pays de l'or blanc et du vin jaune

5 Le Jura franco-suisse

6 Le tour des lacs

7 La route des belvédères

8 Le Bugey sauvage et touristique

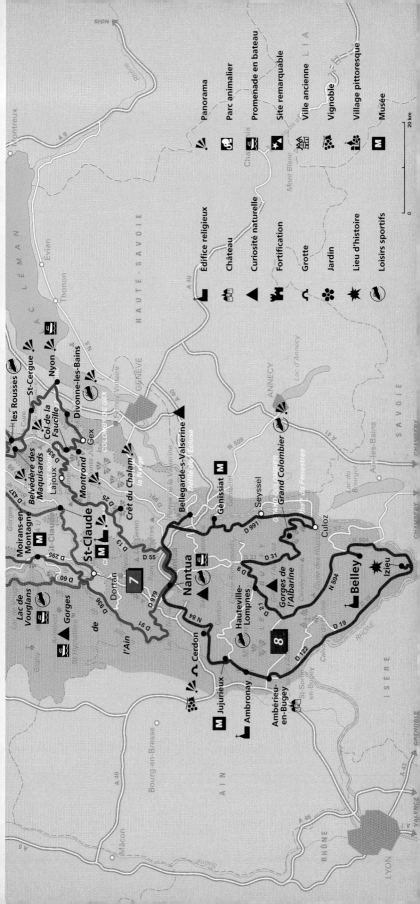

Lac de Saint-Point

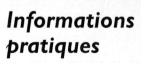

Informations pratiques

Avant le départ

adresses utiles

COMITÉ RÉGIONAL DE TOURISME (CRT)

Franche-Comté – Le Saint-Pierre, 28 rue de la République, 25044 Besançon Cedex, ☎ 03 81 25 08 08.

MAISON DE PROVINCE À PARIS

Maison de la Franche-Comté – 2 boulevard de la Madeleine, 75009 Paris, ☎ 01 42 66 26 28.
Dans une ambiance agréable qui donne envie de découvrir la Franche-Comté, on trouve toute la documentation nécessaire à la préparation du voyage.

Lods

COMITÉS DÉPARTEMENTAUX DU TOURISME (CDT)

Ain – 34 rue du Général-Delestraint, BP 78, 01002 Bourg-en-Bresse Cedex, ☎ 04 74 32 31 30.
Maison du tourisme du Territoire de Belfort – 2 bis rue Clemenceau, 90000 Belfort, ☎ 03 84 55 90 90.
Agence de développement économique du Doubs – Hôtel du Département, 7 avenue de la Gare-d'Eau, 25031 Besançon Cedex, ☎ 03 81 65 10 00.
Haute-Saône – Maison du tourisme, 6 rue des Bains, BP 117, 70002 Vesoul Cedex, ☎ 03 84 97 10 70.
Jura – Par correspondance, s'adresser 8 rue Louis-Rousseau, 39000 Lons-le-Saunier, ☎ 03 84 87 08 88 (informations touristiques, réservations). Minitel 3615 jura.

OFFICES DE TOURISME

Il sont la plupart du temps mentionnés dans les introductions des villes ou des sites importants. Ne pas hésiter à les contacter pour obtenir des renseignements plus précis sur une ville, une région, des manifestations touristiques ou des possibilités d'hébergement.

QUELQUES ADRESSES INTERNET TESTÉES POUR VOUS

Région de traditions, la Franche-Comté n'en n'oublie pas pour autant les dernières techniques de communication comme en témoignent les nombreux sites qui sont souvent bien documentés. Parmi eux :
Franche-Comté – www.franche-comte.org
Massif du Jura – www.massifdujura.com
Département du Doubs – www.doubs.org
Et quelques sites de ville comme Arbois (www.arbois.com) ou Besançon (www.besancon.com).

météo

RENSEIGNEMENTS

Vous voulez bronzer sur les bords d'un lac, admirer une cascade après de fortes pluies ou vous lancer sur les pistes de ski ? Pour éviter les mauvaises surprises, nous vous conseillons de vous renseigner auprès de Météo-France qui a mis en place un service de répondeurs téléphoniques : les bulletins sont réactualisés trois fois par jour et sont valables pour une durée de six jours (les trois derniers jours sont accompagnés d'un indice de confiance).
Prévisions régionales : ☎ 08 36 68 00 00.
Prévisions départementales : 08 36 68 02 suivi du numéro du département ; exemple pour le Doubs (25) : 08 35 68 02 25.
Allô Neige : 03 81 53 55 88.

QUAND PARTIR ?

Sauf au cœur de l'été, il pleut souvent dans le Jura. C'est à la pluie que les prés doivent leur étonnante fraîcheur ; c'est la pluie qui donne aux cours d'eau, cascades, résurgences l'abondance et l'impétuosité.

Le voyageur avisé emportera en voyage un bon imperméable et lorsque le temps sera « pris », au lieu de rester derrière les carreaux à guetter l'éclaircie, il ira se promener auprès des eaux bondissantes et écumantes.

Printemps – Dès fin avril, dans le « vignoble », les fleurs émaillent les prairies, les vergers sont multicolores ; sur les bas plateaux, la nature commence à sourire ; plus haut, elle s'éveille à peine ; quant à la « montagne », elle est encore poudrée à frimas.

La pluie et la fonte des neiges donnent aux eaux vives toute leur splendeur.

Été – Ceux qui craignent la chaleur monteront sur les hauts plateaux ou dans la montagne. Partout, d'ailleurs, des bois fournissent l'ombrage et la fraîcheur. Sous le ciel d'été, les lacs prennent des teintes de turquoise et d'émeraude.

Automne – Le mauve colchique adoucit le vert des prés ; les hêtres se dorent et se détachent sur les sombres sapins ; les pluies abondantes font du moindre ruisseau un torrent fougueux.

Hiver – La neige couvre de son manteau uniforme sommets et plateaux. Le ski est roi en de nombreuses stations. Par grand froid, certains bassins gelés permettent le patinage.

transports

SNCF

Même si l'on peut toujours faire mieux, on ne peut plus dire que la région est enclavée ; les liaisons ferroviaires (TGV) sont particulièrement efficaces et ont bien limité les temps de transport.

Temps approximatif des liaisons TGV :

Paris-Dole : 2h
Paris-Besancon : 2h30
Paris-Frasne : 3h
Paris-Pontarlier : 3h15
Renseignements SNCF :
☎ 08 36 35 35 35.

VOITURE

Les autoroutes A 36 (la Comtoise), A 39 et A 40 au Sud sont les principales voies d'accès de la région. Le Sud-Est de la région reste difficile en raison du relief et il ne faut pas trop se fier au kilométrage pour estimer le temps car la vitesse y est souvent réduite. Pour avoir une bonne estimation ou des conseils pour votre itinéraire, vous pourrez consulter le minitel 3615 **Michelin** ; les 3617 et 3623 Michelin vous permettent d'obtenir ces informations sur fax ou sur imprimante.

AVION

La région n'a qu'un aéroport et il faut parfois utiliser ceux des villes proches :

Aéroport de Dole-Tavaux – BP 26, 39500 Tavaux, ☎ 03 84 72 18 53.
Aéroport de Bâle-Mulhouse – BP 120, 68304 Saint-Louis, ☎ 03 89 69 00 00.
Aéroport de Dijon – BP 25, 21601 Longvic Cedex, ☎ 08 80 67 67 67.
Aéroport de Genève – CP 100, CH-1215 Genève Aéroport, ☎ 00 41 22 717 71 11.

tourisme et handicapés

Un certain nombre de curiosités décrites dans ce guide sont accessibles aux handicapés. Elles sont signalées par le symbole &. dans les conditions de visite. Pour de plus amples renseignements au sujet de l'accessibilité des musées aux personnes atteintes de handicaps moteurs ou sensoriels, contacter la direction des Musées de France, service Accueil des publics spécifiques, 6 rue des Pyramides, 75041 Paris Cedex 1, ☎ 01 40 15 35 88.

GUIDES MICHELIN FRANCE ET CAMPING CARAVANING FRANCE

Révisés chaque année, ils indiquent respectivement les chambres accessibles aux handicapés physiques et les installations sanitaires aménagées.

3614 HANDITEL

Ce serveur Minitel est proposé par le **Comité national français de liaison pour la réadaptation des handicapés**, 236 bis rue de Tolbiac, 75013 Paris, ☎ 01 53 80 66 66. Ce service télématique assure un programme d'information au sujet des transports et des vacances.

GUIDE ROUSSEAU H...
COMME HANDICAPS

En relation avec l'association France Handicaps (9 rue Luce-de-Lancival, 77340 Pontault-Combault, ☎ 01 60 28 50 12), il donne de précieux renseignements sur la pratique du tourisme et des loisirs.

Hébergement et restauration

S'il est une destination réputée pour le tourisme vert c'est bien le Jura. En dehors de Besançon qui offre un large choix d'établissements, les villes de la région ne sont pas équipées pour recevoir d'importants afflux de touristes. Et d'ailleurs, on ne vient pas en Franche-Comté pour rester en ville. Les forêts, les lacs, les reliefs encore timides sont des invitations permanentes à respirer l'air pur, et les petites structures de campagne sont des occasions idéales pour profiter de l'authenticité d'une région encore préservée. Les chambres d'hôte, les fermes-auberges, les campings sont donc les meilleures possibilités dont nous vous proposons de nombreux exemples dans ce guide.

Il est difficile d'évoquer le Jura sans penser aux savoureux fromages, aux salaisons traditionnelles et, bien sûr, à toute la gamme souvent méconnue de vins comtois. Au détour d'une auberge ou dans un établissement réputé, comment ne pas être impressionné par les saveurs si particulières de ce terroir qui porte haut les couleurs de la gastronomie française ? Il ne faut surtout pas hésiter à « manger comtois » car cette cuisine et ces produits sont au cœur de la vie de la région et sont donc nécessaires pour apprécier son originalité et son authenticité.

les adresses du guide

C'est une des nouveautés de la collection LE GUIDE VERT : partout où vous irez, vous trouverez notre sélection de bonnes adresses. Nous avons sillonné la France pour repérer des chambres d'hôte et des hôtels, des restaurants et des fermes-auberges, des campings et des gîtes ruraux... En privilégiant des étapes agréables, au cœur des villes ou sur nos circuits touristiques, en pleine campagne ou les pieds dans l'eau ; des maisons de pays, des tables régionales, des lieux de charme et des adresses plus simples... Pour découvrir la France autrement : à travers ses traditions, ses produits du terroir, ses recettes et ses modes de vie.

Le confort, la tranquillité et la qualité de la cuisine sont bien sûr des critères essentiels ! Toutes les maisons ont été visitées et choisies avec le plus grand soin, toutefois il peut arriver que des modifications aient eu lieu depuis notre dernier passage : faites-le-nous savoir, vos remarques et suggestions seront toujours les bienvenues !

Les prix que nous indiquons sont ceux pratiqués en haute saison ; hors saison, de nombreux établissements proposent des tarifs plus avantageux, renseignez-vous...

MODE D'EMPLOI

Au fil des pages, vous découvrirez nos carnets d'adresses : toujours rattachés à des villes ou à des sites touristiques remarquables du guide, ils proposent une sélection d'adresses à proximité. Si nécessaire, l'accès est donné à partir du site le plus proche ou sur des schémas régionaux.

Dans chaque carnet, les maisons sont classées en trois catégories de prix pour répondre à toutes les attentes : Vous partez avec un petit budget ? Choisissez vos adresses parmi celles de la catégorie « **À bon compte** » : vous trouverez là des campings, des chambres d'hôte simples et conviviales, des hôtels à moins de 250F et des tables souvent gourmandes, toujours honnêtes, à moins de 100F.

Votre budget est un peu plus large, piochez vos étapes dans les « **Valeurs sûres** » : de meilleur confort, les adresses sont aussi plus agréablement situées et aménagées. Dans cette catégorie, vous trouverez beaucoup de maisons de charme, animées par des passionnés, ravis de vous faire découvrir leur demeure et leur table. Là encore, chambres et tables d'hôte sont au rendez-vous, avec des hôtels et des restaurants plus traditionnels, bien sûr.

Vous souhaitez vous faire plaisir, le temps d'un repas ou d'une nuit, vous aimez voyager dans des conditions très confortables ? La catégorie « **Une petite folie !** » est pour vous... La vie de château dans de luxueuses chambres d'hôte – pas si chères que ça – ou la vie de pacha dans les palaces et les grands hôtels : à vous de choisir ! Vous pouvez aussi profiter des décors de rêve des palaces mythiques à moindres frais, le temps d'un brunch

Lac de Chalain

ou d'une tasse de thé... À moins que vous ne préfériez casser votre tirelire pour un repas gastronomique dans un restaurant étoilé, par exemple. Sans oublier que la traditionnelle formule « tenue correcte exigée » est toujours d'actualité dans ces lieux élégants !

L'Hébergement

LES HÔTELS

Nous vous proposons un choix très large en terme de confort. La location se fait à la nuit et le petit-déjeuner est facturé en supplément. Certains établissements assurent un service de restauration également accessible à la clientèle extérieure.

LES CHAMBRES D'HÔTE

Vous êtes reçu directement par les habitants qui vous ouvrent leur demeure. L'atmosphère est plus conviviale qu'à l'hôtel, et l'envie de communiquer doit être réciproque : misanthrope, s'abstenir ! Les prix, mentionnés à la nuit, incluent le petit-déjeuner. Certains propriétaires proposent aussi une table d'hôte, en général le soir, et toujours réservée aux résidents de la maison. Il est très vivement conseillé de réserver votre étape, en raison du grand succès de ce type d'hébergement.

LES RÉSIDENCES HÔTELIÈRES

Adaptées à une clientèle de vacanciers, la location s'y pratique à la semaine mais certaines résidences peuvent, suivant les périodes, vous accueillir à la nuitée. Chaque studio ou appartement est généralement équipé d'une cuisine ou d'une kitchenette.

LES GÎTES RURAUX

Les locations s'effectuent à la semaine ou éventuellement pour un week-end. Totalement autonome, vous pourrez découvrir la région à partir de votre lieu de résidence. Il est indispensable de réserver, longtemps à l'avance, surtout en haute saison.

LES CAMPINGS

Les prix s'entendent par nuit, pour deux personnes et un emplacement de tente. Certains campings disposent de bungalows ou de mobile homes d'un confort moins spartiate : renseignez-vous sur les tarifs directement auprès des campings. NB : Certains établissements ne peuvent pas recevoir vos compagnons à quatre pattes ou les accueillent moyennant un supplément, pensez à demander lors de votre réservation.

La Restauration

Pour répondre à toutes les envies, nous avons sélectionné des restaurants régionaux bien sûr, mais aussi classiques, exotiques ou à thème... Et des lieux plus simples, où vous pourrez grignoter une salade composée, une tarte salée, une pâtisserie ou déguster des produits régionaux sur le pouce. Quelques fermes-auberges vous permettront de découvrir les saveurs de la France profonde. Vous y goûterez

Baume-les-Messieurs

des produits authentiques provenant de l'exploitation agricole, préparés dans la tradition et généralement servis en menu unique. Le service et l'ambiance sont bon enfant. Réservation obligatoire !
Enfin, n'oubliez pas que les restaurants d'hôtels peuvent vous accueillir.

et aussi...

Si d'aventure, vous n'avez pu trouver votre bonheur parmi toutes nos adresses, vous pouvez consulter les guides Michelin d'hébergement ou, en dernier recours, vous rendre dans un hôtel de chaîne.

LE GUIDE ROUGE HÔTELS ET RESTAURANTS FRANCE

Pour un choix plus étoffé et actualisé, le Guide Rouge Michelin recommande hôtels et restaurants sur toute la France. Pour chaque établissement, le niveau de confort et de prix est indiqué, en plus de nombreux renseignements pratiques. Les bonnes tables, étoilées pour la qualité de leur cuisine, sont très prisées par les gastronomes. Le symbole ⊛ (Bib gourmand) sélectionne les tables qui proposent une cuisine soignée à moins de 130F.

LE GUIDE CAMPING FRANCE

Le Guide Camping Michelin propose tous les ans une sélection de terrains visités régulièrement par nos inspecteurs. Renseignements pratiques, niveau de confort, prix, agrément, location de bungalows, de mobile homes ou de chalets y sont mentionnés.

LES CHAÎNES HÔTELIÈRES

L'hôtellerie dite « économique » peut éventuellement vous rendre service. Sachez que vous y trouverez un équipement complet (sanitaire privé et télévision), mais un confort très simple. Souvent à proximité de grands axes routiers, ces établissements n'assurent pas de restauration. Toutefois, leurs tarifs restent difficiles à concurrencer (moins de 200F la chambre double). En dépannage, voici donc les centrales de réservation de quelques chaînes :

- Akena ☎ 01 69 84 85 17
- B&B ☎ 0 803 00 29 29
- Etap Hôtel ☎ 08 36 68 89 00 (2,23F la minute)
- Mister Bed ☎ 01 46 14 38 00
- Villages Hôtel ☎ 03 80 60 92 70

Enfin, les hôtels suivants, un peu plus chers (à partir de 300F la chambre), offrent un meilleur confort et quelques services complémentaires :
- Campanile ☎ 01 64 62 46 46
- Climat de France ☎ 01 64 46 01 23
- Ibis ☎ 0 803 88 22 22

adresses utiles

Loisirs-Accueil

La **Fédération nationale** des services de réservation Loisirs-Accueil (280 boulevard St-Germain, 75007 Paris, ☎ 01 44 11 10 44) propose un large choix d'hébergements et d'activités de qualité. Elle édite un guide national annuel et, pour certains départements, une brochure détaillée. Minitel : 3615 detour.

Pour une réservation rapide, s'adresser directement au « Loisirs-Accueil » du département concerné :

Ain – 21 place Bernard, BP 198, 01005 Bourg-en-Bresse Cedex, ☎ 04 74 23 82 66.

Doubs – 4 ter faubourg Rivotte, 25000 Besançon, ☎ 03 81 82 80 48.

Haute-Saône-Territoire de Belfort – 6 rue des Bains, BP 117, 70002 Vesoul Cedex, ☎ 03 84 97 10 80.

Jura – Par correspondance, s'adresser 8 rue Louis-Rousseau, 39000 Lons-le-Saunier, ☎ 03 84 87 08 88.

Fédération nationale des gîtes de France

59 rue St-Lazare, 75009 Paris, ☎ 01 49 70 75 75. Cet organisme donne les adresses des relais départementaux et publie des guides sur les différentes possibilités d'hébergement en milieu rural. Renseignements sur serveur Minitel : 3615 gites de France.

Saut du Doubs

Fédération française des Stations Vertes

BP 598, 21016 Dijon Cedex, ☎ 03 80 43 49 47. Cet organisme édite annuellement un répertoire de localités rurales sélectionnées pour leur tranquillité et les distractions de plein air qu'elles proposent.

Gîtes d'étapes

Les randonneurs peuvent consulter le guide Gîtes d'étapes, refuges, par A. et S. Mouraret (Éditions la Cadole, 74 rue Albert-Perdreaux, 78140 Vélizy, ☎ 01 34 65 10 40, service télématique 3615 cadole). Cet ouvrage est principalement destiné aux amateurs de randonnées, d'alpinisme, d'escalade, de ski, de cyclotourisme et de canoë-kayak.

Auberges de Jeunesse (AJ)

Ligue française pour les auberges de jeunesse – 67 rue Vergniaud, 75013 Paris, ☎ 01 44 16 78 78 ou par Minitel, 3615 auberge de jeunesse. La carte LFAJ est délivrée contre une cotisation annuelle de 70F pour les moins de 26 ans et de 100F au-delà de cet âge.

choisir son lieu de séjour

La carte des lieux de séjour fait apparaître des stations de sports d'hiver et des stations thermales. Parmi les **lieux de séjour traditionnels**, on compte, notamment autour du lac de St-Point (Malbuisson), de Montbenoît et du col de la Faucille, de nombreux villages ou des stations d'altitude moyenne très recherchées pour leur calme et la pureté de leur air. La carte fait également apparaître des « **villes-étapes** », centres urbains de quelque importance qu'il faut visiter et qui offrent de bonnes capacités d'hébergement. Besançon, capitale de la Franche-Comté, est à elle seule, par son animation et ses richesses artistiques, une **destination de week-end**. Pour ces localités, se reporter sur les sélection de ce guide, du Guide Rouge Michelin France et du Guide Michelin Camping Caravaning France.

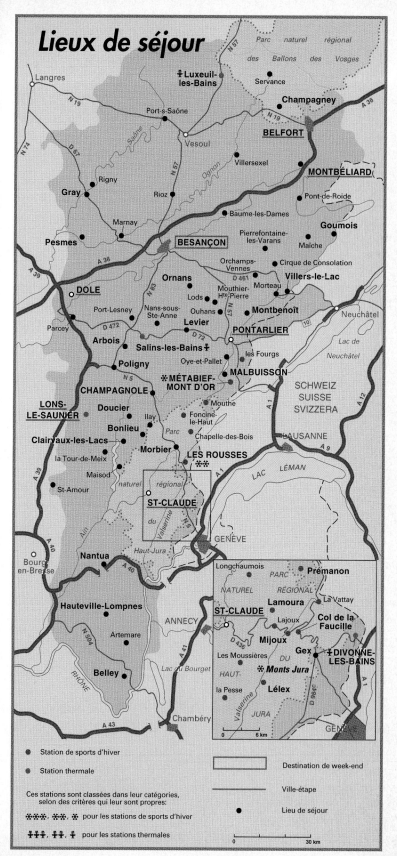

Lieux de séjour

Parc naturel régional des Ballons des Vosges

Langres
N 19
✚Luxeuil-les-Bains
Servance
Champagney
Port-s-Saône
N 19
BELFORT
A 36
Saône
Vesoul
N 74
D 67
N 57
Ognon
MONTBÉLIARD
Villersexel
Rigny
Gray
Rioz
Pont-de-Roide
Goumois
Marnay
Baume-les-Dames
Pierrefontaine-les-Varans
Pesmes
BESANÇON
Maîche
A 36
A 39
Orchamps-Vennes
Cirque de Consolation
DOLE
N 83
Ornans
Villers-le-Lac
Mouthier-Hte-Pierre
Morteau
Lods
D 461
Port-Lesney
Nans-sous-Ste-Anne
Ouhans
Montbenoît
Parcey
D 472
Levier
N 57
Neuchâtel
Arbois
PONTARLIER
10
Lac de Neuchâtel
Salins-les-Bains ✚
Oye-et-Pallet
les Fourgs
Poligny
N 5
✳MÉTABIEF-MONT D'OR
MALBUISSON
SCHWEIZ SUISSE SVIZZERA
CHAMPAGNOLE
Mouthe
A 1
LONS-LE-SAUNIER
Doucier
Ilay
Foncine-le-Haut
LAUSANNE
A 9
A 12
Bonlieu
Parc
Chapelle-des-Bois
Clairvaux-les-Lacs
Morbier
LES ROUSSES ✳✳
LAC LÉMAN
la Tour-de-Meix
A 39
Maisod
naturel
régional
A 1
St-Amour
ST-CLAUDE
du
Valserine
N 5
GENÈVE
Aïn
Haut-Jura
A 40
Bourg-en-Bresse
Nantua
A 40

Longchaumois
PARC
Prémanon
Hauteville-Lompnes
NATUREL
RÉGIONAL
La Vattay
Lamoura
ST-CLAUDE
Lajoux
Col de la Faucille
ANNECY
D 436
Mijoux
Gex
A 41
Les Moussières
DU
✚DIVONNE-LES-BAINS
Artemare
HAUT-
✳Monts Jura
N 504
la Pesse
Lélex
JURA
D 984c
Belley
Valserine
RHÔNE
Lac du Bourget
A 1
GENÈVE

A 43
Chambéry
0   6 km

● Station de sports d'hiver

● Station thermale

Ces stations sont classées dans leur catégories,
selon des critères qui leur sont propres:

✳✳✳, ✳✳, ✳ pour les stations de sports d'hiver

✚✚✚, ✚✚, ✚ pour les stations thermales

☐ Destination de week-end

— Ville-étape

● Lieu de séjour

0   30 km

Propositions de séjours

idées de week-end

À BESANÇON

Capitale de la Franche-Comté, Besançon est une destination idéale pour un week-end de découverte dans l'un des plus beaux sites de la région. Pour comprendre et connaître Besançon, il faut d'abord admirer la célèbre boucle du Doubs que l'on peut suivre en bateau-mouche. Les rues piétonnes de la vieille ville sont une invitation à la flânerie au milieu des belles façades gris-bleu et ocre, des hôtels particuliers aux fenêtres ornées d'élégantes grilles espagnoles ; il serait impardonnable de ne pas aller saluer le majestueux palais Granvelle et la discrète mais étonnante cathédrale St-Jean.

Il est temps, le deuxième jour, de prendre de la hauteur pour visiter la citadelle. Un petit tour sur les remparts dévoile l'ampleur et la beauté du site. Ce cadre exceptionnel ne manquera pas de combler votre curiosité grâce à ses nombreux musées qui peuvent être complétés, à votre retour en ville, par le musée des Beaux-Arts.

ENTRE BELFORT ET MONTBÉLIARD

Le Lion de Belfort. Qui n'a pas entendu parler de cette œuvre pharaonique, sculptée dans le roc et dominant la ville ? Ce symbole du courage héroïque est logiquement votre premier rendez-vous avec Belfort. Juste au-dessus, la citadelle de Vauban et son musée confirment l'importance stratégique de la place. Mais Belfort est aussi une ville agréable à parcourir. La vieille ville vous séduira par ses anciennes façades de grès rouge, ses places accueillantes ou ses imposants immeubles colorés construits au 19e s. Traversez la Savoureuse pour gagner les nouveaux quartiers, plus commerçants, où vous pourrez tester les spécialités locales où satisfaire votre curiosité en admirant l'immense

Dole

fresque d'Ernest-Pignon-Ernest et les collections du Cabinet d'un Amateur. Le lendemain, descendez un peu au Sud, à Montbéliard, patrie d'un autre « Lion » qui a marqué le développement industriel de la région. Le musée Peugeot rappelle cette formidable aventure. Mais Monbéliard est une ville très ancienne et son cœur historique, offre un dépaysement total. À tout seigneur tout honneur, c'est au château que vous trouverez les principaux témoins de son passé de principauté alémanique. C'est une excellente introduction avant une balade dans les rues aux façades colorées et abondamment fleuries ; une halte s'impose pour déguster la véritable saucisse du pays. De la place St-Martin, incontournable, à l'église St-Maimbeuf, tout rappelle les conflits qui ont opposé catholiques et protestants dans la ville et la région.

À DOLE

À 2 heures de Paris par le TGV, Dole n'est rien moins que l'ancienne capitale de la Comté. Elle a perdu ses privilèges, souffert du temps et des guerres mais a gardé sa fierté, à l'image de son imposante collégiale qui domine la ville. À ses pieds, la place Nationale s'anime régulièrement au rythme des marchés. Vous n'aurez pas trop d'une journée pour découvrir le riche patrimoine de la ville qui jalonne les rues étroites et pentues descendant vers le Doubs. Votre promenade vous emmènera certainement à la maison Pasteur et sur les pittoresques passerelles aménagées autour du quai des Tanneurs.

Dès les faubourgs de la ville commence la gigantesque forêt de Chaux qui s'étend sur des milliers d'hectares. Pour votre deuxième journée, pourquoi ne pas louer des VTT, prévoir un pique-nique et partir à l'aventure dans ce gigantesque massif forestier ? Mais ne vous éloignez pas trop des célèbres colonnes Guidon, elles sont des repères utiles pour une première découverte.

idées de week-end prolongé

AUTOUR DE BESANÇON

Les deux premiers jours peuvent être consacrés à la découverte de la ville et des musées de la citadelle *(description ci-dessus)*. Vous avez ainsi pu découvrir l'histoire mouvementée de cette région qui doit une grande partie de son charme à son harmonieuse intégration dans la nature. Son architecture rurale en est un brillant exemple comme vous pourrez constater en vous rendant au musée de plein air des Maisons comtoises à Nancray. Non loin de là, le gouffre de Poudrey vous étonnera par son impressionnante salle d'effondrement. Le dernier jour pourra être l'occasion de visiter des lieux liés au ressources naturelles de la région : la forêt de Chaux et ses anciennes baraques de bûcherons (La Vieille-Loye) et surtout la fameuse Saline royale d'Arc-et-Senans, fleuron architectural inscrit au patrimoine mondial de l'Unesco.

REMISE EN FORME À LONS-LE-SAUNIER

La vie est souvent difficile, stressante... et on a parfois besoin de se faire chouchouter. Si c'est le cas, n'hésitez à vous rendre à Lons-le-Saunier. La ville n'est pas grande, mais elle est très bien située et ses installations thermales devraient vous faire oublier un temps vos soucis. Quelques séances de remise en forme (bains, massages), quelques promenades dans la ville (arcades) et bien sûr, un passage obligé à la chocolaterie Pelen pour y déguster ses savoureuses spécialités. S'il vous reste du temps libre, le Casino vous attend avec impatience, à moins que vous ne préfériez une excursion dans le vignoble.

ARBOIS ET LE VIGNOBLE

Peut-être vous souvenez-vous des fameuses publicités d'Henri Maire sur le Vin fou ou le vin d'Arbois ? Relancé depuis pas mal d'années déjà, le vignoble jurassien compte de plus en plus d'adeptes séduits par sa qualité et son goût de terroir très affirmé. Et sans prétention, des lieux comme Arbois, Château-Chalon, Arlay ou Poligny parviennent à une certaine notoriété. À propos, Poligny vous fait sans doute penser à une autre spécialité ? Il s'agit en effet de la capitale du comté, un fromage AOC qui accompagne avec bonheur une dégustation de vin jaune. Vous l'aurez compris, vous êtes dans le pays de la bonne chère et il y a de forte chance que vous trouviez votre séjour beaucoup trop... court ; d'autant que les paysages y sont de toute beauté, il n'y a qu'à se rendre à Baume-les-Messieurs pour s'en convaincre !

MONTBÉLIARD, BELFORT ET LES VOSGES SAÔNOISES

C'est un véritable rendez-vous avec l'histoire que proposent les villes de Belfort et de Monbéliard *(voir ci-dessus)*. Très proches géographiquement, elles illustrent des traditions très différentes : Montbéliard reste très marquée par son histoire religieuse et industrielle tandis que Belfort la courageuse offre une belle transition vers les Vosges voisines. Pourquoi ne pas en profiter

Temple St-Martin à Montbéliard

pour vous en rapprocher davantage en allant à Luxeuil et en vous promenant dans le pays des Mille Étangs ? Les paysages sont enchanteurs, principalement à l'automne.

idées de séjours d'une semaine

PONTARLIER ET LA VALLÉE DU DOUBS

Forte de sa position stratégique à proximité des stations et de la vallée du Doubs, la ville de Pontarlier est une base de départ idéale pour les sportifs et amoureux de la nature. Pour faire connaissance avec le pays rien de telle qu'une visite au fort de Joux perché au-dessus d'une profonde cluse. Gagnez ensuite la station de Métabief où vous pourrez vous rendre au Mont-d'Or. Vous avez mérité un bon moment de farniente sur les bords du beau lac St-Point. Vous pouvez aller saluer la source du Doubs à Mouthe, quelques kilomètres plus bas. Sa naissance est modeste, mais il se rattrape très vite comme vous pourrez le constater en suivant sa vallée : Montenoît (« république » du Saugeais), val de Morteau, Villers-le-Lac (saut du Doubs) et cirque de Consolation, Goumois et les Échelles de la Mort.

CHAMPAGNOLE ET LA RÉGION DES LACS

Champagnole est quasiment aux portes de la splendide forêt de Joux, immense territoire couvert de sapins et d'épicéas. C'est un lieu idéal pour une grande randonnée coupée par un bon pique-nique. Puisque vous êtes entraînés, vous pourrez continuer autour de Nans-sous-St-Anne ; la source du Lison est une des plus belles de la région. Après l'effort, le réconfort avec une journée de détente sur les bords du lac de Chalain. Vous êtes au cœur du pays des lacs et bien d'autres sites magnifiques vous attendent : lacs de Chambly et du Val, cascades du Hérisson, pic de l'Aigle, lacs d'Ilay et de Narlay...

Besançon et la vallée de la Loue

On ne vous présente plus Besançon qui est une destination de week-end des plus agréables. Pourquoi ne pas prolonger votre séjour par ses environs qui complètent idéalement votre approche de la région. Le troisième jour pourrait être réservé à une balade à VTT, ou à pied pour les courageux, dans la mystérieuse forêt de Chaux. Inévitable, pour le quatrième jour, la visite de la prestigieuse Saline d'Arc-et-Senans. Vous êtes sur les bords de la Loue, superbe rivière que vous pourrez remonter jusqu'à sa source : Quingey, Ornans, Cléron, Mouthier-Hautepierre seront de très belles étapes pour finir la semaine.

St-Claude et le parc naturel du Haut-Jura

St-Claude est bien sûr la capitale de la pipe et une visite s'impose dans un atelier pour apprécier le savoir-faire des maîtres pipiers ; profitez de votre passage pour voir les stalles de la cathédrale, superbement restaurées après un terrible incendie. Changement de programme en gagnant les bords de l'immense lac de Vouglans qui vous attend pour une croisière ou une agréable baignade. La visite du musée du Jouet à Moirans comblera certainement les enfants.

De retour dans la montagne, profitez des inépuisables richesses du parc naturel régional du Haut-Jura (Lamoura, les Rousses) ; après une halte dans le pays de Gex (col de la Faucille, Divonne-les-Bains), terminez la semaine par Morez, Morbier et les profondes gorges de la Bienne.

La Haute-Saône

Vous pouvez découvrir la région au rythme d'un bateau mais aussi sillonner ses routes à la recherche de ses châteaux et autres trésors. Champlitte constitue une excellente introduction qui ne vous cachera rien des traditions locales avant de terminer votre première journée à Gray, devant son superbe hôtel de ville. Remontez la Saône le deuxième jour, entre Rigny et Rupt-sur-Saône. Arrivé à Vesoul le troisième jour, vous irez admirer le superbe château de Filain avant de rejoindre Rioz. Séquence patrimoine le quatrième jour avec les visites des châteaux de Gy, St-Loup-Nantuard et Cussey. Terminez la semaine en beauté par Pesmes, Marnay et le château de Moncley.

Nantua et la Haut-Bugey

Nantua n'est plus un passage obligé mais une destination à part entière, réputée pour sa fameuse quenelle et les loisirs de son lac. Nous sommes dans l'Ain, et vous pouvez inscrire au programme de votre deuxième journée une balade en bateau à partir de Merpuis avant de remonter les gorges de l'Ain en direction de Thoirette. Entrez véritablement dans le Bugey le troisième jour en visitant la cuivrerie de Cerdon et les Soieries Bonnet à Jujurieux avant une pause méritée à Hauteville-Lompnes. Ce sera nécessaire avant d'attaquer le Grand Colombier où vous pourrez vous lancer à l'aventure dans d'interminables randonnées. Terminez la semaine à Bellegarde-sur-Valserine en suivant les berges jusqu'aux Pertes, sans oublier une visite à l'exceptionnel fort de l'Écluse.

itinéraires à thème

tourisme technique

Beaucoup d'anciens métiers disparaissent et il était urgent de sauvegarder et de présenter ces savoir-faire qui ont si longtemps animé la montagne et les campagnes comtoises.

Musées des Techniques et Cultures Comtoises

Onze lieux, musées et exposition en réseau témoignent des savoir-faire et des traditions techniques, artisanales et industrielles de Franche-Comté. Il sont décrits dans le guide.
Boissellerie de Bois-d'Amont
Musée Japy à Beaucourt
Forge-musée d'Étueffont
Écomusée du Pays de la Cerise et de la Distillation à Fougerolles
Musée du Jouet à Moirans-en-Montagne
Musée de la Lunetterie à Morez
Taillanderie à Nans-sous-Ste-Anne

Verrerie et cristallerie à Passavent-la-Rochère
Maison de la Mine à Ronchamps
Salines de Salins-les-Bains
Forges de Syam
Un « Passeport Inter-Musées », disponible dans les différents sites, permet de bénéficier de tarifs préférentiels dans plus de 18 musées et expositions techniques.

Dans un autre genre ! :
Usine de tri des déchets ménagers (site pilote) – Rue René-Maire, ZI, 39000 Lons-le-Saunier,
☎ 03 84 24 65 01 (Office de tourisme).

routes historiques et touristiques

Route historique de Franche-Comté
Châteaux d'Arlay, Belvoir, Filain, Gy, Joux, Montbéliard, Saline royale d'Arc-et-Senans... Association de Monts et Merveilles de Franche-Comté, château de Gy, 70700 Gy, ☎ 03 84 32 92 41.

Route des Vins du Jura
Ce circuit de 100 km permet de découvrir les quatre AOC géographiques (Arbois, Château-Chalon, Côtes du Jura, l'Étoile) et quelque 150 domaines viticoles. Comité interprofessionnel des vins du Jura, château Pécauld, BP 41, 39602 Arbois Cedex, ☎ 03 84 66 26 14.

Route des Retables
Pour lutter contre le développement de la Réforme, l'église catholique a encouragé cette floraison de retables qui rivalisent de beauté et d'ornements. La route présente plus de 70 d'entre eux. Renseignements auprès de la Maison du tourisme (CDT), rue des Bains, BP 117, 70002 Vesoul Cedex, ☎ 03 84 97 10 70.

Route du Comté
Poligny, capitale du comté, est au cœur de cette route qui traverse le Jura du Nord au Sud ; les quelque 210 « fruitières » qui assurent la production artisanale du Comté offrent de multiples possibilités de découverte. Comité interprofessionnel du comté, avenue de la Résistance, 39801 Poligny Cedex.
☎ 03 84 37 23 51.

Route Pasteur
Les deux étapes majeures du circuit sont Dole et Arbois. Groupement touristique du Triangle d'Or, hôtel de ville, 39600 Arbois, ☎ 03 84 37 42 61.

Route des Mille Étangs
60 km dans les Vosges saônoises : Lure, Faucogney, Melisey... Maison du tourisme, rue des Bains, BP 117, 70002 Vesoul Cedex. ☎ 03 84 97 10 70.
La route des Sapins et la **route des Lacs** sont également très fréquentées *(voir circuits dans le guide).*
Renseignements auprès de l'Office du tourisme de Champagnole, ☎ 03 84 52 43 67.

circuits de découverte

Pour visualiser l'ensemble des circuits proposés, reportez-vous à la carte p. 13 du guide.

1 Trésors d'art religieux
Circuit de 215 km au départ de Montbéliard – L'image du temple St-Georges, tout en sobriété, et dominé par l'extravagante église St-Maimbœuf, illustre à merveille les rivalités religieuses depuis l'arrivée de la Réforme. Quelles que soient les tendances, les traditions y sont très fortes, soulignées par une floraison d'édifices ou lieux de pèlerinage qui ne manqueront pas de vous séduire voire de vous étonner. Comment, en effet, rester de marbre devant les étranges propriétés de la « pierre aux fous » à St-Dizier-l'Évêque ? Comment rester insensible à la lumière du baptistère d'Audincourt, à l'audace de la chapelle N-D-du-Haut (Ronchamp), à l'incroyable miracle (« hommes de peu de foi ! ») de Faverney ?

2 La vie de château
Circuit de 280 km au départ de Besancon – Souvent imposantes et mystérieuses, ces splendides demeures qui couronnent les

campagnes recèlent toujours une part de rêve qu'il est si tentant de découvrir. Cela peut-être l'originalité et la prestance de l'architecture comme à Moncley, l'histoire d'une grande famille comme à St-Loup-Nantuard, un passé militaire et une situation privilégiée comme à Ray-sur-Saône. Très différentes, parfois mutilées, souvent modifiées au cours des siècles elles nous fascinent toujours par leur beauté mais aussi et surtout par leur histoire qui rejoint immanquablement celle de la région.

③ MYSTÉRIEUSES GROTTES ET SOURCES JAILLISSANTES

Circuit de 270 km au départ de Dole – De l'eau, encore de l'eau, toujours de l'eau... Combien de fois s'est-on rebellé contre ces pluies qui semblent tomber sans discontinuer pendant des jours et des jours ? Certes, ces eaux abondantes ne sont plus indispensables pour entraîner les machines ni pour convoyer le bois mais elles restent indissociables des paysages comtois. Ce sont elles qui donnent toute leurs majesté aux sources généreuses, qui sculptent ces profondes gorges, qui alimentent les vastes lacs, qui donnent leur fraîcheur aux prés... De toute façon « Dame Nature » a tout prévu, même des grottes somptueuses pour vous abriter en cas d'intempéries !

④ AU PAYS DE L'OR BLANC ET DU VIN JAUNE

Circuit de 150 km au départ de Lons-le-Saunier – Il est vrai que le nom de l'or blanc n'est pas aussi évocateur qu'il y a quelques siècles mais il ne faudrait pas oublier que c'est bien le sel qui a fait la richesse de villes comme Salins-les-Bains ou Lons-le-Saunier, et qui est à l'origine du fabuleux site d'Arc-et-Senans. Si ces références historiques ne vous suffisent pas, peut-être succomberez-vous aux attraits de ces cités devenues d'agréables stations thermales. D'autant que vous êtes au pays du vin jaune, un pays dont les caves, à Château-Chalon ou à Arbois, recèlent de véritables trésors. Et c'est bien

connu... entre un bon bain et un massage relaxant, rien ne vaut une poularde aux morilles et au vin jaune !

⑤ LE JURA FRANCO-SUISSE

Circuit de 250 km au départ de Pontarlier – Les temps et les frontières ont bien changé. Il ne vous sera pas nécessaire de risquer votre vie sur les précaires Échelles de la Mort des « bricottiers » (contrebandiers) pour rapporter quelques tablettes de chocolat suisse ou une montre de qualité. Mêmes les sévères citadelles, tel le redoutable fort de Joux, vous regarderont passer sans exiger le moindre droit de passage. Tout le monde connaît la Suisse, mais connaissez-vous la minuscule république du Saugeais ? C'est l'occasion de découvrir cet étonnant territoire qui s'étend aux environs de Montbenoît. Et si vous voulez vraiment vous évader, rendez-vous au cirque de Consolation. La nature y est souveraine, incontestée ; sa beauté invite à la contemplation et pour certains... à la méditation.

⑥ LE TOUR DES LACS

Circuit de 240 km au départ de St-Claude – Artificiels ou naturels, ces vastes plans d'eau sont pris d'assaut chaque année dès les premières chaleurs de l'été. Très nombreux et pourtant si différents, ils offrent toute un gamme de loisirs qui ne peut manquer de vous satisfaire. Le plus grand est sans conteste le lac de Vouglans qui vous propose des croisières, souvent gastronomiques, sur un élégant bateau à aube. Ambiance sportive au lac de Chalain, sans doute le plus beau, où les voiles n'attendent, pour s'élancer, que le souffle du vent. Le lac St-Point offre de superbes reflets à son fameux Port-Titi tandis que, loin de cette agitation, le lac de l'Abbaye attend calmement les pêcheurs... Vous avez fait votre choix ? Le mieux est d'en faire le tour, vous ne serez pas déçus.

⑦ LA ROUTE DES BELVÉDÈRES

Circuit de 270 km au départ des Rousses – Une montagne à taille humaine, des plateaux jalonnés de lacs, des forêts à perte de vue et d'abondantes cascades, la région est trop riche pour se découvrir rapidement. Il faut parfois prendre de la hauteur, grâce à quelques belvédères bien placés, pour lire et comprendre ces paysages si variés. Envolez-vous au pic de l'Aigle pour découvrir la fameuse région des Lacs, laissez-vous séduire par les rudes mais fascinants paysages de montagne, mais ne manquez pour rien au monde la vue du col de la Faucille sur le pays de Gex, le lac Léman et, en arrière-plan, sur l'impérial massif alpin ; par beau temps, au coucher du soleil, le spectacle est inoubliable.

Circuit de 250 km au départ de Nantua – Il a fallu un ouvrage colossal, « l'autoroute des Titans », pour traverser ce pays longtemps fermé par la cluse de Nantua. On y retourne encore, non plus par nécessité mais pour déguster sa fameuse quenelle ou profiter de son lac. Il ne faudrait pas croire que la région soit éloignée de tout. Le rayonnement de Lyon s'y fait encore sentir comme en témoignent les anciennes Soieries Bonnet à Jujurieux. L'altitude modérée, l'air pur, les paysages sauvages, les vignobles pentus sont autant d'invitations à la détente. Seule ombre au tableau, la barbarie de l'homme : la maison d'Izieu en est un douloureux témoignage.

Découvrir autrement la région

par le rail

Chemins de fer touristiques
Le Coni'fer – Entre les Hôpitaux-Neufs et Fontaine Ronde. *Voir descriptions et informations dans le bloc des Rousses.*
Ligne Saint-Claude à Morez – Cette ancienne ligne de 25 km emprunte une partie des gorges de la Bienne et dévoile de superbes paysages. Elle est jalonnée de tunnels et de nombreux ouvrages d'art. Le parcours est souvent proposé avec des visites thématiques. Renseignements auprès de l'Atelier de l'environnement, à St-Lupicin, ☎ 03 84 42 85 96.

vue du ciel

Un baptême de l'air ou un vol touristique peuvent être des occasions privilégiées pour découvrir les spectaculaires paysages de Franche-Comté.

Aviation
Association de promotion de l'aviation comtoise – Aérodrome de la Vèze, 25660 La Vèze, ☎ 03 81 81 50 82.
Aéroclub de Gray – Rue St-Adrien, 70100 Gray, ☎ 03 84 65 00 84.

ULM
École professionnelle Alizé – Route de Lons, 39130 Doucier, ☎ 03 84 25 71 93.

Montgolfière
Air Adventures – 25610 Arc-et-Senans, ☎ 03 81 57 45 51.
Club aérostatique de Franche-Comté – Rue A.-Pegoud, 90150 Fontaine, ☎ 03 84 23 88 13.

sur les cours d'eau

Contournant les monts du Jura, les rivières (la Saône et le Doubs), les canaux (canal de l'Est et canal Rhin-Rhône) et les lacs (lac de Vouglans)

offrent 320 km de voies d'eau navigables aux plaisanciers désireux de parcourir la région soit en participant à une croisière (voir à Besançon, Vouglans, Gray), soit en louant un bateau.

Croisières organisées
Les Bateaux du Saut du Doubs – Compagnie Droz-Bartholet, les Terres Rouges, 25130 Villers-le-Lac, ☎ 03 81 68 13 25. Croisières de Pâques à la Toussaint vers Besançon et le Saut du Doubs.
Bateaux-mouches R.-Michel – Embarcadère du Pont, 25130 Villers-le-Lac, ☎ 03 81 68 05 34. Destination : Saut du Doubs. Besançon navigation, 25130 Villers-le-Lac, ☎ 03 81 68 05 34. Destination : Besançon « boucle du Doubs ».
Jura Croisières fluviales – Lac de Vouglans, 39270 La Tour-du-Meix, ☎ 03 84 25 46 29 (en saison) et 03 84 25 46 78 (hors saison). Bateaux-restaurants et croisières (1h30).
Le Vagabondo – Embarquement quai Mavia, 70100 Gray, ☎ 06 07 42 75 54. Balades commentée sur la Saône, possibilités de croisières-repas.

Location de bateaux
Il est également possible de louer des bateaux habitables pour un week-end ou une semaine. La location s'effectue sans pilote accompagnateur.

Aucun permis n'est exigé, mais le barreur doit être majeur ; il reçoit une leçon théorique et pratique avant le début de la croisière. Le respect des limitations de vitesse, la prudence et les conseils du loueur, en particulier pour passer les écluses et accoster, suffisent pour manœuvrer ce type de bateau.
Groupement pour le tourisme fluvial – 6 rue de Chaleuzeule, 25000 Besançon, ☎ 03 81 88 71 38.
Locaboat Plaisance – Barrage St-Albin, 70360 Scey-sur-Saône, ☎ 03 84 68 88 80.
Connoisseur Cruisers – Île Sauzay, 70100 Gray, ☎ 03 84 64 95 20.
Nicol's Yacht – 2 rue Prélot, 39100 Dole, ☎ 03 84 82 65 57. Rue Lalance, 25200 Montbéliard, ☎ 03 81 94 92 69.

Et le Jura suisse ?

informations pratiques

Documentation

Cartes Michelin n° 66 ou 243, **LE GUIDE VERT** et le **Guide Rouge Michelin Suisse** ; calcul d'itinéraires sur Minitel 3615 et 3617 (fax) Michelin. Pour toute information complémentaire, s'adresser à **Suisse Tourisme**, 11 bis rue Scribe, 75009 Paris, ☎ 01 44 51 65 51 ou Minitel 3615 suisse.

Papiers d'identité

Pour un séjour touristique de 3 mois maximum, les ressortissants français, belges et luxembourgeois doivent être en possession d'une carte nationale d'identité ou d'un passeport même périmé mais depuis moins de 5 ans.
Les **enfants mineurs de nationalité française** doivent être en possession d'une carte nationale d'identité ou figurer sur le passeport de la personne qui les accompagne. Un enfant mineur voyageant seul muni d'une carte

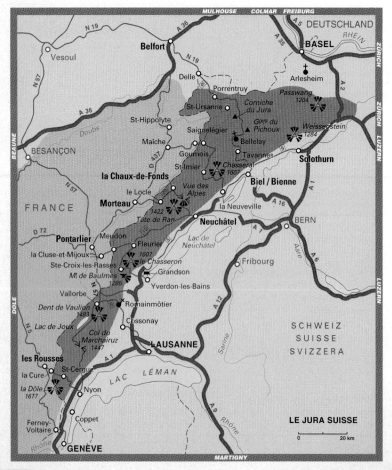

LE JURA SUISSE

Genève

nationale d'identité doit de plus posséder une attestation d'autorisation de sortie du territoire signée par un représentant légal (père, mère ou tuteur).

DOCUMENTS POUR LA CIRCULATION

Voitures : permis international ou permis national à 3 volets pour le conducteur, carte grise et carte verte internationale d'assurance automobile pour le véhicule. Ce dernier doit également porter la plaque réglementaire de nationalité.

Les **motocyclistes** et **cyclomotoristes** sont soumis au même régime que les automobilistes, sauf pour des engins inférieurs à 125 cm³. Le port du casque est obligatoire.

ANIMAUX FAMILIERS

Les chiens et les chats doivent avoir été vaccinés contre la rage au moins 30 jours et au plus un an avant le passage de la frontière, un certificat vétérinaire est obligatoire.

RÉGLEMENTATIONS DOUANIÈRES

La Suisse n'étant pas un pays membre de l'Union européenne, il convient de se renseigner auprès de Suisse Tourisme sur les prescriptions en vigueur au moment du départ ou au passage de la frontière.

QUELQUES SITES ET MONUMENTS DE LA RÉGION FRONTIÈRE

Le sommet du Passwang (panorama) – Arlesheim (église collégiale) – Bâle (musée des Beaux-Arts, cathédrale, zoo) – St-Ursanne – le Weissenstein (panorama) – corniche du Jura – Soleure (ville ancienne, cathédrale) – abbaye de Bellelay – gorges du Picoux – Bienne (ville ancienne) – le Chasseral (panorama) – la Chaux-de-Fonds (musée de l'Horlogerie) – Vue des Alpes – Tête de Ran (panorama) – Neuchâtel (ville ancienne, collégiale) – le Chasseron (panorama) – Ste-Croix-les-Rasses (site) – mont de Baulmes (vue) – Grandson (château) – Romainmôtier (église) – la dent de Vaulion (panorama) – Nyon – la Dôle (panorama) – Coppet.

Sports

montagne

RAQUETTES

Terre d'élection des fondeurs, le massif jurassien est également très prisé par les randonneurs en raquettes. Ce loisir en pleine expansion permet un total dépaysement sans nécessiter une technique particulière ou une forme olympique. Pour profiter au maximum des sorties il est conseillé de partir avec un accompagnateur qui connaît bien la région ; les offices de tourisme des stations proposent très souvent, à prix modiques, des sorties encadrées par des moniteurs de l'École du ski français.

SKI DE FOND

Par la diversité de son relief, son altitude moyenne, le massif du Jura est un véritable paradis pour la pratique du ski de fond ou ski nordique. Ses grands espaces offrent plus de 2 000 km de pistes balisées et entretenues régulièrement. On ne compte plus les petits centres,

concentrés pour la plupart au Sud-Est de la région, entre Morteau et Bellegarde-sur-Valserine. Les domaines les plus connus se répartissent entre la vallée de la Valserine (La Vattay) et dans le val de Mouthe. Les nombreux pratiquants se retrouvent régulièrement dans de grandes manifestations dont la célèbre Transjurassienne.

Courses de ski de fond

Pour la **Transjurassienne**, course de 76 km entre Lamoura et Mouthe, s'adresser à **Trans'Organisation**, BP 126, 39404 Morez, ☎ 03 84 33 45 13.

La **Grande Traversée du Jura** (GTJ) est une piste de ski de randonnée de plus de 300 km balisés, comprenant un itinéraire principal et cinq itinéraires de liaison. Elle traverse plusieurs départements en longeant les courbes du Haut-Doubs à travers les forêts du Risoux, du mont Noir et du Massacre jusque sur les plateaux du Jura Sud. L'École nationale de ski de fond et de saut se trouve à Prémanon, près des Rousses.

Pour plus de détails concernant les stages, l'hébergement, les courses et les randonnées de ski de fond, s'adresser à l'**Accueil montagnard**, 25240 Chapelle-des-Bois, ☎ 03 81 69 26 19.

Pour connaître les secteurs où se pratique le ski de fond, ou pour toutes informations sur les itinéraires de la Grande Traversée du Jura – GTJ (Parcours de ski de fond, randonnée pédestre ou VTT, hébergements) –, ainsi que pour obtenir de la documentation sur les randonnées et séjours dans le massif du Jura, s'adresser à l'**Espace nordique jurassien – GTJ**, BP 132, 39304 Champagnole Cedex, ☎ 03 84 52 58 10. Ceux qui parcourent les pistes de la Grande Traversée du Jura (GTJ) en skis de fond, VTT ou à pied peuvent profiter d'un service d'organisation tout compris (réservation, 1/2 pension, transport de sacs, rapatriement, topoguides et cartes). S'adresser à **Étapes-Jura Randonnée** – Sous les Bois, 39370 La Pesse. ☎ 03 84 42 73 17.

SKI DE PISTE

La Franche-Comté ne peut rivaliser avec les équipements, les dénivelés et l'enneigement des stations alpines. Pourtant, les trois stations du Jura (Les Rousses, Métabief-Mont d'Or, Monts-Jura) se développent en proposant des installations de qualité, dont de nombreux canons à neige qui complètent un enneigement parfois irrégulier. Les activités y sont très variées et correspondent à une clientèle qui recherche un réel dépaysement, loin des embouteillages et des interminables files d'attente.

TRAÎNEAUX À CHIENS

Des courses sont organisées dans le Jura, par exemple à La Pesse (Jura) et aux Fourgs dans le Doubs. Les courses de traîneaux à chiens ont fait leur apparition en France en 1979 avec la création du premier club de pulkas et traîneaux à chiens. Depuis, ce sport connaît un véritable engouement. Parmi les chiens nordiques, on distingue quatre races : le **husky** de Sibérie, le plus rapide et le plus répandu, le **malamute** d'Alaska, le

plus gros et le plus puissant, le **groenlandais** ou chien esquimau, proche du loup, et le **samoyède** reconnaissable à son épaisse fourrure blanche. Ainsi chaque race présente, outre sa beauté spécifique, des caractéristiques de puissance ou de rapidité qui permettent au propriétaire de l'entraîner pour la randonnée ou la course. Soit le conducteur ou « musher » se tient en équilibre à l'arrière d'un traîneau tiré par plusieurs chiens, soit il accompagne à skis de fond ; dans ce cas-là une corde le relie à son chien qui est attelé à une pulka, sorte de luge scandinave.

Les amoureux de la nature en général et des chiens en particulier ne manqueront pas de trouver leur bonheur autour des stations de la région.

Des randonnées pour les débutants ou les spécialistes sont proposées dans différents centres :

L'Odyssée Blanche – Le Cernois Veuillet, 25240 Chaux-Neuve, ☎ 03 81 69 20 20. Visite du parc du chien polaire, conduite d'attelage (3 à 4 chiens), possibilités de nuitées sous tipi. *Voir description dans le val de Mouthe. Adressse Internet www.pageszoom.com/parc-du-chien-polaire*

Rando Service – Grange des Houillettes, 25000 Pontarlier. ☎ 03 81 39 78 07. Initiation et promenade avec des chiens « alaskan husky ». Matériel adapté pour les jeunes enfants.

Extrapole – Daniel Mellina, 39370 La Pesse, ☎ 03 84 42 72 77. Le village est équipé de plusieurs pistes damées ou seulement balisées (5 à 25 km) pour les traîneaux.

au fil de l'eau

SUR LES LACS ET PLANS D'EAU

Situés à une altitude moyenne généralement très agréable en été, ces lacs permettent la pratique de la planche à voile, du ski nautique, de la pêche, de la marche à pied le long de leurs berges...

La Franche-Comté est jalonnée d'innombrables plans d'eau, principalement dans la région des Lacs et le plateau des Mille Étangs ; le tableau ci-dessous répertorie quelques-uns d'entre eux en mentionnant les principaux types de loisirs offerts.

EAUX VIVES

La pratique des activités sportives d'eau vive connaît actuellement un succès croissant. Amateur de glisse, d'émotions mais aussi de calme, d'imprévu, cette région aux multiples cours d'eau, lacs, rapides vous permettra de découvrir les divers aspects de ces sports.

PLANS D'EAU	Dépt	Superficie en ha	Baignade	Base	Pêche
Abbaye (lac de l')	39	100	-	-	oui
Allement (barrage d')	01	225	oui	oui	oui
Antre (lac d')	39	16	-	-	oui
Barterand (lac de)	01	19	oui	-	oui
Bonlieu (lac de)	39	17	-	-	oui
Chalain (lac de)	39	240	oui	oui	oui
Champagney (bassin de)	70	103	-	-	oui
Clairvaux (grand lac de)	39	64	oui	oui	oui
Divonne-les-Bains (lac de)	01	45	oui	oui	oui
Étival (grand lac d')	39	17	oui	-	oui
Genin (lac de)	01	8	oui	oui	oui
Ilay (lac d')	39	70	-	-	oui
Lamoura (lac de)	39	4	oui	-	oui
Malsaucy (lac du)	90	66	oui	oui	-
Nantua (lac de)	01	141	oui	oui	oui
Narlay (lac de)	39	42	-	-	oui
Rousses (lac des)	39	100	oui	oui	oui
St-Point (lac de)	25	450	oui	oui	oui
Sylans (lac de)	01	50	-	-	oui
Val (lac du)	39	60	-	-	oui
Vouglans (barrage de)	39	1 600	oui	oui	oui

CANOË-KAYAK

Le canoë (d'origine canadienne) se manie avec une pagaie simple. C'est l'embarcation pour la promenade fluviale en famille, à la journée, en rayonnant au départ d'une base ou en randonnée pour la découverte d'une vallée à son rythme.

Le kayak (d'origine esquimaude) est utilisé assis et se déplace avec une pagaie double. Les lacs et les parties basses des cours d'eau offrent un vaste choix.

Fédération française de canoë-kayak, 87 quai de la Marne, 94340 Joinville le-Pont, ☎ 01 45 11 08 50 ou Minitel 3615 canoe plus, publie des cartes des cours d'eau praticables. Le *Canoë-kayak Magazine*, édite un guide annuel *Vacances en canoë-kayak*, 25 rue Berbizey, 21000 Dijon, ☎ 03 81 91 30 28.

Ligue régionale de Franche-Comté – 19 rue Roger-Martin-Du-Gard, 25000 Besançon, ☎ 03 81 53 67 07.

Comités départementaux
Ain – Joseph Roget, base de Longeville, 01500 Ambronay, ☎ 04 74 39 14 17.

Doubs – Mme Monique Bouriot, Rrésidence « Les Arcades », 25410 Saint-Vit, ☎ 03 81 87 59 69.

Jura – Gilbert Fumey, RN 78, Thuron, 39130, Mesnois, ☎ 03 84 48 32 72.

Principales bases de location :
Espace Morteau, BP 32077, 25502 Morteau Cedex, ☎ 03 81 67 48 72.

Plein Air Nautisme, rue de la Forge, 70110 Villersexel, ☎ 03 84 20 30 87.

Syratu Tourisme et Loisirs, route de Montgesoye, 25290 Ornans, ☎ 03 81 57 10 82.

Club de la Gauloise, Le Près-la-Rose, 5 rue des Charmilles, 25200 Montbéliard, ☎ 03 81 92 27 04.

Maison pour Tous, 16 rue du Général-Herre, 25150 Pont-de-Roide, ☎ 03 81 92 44 99.

LA PÊCHE

Pour la pêche dans les lacs, les étangs et les rivières, il convient d'observer la réglementation nationale et locale, de s'affilier pour l'année en cours dans le département de son choix à une association de pêche et de pisciculture agréée, d'acquitter les taxes afférentes au mode de pêche pratiqué, ou éventuellement d'acheter une carte journalière.

La carte-dépliant commentée « Pêche en France » vendue (15F) par le **Conseil supérieur de la pêche,** 134 avenue de Malakoff, 75116 Paris, ☎ 01 45 02 20 20.

Maison nationale de l'eau et de la pêche – 36 rue St-Laurent, 25290 Ornans, ☎ 03 81 57 14 49. Expositions sur les techniques et matériels de pêche.

Tanches, truites, perches et brochets figurent parmi les espèces dominantes, mais on peut trouver aussi des carpes, des brèmes et des féras en assez grand nombre.

La truite se pêche au lancer dans les cours d'eau classés en 1re catégorie (salmonidés dominants),

généralement le cours supérieur des rivières ; les cours moyen et inférieur sont classés en 2ᵉ catégorie (salmonidés non dominants).
Quelques rivières du département du Jura comptent parmi les meilleures de France pour la pêche à la truite. Ce sont :
L'Ain en amont du confluent de l'Oignin (carte n° 74 plis 3 et 4, au Sud-Ouest de Thoirette).
La Bienne (carte n° 70 plis 14 et 5, au Sud-Ouest de Morez).
La Brenne en amont du pont du Baudin (carte n° 70 pli 4, au Sud-Ouest de Poligny).
La Furieuse (carte n° 70 pli 5, au Nord et au Sud de Salins-les-Bains).
Le Lison (carte n° 70 pli 5, au Nord-Est de Salins-les-Bains).
La Loue (carte n° 66 plis 15 et 16 et 70 plis 4, 5 et 6 à l'Ouest de Mouthier-Haute-Pierre).
L'Orain en amont de la route Brainans-Villerserine (carte n° 70 pli 4, à l'Ouest de Poligny).
La Seille en amont du pont de Nance (D 58) (carte n° 70 plis 3 et 4, au Nord de Lons-le-Saunier).
La Sorne (carte n° 70 pli 14, au Sud de Lons-le-Saunier).
Le Suran (carte n° 70 pli 13 et 74 pli 3, au Sud de Montfleur).
La Valouse à l'exclusion du lac de Cize-Bolozon (carte n° 70 pli 14, au Nord de Thoirette).
La Valserine (carte n° 89 plis 14 et 15, au Nord de Bellegarde-sur-Valserine).
Les cours d'eau contiennent aussi des ombres communs.

randonnées

RANDONNÉE PÉDESTRE
Des sentiers de Grande Randonnée, jalonnés de traits rouges et blancs horizontaux, permettent de découvrir la région. Des **topoguides** en donnent le tracé détaillé et procurent d'indispensables conseils aux randonneurs. Deux sentiers traversent la région du Nord au Sud : le **GR 5**

qui longe la frontière suisse et le **GR 59** qui suit la bordure occidentale. Deux sentiers sillonnent le Doubs : le **GR 590**, circuit qui unit les vallées de la Loue et du Lison au départ d'Ornans, et le **GR 595**, qui relie le GR 59 et le GR 5, de Montfaucon (près de Besançon) à Maison-du-Bois (près de Pontarlier). Le **GR 559** traverse le Jura de Lons-le-Saunier aux Rousses en passant par Ilay et Bonlieu. Le **GR 9** qui traverse le Jura d'Ouest en Est de St-Amour aux Rousses descend ensuite vers le Sud. Il existe également des GR de pays balisés en jaune et rouge : les châteaux et villages de Haute-Saône, autour de Vesoul ; le pays de Montbéliard ; le pays de Nozeroy ; le tour de Besançon se greffant sur le GR 59 ; le massif de la Serre au Nord de Dole ; le tour du lac de Vouglans ; le tour du Valromey ; la vallée de l'Ain ; le tour de la Petite Montagne ; le tour de la Haute-Bienne ; le tour du Haut-Jura Sud ; le tour de la Bresse comtoise.
Fédération française de la randonnée pédestre – Centre d'information : 64 rue de Gergovie, 75014 Paris, ☎ 01 45 45 31 02 et Minitel 3615 rando. La fédération édite le *Guide pratique du Randonneur* et de nombreux topoguides.

RANDONNÉE CYCLISTE
De la région des Lacs à la montagne Jurassienne, la Franche-Comté offre aux amoureux de la « petite reine » un réseau secondaire pittoresque. La variété des reliefs permet d'adapter son parcours en fonction du niveau de difficulté souhaité.
Fédération française de cyclotourisme – 8 rue Jean-Marie-Jégo, 75013 Paris, ☎ 01 44 16 88 88 ou Minitel 3615 FFCT.
Comité régional de cyclisme de Franche-Comté – 12 rue Charles-Dornier, 25000 Besançon, ☎ 03 81 52 17 13.
Ligue de cyclotourisme de Franche-Comté (FFCT) – 2 rue de la Mairie, 70400 Champey, ☎ 03 84 27 42 75.

VTT
Fédération française de cyclisme – 5 rue de Rome, 93561 Rosny-sous-Bois, ☎ 01 49 35 69 24, Minitel 3615 centres VTT ou 3615 FFC, sites Internet www.ffc.fr et www.vttpassion.com. Elle publie le *Guide des centres VTT* et s'occupe de la compétition.
L'évolution technique du vélo a déclenché, depuis les années quatre-vingt-dix, le phénomène VTT (Vélo Tout Terrain). Née en Californie, cette génération de vélos franchit l'Atlantique, après treize ans de pratique, pour faire son apparition en

France en 1983. Initialement conçu pour la descente, le VTT touche aujourd'hui un large public, roulant souvent sur l'asphalte. Ce sport, devenu olympique à Atlanta, rassemble de nombreux compétiteurs se divisant en trois disciplines : descente, cross-country et trial.

Les reliefs de la région offrent des terrains privilégiés pour la pratique du VTT. Le site le plus célèbre est incontestablement celui de Métabief qui accueille les championnats du Monde, d'Europe et de France de la discipline. Il est également possible de suivre les quelque 300 km de pistes de la Grande Traversée du Jura *(voir la rubrique Ski de fond)*.

Et pourquoi pas le Raid VTT « Indiana Saône » ?
Comme chaque année a lieu le 3e week-end d'août, à travers le département de la Haute-Saône, le raid Indiana Saône. Si vous êtes prêt à affronter cette épreuve sportive qui vous incitera à vous lancer à toute vitesse à travers champs, forêts, rivières ou bien à rouler tranquillement le long des sentiers escarpés afin de respirer l'odeur de l'épicéa coupé et découvrir les joies offertes par le spectacle de la nature, n'hésitez pas à contacter l'organisation Indiana Saône, 12 avenue des Rives-du-Lac, 70000 Vaivres, ☎ 03 84 75 78 35.

RANDONNÉE ÉQUESTRE

Souvent qualifié de « meilleur ami de l'homme », le cheval s'avère un compagnon idéal pour découvrir les curiosités naturelles de la région. De nombreux centres proposent des stages et balades pour les débutants ou les cavaliers confirmés. La maîtrise des trois allures (niveau Galop 3) est recommandée pour bien profiter d'une randonnée.
Fédération française d'équitation – 30 avenue d'Iéna, 75116 Paris, ☎ 01 53 67 43 00 et Minitel 3615 FFE.

Délégation nationale au tourisme équestre (DNTE) – 30 avenue d'Iéna, 75116 Paris, ☎ 01 53 67 44 44. Elle édite un guide *Tourisme et loisirs équestres en France* (50F) répertoriant, région par région, les centres équestres dûment patentés, et énumérant leurs activités.
Association régionale de tourisme équestre de Franche-Comté (ARTE) – 52 rue de Dole, 25000 Besançon, ☎ 03 81 52 67 40.
Comité départementaux de tourisme équestre (CDTE)
Doubs – Alain Bouchon, Relais équestre de la Montnoirotte, 25340 Crosey-le-Petit, ☎ 03 81 86 83 98.
Jura – Jean-Paul Boissard, 39210 Montain, ☎ 03 84 25 30 10.
Haute-Saône – Jean Bouvrot, 5 rue de Verdun, 70360 Scey-sur-Saône, ☎ 03 84 68 82 51.
Territoire de Belfort – Marie-Thérèse Orsat, 44 rue des Magnolias, 90160 Bessancourt, ☎ 03 84 29 92 04.
Jura du Grand Huit – CDT, 8 rue Louis-Rousseau, 39000 Lons-le-Saunier, ☎ 03 84 87 34 55. Nombreuses facilités pour effectuer des randonnées avec son cheval : 2 000 km de pistes balisées, 30 hébergements équestres, cartographie détaillée...

PROMENADES EN CALÈCHE
Ferme équestre de l'Étang Fourchu – Les Écarts de la Chapelle, 90100 Florimont, ☎ 03 84 29 61 59.
Association Picheval – 39230 Darbonnay, ☎ 03 84 85 58 27. Promenade en chariot bâché (1h à plusieurs jours).

la voie des airs

Vol libre – Ce sport aérien, se développe en Franche-Comté depuis 1975 pour l'activité delta et depuis 1986 pour le parapente. Pour le parapente, le départ se fait, voile déployée, d'un site naturel en hauteur et l'évolution de la voilure rectangulaire utilise au mieux les courants ascensionnels qui traversent la vallée.
Pour découvrir le plaisir de survoler les vallées au départ du mont Poupet (quatre orientations au décollage) s'adresser à : l'école de Vol Libre du Poupet, 9 rue du Poupet, 39110 Saint-Thiébaud, ☎ 03 84 73 04 56. Baptêmes de l'air en biplace, stages d'initiation et de perfectionnement.
Aux Rousses, baptême de l'air, vol biplace parapente : Parapente Club des Rousses, Maison du tourisme, Jacky Bouvard, ☎ 03 84 60 35 14.
Deltaplane – D'origine plus ancienne, il exige une plus grande technicité. S'adresser à l'école de Vol Libre du Poupet, Saint-Thiébaud, 39110 Salins-les-Bains, ☎ 03 84 73 04 56.

Santé-forme

nature et environnement

La santé n'est pas que l'affaire des médecins et autres spécialistes. Elle est très liée à une vie en harmonie avec la nature et, pour cela, vous ne pouvez difficilement tomber mieux qu'en Franche-Comté. Outre les nombreuses activités sportives que vous pouvez y pratiquer *(voir le chapitre précédent)*, prenez le temps de contempler la nature, de vivre à son rythme, de découvrir ses trésors au cours de passionnantes balades. Voici quelques adresses privilégiées pour faciliter votre choix.

Parc naturel régional du Haut-Jura – Maison du parc, 39130 Lajoux. ☎ 03 84 34 12 30. Minitel 3615 Htjura. Renseignements sur les possibilités de randonnée, activités, découvertes.

Parc naturel régional des Ballons des Vosges – Maison du parc, 1 cours de l'Abbaye, 68140 Munster, ☎ 03 89 77 90 20. Pour toute la partie Nord de Franche-Comté : Ballon d'Alsace, Ballon de Servance...

Maison de l'environnement des Vosges du Sud – Belmont, 70440 Le Haut-du-Them, ☎ 03 84 20 46 76.

Maison départementale de l'environnement – Étang de Malsaucy, 90350 Evette-Salbert, ☎ 03 84 29 18 12.

CPIE Atelier de l'environnement du Haut-Jura – 1 Grande-Rue, 39170 Saint-Lupicin, ☎ 03 84 28 12 01.

thermalisme

Quoi de plus naturel, pour se ressourcer, qu'un séjour dans un pays verdoyant qui doit sa vitalité à l'omniprésence de l'eau sous toute ses formes. Sources chaudes à Luxeuil-les-Bains, salées à Lons-le-Saunier et Salins-les-Bains, elles avaient déjà été repérées au temps des Romains et sont à l'origine de quelques stations thermales très différentes et donc complémentaires. Ces centres sont agréés pour des cures thermales mais sont de plus en plus fréquentées pour des séjours de remise en forme : formules anti-stress, minceur...

Divonne-les-Bains – Thermes de Divonne, avenue des Thermes, 01220, ☎ 04 50 20 05 70 ; espace de remise en forme, Aquaforme, ☎ 04 50 20 27 70.

Lons-le-Saunier – Thermes Lédonia (eaux salées), parc des Bains, BP 181, 39005, ☎ 03 84 24 20 34.

Luxeuil-les-Bains – Établissement thermal, avenue des Thermes, BP 51, 70302 Luxeuil-les-Bains, ☎ 03 84 40 44 22.

Salins-les-Bains – Les Thermes (eaux salées), place des Alliés, 39110, ☎ 03 84 73 04 63.

Souvenirs

que rapporter ?

Peu de régions peuvent se vanter d'avoir une identité si forte que celle du Jura, forgée au cours d'une histoire mouvementée. Elle a su garder ses traditions, ses spécialités qui lui donnent ce charme irrésistible. Vous serez sans aucun doute séduits au

cours de votre voyage par certains de ses produits vraiment caractéristiques de la région.

À DÉGUSTER

Pâtisseries – D'innombrables tentations vous attendent au détour de petites villes ou villages qui perpétuent des recettes savoureuses. Cela peut être la pâte de coing et les craquelins (viennoiseries en forme de huit) fabriqués par les pâtissiers de Baume-les-Dames, le biscuit de Montbozon, parfumé à la fleur d'oranger, le pain d'épice de Vercel (Vercel-Villedieu-le-Camp) ou le très fameux Belflore, gâteau aux amandes, fourré à la framboise, très répandu dans le Territoire de Belfort.

Confiseries – Il n'y a pas de mal à savourer quelques douceurs et ce n'est pas le choix qui manque. Parmi les plus connues figurent le galet de Chalain à Lons-le-Saunier, les bouchons et les galets d'Arbois, le délice et le chardon bleu de St-Claude, les « reflets du Territoire » dans la région de Belfort.

Fromages – Sa réputation n'est plus à faire, la Franche-Comté est une des grandes régions productrices de fromage en France. Star incontestée, le comté se décline dans de nombreux plats régionaux et accompagne toute bonne dégustation de vin jaune. Mais pour rien au monde il ne faudrait oublier le mont d'or, le morbier et la surprenante cancoillotte.

Salaisons – Un petit détour dans la campagne du Doubs vous a certainement fait découvrir ces fameuses cheminées à « tuyé » ou « tué » dans lesquelles les paysans faisaient sécher leurs salaisons. La production ne s'est pas arrêtée et vous ne manquerez pas d'occasions de trouver la fameuse saucisse de Morteau qui doit toujours faire face à une de ses goûteuses voisines, la saucisse de Montbéliard.

Vins et alcools – Si vous faites un petit tour du côté d'Arbois ou de Château-Chalon, il serait impardonnable de ne pas rapporter quelques bouteilles (c'est plus pratique que le tonneau !) de vins comme, pourquoi pas, son inimitable vin jaune. Si c'est les liqueurs que vous préférez, laissez-vous tenter par le célèbre kirsch de Fougerolles à moins que vous cédiez à l'originalité de la Liqueur de sapin qui a succédé à l'absinthe du côté de Pontarlier.

À OFFRIR

Rien de tel pour faire plaisir, ou se faire plaisir, que de rapporter quelques objets vraiment typiques de la région. Résultats d'une longue tradition de savoir-faire, ces objets sont souvent d'une qualité irréprochable et changent des standards diffusés par les grandes chaînes nationales. Petit détour imposé à St-Claude pour le fumeur de **pipe** qui pourra ainsi avoir une pipe personnalisée et réalisée par un des plus grands noms de la profession. Madame craquera certainement pour une **montre** dans le val de Morteau ou chez un layettier qui fabrique d'adorables petits meubles à tiroirs pour ranger ses bijoux. Et les enfants ? Ce n'est pas loin, à Moirans-en-Montagne : vous y trouverez toutes sortes de **jouets** de qualité, en bois comme en plastique.

L'artisanat régional est si varié que l'on ne peut citer toutes les spécialités : la plupart des métiers de la montagne jurassienne sont liés au bois et les sculpteurs ou tourneurs sur bois réalisent des objets vraiment originaux.

POUR DÉCORER

Horloges et automates – Mais que seraient les maisons comtoises sans leurs traditionnelles horloges qui rythment leur vie depuis des siècles ? Et pourquoi la vôtre n'y aurait pas droit ? Elles ont connu un réel succès en France pour leur beauté et leur fiabilité et apportent souvent de la vie dans une maison. Ne vous inquiétez pas pour la taille de votre coffre : il y a toujours moyen de se la faire livrer. La passion de la mécanique entraîne parfois les artisans à créer de véritables automates, ce qui est devenu assez rare en France. Ce sont souvent de véritables œuvres d'art qui demandent des trésors de patience et d'ingéniosité.

Dentelle – Elle n'est plus très connue mais elle est très belle et revit aujourd'hui grâce à un conservatoire ; la dentelle de Luxeuil est une savante et harmonieuse combinaison de différentes techniques.

Faïences – Si vous aimez la faïence, faites un petit tour du côté de Salins-les-Bains où les très nombreuses faïenceries offrent un large choix de couleurs et de motifs ; il y a en pour tous les goûts.

Kiosque

OUVRAGES GÉNÉRAUX

Franche-Comté, R. Cheval, Cêtre.
Les Jardins de Franche-Comté,
C. Desnoyers, Cêtre.
Mon pays comtois, Besson, coll.
« Histoire et Terroirs », France-Empire.

ART – ARCHITECTURE

L'Abbaye Notre-Dame-d'Acey, Cêtre.
Besançon ville fortifiée, R. Dutriez,
Cêtre.
*Les Églises jurassiennes romanes et
gothiques,* P. Lacroix, Cêtre.

VIE RURALE ET TRADITIONS POPULAIRES

Trésors des parlers comtois, J.-P. Colin,
Cêtre.
Contes recueillis en Franche-Comté,
J. Garneret, Folklore Comtois.
Franche-Comté, pays des légendes,
G. Gravier, tomes III et IV, Maison du
livre de Franche-Comté.

LITTÉRATURE

L'Or des Suédois, H. Sacchi, Cêtre.
Le Pont du lac St-Point, M. Dussauze,
Marie-Noëlle.
La Louve du val d'Amour, A. Besson,
France-Empire.

Une fille de la forêt, A. Besson, France-
Empire.
Le Village englouti, et *Le Barrage de la
peur,* B. Clavel, Mon Village.
Les Seigneurs de la combe perdue,
Ch. Delval, les Grands Ormes (Morez).
La Grande Patience, suite de romans
en 4 tomes, B. Clavel, J'ai lu.
*Les Rustiques ; De Goupil à Margot ;
La Guerre des boutons,* L. Pergaud,
Mercure de France.
La Vouivre, M. Aymé, Gallimard.
Christophe, F. Caradec Horay.
Le Faubourg des coups-de-trique,
A. Gerber, Médium poche.
*Le Ptérodactyle rose et autres
dinosaures,* R. T. Bakker, Colin.

GASTRONOMIE

Vins, vignes et vignobles du Jura, C. et
E. de Brisis, Cêtre.
Franche-Comté, coll. L'inventaire du
patrimoine culinaire de la France,
Albin Michel.
Meilleures recettes de la Franche-Comté,
F. Colin, Ouest-France.

Cinéma

QUELQUES FILMS TOURNÉS DANS LA RÉGION

La Morte Saison des amours (1961),
de Pierre Kast, avec Françoise Arnoul
et Daniel Gélin (saline d'Arc-et-
Senans).
Château en Suède (1963), de Roger
Vadim, d'après la pièce de Françoise
Sagan, avec Jean-Claude Brialy et
Jean-Louis Trintignant (fort de Joux).
Mayerling (1968), de Térence Young,
avec Catherine Deneuve, Omar Sharif
et Ava Gardner (Doubs).
Les Feux de la Chandeleur (1972),
de Serge Korber, d'après le roman de
Catherine Paysan, avec Annie
Girardot et Jean Rochefort (Dole et
environs).
Les Granges brûlées (1973), de Jean
Chapot, avec Simone Signoret et Alain
Delon (campagne du Haut-Doubs et
région de Lons-le-Saunier).
Garçon ! (1983), de Claude Sautet,
avec Yves Montant, Nicole Garcia et
Jacques Villeret (Pontarlier).
Les Misérables (1995), de Claude
Lelouch, avec Jean-Paul Belmondo
(fort de Joux).

Les œuvres du romancier dolois
Marcel Aymé ont beaucoup inspiré les
cinéastes. Ses romans célèbres portés
à l'écran sont :
La Jument verte (1959), par Claude
Autant-Lara, avec Bourvil, Francis
Blanche, Achille Zavatta.
La Vouivre (1989), par Georges
Wilson, avec Lambert Wilson, Jean
Carmet, Macha Méril.
Et pour sourire, la série : **Nous autres
à Champagnole** (1957), **Le Gendarme
de Champagnole** (1959), **Le Caïd de
Champagnole** (1966) de Jean Bastia,
avec Jean Richard.

Calendrier festif

FESTIVALS

Pentecôte
Festival international de musique universitaire   **Belfort**
(week-end de Pentecôte), ☎ 03 84 54 24 43.

Juin
Festival de musique de chambre (fin mai, début juin),   **Divonne-les-Bains**
☎ 04 50 40 34 16.

Juin-juillet
Nuits d'été au château : théâtre et concerts (2e quin-   **Belfort**
zaine de juin et 1re quinzaine de juillet), ☎ 03 84 22
66 76.

Les Eurockéennes

Juillet
Les Eurockéennes (1er ou 2e week-end du mois),   **Belfort**
☎ 03 84 22 46 58.
Idéklic : Festival international de l'enfant (1re quinzaine   **Moirans-en-**
du mois), ☎ 03 84 42 31 57.   **Montagne**
L'été Catholard (2e quinzaine du mois), ☎ 04 74 75 00 05.   **Nantua**

Juillet-août
Festival des nuits de Joux (mi-juillet à mi-août),   **Château de Joux**
☎ 03 81 39 29 36.
Les mercredis du château (mi-juillet à fin août),   **Belfort**
☎ 03 84 55 90 90.
Les nuits de la citadelle (cinéma de plein air),   **Besançon**
☎ 03 81 65 07 54.
Festival international de musique du Haut-Bugey   **Nantua**
(fin juillet à mi-août), ☎ 04 74 75 00 05.

Septembre
Festival international de musique et concours   **Besançon**
international des jeunes chefs d'orchestre (2e quinzaine
du mois), ☎ 03 81 25 05 85.

Septembre-octobre
Festival de l'abbaye (week-end de fin septembre à mi-   **Ambronay**
octobre), ☎ 04 74 38 74 00.

Novembre
Festival national du cinéma des jeunes acteurs   **Belfort**
(dernière semaine du mois), ☎ 03 84 54 24 43.

FÊTES, FOIRES ET MARCHÉS

Janvier
Fête de la St-Vincent, patron des vignerons, dont   **Champlitte**
l'origine remonte à 1719, ☎ 03 84 67 82 00.
Fête de la St-Vincent (dernier dimanche de janvier),   **Arlay**
☎ 03 84 85 01 37.

Mars

Le Carnaval (début mars), ☎ 03 84 97 10 85. **Vesoul**
Le Carnaval (dernier samedi de mars), ☎ 03 81 35 54 46. **Audincourt**
Fête de la St-Vernier (3ᵉ dimanche du mois). **Poligny**
Le Carnaval, ☎ 03 81 64 11 88. **Maîche**

Avril

Fête des Soufflaculs (1ᵉʳ dimanche d'avril), **Saint-Claude**
☎ 03 84 41 42 62.

Mai

Les Médiévales du château d'Arlay (mi-mai). **Arlay**
Foire-exposition (semaine de l'Ascension). **Besançon**

Juin

Fête du comté (tous les deux ans, dont 1996). **Poligny**

Pentecôte

Fête des gentianes (week-end de Pentecôte), **Le Russey**
☎ 03 81 43 72 35. **66 pli 18 (1)**
Fête des sapins (week-end de Pentecôte), **Levier**
☎ 03 81 49 57 79. **70 pli 6 (1)**
Fête de l'oiseau : défilé (week-end qui suit la Pentecôte), **Gex**
☎ 04 50 41 53 85.

Juillet

Journées artisanales et artistiques (mi-juillet), **Fondremand**
☎ 03 84 78 28 13.

Août

Fête du Haut-Jura : présentation des productions locales **Village différent**
(premier week-end qui suit le 15 août), ☎ 03 84 34 12 30. **chaque année**
Fête du cheval (dernier dimanche d'août), ☎ 03 81 64 **Maîche**
11 88.

Fête du cheval à Maîche

Descente des vaches (dernier dimanche d'août), **Métabief-Mont d'Or**
☎ 03 81 49 05 76.
Festival de la gourmandise (dernier week-end), **Baume-les-Dames**
☎ 03 84 48 96 67.

Septembre

Fête du Biou (1ᵉʳ dimanche du mois), ☎ 03 84 66 55 50. **Arbois**
Foire aux vins de France et gastronomie (1ʳᵉ quinzaine **Belfort**
du mois), ☎ 03 84 28 54 54.
Belfort Air rétro (mi-septembre), ☎ 03 84 54 24 24. **Belfort**
Rétrofolie : véhicules anciens (3ᵉ week-end du mois), **Ronchamp**
☎ 03 84 63 50 82.
Fête du Biou (3ᵉ dimanche du mois), ☎ 03 84 37 49 16. **Pupillin**
Fête du Biou (4ᵉ dimanche du mois), ☎ 03 84 66 22 01. **Vadans**
La vache de semaine : concours de chevaux comtois **Maîche**
et vaches.

Octobre

Fêtes des Montgolfières (1ᵉʳ week-end d'octobre), **Arc-et-Senans**
☎ 03 81 57 41 27.

*Fêtes des montgolfières
à Arc-en-Senans*

Novembre
Foire de la Ste-Catherine (25 novembre), ☎ 03 84 97
10 85.

Vesoul

Décembre
Lumières de Noël, ☎ 03 81 94 45 60.
Le Réveillon des Boulons (31 décembre), toutes les
années impaires.

Montbéliard

RENCONTRES SPORTIVES

Février
Transjurassienne, ☎ 03 84 33 45 13.

Lamoura-Mouthe

Mars
Le Marabouri, ski de fond (début mars), ☎ 03 81 69
44 91.

Les Fourgs

Mai
Moto-cross national et régional (fin mai), ☎ 03 84 75
19 57.

Vesoul

Pentecôte
Slalom international de canoë-kayak (week-end de
Pentecôte).

Goumois

Juillet
Course VTT : défi nature (fin juillet), ☎ 04 74 75 00 05.

Nantua

PÈLERINAGES

Août
Pèlerinage à N.-D. de Mont-Roland (2 août), ☎ 03 84 79
88 00.

Dole

Septembre
Grand pèlerinage à N.-D.-du-Haut (8 du mois),
☎ 03 84 20 65 13.

Ronchamp

Source du Lison

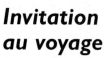

Invitation
au voyage

Un écrin de nature verdoyante

Cascade de Baume-les-Messieurs.

La chaîne du Jura, véritable épine dorsale de la Franche-Comté, s'étend du massif des Alpes à celui des Vosges en forme d'arc de cercle sur une longueur de 250 km. Elle n'est pas dentelée comme celle des Alpes ni arrondie comme celle des Vosges mais plissée à la manière d'un drapé s'élevant d'Ouest en Est. Malgré son altitude moyenne, le Jura frappe par la vigueur de son relief aux versants abrupts fort bien dépeints « déferlant comme des vagues brusquement figées ».

Une grande diversité de paysages

Diversité et émotions

Chaque détour de route offre au visiteur des paysages sans cesse renouvelés dans un dégradé de couleurs changeant selon le relief et les saisons. La verte plaine bressane, pays de bocage, d'étangs et de vastes chênaies contraste avec les vignes rousses du Revermont d'Arbois à Lons-le-Saunier qui sont favorablement exposées sur le rebord occidental des plateaux et marquent la séparation entre la plaine et les plateaux. Plus à l'Est, la zone des plateaux, domaine des sapinières et des lacs s'échelonnent en paliers de plus en plus élevés. De nombreux belvédères (Grand Colombier, Colomby de Gex, Mont-Rond...) révèlent la structure géologique caractéristique du Jura et offrent un panorama sur des sites grandioses tels que les vallées, gorges, lacs, forêts et cascades. Le pic de l'Aigle est l'observatoire où l'on découvre le mieux la physionomie d'ensemble des plateaux qui viennent buter contre les hautes chaînes culminant au crêt de la Neige à 1 723 m, véritable muraille dominant la plaine suisse et offrant une vue imprenable sur les Alpes.

Un pays de contrastes

Cette région de moyenne montagne est un pays de contrastes qui enchantent les yeux. Le vert sombre des vastes forêts de sapins (forêts de la Joux, du Massacre...) se détache de celui plus frais des immenses prairies. De même, l'abondance des eaux vives : torrents écumants, cascades en nappe ou en éventail (du Hérisson, du Flumen, du Saut du Doubs...), les innombrables petites sources, puissantes résurgences contrastent avec les nappes tranquilles de 70 lacs ou des retenues formées par les barrages qui transforment la vallée de l'Ain en un gigantesque escalier d'eau.

Les Bouchoux.

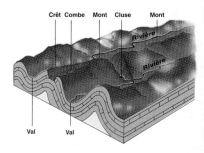

Des paysages accidentés

La chaîne de plissement a donné naissance à un type de relief bien spécifique dont les dépressions ont été accentuées par l'érosion glaciaire qui a entaillé les plissements et élargi les vallées. La succession des monts dont le sommet a été creusé par une vallée longitudinale ou combe sont coupés transversalement par des cluses dans lesquelles s'engouffrent les rivières tandis qu'entre eux s'allongent en fond de vallée des vals verdoyants. Sur la bordure occidentale des plateaux, l'érosion a créé plusieurs échancrures aux bords abrupts appelées vallées en cul-de-sac ou reculées dont la plus spectaculaire et la plus fascinante par son caractère inaccessible et ses impressionnantes falaises reste sans conteste la reculée de Baume-les-Messieurs.

La terre d'élection des géologues

Le système jurassique

La chaîne du Jura est la terre d'élection des précurseurs de la géologie. En temps qu'unité géologique et morphologique autonome, le Jura est une région de référence pour l'ensemble des sédiments mondiaux et pour le type de relief qui le caractérise.

Creux Billard.

C'est en 1829 que le géologue Brongniart définit les monts du Jura en un système appelé jurassique daté entre - 205 à - 135 millions d'années. Pays calcaire, le Jura offre au visiteur de belles formes karstiques à travers les gouffres et les canyons.

La naissance du Jura

À l'ère secondaire, il y a 260 millions d'années, se forment au fond des mers des dépôts qui s'accumulent en couches alternées de marnes et de calcaire. Cette série sédimentaire a connu un tel développement dans le Jura que les géologues appellent « jurassique » la période centrale de l'ère secondaire. La région a alors l'aspect d'une vaste surface aplanie, doucement inclinée vers la plaine suisse.

La surrection de la chaîne alpine va bouleverser cette paisible physionomie à l'ère tertiaire. Soumis à d'énormes pressions, bousculés et coincés par le vieux massif des Vosges, les sédiments accumulés dans la mer jurassique sont entraînés à de hautes altitudes. Les épaisses couches marneuses et calcaires engendrent les hauts plis qui constituent la « **montagne** ». Vers l'Ouest la couverture sédimentaire, plus mince, épouse quant à elle les cassures affectant l'écorce terrestre, se faillant et se découpant en une série de « **plateaux** » étagés. La région dite du « **vignoble** » correspond à leur rebord occidental, qui domine la plaine bressane.

L'ère quaternaire est marquée par un refroidissement général de l'atmosphère du globe et par le développement de grands glaciers envahissant les vallées et les plateaux. Au moment de leur retrait, ces glaciers abandonnent une masse énorme de moraines qui font obstacle à l'écoulement des eaux et sont à l'origine de la formation de la plupart des lacs jurassiens.

Le pays des eaux vives et des lacs

L'eau est présente partout en région comtoise. L'abondance des eaux vives est l'un des traits de la montagne jurassienne : torrents, sources, le réseau des grands cours d'eau, Saône, Doubs, Ain, Bienne, lacs. Quelle que soit la saison, les rivières et les lacs du Jura se présentent dans toute leur splendeur. Les couleurs flamboyantes de l'automne donne au lac de St-Point un caractère très canadien. C'est au printemps, au moment de la fonte des neiges, que les rivières débordent de vie et rappellent le caractère sauvage et fougueux des eaux de montagne.

La qualité du débit des rivières a fait naître de grands projets d'aménagement tels que le barrage de Vouglans dans la combe d'Ain dont le lac a ensuite été aménagé pour les loisirs et est devenu le lieu des pratiques de nombreux sports nautiques. Cependant, l'aspect environnemental s'impose désormais. La pureté des rivières et l'abondance des poissons font le bonheur des pêcheurs. La présence d'espèces d'oiseaux nicheurs en milieu humide, l'incomparable richesse faunistique et floristique des tourbières ont motivé la création de réserves : la tourbière du lac de Remoray constitue une réserve d'intérêt européen.

Des rivières capricieuses

Le relief jurassien, avec ses nombreux vals orientés Nord-Est-Sud-Ouest, impose aux rivières un cours très particulier. Pour progresser vers l'Ouest, elles doivent, le plus souvent, suivre successivement chaque val jusqu'à ce qu'une cluse leur permette de passer dans le val voisin. Il s'ensuit des détours considérables. Le Doubs du latin *dubius*, l'hésitant, dont la source est à 90 km, à vol d'oiseau de son confluent avec la Saône, parcourt 430 km pour la rejoindre. Pareille à la source de la Loue qui naît d'une caverne haute de 60 m, la source du Doubs apparaît en plein jour dans un vaste amphithéâtre rocheux sous forme de résurgence puissante après avoir voyagé sous terre. La plupart des cours d'eau sont tout en méandres, en courbes, en détours et offrent un magnifique spectacle lorsqu'ils traversent des gorges profondes. Les méandres encaissés du Dessoubre et de la Loue et ceux sinueux de l'Ain sont particulièrement pittoresques. Les vallées s'élargissent à l'Ouest, les falaises laissent place aux collines et les rivières évoluent alors majestueusement.

Lac de Remoray.

En parcourant les gorges

C'est sans lassitude que l'on visite les gorges des cours d'eau jurassiens tant la variété du spectacle est grande. C'est le cas du Rhône, du Doubs, de la Loue, de la Bienne... partout des chutes, des cascades que les pluies grossissent très vite. Elles sont alors admirables à voir. Le Saut du Doubs, barrage naturel que franchit le Doubs dans une chute de 27 m et les cascades du Hérisson sont très impressionnantes. L'eau change de couleur suivant la profondeur, le ciel, l'éclairage. Le courant a ses accidents : rapides, tourbillons ; le lit est tantôt dégagé, tantôt envahi de rochers, d'éboulis ; çà et là, il est troué de « marmites de géants » (excavations creusées et polies par des tourbillons).

Région des Mille Étangs

La forme des montagnes qui bordent la rivière varie également : falaises à pic, aux strates bien dessinées, pitons isolés, pentes adoucies ; la végétation passe du pré à la broussaille, du bois à la mousse.

Aux lacs majestueux

Le Jura français est parsemé de lacs : on en compte soixante-dix qui ont chacun leurs particularités et leurs charmes. Dans la région montagneuse, ils s'étirent au fond des vals comme le lac de St-Point (le plus grand lac naturel jurassien avec ses 398 ha), traversé par le Doubs, ou occupent des cluses (Nantua). Sur les plateaux, ils résultent, pour la plupart, de barrages formés par les dépôts glaciaires (Chalain, Mortes et Bellefontaine). D'autres lacs sont des retenues artificielles qui, dans les années soixante,

Pêcheur sur la Loue

ont envahi la vallée de l'Ain après la construction de barrages destinés à alimenter des usines hydroélectriques.

Leurs sites gracieux, les richesses naturelles, les plaisirs de la natation, du canotage, de la pêche qu'ils offrent aux touristes en font des lieux de villégiature très appréciés. Les lacs des Mortes et de Bellefontaine à 1 100 m d'altitude recèlent une faune et une flore d'intérêt national. L'avifaune est très riche sur le lac de St-Point : grèbes huppées, rousseroles peuplent les joncs. La partie de la berge alternativement découverte et recouverte par l'eau est garnie de roseaux et de joncs. Puis viennent les nénuphars, dont les fleurs se ferment le soir pour se rouvrir à la lumière du soleil. La région des 4 Lacs regorgent de poissons et l'aménagement de nombreux sentiers de randonnée permet d'admirer la ceinture blanche de marnes calcaires qui contraste avec le bleu des lacs et le vert des forêts environnantes et des pâturages.

La couleur des lacs jurassiens peut varier suivant le temps, couvert ou dégagé, la configuration, l'éclairage des sites ainsi que la présence de végétaux immergés. D'un vert tirant sur le jaune, provenant de corpuscules en suspension dans la masse liquide et également de la nature des plantes qui garnissent le fond des cuvettes, cette teinte peut passer au bleu limpide qui caractérise le lac de Chalain.

Truite fario

Brochet

Carpe

Perche

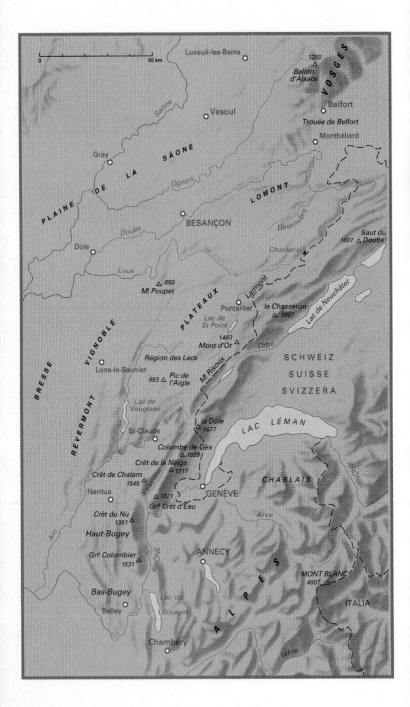

Le monde mystérieux des grottes

S'ouvrant à la surface des plateaux ou au pied des parois abruptes d'une reculée, les grottes, communément appelées baumes dans cette région, offrent l'occasion de pénétrer dans le monde des cavernes et d'y observer des rivières remarquablement limpides, des formations rocheuses inconnues de la surface, des gisements attestant le passage des hommes de la préhistoire.

Grotte des Moidons

La formation des cavités

Comme dans toute région calcaire, les assauts des rivières et le phénomène d'érosion très actif a dessiné peu à peu un vaste **réseau karstique** (nom d'une zone de plateau calcaire de Croatie appelée Karst). L'eau s'infiltre dans le réseau de cassures et de fissures de la roche qui s'agrandissent pour former des galeries. La formation des gouffres est due soit à l'agrandissement d'une fissure du plateau, soit à l'effondrement de voûtes sur le trajet de galeries.

Les eaux souterraines ressortent sous forme de source ou **exsurgence** (la Cuisance dans la reculée des Planches) ou bien de **résurgence** lorsqu'il s'agit d'une rivière déjà formée qui après avoir creusé à la surface des petites cavités ou dolines s'infiltre dans des pertes et réapparaît après un trajet souterrain (sources de la Loue et du Lison).

Les merveilles souterraines

Au cours de sa circulation souterraine, l'eau abandonne le calcaire dont elle s'est chargée en pénétrant dans le sol. Elle édifie ainsi un certain nombre de concrétions aux formes fantastiques défiant quelquefois les lois de l'équilibre. Le suintement des eaux donne lieu à des dépôts de calcite qui constituent des draperies ornées de stalactites, stalagmites et excentriques.

Les **stalactites** se forment à la voûte de la grotte. Les **stalagmites** de même nature, s'élèvent du sol vers le plafond en rejoignant la stalactite pour constituer un pilier.

Les **excentriques** sont de très fines protubérances formées par cristallisation, dépassant rarement 20 cm. N'obéissant pas aux lois de pesanteur, elles se développent dans tous les sens.

Les explorations

À la fin du siècle dernier, l'exploration méthodique du monde souterrain conduite par E.-A. Martel et Fournier a permis la découverte et l'aménagement d'un certain nombre de cavités. Ces explorations sont une manière de remonter le temps. Les grottes furent l'habitat des premiers hommes préhistoriques avant de servir de refuge aux maquisards de la Seconde Guerre mondiale. Malgré la découverte d'environ 4 500 grottes ou gouffres, la connaissance du monde souterrain reste incomplète et le réseau de grottes demeure le terrain d'explorations scientifiques ou ludiques de nombreux spéléologues. La cavité du Verneau dans la vallée du Lison ouvre sur un vaste réseau qui fait le bonheur de nombreux spéléologues.

Un univers ouvert au public

Les remarquables aménagements dont bénéficient les grottes permettent de découvrir ce monde souterrain. Miroirs d'eau, calmes lacs souterrains ou rugissantes cascades, concrétions, sont rendus multicolores par un savant jeu de lumière. La grotte de Baume avec ses hautes salles, les grottes d'Osselle aux multiples colonnes, le gouffre de Poudrey et son immense salle d'effondrement continuent de fasciner et d'émerveiller.

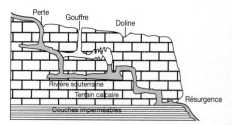

Circulation souterraine des eaux

Des forêts à perte de vue

Source d'énergie à l'ère industrielle, la forêt de Franche-Comté est devenue un patrimoine naturel inestimable de par son étendue et la qualité des essences qui la composent. Une gestion concertée reposant sur une politique d'exploitation, une politique d'accueil au public (randonneurs, skieurs...) et de protection (zones protégées) assure son avenir.

Un patrimoine inestimable

La région la plus boisée de France

Le sombre manteau de la forêt est la toile de fond de tout paysage jurassien. Elle s'étend sur 500 000 ha environ, couvrant 40 % de la surface du territoire comtois. À distance, ces massifs forestiers semblent uniformes, mais lorsqu'on y pénètre cette impression disparaît. Les lumières et les ombres alternent d'un versant à un autre. Comment ne pas être émerveillé par les chênaies du val de Saône ou par les impressionnantes forêts sombres d'épicéas dont la forêt de la Joux est l'une des plus belles et des plus vastes d'Europe. La forêt fait la richesse de la Franche-Comté qui détient avec l'Aquitaine le titre de région la plus boisée de France mais dont la diversité des essences présentes aux différentes altitudes en fait toute la spécificité.

Vallée du Dessoubre

L'étagement de la forêt

La courbe de niveau de 800 m sépare les feuillus des résineux, mais l'orientation et l'ensoleillement apportent souvent leurs correctifs à cette règle générale.

Sur les sols les moins élevés du vignoble croissent, associés aux cultures et aux vergers, le tremble, l'orme, le charme, l'érable qui disputent le terrain au chêne, au bouleau et au frêne. Le hêtre prédomine sur le premier plateau entre 500 et 800 m. Plus haut règnent les forêts de splendides sapins, les « joux », et au-delà de 1 000 m les épicéas. L'épicéa et le sapin sont les arbres emblématiques du Jura puisqu'ils couvrent la moitié des sols forestiers. Le massif résineux de la Joux représente à lui seul plus de 10 000 hectares.

Au royaume des sapins

Les essences les plus représentatives

Épicéa – Essence spécifiquement montagnarde, préférant les versants exposés au Nord. Cime pointue en forme de fuseau. Aspect général hirsute, avec branches infléchies « en queue d'épagneul ». L'écorce brun chocolat comporte de grosses écailles irrégulières sur les sujets âgés. Aiguilles rondes et piquantes vert foncé, disposées tout autour des rameaux. Les cônes pendent sous les branches et leurs écailles s'écartent à maturité pour laisser s'échapper les graines ; plus tard ils tombent d'une pièce sur le sol. Le bois de l'épicéa est utilisé essentiellement dans les charpentes, la menuiserie et les instruments de musique *(voir p. 62)*.

Sapin – Cime large, à pointe aplatie « en nid de cigogne » chez les vieux sujets. L'écorce, lisse, d'un gris argenté, comporte des crevasses longitudinales chez l'adulte. Les cônes, dressés comme des chandelles, se désagrègent sur place, à maturité, en perdant leurs écailles (on ne trouve jamais de cônes de sapin sur le sol). Les aiguilles, molles, disposées sur le même plan comme les dents d'un peigne (d'où le nom de « sapin pectiné »), présentent sur leur face interne, d'un vert plus pâle, une double ligne blanche (d'où le nom de « sapin argenté »). On le rencontre sur les terrains ondulés du deuxième plateau. Comme l'épicéa, il est très recherché pour la menuiserie.

Hêtre – Appelé aussi « fayard » ou « foyard », le hêtre, arbre de haute taille, est reconnaissable à son tronc cylindrique recouvert d'une écorce gris et blanc, à ses feuilles ovales, régulières et légèrement ondulées. Il peut pousser jusqu'à 1 700 m d'altitude et vivre jusqu'à 150 ans. Il préfère les versants humides. En automne, il donne des fruits appelés « faines » aux graines oléagineuses. Le hêtre occupe une place de choix dans la forêt jurassienne ; il est surtout utilisé pour l'industrie et l'artisanat du bois.

Épicéa   *Sapin*   *Hêtre*

Les essences secondaires

Le **mélèze** se rencontre sur les versants enso-leillés, ses cônes sont petits. Le pin **sylvestre**, au long fût grêle, présente ses aiguilles réunies par une gaine écailleuse en bouquets de deux ; ses cônes sont à écailles dures. Le **bouleau**, gracieux avec son tronc toujours mince, se plaît dans les sols humides ; c'est un excellent bois de chauffa-ge. Le **chêne** est un très bel arbre qui peut atteindre 30 m de hauteur ; son bois est apprécié par les menuisiers, son écorce par les tanneurs. Le **chêne pubescent** encore appelé chêne blanc (ou « truffier ») apprécie les landes calcaires et her-beuses des « garides » ; il se rencontre en taillis au-dessus du vignoble ; son tronc souvent épais est protégé par une écorce crevassée qui s'écaille en lamelles rectangulaires.

Une vision collective de l'avenir de la forêt

Une civilisation du bois

Le mot Jura viendrait du bas latin « juria » (forêt). Dès le 6e s., les moines s'aventurent dans de vastes forêts impénétrables et font des trouées dans l'épais manteau forestier. Jusqu'au 15e s., le défri-chement permet à un hameau de s'établir. Aux 17e et 18e s., de longs convois de chariots vident la forêt de ses plus beaux troncs qui deviennent les mâts des nefs royales.

Le bois accompagne la vie locale depuis des siècles. D'hier à aujourd'hui, de nom-breux objets sont dérivés des produits de la forêt : charpente, tavaillons pour pro-téger les murs des maisons, armoires et horloges décorées dans les plus belles veines de sapin...

Les Comtois honorent toujours leurs forêts comme en témoignent les fêtes du bois ou bien encore la nomination du sapin président. C'est une tradition régionale qui remon-te au 19e s. Un arbre est choi-si par les forestiers pour ses dimensions exceptionnelles lors de fêtes locales. On le laisse vieillir jusqu'à sa dégra-dation. Il peut être âgé de 2 siècles et atteindre la taille de 40 m au moment de sa coupe.

Une gestion concertée

Les Francs-Comtois aiment leurs forêts et les différents acteurs (communes, pro-priétaires privés, ONF et exploitants forestiers) qui ont en charge leur gestion partagent les mêmes visions d'avenir. L'ONF a pour principal objectif la gestion et l'équipement des forêts domaniales, par l'exploitation du bois, le reboisement, l'entretien des chemins. Les com-munes forestières établis-sent en concertation avec l'ONF un plan d'aménagement fores-tier pour 20 ans qui pré-

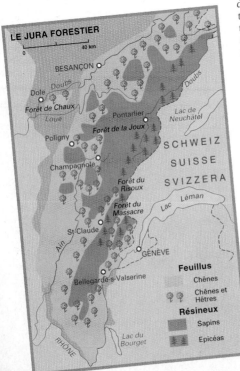

LE JURA FORESTIER

0 — 40 km

BESANÇON
Doubs
Dole
Doubs
Forêt de Chaux
Loue
Pontarlier
Lac de Neuchâtel
Poligny
Forêt de la Joux
SCHWEIZ
SUISSE
Champagnole
SVIZZERA
Forêt du Risoux
Forêt du Massacre
Lac Léman
St-Claude
Ain
GÉNÈVE
Feuillus
Bellegarde-s-Valserine
Chênes
Chênes et Hêtres
Résineux
Sapins
Lac du Bourget
Épicéas
RHONE

Bois près de Malbuisson

Après une coupe

cise les coupes annuelles possibles selon des critères sylvicoles précis. Les propriétaires privés assurent eux-mêmes la gestion de leur forêt selon un plan simple de gestion conforme aux orientations régionales et nationales en matière de politique forestière.

Les forêts sont exploitées sous forme de **futaies** (plantées et obtenues quand on rencontre sur toute la parcelle un mélange convenablement dosé). Les forestiers opèrent régulièrement des coupes pour favoriser les arbres les meilleurs. Les futaies résineuses de moyenne ou haute altitude se rangent parmi les plus productives de France ou bien sous forme de **taillis** (peuplement issu de rejets de souches et de drageons) pour le bois de chauffage.

La fin du tout résineux

Le tout résineux qui correspondait à une politique nationale de plantation d'épicéas pour pallier un déficit de production de bois de papier a démontré ses limites et est désormais révolu. La production des résineux reste dominante mais le Fonds national forestier s'oriente peu à peu vers le feuillu. La Haute-Saône est le département leader dans la production du feuillu, en particulier du chêne dont les débouchés sont étendus (meubles, parquet...).

Un patrimoine protégé

Monde grouillant de vie, la forêt abrite de nombreuses plantes (fleurs, mousses, fougères...) et divers champignons (morilles au printemps, girolles et cèpes à l'automne). Une foule d'animaux accompagnent cette vie végétale : des petits rongeurs tels que l'écureuil, mais également de nombreux oiseaux dont certains rapaces, et de grands mammifères tels que le cerf, le chevreuil et le sanglier. La forêt est l'objet de toutes les attentions. Ainsi, la forêt domaniale de Chaux fait l'objet d'une politique d'accueil au public et d'une gestion de la faune sauvage grâce à la définition de zones protégées.

Couleurs et vie au naturel

Campagne en fleurs dans le Doubs

La Franche-Comté recèle une flore d'intérêt national dont plusieurs espèces sont protégées. Landes, étangs, chemins creux, prairies, forêts abondent d'une flore diversifiée qui servait autrefois à un usage quotidien et qui ravit aujourd'hui le randonneur. La variété des reliefs et la préservation des paysages comtois favorisent le maintien d'une faune riche et sauvage mais dont l'équilibre reste fragile.

Une flore d'intérêt national

Les plantes : un usage ancestral

L'utilisation des fleurs et plantes sauvages touchaient à tous les domaines de la vie quotidienne. Elles servaient à la composition de remèdes ou de poison. Aujourd'hui seuls quelques botanistes passionnés connaissent ces remèdes de « grand-mère ». Les vénéneuses **aconits** à fleurs bleues ou blanches sont soigneusement évitées par le bétail. Leur racine servait autrefois de produit de base aux appâts empoisonnés destinés aux loups. La grassette commune était utilisée par les paysans pour faire cailler le lait. L'aspérule odorante soulageait les rhumatismes.

Pour le plaisir des randonneurs

Lys martagon

Centaurée des montagnes

Le pré-bois, forme d'occupation la plus connue du Jura, est le résultat d'un déboisement des fonds de vals, des pentes et de certains sommets où subsistent encore quelques bouquets d'arbres. Le vert frais de ses immenses prairies se bigarre, à la fin du printemps, de la parure éblouissante mais brève des fleurs des prés et des sous-bois : orchidées, narcisses blancs des poètes, ombellifères et légumineuses aux couleurs variées. Çà et là, on reconnaît la grande **gentiane** jaune et le **lys martagon**. La **centaurée** des montagnes s'épanouit sous les ombrages tandis que les zones rocheuses se couvrent, au printemps, d'un tapis doré, entrecoupé par les coussinets de corolles roses des **saponaires** et les touffes rouge sombre du **trèfle** des montagnes.

La végétation des zones humides revêt un caractère particulier. **Sphaignes** et **iris d'eau** font le charme de la région des Mille Étangs. Les vastes tourbières occupant les plateaux, véritables reliques de l'époque glaciaire abritent une flore spécifique de type arctique. On peut reconnaître l'**airelle des marais** et le **droséra** qui se gave d'insectes venus s'engluer sur ses poils.

Mais ce sont surtout les hauts pâturages qui sont remarquables : à la fonte des neiges, le tapis se

Mère lynx et son petit

Martin-pêcheur

UNE FLORE PRÉSERVÉE
La flore fait l'objet de mesures de protection. Le site des lacs de Mortes-Bellefontaine accueille 13 plantes protégées en France et 5 autres protégées en Franche-Comté. De nombreux sentiers d'initiation à la botanique ont été aménagés dans un but de sensibilisation mais également de protection : Tour du lac de St-Point, Tourbière de Mouthe (source du Doubs), Sabot de Frotey.

couvre de **crocus** blancs ou mauves, parsemé de clochettes violettes curieusement frangées et de **soldanelles**. Puis apparaissent les petites gentianes d'un bleu profond et les innombrables anémones blanches ou jaunes, mêlées aux « boules d'or » des **trolles** d'Europe.

Une faune à préserver

La montagne jurassienne accueille des animaux parfois rares et souvent méconnus. Le **grand tétras** est un imposant coq de bruyère. Oiseau un peu farouche, il recherche la tranquillité des forêts d'altitude. Présent dans le massif du Massacre et du Risoux, le grand tétras fait l'objet de mesures de protection qui visent à limiter la fréquentation de ces massifs de décembre à juin.

Longtemps pourchassé, le **lynx boréal** a disparu du paysage comtois vers la fin du 19e s. Progressivement réintroduit à partir de la Suisse, il occupe des forêts retirées et peu accessibles. Cet habile chasseur est un carnivore qui se nourrit aussi bien de chevreuils et de chamois que de marmottes ou d'oiseaux. Habituellement solitaire, il se déplace au crépuscule ou à la nuit tombée.

Héron cendré

Les prairies d'altitude sont le royaume des **apollons**, papillons aux ailes blanches ponctuées de taches rouges et noires et au vol paresseux.

Les lacs aux eaux froides accueillent depuis le 19e s. le **cristivomer**, poisson gris à points blancs originaire d'Amérique du Nord. Les rivières poissonneuses accueillent une grande variété d'espèces : truites, barbeaux, perches, anguilles, carpes, silures... Une telle abondance est une aubaine pour des prédateurs comme le **martin-pêcheur**, qui plonge jusqu'à 1 m de profondeur, et le **héron cendré** qui préfère les eaux peu profondes. Le milieu aquatique attire beaucoup d'autres oiseaux : milan noir, bécassine des marais, bergeronnette, chevalier guignette...

Les immenses forêts et les prés sont peuplés par toutes sortes de mammifères comme le **blaireau**, la martre, la fouine, la belette ou l'hermine. Les rapaces qui contrôlent l'espace aérien du Jura sont la buse variable et le faucon pèlerin le jour, le hibou grand duc et la chouette de Tengmalm la nuit.

Grand tétras

Le retour des dinosaures

Le film « Jurassic Park» a lancé la mode des dinosaures. Animaux aux dimensions hors du commun et aux formes surprenantes, ils sont les héros des dessins animés ou bien encore font l'objet de parcs d'attractions qui retracent le règne des dinosaures à travers l'évolution animale. Stars de l'écran, ils sont également de retour en Franche-Comté où ils vivaient il y a 200 millions d'années.

Le Chapeau de Gendarme

L'entrée en scène des dinosaures

Jurassic Park ou la fiction

Steven Spielberg a immortalisé la période jurassique en produisant en 1993 un film fantastique « Jurassic Park » qui a fait des dinosaures les stars de l'écran. L'histoire met en scène un milliardaire et son équipe qui redonnent vie à plusieurs dinosaures à partir de gouttes de sang récupérées sur un moustique fossilisé. Cette énorme production cinématographique a fait frissonner plus d'un spectateur mais rassurons-nous, jamais aucun homme n'a vu de dinosaures vivants puisqu'ils avaient déjà disparu depuis 60 millions d'années lorsque les premiers hommes apparurent.

Le jurassique et les dinosaures

Un système mondial

Le système jurassique a été défini par le géologue Brongniart (1770-1847). Il correspond aux terrains à dominante calcaire très présents dans le Jura mais est devenu une référence pour les terrains calcaires du monde entier même si les limites temporelles fluctuent d'un continent à l'autre en fonction des bouleversements géologiques propres à chacun.

Le platéosaure, dinosaure jurassien

La période jurassique fait partie de l'ère méso-zoïque ou ère secondaire qui a duré près de 160 millions d'années et qui a commencé il y a 225 millions d'années. Les dinosaures ont peuplé la terre pendant toute l'ère mésozoïque mais se sont particulièrement développés pendant les 70 millions d'années qu'a duré le jurassique, c'est pourquoi les dinosaures sont toujours associés à la période jurassique.

Une variété d'espèces adaptées à leur milieu

Très adaptés à leur milieu de vie, les dinosaures ont développé une grande variété de formes allant du petit carnivore aux énormes herbivores. Plus de 800 espèces de dinosaures ont

Affiche du film Jurassic Park

été découvertes à ce jour. Parmi les plus célèbres et les plus vieux figure le tyrannosaurus, le plus grand carnassier de tous les temps (15 m de long) et le principal prédateur de l'ère secondaire. Le diplodocus, le géant des dinosaures (25 m, 4 t) est certainement le plus populaire. Grâce à son cou très allongé, il se nourrissait essentiellement de fougères arborescentes. Il vivait en troupeau pour assurer sa sécurité et se déplaçait aussi bien en zone marécageuse qu'en zone sèche. Les dinosaures ne furent pas les seuls à peupler la terre pendant l'ère secondaire. Tortues, lézards, crocodiles et autres petits mammifères côtoyaient ces géants.

Les découvertes du Jura

Le Jura : un site très riche

Le Jura est un site très riche, des restes ont été signalés d'Arbois à Lons-le-Saunier. Les premières découvertes ont eu lieu en 1862 au moment du creusement de la voie de chemin de fer Besançon-Lyon et ont permis de mettre à jour le plus vieux dinosaure de France, le platéosaure. La découverte d'un site au début des années 1980, en plein centre-ville de Lons-le-Saunier continue de mobiliser nombre de spécialistes. Après avoir dominé le monde pendant 160 millions d'années, leur totale disparition est restée mystérieuse et continue de captiver les paléontologues dont les découvertes ne cessent d'alimenter leurs connaissances et leur soif de mieux comprendre.

Quand neige rime avec plaisir

Les plaisirs de l'hiver sont des plus variés dans le haut pays comtois. Le ski de fond a fait la réputation de cette région. Les amoureux de la nature peuvent contempler la féerie des paysages enneigés au cours de randonnées en ski de fond mais également à raquettes ou en traîneau pendant que le ski alpin continue à faire des adeptes sur les pentes des Rousses. C'est également la région où l'on salue l'exploit sportif. La Franche-Comté compte plusieurs champions dont Fabrice Guy, champion olympique à Alberville. Elle est le lieu de grandes manifestations sportives telles que la Transjurassienne.

L'arrivée du ski en Franche-Comté

Le ski importé de Scandinavie
La neige a longtemps été une contrainte pour se déplacer. On utilisait des traîneaux tirés par des chevaux ou bien des raquettes en bois pour ne pas s'enfoncer. C'est un Anglais qui, après avoir passé un séjour en Scandinavie où le ski était utilisé depuis des siècles comme moyen de locomotion, rapporta dans le Jura les premiers skis. Félix Péclet, alors Maire du village des Rousses comprit qu'ils pourraient faciliter les déplacements et en tant que visionnaire, il vit dans le ski un extraordinaire objet de loisir. Il organisa en 1907 la première course de fond aux Rousses.

L'essor du ski
À partir de 1950, le ski alpin connaît un véritable essor. Le massif jurassien s'équipe en remontées mécaniques et le ski de fond n'est réellement découvert par le grand public qu'aux Jeux Olympiques d'hiver en 1968. Les images des athlètes évoluant dans des paysages de rêve : forêts de sapins croulant sous la neige, vastes domaines immaculés... ont séduit. Depuis, malgré le prodigieux développement du ski alpin, le ski de fond n'a cessé de faire des adeptes parce qu'il répond davantage à une recherche d'authenticité, un retour à la nature qui caractérisent ces dernières années.

Les Villedieu

L'EXPLOIT SPORTIF : LA TRANSJURASSIENNE

Si la plus célèbre course de fond du globe, la Vasaloppet, mobilise en Suède des foules énormes sur un parcours de 89 km, le Jura organise également une magnifique course, la Transjurassienne qui se déroule sur 76 km entre Lamoura (Jura) et Mouthe (Doubs). Créée en 1979, cette course fait partie, depuis 1984, de la Worldloppet, championnat mondial de courses de ski de fond longue distance, organisé dans 13 pays. Plus de 3 000 concurrents français et étrangers participent à cette magnifique course. C'est l'occasion pour le Jura de promouvoir la beauté de ses paysages et de ses villages enneigés.

La Transjurassienne

Les activités liées à la neige

Les stations de Franche-Comté ont su développer de nombreuses activités liées à la neige. Par la diversité de son relief, son altitude moyenne, le massif du Jura est un véritable paradis pour la pratique du ski de fond, des raquettes ou du traîneau. Ses grands espaces offrent plus de 2 500 km de pistes balisées. Le Jura offre également la possibilité de pratiquer le ski alpin dans les grands domaines skiables de Métabief et des Rousses.

La Grande Traversée du Jura

C'est une randonnée mythique de plus de 300 km balisés pour les amoureux de la montagne et de la nature, offrant de multiples itinéraires. Elle traverse plusieurs départements en longeant les courbes du Haut-Doubs à travers les forêts du Risoux, du Mont- Noir et du Massacre jusque sur les plateaux du Jura Sud.

Traîneaux à chiens

Les courses de traîneaux à chiens ont fait leur apparition en France en 1979 avec la création du premier club de pulkas et traîneaux à chiens. Depuis, ce sport connaît un véritable engouement. Des courses sont organisées dans les départements du Jura, à la Pesse, et du Doubs, aux Fourgs.

Randonnée en raquettes

Terre d'élection des fondeurs, le massif jurassien est également très prisé par les randonneurs en raquettes. Ce loisir en pleine expansion permet un total dépaysement.

Balade en raquettes

Des traditions rurales

La transmission des traditions et des savoir-faire en milieu rural est un facteur de cohésion sociale et de maintien des activités en Franche-Comté. Cet attachement aux traditions n'a pourtant pas empêché certaines évolutions : la fonctionnalité des maisons rurales évoluent tandis que les activités liées à l'élevage et au travail du bois se modernisent.

Les maisons traditionnelles

L'architecture rurale comtoise est le reflet de la diversité des terroirs, des modes de vie, de l'esthétique local, de l'influence des régions voisines. Dans les grandes régions jurassiennes de montagne, des plateaux et du vignoble, les activités des hommes ont façonné des types d'habitation bien définis et les modes de construction sont restés liés à la nature des matériaux disponibles localement. En Bresse comtoise, l'utilisation du bois caractérise l'habitat tandis que sur les terres plus élevées, la pierre reste le matériau de base.

La maison de « montagne »

Les maisons de montagne peuvent affronter le climat du Haut-Jura particulièrement rude. Trapue et ramassée, ses murs de pierre, épais, sont percés de fenêtres minuscules. Les façades exposées aux intempéries sont protégées par des tavaillons (lamelles de bois). Les ancelles (grandes lamelles) recouvraient autrefois la vaste toiture. Elles ont été peu à peu remplacées par la tôle ou la tuile en terre cuite qui gagne toutes les régions. Elle remplace les tuiles plates du pays dolois ou bien encore les toits en lauze du Sud Revermont. En zone de montagne, l'élevage est prédominant et l'habitat jouxte une vaste étable où les bêtes se nourrissent pendant l'hiver. À l'étage et généralement au-dessus de l'étable s'étend la grange dont l'ouverture ou « revêtue », permet de déverser directement le fourrage dans l'étable.

Maison de Haute-Saône

La ferme des Vosges saônoises

Anciennement recouvertes d'une toiture en grès, ces fermes étaient souvent divisées en trois parties : la grange, le logement et l'écurie. La porte centrale, souvent bien décorée, devait être assez grande pour le passage des chars de foins.

Les Jarrons (Haut-Doubs)

Un mobilier aux diverses influences

La variété des formes et des décors du mobilier comtois traduit clairement les influences des régions limitrophes. La Lorraine, la Bourgogne et la Bresse, la Suisse et l'Allemagne ont souvent suppléé une production régionale assez pauvre. Le mobilier comtois ne se développe réellement qu'aux 18e et 19e s. avec la fameuse horloge comtoise et l'armoire à deux corps. Le chêne, le noyer et le sapin sont les essences les plus utilisées. D'autres bois sont employés de manière plus locale ou spécifique : le cerisier domine en Haute-Saône et dans le Jura ; le buis, le poirier et le prunier sont recherchés pour les incrustations et le marquetage.

La maison des « plateaux »

Elle est généralement plus haute que la maison de montagne et coiffée d'un toit rectangulaire, aux extrémités rabattues, recouvert de tuiles comtoises. C'est une maison très longue dont les ouvertures de la façade correspondent au logement séparé de l'étable par la grange, à laquelle on accède latéralement par une porte.

La maison du « vignoble »

Elle se distingue de la maison des plateaux par ses dimensions plus modestes et par la place importante réservée aux caves. Celles-ci sont soit voûtées et enterrées soit de plain-pied. On accède à l'habitat au-dessus par un escalier souvent extérieur agrémenté d'une treille et abrité par l'avancée du toit.

Des évolutions concernant la construction et la fonction des maisons sont actuellement très perceptibles. Les constructions modernes empruntent les traits essentiels des maisons traditionnelles mais elles sont moins massives et plus uniformisées. Les maisons de montagne dont la fonctionnalité n'est plus assez adaptée aux activités agricoles actuelles deviennent de plus en plus souvent les résidences secondaires des citadins.

Les fontaines au centre de la vie

Nombreuses en particulier dans le Doubs et en Haute-Saône, elles sont avec les églises classiques les éléments les plus marquants des villages comtois. Point de rencontre obligé des personnes et des bêtes, elles furent pendant longtemps au centre de la vie rurale, comme en témoigne leur situation privilégiée au cœur des places. Construites pour la plupart au 19e s., elles associent généralement les fonctions de fontaine, lavoir et abreuvoir. Les plus simples restent découvertes et parfois surmontées d'une colonne centrale. D'autres sont abritées par de hauts toits soutenus par des piliers droits, des colonnes ou des arcades (fontaines de Gy). Elles peuvent aussi se présenter sous la forme de petits temples ronds (fontaine de Loray) ou de nymphées en hémicycle.

Fontaine de Loray

L'élevage : la montbéliarde

La Franche-Comté a su développer de nombreux secteurs d'activités tout en restant de tradition agricole. Le 20e s. a vu évoluer l'économie de subsistance vers une véritable agriculture commerciale s'appuyant sur des produits labellisés.

La vocation naturellement herbagère de la Franche-Comté prédisposait le pays à l'élevage bovin. Les surfaces fourragères couvrent l'essentiel des terres agricoles et l'élevage assure la quasi-totalité du produit agricole. Autrefois, les productions agricoles de montagne étaient différentes de celles du bas pays. L'élevage bovin montbéliard et la production laitière se sont imposés à toute la région.

La montbéliarde est un élément familier du paysage comtois. Elle se caractérise par une robe d'un rouge franc et vif sur fond blanc. Le troupeau bovin est essentiellement composé d'animaux de cette race issue de la pie rouge introduite par des éleveurs bernois à la fin du

Montlebon : descente des alpages

18e s. et d'un long travail de sélection entrepris depuis les années 1950. Ces efforts ont permis la régénération du cheptel régional. La montbéliarde est particulièrement appréciée pour ses qualités laitières. La quasi-totalité du lait est transformée en fromage d'appellation contrôlée : le comté.

Les lourds efforts de modernisation suivis de la mise en place des quotas laitiers en 1985 ont changé quelque peu la donne. Les animaux à viande envahissent les basses plaines de Saône tandis que la montbéliarde se maintient bien dans le Doubs en zone de montagne.

Le travail du bois

Dans cette région forestière le bois fait partie de la vie de tous les jours. Il est à l'origine de nombreux métiers spécialisés et d'un artisanat très diversifié bien que de nombreux métiers traditionnels aient périclité au profit d'activités nouvelles.

Les métiers d'autrefois – Les sabotiers étaient les artisans incontournables du village tandis que les charbonniers travaillaient au cœur de la forêt pour le levage des écorces de chêne et la fabrication du charbon de bois. Les pelonniés fabriquaient sur place des ustensiles domestiques : boîte à sel, jattes à lait. Ils vivaient et travaillaient en groupe dans la forêt. Les outils et les techniques de coupe ont bien changé mais n'ont pas totalement disparu comme on peut le voir pendant les traditionnelles fêtes de bûcherons.

Des métiers qui évoluent – Autrefois cantonné essentiellement au domaine religieux (statuaire, stalles), le travail du sculpteur connaît un succès croissant dans les galeries d'art. Les artisans du bois ne sont plus aussi nombreux mais leurs spécialités survivent grâce au tourisme et à l'industrie du luxe soucieuse de qualité. Citons par exemple le layetier qui fabrique toutes sortes de boîtes à tiroirs, le tourneur sur bois très demandé pour les jouets et autres souvenirs, le sanglier qui réalise des sangles pour les boîtes à fromage (mont d'or par exemple). L'exploitation des sous-produits de la forêt est en plein développement : les mousses, racines, feuilles mortes sont exploitées et vendues aux fleuristes pour la réalisation de compositions florales.

Gilbert Granddement lors d'un concours de bûcherons à St-Laurent-en-Grandvaux

La Vouivre adaptée au cinéma par G. Wilson (1989)

Contes et légendes

Les histoires de loups-garous, de sorcières, de « ioutons » et « fouletots » (noms comtois des lutins) et de dames blanches (les fées) ont alimenté longtemps les veillées comtoises. Les dons de dédoublement, d'ubiquité et de transformation en animaux de toutes sortes de ces personnages ont fait naître de nombreux contes et légendes. Les légendes trouvent souvent leur origine dans des faits historiques locaux et dans des lieux qui inspirent le fantastique.

La Vouivre

Il y avait une fois dans le Jura un château occupé par une princesse d'une rare beauté mais au cœur incroyablement dur. Hautaine, cruelle et impitoyable, elle terrorisait les habitants du val. Et voici qu'un jour une dame de noble allure vint lui rendre visite et s'entretint longuement avec elle sur la pitié et la générosité. Mais la dureté de la châtelaine demeura telle que la visiteuse, qui était fée, changea la méchante princesse en Vouivre (en patois, c'est l'équivalent du vieux mot français guivre, signifiant vipère). Devenue un serpent affreux affublé d'ailes de chauve-souris, la Vouivre portait néanmoins un diadème orné d'un magnifique rubis qui, disait-on, procurerait la fortune à celui qui le posséderait. Or elle ne déposait le joyau sur le rivage que pour se baigner dans la Loue.

Nombreux ont été les Comtois qui, dominant leur frayeur, ont tenté de dérober le bijou magique et ont ainsi perdu la vie, tués par des milliers de serpents.

La Tante Arie

Les enfants de la région de Montbéliard connaissent bien l'histoire de la charmante Tante Arie, Père Noël du pays d'Ajoie.

Chaque année, le soir du 24 décembre, Tante Arie quitte sa grotte du Lomont suivie de son âne à grelots chargé de jouets, de gâteaux et de verges pour déposer ses présents au cours d'un voyage dans le pays d'Ajoie (région de Montbéliard). Personne ne sait exactement quelle est son origine. Peut-être est-ce l'ombre du souvenir d'Henriette qui épousa en 1407 le comte de Wurtemberg et que les habitants de la région appelaient « la bonne comtesse » à cause de sa générosité. Il se

La Tante Arie aux Lumières de Noël à Montbéliard

peut que les bienfaits de la châtelaine soient à l'origine des dons que dispense la Tante Arie, la fée de l'Ajoie, aux petits enfants de la région non seulement à Noël mais à diverses occasions de l'année.

Le sapin, une création du diable

Les légendes ne se contentent pas de mettre en scène des personnages bienfaisants ou maléfiques, l'une d'elles nous révèle ci-après l'incroyable apparition du premier sapin en Franche-Comté.

Le diable, lassé par tous ses diablotins turbulents et farceurs qui l'empêchaient d'œuvrer correctement à la cuisson des damnés, décida un jour d'expédier tout ce petit monde facétieux sur la terre. Et voilà comment les « ioutons » et les « fouletots » vinrent peupler les monts du Jura. Mais bientôt, aveuglés par le grand soleil, écrasés de chaleur en été et meurtris par la longue froidure de l'hiver, ils voulurent retourner dans l'empire des ténèbres.

Mais le diable, peu désireux d'avoir à les supporter de nouveau, préféra créer un arbre sous lequel ils pourraient se mettre à l'abri, le sapin.

Au rythme de la belle comtoise

La Franche-Comté est l'une des régions à avoir développé l'artisanat d'art et à perpétuer à travers des gestes ancestraux le goût du travail de qualité et de précision. Le détour par un atelier d'horloger donne l'occasion de rencontrer des artisans passionnés qui aiment partager leur savoir-faire et témoigner de l'histoire de l'horlogerie comtoise.

Manufacture d'horloges comtoises : décoration d'un balancier

Naissance de l'horlogerie

L'histoire de l'horlogerie comtoise est une formidable aventure technologique et humaine. Elle commence au 17e s. pour connaître un véritable essor à partir du 19e s. associant la fabrication des montres à celle des horloges.

Les montres

En 1674, l'astronome hollandais Huygens invente le balancier à ressort spiral. Grâce à cette invention, les frères Dumont, maîtres horlogers, sortent les premières montres exécutées à la main, pièce par pièce, à Besançon et en 1767, Frédéric Japy, originaire de Beaucourt crée sa manufacture d'ébauches de montres qui remporte un vif succès. La production atteint 3 500 montres par mois.

L'arrivée à Besançon en 1793 de l'horloger suisse, Mégevand, et de quatre-vingts compatriotes maîtres ouvriers crée l'événement et va bouleverser la donne. La Convention finance leur projet de création d'une fabrique et d'une École nationale d'horlogerie. Mégevand met au point la fabrication en série. La progression des ventes est, dès lors, très rapide : en 1835, 80 000 montres sont fabriquées à Besançon ; puis 240 000 en 1878. L'industrie horlogère gagne alors de nombreuses villes de la Comté.

Les horloges comtoises

Dans le même temps, les découvertes technologiques permettent la mise au point de l'horloge comtoise mais également d'une multitude de modèles.

La réalisation des horloges fait appel à plusieurs corps d'artisans. Le menuisier ébéniste réalisait le fût des horloges en chêne animé de moulurations. À partir de 1850, le sapin l'emporte et des décors peints à sujets naïfs apparaissent. Un oculus vitré permet d'apercevoir le traditionnel mouvement du balancier de fer ou de cuivre qui régularise la descente des poids. L'émailleur stylise peu à peu les cadrans qui vont être ornés d'un médaillon central ou surmontés d'un fronton stylisé de cuivre ou de bronze doré.

Les évolutions

L'ère du paysan horloger

À partir du 19e s., au cours de la saison d'hiver, les paysans devenaient horlogers ou lunetiers. Une fois les travaux de la ferme terminés, ils assemblaient les mouvements cage fer ou fabriquaient des montures de lunettes dans leurs fermes ou dans les ateliers familiaux des villages avoisinants Morez et Morbier.

Horloge comtoise

Manufacture d'horloges comtoises

LA SOCIÉTÉ LIP

Symbole de la crise des années 1970, la première firme française horlogère qui comptait 1 000 salariés est gravement touchée. Syndicats et travailleurs déterminés à maintenir la société vont résister pendant huit ans. Tractations, autogestion par les salariés, plans de redressement, tentatives de rachat des horlogers francs-comtois aboutissent à un échec. En 1990, l'entreprise est rachetée par le groupe Sensemat installé dans le Gers où la montre Lip nouvelle génération est née.

Les heures incertaines

Le 20e s. voit naître de grandes unités industrielles. La concurrence suisse impose en effet une évolution de l'activité, qui perd son caractère rural et artisanal pour se concentrer dans des usines modernes. L'essor est interrompu à la fin des années 1970 : l'irruption de la montre à quartz et les brutales adaptations induites plongent le Jura dans une grave crise dont tous les centres de production ne se relèveront pas.

Le renouveau

Malgré son caractère désormais marginal dans l'économie comtoise, l'horlogerie a acquis un marché stable et une solide réputation. La réorientation vers les produits « haut de gamme », l'accent mis sur la précision et le recours à la sous-traitance ont sauvé la fabrication des montres qui se maintient à Besançon, Morteau, Villers-le-Lac ou Maîche, Morez et Morbier étant pour leur part spécialisés depuis le 17e s. dans les horloges comtoises et horloges monumentales.

Les horloges comtoises, exportées avec succès dans différentes régions puis délaissées dans les années 1960, modernité oblige, deviennent une valeur sûre grâce au retour du goût pour l'authenticité associé à une forte demande touristique.

Montre « la plus compliquée du monde », MM. Leroy (1897-1901)

Boîtiers de montres décorés, émaux et miniatures (fin 19e s.)

Spécialités pour gastronomes

La Franche-Comté est une des régions qui peut combler les gastronomes amateurs de bons vins et spécialités. Cette région abonde en produits issus de son terroir : champignons parfumés des sous-bois, viandes fumées, poissons des rivières, fromages, vins issus de cépages traditionnels et dont la renommée tient à une politique de qualité fondée sur des appellations.

Le comté : fleuron de la gastronomie comtoise

Le système de production

Conséquence directe de l'importance de l'élevage jurassien, l'industrie laitière représente une part capitale de l'économie régionale. Elle s'est perfectionnée sans cesse par la rationalisation des méthodes de travail, par la modernisation de l'outillage et par l'organisation de la profession fromagère. Les contraintes de fabrication ont amené les Comtois à se doter d'un outil de transformation et de commercialisation : la fruitière « fruits communs ». Elle est à la fois une coopérative regroupant des producteurs de lait d'un ou plusieurs villages, et le chalet, lieu de fabrication du fromage. C'est là un des traits les plus anciens et les plus caractéristiques de la vie jurassienne. Les fruitières apparurent dès le 13e s. La coopération était une nécessité dans des régions où les conditions climatiques rendaient les déplacements difficiles. À la fin du 18e s., les fruitières se développent de la montagne jusque dans le bas pays. Aujourd'hui les fruitières s'assemblent en puissants groupes coopératifs, tandis que se développent les sociétés privées d'affinage et de distribution.

L'appellation AOC

Ces mutations n'ont en rien altéré le savoir-faire traditionnel qui accompagne la fabrication du comté et qui est désormais reconnue par une Appellation d'Origine Contrôlée. Ce décret définit une aire de production qui englobe le Doubs, le Jura, la Haute-Saône et quelques communes des départements limitrophes. Le fromage doit être fabriqué avec le lait de montbéliardes ou de pie rouge de l'Est qui sont alimentées avec du fourrage (les aliments fermentés sont interdits dans l'aire d'AOC).

La fabrication du « comté »

Le comté est un fromage à pâte pressée cuite. Le lait est écrémé de 5 à 15 % afin d'obtenir un fromage dont la teneur en graisse est comprise entre 48 et 50 g pour 100 g de matière sèche. Il est versé dans de grandes chaudières en cuivre d'une capacité de 1 400 à 2 500 l, et est chauffé à 32°. Le fromager introduit la présure qui fait cailler le lait. Après décaillage, les grains de caillé sont brassés et chauffés de 54 à 56°. L'étape du soutirage consiste à transporter la masse de caillé vers les moules de pressage par des pompes ou dans une toile de lin. Après un pressage de 24 heures, la meule pèse environ 40 kg. Le fromage est d'abord mis en cave froide quelques jours, salé et frotté pour accélérer la formation de la croûte. Les meules quittent la fruitière pour un établissement d'affinage.

L'affinage du comté

Le comté révèle tout un éventail d'arômes évoluant avec la durée de l'affinage pendant lequel il reçoit des soins quotidiens par les maîtres affineurs. Placé sur des planches d'épicéas, le fromage fait un séjour d'environ 8 mois en cave d'abord à

Plateau de fromages comtois

La **poularde au vin jaune et aux morilles** est le plat comtois par excellence. Il est proposé dans de nombreux restaurants. Les trois saveurs mêlées, du vin jaune légèrement chambré, d'un fromage de comté et des morilles des sous-bois sont une délectation.

La **boîte aux délices** : à l'intérieur d'une boîte en épicéa, le mont d'or est moelleux et doré grâce à son mélange avec le vin du Jura et est servi sur des pommes de terre grillées.

La **truite**, préparée de mille façons est présente sur la plupart des tables de Franche-Comté. Le **Belflore**, délicieuse pâtisserie de pâte sablée aux amandes fourrée de framboises vient apporter une douce note sucrée en fin de repas.

Affinage du comté à la fromagerie Renaud

15° pendant deux mois, puis à 18°. On frotte la croûte avec un chiffon imbibé de sel dissous pour favoriser le développement d'une flore microbienne, la « morge », qui contribue à donner à la pâte ce goût de noisette très recherché. Les chefs de cave jugent de l'évolution de la fermentation en sondant les fromages. Enfin, le fromage est placé en cave de maturation à 6°. Les comtés massifs sans trous sont gardés plus longtemps à basse température.

Autres fromages

Le **morbier** (AOC) se caractérise par la couleur noire en son milieu qui est une raie de charbon végétal. Le « **mont d'or** » (AOC) ou « **vacherin du Haut-Doubs** » est un fromage à pâte molle qui se fabrique en hiver dans le Haut-Doubs et est contenu dans des boîtes d'épicéas. Le « **bleu de Gex** » (AOC) est un fromage au lait cru à la délicate saveur persillée. La « **cancoillotte** », est une spécialité surprenante ; fromage liquide, il se déguste froid ou chaud agrémenté d'ail et de vin blanc. L'abondance des fromages a inspiré la création de nombreux plats : gratinées de fromage, croûtes, pommes de terre au comté ainsi que la délicieuse fondue au comté.

Saucisses de Morteau

La tradition des salaisons

Une ancienne tradition

Les Jurassiens sont passés maîtres dans l'art de fumer les viandes. Autrefois, les maisons de pierres ou fermes à tuyé du Haut-Doubs possédaient une grande cheminée pyramidale, le « tuyé », dont la vocation était le fumage des viandes à base essentiellement de porc. Le porc faisait l'objet d'un engraissement savamment calculé. Lors de sa mise à mort, à l'occasion d'une grande fête familiale, on offrait un « repas de cochon » qui comportait boudin, andouilles et autres « cochonnailles ».

Les produits fumés, pratique caractéristique de la Franche-Comté, sont actuellement garantis par un label régional.

La véritable saucisse de Morteau et la saucisse de Montbéliard

La saucisse de Morteau est préparée selon des règles traditionnelles régionales. La viande des porcs élevés en Franche-Comté est séchée et fumée en montagne à partir de 600 m d'altitude dans un tuyé alimenté de bois et de sciure de résineux qui donne à la saucisse une odeur de sapin. Avec des légumes variés cuits à la marmite, on fait la « potée » rehaussée du fumet d'une véritable saucisse de Morteau. Son grand frère, le Jesu qui pèse 1 kg a également rendu célèbre la charcuterie franc-comtoise.

La saucisse de Montbéliard est également fumée à la sciure de résineux mais l'ail et le cumin lui apporte une saveur particulière.

Une gamme de vins très étendue

La vigne représente une très petite partie de la surface agricole. Elle s'étend au Sud-Ouest de Salins, sur une étroite bande, large de 5 km, occupant les pentes calcaires du rebord Ouest du Jura. Mais sa renommée dépasse largement les frontières de la Franche-Comté.

Un des plus vieux vignobles de France

La vigne est cultivée en Franche-Comté depuis l'époque gallo-romaine. Au Moyen Âge, seigneurs ecclésiastiques et laïques investissent dans la vigne. La maladie du phylloxéra puis la Première Guerre mondiale ont porté atteinte à la production. Mais depuis 1970, la croissance est constante et le vignoble acquiert peu à peu ses lettres de noblesse grâce à une politique de qualité fondée sur des appellations. Le vignoble est géré soit par des coopératives de producteurs soit par de grandes maisons privées.

Les cépages

Cinq cépages très anciens ont donné naissance à de nombreux vins blancs et rouges dont 6 vins sont en AOC. Il s'agit, pour les vins blancs du savagnin qui couvre 15% de l'encépagement et du chardonnay originaire de Bourgogne et introduit dans le Jura au 14e s. qui représente à lui seul 45% du vignoble. Les vins rouges sont issus du ploussard, du pinot noir originaire de Bourgogne et du trousseau dont la qualité des vins est digne des grands crus de Bourgogne et de Bordeaux. Les vins rosés sont élaborés à partir du ploussard.

Les vins

Les **vins rouges**, fruités et frais dans leur jeunesse, s'affirment dans un bouquet subtil avec l'âge. Le pinot noir, vin très rouge et fruité accompagne à merveille un magret de canard. Le pupillin, du nom du village qui s'est proclamé capitale mondiale du cépage ploussard, a des arômes de fruits rouges épicés. Il s'apprécie tout au long d'un repas et en particulier avec la truite au lard.

Bouteille de Côtes du Jura

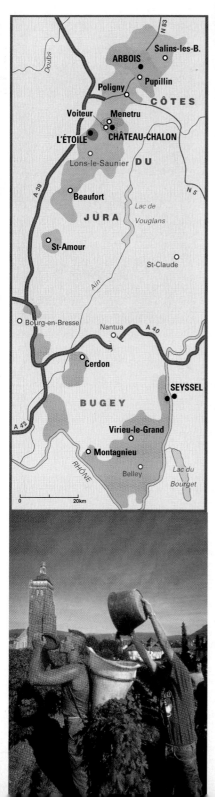

Percée du vin jaune à Poligny

Les **vins blancs** secs mais souples sont assez capiteux. Le savagnin donne un vin aux arômes de fruits secs, noisette et amande. Ils sont servis avec les poissons comme la truite meunière au bleu ou à la crème, les viandes blanches et le comté.

Le **vin jaune** (Château-Chalon), issu du savagnin, est l'or du Jura. Sa belle couleur ambrée, son parfum développé, sensible à distance, peuvent se maintenir – s'il s'agit d'une bonne année – pendant plus d'un siècle. Le vin acquiert le « goût de jaune » en vieillissant en fût pendant un minimum de six ans. Des traces de levures « en voile » spéciales au Jura produisent sa fermentation. On le sert surtout avec le gratin d'écrevisses et la poularde au vin jaune et aux morilles.

Les vins de paille sont obtenus à partir des raisins amenés à l'état de surmaturation, conservés sur un lit de paille puis foulés et pressurés. Ce vin de liqueur est devenu très rare (il faut environ 100 kg de raisins pour 18 l de vin de paille !). Il se boit en apéritif.

La création des **mousseux** remonte au 18e s. Le Crémant du Jura est issu du chardonnay et du pinot noir. Il se boit frappé au dessert.

Le **macvin**, vin de liqueur fait de moût de raisin marié à de l'eau-de-vie de Franche-Comté, peut atteindre 16 à 20º. Il se boit très frais à l'apéritif, accompagne le melon et permet de finir en « douceur » un repas.

Les alcools

L'Anis de Pontarlier est l'apéritif traditionnel du Haut-Doubs. Il doit son goût à la distillation d'anis vert. Pour terminer un bon repas, rien n'est comparable au Marc au goût de fruits secs considéré comme le « chauffe-cœur » par les vieux vignerons.

La Gentiane, obtenue par distillerie des racines, conserve la saveur des montagnes de Franche-Comté et la cerise produite à Fougerolles, berceau des eaux-de-vie de fruits ou la liqueur de sapin, spécialité de Pontarlier, participent aux moments de convivialité.

Quelques faits historiques

La Séquanie : cinq siècles de domination romaine

Avant J.-C.

● **4ᵉ s.** – Le peuple gaulois des Séquanes s'installe dans le bas pays. Ils construisent des camps fortifiés dont le plus célèbre est Vesontio (Besançon). Les activités reposent sur l'élevage comme en atteste la mise à jour de nombreuses villas et sur l'artisanat (Luxeuil était le centre d'une céramique sigillée).

● **58** – Inquiets de la menace germanique, les Séquanes appellent à l'aide les Romains. César entre à Besançon, rejette les Germains au-delà du Rhin et reste en Séquanie.

● **52** – Soulèvement général de la Gaule contre César. Les Séquanes vont au secours de Vercingétorix, sont vaincus à Alésia et doivent se soumettre à la cause romaine.

● **51** – La paix romaine s'étend sur la Séquanie comme sur toute la Gaule.

De la Séquanie burgonde au royaume franc

Après J.-C.

● **457** – Après la mort du général romain Aetius, leur défenseur, les Séquanes renoncent à la lutte et ouvrent leurs portes aux Burgondes, les plus évolués parmi les barbares qui les entourent.

● **476** – *L'Empire romain d'Occident s'effondre sous les coups des barbares.*
Gondebaud est le plus célèbre des rois burgondes. Érudit et puissant, il instaure une législation réglementant la vie sociale et les relations entre Burgondes et Romains.

● **502** – La loi Gombette est un témoignage très intéressant sur les mœurs de l'époque. Elle renforce considérablement le droit de propriété au point de punir de mort tout voleur. Le mariage est pris très au sérieux et les mesures contre le divorce sont dissuasives : le mari qui abandonne sa femme doit lui laisser la maison et les biens ; la femme qui abandonne son mari est étouffée dans la boue !

● **534** – La Burgondie est conquise par les rois francs.

Formation de la « Comté »

Au 10ᵉ s., la prospérité carolingienne est ruinée par les invasions. Le pays se hérisse de châteaux forts. L'autorité de fait s'y trouve exercée par les comtes ou ducs.
La Bourgogne s'ordonne en deux grandes divisions : les pays jurassiens forment le comté de Bourgogne, qu'on appelle aussi la « Comté » : les pays de Saône sont réunis dans le duché de Bourgogne ou « Duché ».

De l'Empire à la France

● **1032** – L'empereur d'Allemagne devient suzerain de la Comté qui est rattachée à l'Empire avec le royaume de Bourgogne dont elle faisait partie. Mais son autorité et même celle du comte vont s'affaiblissant en raison du désintérêt des empereurs pour les affaires comtoises, tandis que croît l'importance des grands féodaux, au premier rang desquels se placent les Chalon.

Conquête de la Franche-Comté, *par S. Le Conte*

● **1295** – Le traité de Vincennes, conclu entre le comte et le roi de France Philippe le Bel, marque le passage officiel de la province sous l'influence de la France. Une ère de paix et de prospérité s'instaure alors et ce jusqu'au 13e s. Le développement du monachisme dans la région contribue largement à cet essor en favorisant de nouveaux foyers de peuplement et la mise en valeur des terres agricoles. Ce renouveau religieux marque également la période de construction d'une série d'édifices romans puis gothiques.

● **1314** – Exécution du grand maître des Templiers, Jacques de Molay.

● **1337** – Début de la guerre de Cent Ans, terminée en 1453 : la Comté est alors ravagée par les Anglais.

● **1349** – La peste noire dévaste la Comté : c'est « l'année de la grande mort ».

Malgré une conjoncture défavorable, les structures de la vie économique se maintiennent.

● **1366** – Le nom de « Franche-Comté » apparaît pour la première fois, dans un acte officiel. Il exprime, tout comme les « Franches-Montagnes » en Suisse, l'attachement des habitants à leurs libertés.

La Comté redevient bourguignonne

● **1384 à 1477** – Philippe le Hardi (fils du roi de France Jean le Bon), qui a déjà reçu le Duché, épouse l'héritière de la Comté et prend ainsi possession de toute la Bourgogne. Il ouvre la fameuse dynastie des « grands ducs », dont la puissance a dépassé celle des rois de France. Ses trois successeurs sont Jean sans Peur, Philippe le Bon, Charles le Téméraire. En Comté, ils matent durement la noblesse locale attachée à son indépendance, renforcent l'autorité du Parlement et des États, protègent les arts et les lettres.

● **1461 à 1483** – Règne de Louis XI et courte occupation française à partir de 1477.

Chronique de St-Denis : J. de Molay condamné au bûcher en 1314

JACQUES DE MOLAY ET LA FIN DES TEMPLIERS

L'histoire de l'ordre des Templiers est indissociable de celle de la Franche-Comté qui a révélé plusieurs grands maîtres. Jacques de Molay est le plus célèbre, car sa fin tragique marque la disparition d'un ordre mythique et prestigieux. Il s'est rapidement illustré pendant les Croisades, et est élu grand maître à l'unanimité. L'immense richesse et la puissance des Templiers inquiètent le pouvoir royal. Sur ordre de Philippe le Bel, toutes les commanderies sont investies et les chevaliers arrêtés. Commence alors une longue série de procès. La condamnation de l'ordre est parachevée en 1314 par une commission de Rome. Jacques de Molay, qui avait reconnu les crimes des Templiers, se rétracte et défend l'intégrité de son ordre. Furieux, Philippe le Bel le fait condamner et brûler en mars 1314.

Médaille du règne de Louis XIV pour la conquête de la Flandres et de la Franche-Comté

Retour à l'Empire : autonomie et paix sous les Habsbourgs

● **1493** – Charles VIII rend la province à la maison d'Autriche et l'empereur Maximilien la donne à son fils Philippe le Beau. À sa mort, son fils Charles d'Autriche est très jeune et le pouvoir est confiée à Marguerite d'Autriche qui va gouverner avec une sagesse souveraine.

● **1519** – Charles d'Autriche, qui possède déjà la Comté et les Flandres (héritage de son père), devient roi d'Espagne (héritage de sa mère) et hérite à la mort de Maximilien des domaines des Habsbourgs. À 19 ans, il est élu empereur d'Allemagne sous le nom de Charles Quint. Sous son règne, la Comté est heureuse et prospère, l'artisanat et le commerce se développent. Intégrée dans un immense Empire sous l'autorité des Habsbourgs, la Franche-Comté vit dans une autonomie qui se traduit par une représentation de la noblesse locale dans les organes décisionnels. Le parlement est composé de familles comtoises dont la plus illustre est celle des Granvelle.

L'ascension des Granvelle

Au 16e s., l'éclat qui entoure les Granvelle rejaillit sur Besançon. L'ascension de cette famille tient du prodige. Les Perrenot, issus du milieu rural de la vallée de la Loue achètent leur affranchissement et s'installent à Ornans en tant qu'artisans. L'un d'eux, devenu notaire, envoie son fils Nicolas à l'université de Dole. Il devient avocat et est nommé conseiller au Parlement en 1518. L'ascension sociale se poursuit puisqu'il devient chancelier de Charles Quint, l'homme en qui l'empereur a une telle confiance qu'il l'appelle son « lit de repos ». De ses charges successives, il amasse une immense fortune et fait élever un vaste palais à Besançon. Ses fils et gendres occupent les meilleures places en Comté et à la cour et le chancelier prépare son fils Antoine à sa succession : homme d'église et diplomate, le cardinal de Granvelle devient premier ministre des Pays-Bas, vice-roi de Naples et est le seul Comtois proche du souverain Philippe II d'Espagne.

● **1556-1598** – Charles Quint laisse la Comté à son fils Philippe II, roi d'Espagne. Celui-ci montre beaucoup moins de sollicitude pour les Comtois.

● **1598** – Après la mort de Philippe II, la Comté revient à sa fille Isabelle qui épouse l'archiduc d'Autriche. La province appartient aux archiducs jusqu'à la conquête française.

La conquête française

Les efforts de la France pour s'emparer de la Franche-Comté marquent le 17e s.

● **1601** – Henri IV obtient du duc de Savoie, par échange avec un domaine italien, la Bresse, le Bugey, le Valromey et le pays de Gex.

● **1618** – *Début de la guerre de Trente Ans entre la maison d'Autriche et la France.*

● **1635** – Richelieu ordonne d'envahir la Comté qui a donné asile à Gaston d'Orléans, son ennemi. La guerre de Dix Ans ruine le pays.

● **1643 à 1715** – *Règne de Louis XIV.*

● **1648** – Mazarin fait évacuer la province et lui rend sa neutralité.

● **1668** – Louis XIV réclame la Comté comme partie de l'héritage de sa femme Marie-Thérèse, fille du défunt roi d'Espagne. Après une courte campagne, il doit quitter le pays et le restitue à l'Espagne.

● **1674** – En guerre avec l'Espagne, Louis XIV fait une nouvelle tentative sur la province et réussit à assurer sa domination. La paix de Nimègue (1678) ratifie la conquête. Besançon devient la capitale. L'histoire de la Comté fusionne alors avec celle de la France.

Char à la citadelle de Belfort

Époque moderne et contemporaine

- **1715 à 1774** – *Règne de Louis XV*. Jusqu'en 1789, l'histoire comtoise se traduit par une résistance aux décisions qui émanent de la cour de Versailles.
- **1789** – Situation insurrectionnelle en Franche-Comté : révolte des paysans contre les droits seigneuriaux.
- **1793** – L'administration révolutionnaire divise la Franche-Comté en trois départements : Haute-Saône, Doubs et Jura.
- **1804-1815** – *Sacre de Napoléon Ier*. Occupation du pays par des armées ennemies et réquisitions autrichiennes. Héroïque défense de Belfort par Lecourbe.
- **1870** – *La Commune de Paris proclame la IIIe République.*

La guerre avec la Prusse a pour conséquence une nouvelle invasion de la Franche-Comté dont le siège de Belfort reste l'un des événements majeurs. La résistance héroïque du colonel Denfert-Rochereau devant 40 000 Allemands force l'admiration de ses adversaires mais ne pourra éviter la capitulation. Leur courage est immortalisée par le célèbre lion de Bartholdi. Le territoire de Belfort est créé en 1871.

- **fin 19e, début 20e s.** – La Franche-Comté se transforme en s'industrialisant : naissance et développement des grandes dynasties industrielles, Peugeot et Japy, compensant la récession de l'horlogerie due à la Guerre de 1914.
- **1940** – La Seconde Guerre mondiale débute par l'occupation allemande de la Franche-Comté pour couper la retraite des armées françaises gagnant le Midi en longeant la frontière suisse. La Franche-Comté se trouve coupée en deux par la ligne de démarcation et devient par sa proximité avec la Suisse une région de passage.
- **1944** – *Débarquement des armées alliées en Normandie.* L'armée de De Lattre de Tassigny arrive en septembre. En novembre, la conquête par les Alliés du Nord du département du Doubs achève la libération de la Franche-Comté.

Lion de Belfort

ABC d'architecture

Architecture religieuse

FAVERNEY – Plan de l'église abbatiale (12e - 17e s.)

Modifiée au cours des siècles, l'église a connu ses heures de gloire au 17e s. grâce au fameux miracle des Hosties ; une chapelle, à gauche du chœur, lui est d'ailleurs consacrée.

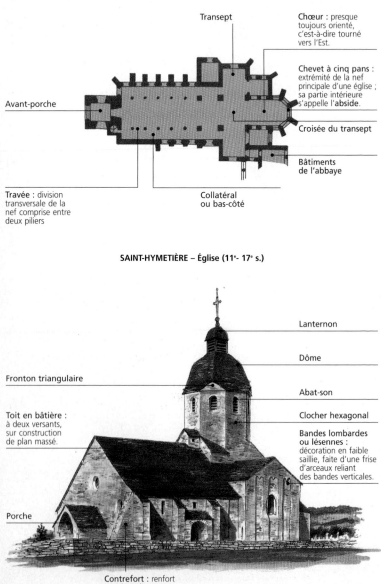

Transept

Chœur : presque toujours orienté, c'est-à-dire tourné vers l'Est.

Chevet à cinq pans : extrémité de la nef principale d'une église ; sa partie intérieure s'appelle l'**abside**.

Avant-porche

Croisée du transept

Bâtiments de l'abbaye

Travée : division transversale de la nef comprise entre deux piliers

Collatéral ou bas-côté

SAINT-HYMETIÈRE – Église (11e- 17e s.)

Lanternon

Dôme

Fronton triangulaire

Abat-son

Toit en bâtière : à deux versants, sur construction de plan massé.

Clocher hexagonal

Bandes lombardes ou lésennes : décoration en faible saillie, faite d'une frise d'arceaux reliant des bandes verticales.

Porche

Contrefort : renfort extérieur d'un mur, faisant saillie et engagé dans la maçonnerie.

74

MIÈGES – Chapelle des Chalon

Seules quelques chapelles seigneuriales, telle celle des Chalon, offrent ces splendides décors flamboyants très rares en Franche-Comté.

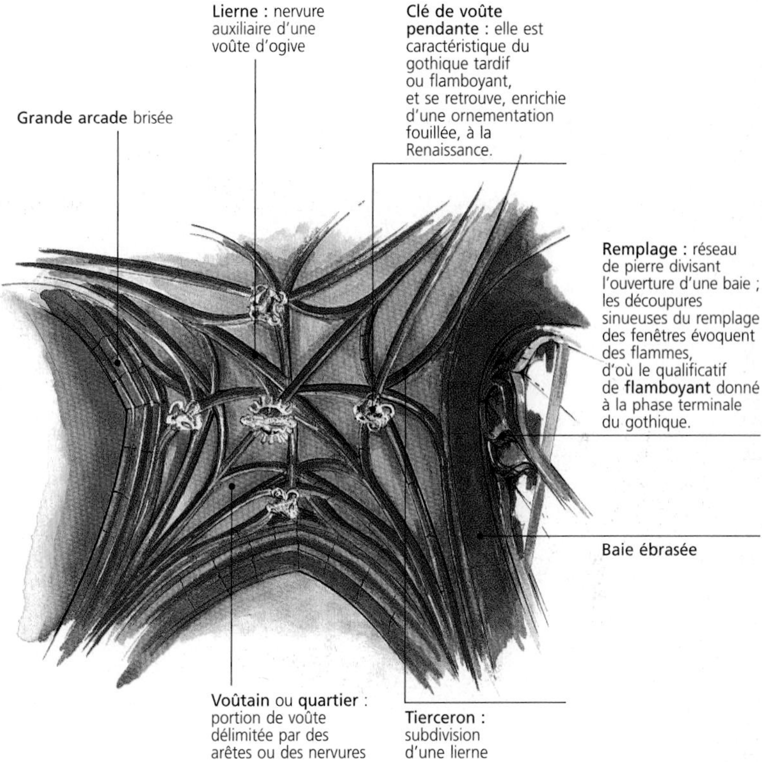

Lierne : nervure auxiliaire d'une voûte d'ogive

Clé de voûte pendante : elle est caractéristique du gothique tardif ou flamboyant, et se retrouve, enrichie d'une ornementation fouillée, à la Renaissance.

Grande arcade brisée

Remplage : réseau de pierre divisant l'ouverture d'une baie ; les découpures sinueuses du remplage des fenêtres évoquent des flammes, d'où le qualificatif de **flamboyant** donné à la phase terminale du gothique.

Baie ébrasée

Voûtain ou **quartier** : portion de voûte délimitée par des arêtes ou des nervures

Tierceron : subdivision d'une lierne

PONTARLIER – Portail de la chapelle des Annonciades (1725)

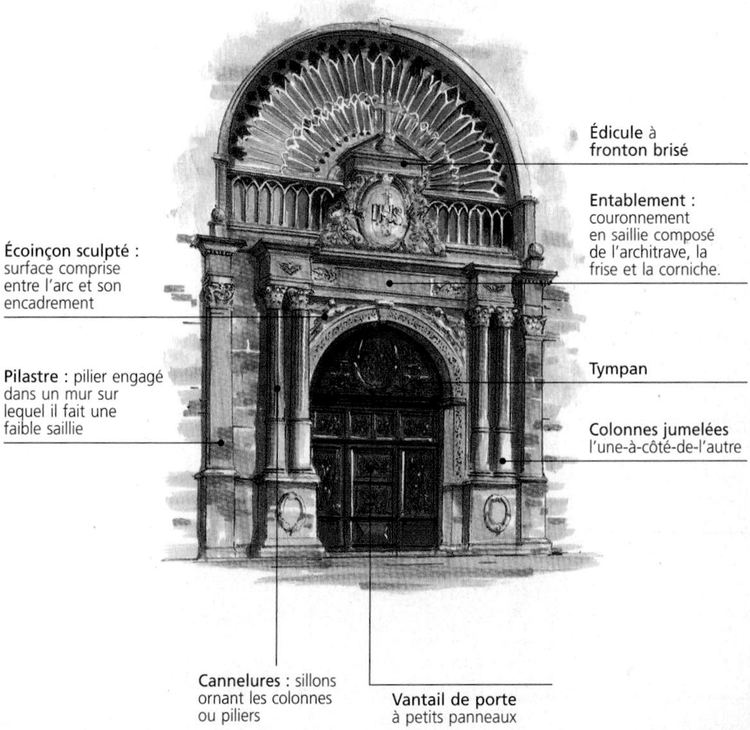

Édicule à fronton brisé

Entablement : couronnement en saillie composé de l'architrave, la frise et la corniche.

Écoinçon sculpté : surface comprise entre l'arc et son encadrement

Tympan

Pilastre : pilier engagé dans un mur sur lequel il fait une faible saillie

Colonnes jumelées l'une-à-côté-de-l'autre

Cannelures : sillons ornant les colonnes ou piliers

Vantail de porte à petits panneaux

LUXEUIL-LES-BAINS – Orgue de l'ancienne abbaye St-Colomban

Construit entre 1617 et 1680 cette magnifique tribune d'orgue fut en partie réalisée par un artiste breton, Jean Dogadec.

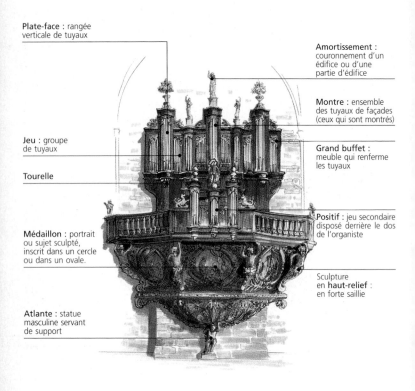

Plate-face : rangée verticale de tuyaux

Amortissement : couronnement d'un édifice ou d'une partie d'édifice

Montre : ensemble des tuyaux de façades (ceux qui sont montrés)

Jeu : groupe de tuyaux

Grand buffet : meuble qui renferme les tuyaux

Tourelle

Positif : jeu secondaire disposé derrière le dos de l'organiste

Médaillon : portrait ou sujet sculpté, inscrit dans un cercle ou dans un ovale.

Sculpture en **haut-relief** : en forte saillie

Atlante : statue masculine servant de support

CHAUX-NEUVE – Maître-autel de l'église Saint-Jacques

Assez différents des retables de Haute-Saône, les retables du Doubs sont d'une richesse qui rappelle les décors baroques de Suisse ou des Alpes.

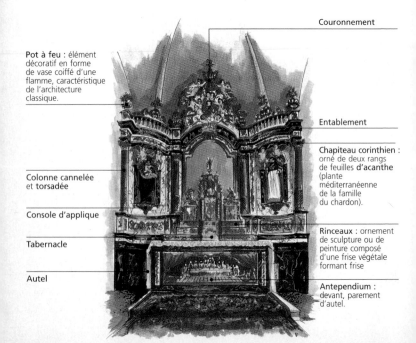

Couronnement

Pot à feu : élément décoratif en forme de vase coiffé d'une flamme, caractéristique de l'architecture classique.

Entablement

Chapiteau corinthien : orné de deux rangs de feuilles **d'acanthe** (plante méditerranéenne de la famille du chardon).

Colonne cannelée et **torsadée**

Console d'applique

Rinceaux : ornement de sculpture ou de peinture composé d'une frise végétale formant frise

Tabernacle

Autel

Antependium : devant, parement d'autel.

Architecture militaire

CLÉRON – Château (14ᵉ s.)

Cet ancien château féodal remanié borde l'impétueuse rivière de la Loue qui constitue une douve très efficace.

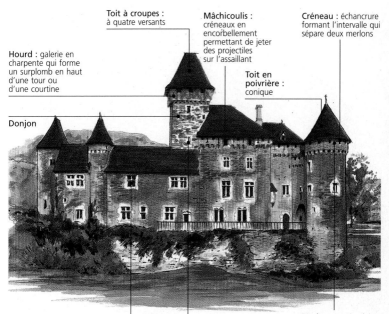

Toit à croupes : à quatre versants

Mâchicoulis : créneaux en encorbellement permettant de jeter des projectiles sur l'assaillant

Créneau : échancrure formant l'intervalle qui sépare deux merlons

Hourd : galerie en charpente qui forme un surplomb en haut d'une tour ou d'une courtine

Toit en poivrière : conique

Donjon

Fenêtre à meneaux

Meurtrière

Merlon : partie pleine entre deux créneaux

BESANÇON – La citadelle

Merveille de fortifications perchée à 118 m au-dessus du Doubs, la citadelle de Besançon a été achevée par Vauban au 17ᵉ s.

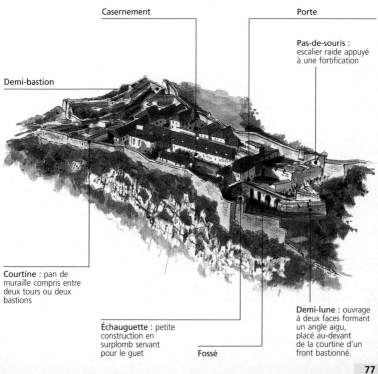

Casernement

Porte

Pas-de-souris : escalier raide appuyé à une fortification

Demi-bastion

Courtine : pan de muraille compris entre deux tours ou deux bastions

Échauguette : petite construction en surplomb servant pour le guet

Fossé

Demi-lune : ouvrage à deux faces formant un angle aigu, placé au-devant de la courtine d'un front bastionné.

Architecture civile

GRAY – Hôtel de ville (1567-1572)

Ce superbe édifice public à portique n'a perdu que les meneaux de ses fenêtres et ses gargouilles de plomb. Le portique accueillait autrefois quelques boutiques.

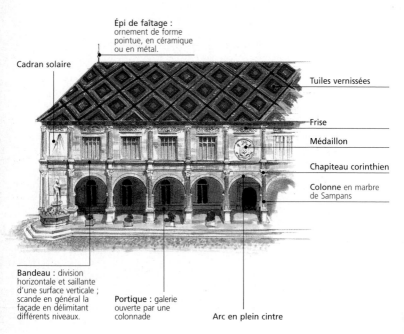

Épi de faîtage : ornement de forme pointue, en céramique ou en métal.

Cadran solaire

Tuiles vernissées

Frise

Médaillon

Chapiteau corinthien

Colonne en marbre de Sampans

Bandeau : division horizontale et saillante d'une surface verticale ; scande en général la façade en délimitant différents niveaux.

Portique : galerie ouverte par une colonnade

Arc en plein cintre

Saline royale d'ARC-ET-SENANS – Maison du Directeur

Création utopique d'un architecte hors norme, C.-N. Ledoux, la saline est centrée autour de la maison du Directeur qui représente l'autorité.

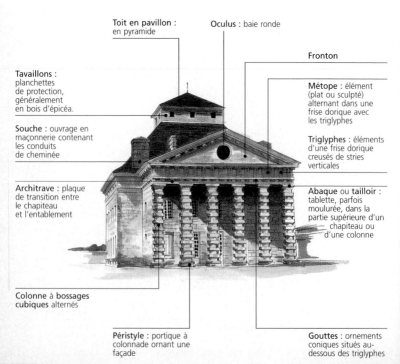

Toit en pavillon : en pyramide

Oculus : baie ronde

Fronton

Tavaillons : planchettes de protection, généralement en bois d'épicéa.

Souche : ouvrage en maçonnerie contenant les conduits de cheminée

Architrave : plaque de transition entre le chapiteau et l'entablement

Métope : élément (plat ou sculpté) alternant dans une frise dorique avec les triglyphes

Triglyphes : éléments d'une frise dorique creusés de stries verticales

Abaque ou tailloir : tablette, parfois moulurée, dans la partie supérieure d'un chapiteau ou d'une colonne

Colonne à bossages cubiques alternés

Péristyle : portique à colonnade ornant une façade

Gouttes : ornements coniques situés au-dessous des triglyphes

SYAM – Villa palladienne

C'est un maître des forges, J.-E. Jobez, qui fit construire cette villa en 1818. Il s'est fortement inspiré des villas italiennes réalisées par Palladio au 16e s.

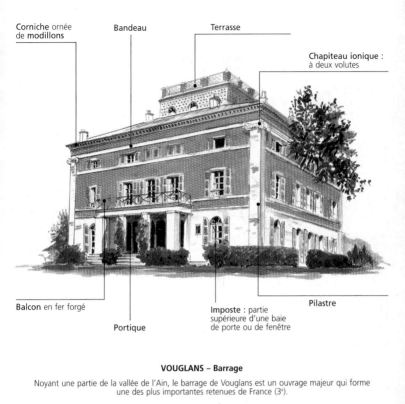

Corniche ornée de **modillons**

Bandeau

Terrasse

Chapiteau ionique : à deux volutes

Balcon en fer forgé

Portique

Imposte : partie supérieure d'une baie de porte ou de fenêtre

Pilastre

VOUGLANS – Barrage

Noyant une partie de la vallée de l'Ain, le barrage de Vouglans est un ouvrage majeur qui forme une des plus importantes retenues de France (3e).

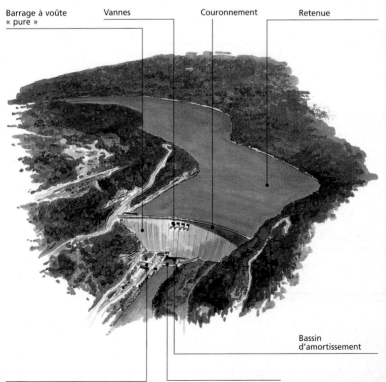

Barrage à voûte « pure »

Vannes

Couronnement

Retenue

Usine

Batardeau

Bassin d'amortissement

Les chefs-
d'œuvre comtois

*Terre de passage et d'échanges mais égale-
ment territoire stratégique, la Franche-
Comté possède un patrimoine qui
témoigne, aujourd'hui encore, des événements qui ont marqué la région.*

Les églises

Le patrimoine architectural religieux de Franche-Comté
doit beaucoup aux fondations monastiques, très nombreuses pendant tout le Moyen Âge. Elles contribuent à la
valorisation du patrimoine naturel et bâti de la région attirant ainsi les populations.
Les églises répondent très souvent aux canons des ordres qui les régissaient : les
bénédictins implantèrent un art primitif inspiré des basiliques italiennes, les clu-
nisiens favorisèrent certainement l'influence de l'architecture bourguignonne, tandis que les cisterciens propagèrent le chevet plat de Cîteaux et ouvrirent la voie à
l'art gothique.

Un art roman influencé

Il n'existe pas d'art roman proprement comtois. L'église de la période romane, d'un
type primitif, emprunte des éléments à l'art bourguignon et à l'art lombard. Elle
est généralement de plan basilical avec un transept peu saillant. Le chœur est clos
par une abside en hémicycle, flanquée de deux absidioles ouvrant sur le transept,
ou se termine par un chevet plat (église de Courtefontaine). De grandes arcades
reposent sur de lourdes piles carrées, rondes ou octogonales,
dépourvues de chapiteaux. La croisée du transept est surmontée
d'une coupole ou du clocher. Les églises comtoises se caractérisent par leur sobriété, encore accentuée par l'absence quasi totale de décoration. Seules de hautes bandes lombardes réunies par
quelques arcatures produisent un certain effet décoratif.
La cathédrale Saint-Jean de Besançon est le seul vestige ou
presque de l'influence rhénane carolingienne en Franche-Comté.
La région a payé un lourd tribut aux nombreux conflits qui ont
fortement altéré son patrimoine et peu d'églises ont été vraiment
préservées. Les églises de Saint-Hymetière et de Saint-Lupicin
(début 12e s.), celle de Boussières et la crypte de Saint-Désiré à
Lons-le-Saunier en sont les témoins les mieux conservés.

Un art gothique tardif

Le style gothique a eu du mal à s'imposer face au style roman
en Franche-Comté. La fin du 13e s., qui marque la fin de la
période gothique, emprunte encore des caractéristiques
romanes sur les édifices en construction de style gothique.
Saint-Anatoile de Salins est l'église qui reflète le mieux
cette période de transition. Le goût persistant pour
l'arc en plein cintre donne aux églises comtoises un
caractère qui leur est propre. Le gothique ne
connut sa véritable extension en Franche-Comté qu'en adoptant les formes flamboyantes vers
le milieu du 15e s. L'église comtoise flamboyante se compose de trois hautes nefs aveugles
séparées par d'élégantes arcades en tiers-point
soutenues par des piliers ronds le long desquels s'engagent les nervures des voûtes et les
moulures des arcades. Elle est surmontée
d'un clocher monumental. De grandes

Clocher de Deservillers

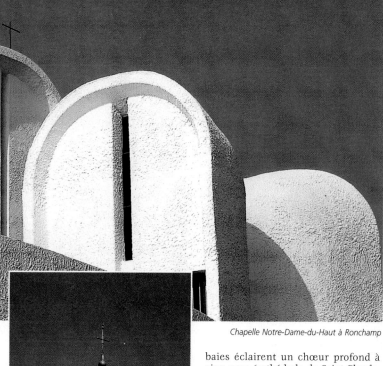

Chapelle Notre-Dame-du-Haut à Ronchamp

Clocher traditionnel comtois

baies éclairent un chœur profond à cinq pans (cathédrale de Saint-Claude, collégiale de Poligny) cerné par deux chapelles. La mesure et la sobriété propres à l'esprit comtois ont su éviter toutes les manifestations excessives qui, ailleurs, ont souvent caractérisé le gothique flamboyant : les voûtes à liernes et tiercerons sont rares (la basilique Notre-Dame de Gray en donne cependant un exemple) et seules les chapelles seigneuriales (Mièges) s'ornent d'importantes clefs pendantes.

Renaissance et art classique : période des grands chantiers

L'apport de la **Renaissance** italienne ne toucha que très superficiellement et très tardivement l'architecture religieuse comtoise. Les nouvelles formes apparaissent essentiellement sur les annexes des édifices : chapelles des églises à Pesmes ou portes d'entrée au collège de l'Arc à Dole.

L'**art classique**, également freiné par la persistance du gothique, ne s'épanouit pleinement qu'après 1674. La destruction de nombreuses églises pendant la guerre de Dix Ans (1633-1643) associée à la petitesse et au mauvais état des églises léguées par le Moyen Âge expliquent le nombre considérable de constructions entreprises jusqu'à la Révolution.

L'élément le plus caractéristique de cette période et le plus typique de l'architecture religieuse comtoise est le clocher formant porche, coiffé d'un dôme « à l'impériale », c'est-à-dire à quatre contre-courbes, couvert de tuiles vernissées. Trois plans prédominent : l'église à nef unique, avec ou sans transept, l'église à plan centré et l'église-halle à trois nefs d'égale hauteur. L'intérieur est souvent peint de blanc. L'ordonnance de façade s'anime de frontons, de pilastres et de colonnes.

La fin du 18e s. et la première moitié du 19e s. adoptent le style antiquisant néoclassique, au décor volontairement simple voire austère. Comme dans les temples antiques, la ligne droite a supplanté la courbe.

Art contemporain : un renouveau spirituel

La Franche-Comté peut s'enorgueillir d'avoir été le théâtre d'un renouveau de l'art religieux. Dans les années 1950 et 1960, d'importantes créations architecturales ont vu le jour comme à Audincourt, Ronchamp et Dole (église Saint-Jean-l'Évangéliste). Une volonté de mettre en valeur la spiritualité de ces lieux est souvent sensible dans l'élan plastique des formes et la maîtrise des effets décoratifs de la lumière.

Dans le même esprit, de nombreux artistes, tels Manessier, Gabriel Saury, Bazaine, Le Moal, Fernand Léger, ont également contribué à faire vivre ou revivre des édifices grâce à leurs vitraux, sculptures, mosaïques ou tapisseries.

Forteresses et demeures

Souvent ravagée par les guerres et les invasions, la province s'employa à reconstruire durant les périodes de répit. Aussi les grands chefs-d'œuvre y sont peu nombreux. La sobriété des ouvrages comtois ne saurait néanmoins les priver d'un charme particulier, parfois enrichi d'influences extérieures.

À l'**époque gallo-romaine**, la Séquanie était riche mais elle résista difficilement aux invasions des 9e et 10e s., aussi ne reste-t-il que bien peu de vestiges de ce glorieux passé. L'arc de triomphe romain que les Bisontins appellent Porte noire, la voie romaine de Boujailles, les vestiges du théâtre de Mandeure près de Montbéliard constituent à peu près les seuls témoins de cette période.

Moyen Âge : l'apogée du château fort

Après la désagrégation de l'autorité carolingienne, les seigeurs affirment leur pouvoir local et construisent leur châteaux. Emprunté aux populations nordiques, le **donjon** ou **château à motte** (11e s.) reste très sommaire ; il se compose d'une motte (tertre de terre) entourée d'un fossé et surmontée d'une tour en bois quadrangulaire. Des **forteresses de pierre**, édifiées principalement sur des hauteurs (Pesmes, Champlitte), voient ensuite le jour : l'enceinte abrite les bâtiments de service et d'habitation ; le donjon y reste le point fort. Le 13e s. marque l'apogée du château fort.

L'habitat seigneurial devient la **maison forte**. Située à l'écart des villages, elle repose sur une plate-forme artificielle entourée d'un fossé en eau. Les bâtiments – logis et communs – se répartissent autour d'une cour centrale.

Les 14e et 15e s. ne furent pas propices aux châteaux : la guerre de Cent Ans provoqua de larges destructions. Le château du Pin (15e s.), admirablement conservé, offre un témoignage intéressant de l'architecture militaire médiévale.

Renaissance : prospérité et influences italiennes

Au 16e s., avec le retour de la paix et de la prospérité, de nombreux châteaux subissent des transformations : amélioration de leur défense grâce à la récente invention du boulet de métal, beaucoup plus puissant que le boulet de pierre, au renforcement des remparts, au percement de canonnières, à l'édification de tours d'artillerie protégeant l'entrée.

L'aristocratie préfère souvent le confort de son hôtel à la ville où s'exprime véritablement l'art de la Renaissance. L'architecture civile s'est largement ouverte aux formes séduisantes venues d'Italie comme en témoigne le palais de Perrenot de Granvelle, construit à Besançon vers 1534. La Franche-Comté s'est enrichie de monuments aux façades à ordres superposés (hôtel de ville de Gray). Des frontons apparaissent au-dessus des fenêtres, remplaçant progressivement les arcs en accolade. Au rez-de-chaussée, l'arc en anse de panier, utilisé pour les portes ou les galeries ouvertes, introduit un rythme sans doute d'inspiration espagnole (cour intérieure du palais Granvelle à Besançon).

Une large part du renouveau architectural se traduit dans la décoration florale (façade du château de Champlitte). L'architecte décorateur Hugues Sambin (1518-1601), né près de Gray et connu pour ses réalisations bourguignonnes, a fait de la façade polychrome du palais de justice de Besançon (1581), son chef-d'œuvre comtois.

Saline d'Arc-et-Senans

Château de Champlitte

Époque classique : l'œuvre de Vauban

Au 17e s., la Comté est meurtrie par la guerre de Dix Ans. Ce n'est qu'après 1674, date du rattachement de la province à la France, que l'architecture prend un nouvel élan. La position stratégique de la région oblige le royaume à envisager une véritable politique de fortification dont la mise en œuvre est confiée à **Vauban**. Bien qu'en partie détruite, l'œuvre monumentale de Vauban a modelé certaines zones du paysage franc-comtois. Le grand mérite de l'architecte royal est d'avoir mené à son apogée la conception du tracé bastionné dont le principe consiste à encadrer une courtine de deux bastions de façon qu'ils se protègent mutuellement. Il sut parfaitement l'adapter au relief de chaque site aussi bien pour les enceintes urbaines (Belfort, Besançon) que pour les forts (fort Saint-André de Salins-les-Bains).

L'architecture civile en revanche s'épanouit réellement au 18e s., période illustre et féconde pour l'art comtois. La réalisation la plus originale de cette époque est la saline royale d'Arc-et-Senans, conçue comme une ville idéale par l'architecte

Front royal à la citadelle de Besançon

visionnaire Ledoux. Les châteaux (dont le plan type est en fer à cheval comme à Moncley), les hôtels particuliers et les édifices civils présentent alors des façades parfaitement symétriques, percées de grandes ouvertures surmontées de frontons triangulaires ou arrondis. Ces monuments, qui atteignent pour certains la perfection avec le style Louis XVI, se caractérisent également par leurs hauts toits traditionnels.

Le palais Granvelle à Besançon

La peinture et la sculpture

La peinture et la sculpture, à l'image de l'architecture religieuse et civile, ont subi des influences principalement bourguignonnes et flamandes mais de nombreuses œuvres d'art révèlent néanmoins le talent des artistes locaux.

Le Valromey, par A. Ponthus-Cinier

La peinture

Elle a dès les 12e et 13e s. une vocation essentiellement religieuse alors que la sculpture n'en est qu'à ses balbutiements. Les 14e et 15e s. voient se diffuser parallèlement à la peinture un art du retable qui dénote des influences essentiellement flamandes (retable de la Passion du musée de Besançon). Mais au 16e s., l'élan des primitifs comtois ne trouve pas de suite : seul Jacques Prévost, formé en Italie, réalise alors des œuvres de qualité (triptyque de Pesmes). Aussi, les nobles achètent au cours de leurs voyages des tableaux flamands et italiens dont certains appartiennent toujours au patrimoine franc-comtois (église de Baume-les-Messieurs, cathédrale et musée des Beaux-Arts de Besançon).

Aux siècles suivants, la Comté peut se prévaloir d'avoir donné naissance à quelques artistes connus : l'habile peintre de batailles Jacques Courtois (1621-1676), le portraitiste bisontin Donat Nonotte (1708-1785) et surtout Courbet (1819-1877), ardent défenseur du réalisme.

La sculpture

Elle demeura ignorée des maîtres comtois à l'époque romane. Il faut attendre le 14e s. pour qu'un véritable courant de création, influencé par l'art bourguignon et notamment par Claus Sluter, naisse. Le réalisme et la puissance expressive du maître marquèrent toutes les œuvres du 15e s. (celles de la collégiale de Poligny et le remarquable saint Paul à Baume-les-Messieurs). Dès cette époque se développa également l'art du mobilier religieux : les magnifiques stalles de Saint-Claude (15e s.) et celles plus tourmentées de Montbenoît (16e s.) en témoignent.

Au 16e s, des sculpteurs italiens sont appelés sur les chantiers comtois. La tradition gothique est peu à peu abandonnée et des artistes locaux, comme Claude Arnoux, dit Lullier (retable de la chapelle d'Andelot à l'église de Pesmes), et Denis le Rupt (chaire et tribune d'orgues de Notre-Dame de Dole), adoptent le nouveau style.

À l'époque classique, la statuaire religieuse tombe dans l'académisme ; seul le mobilier révèle encore l'originalité et la sûreté du goût des artistes locaux (boiseries de Fauconnet à Goux-les-Usiers).

Vue présumée du Creux-Billard, par Courbet

Quelques sculpteurs connurent une certaine notoriété : Clésinger, Luc Breton et surtout Perraud (1819-1876) dont l'inspiration romantique sut produire des œuvres empreintes de sensibilité et d'émotion (musée de Lons-le-Saunier).

À la fin du siècle, Bartholdi immortalisa à Belfort la résistance de la ville en 1870, en sculptant à même le roc un lion monumental.

Arts décoratifs

Le fer forgé

Le fer forgé a connu au 18e s. un grand développement. Des ensembles comme la grille de l'hôpital Saint-Jacques à Besançon et celle de l'hôpital de Lons-le-Saunier rivalisent avec les chefs-d'œuvre de Jean Lamour à Nancy.

Dans les vieilles rues de Dole et de Besançon, de nombreuses grilles ventrues protègent les fenêtres. Elles seraient, au moins par leur nom : les « rejas », une trace de l'influence espagnole. Sans doute leur renflement a-t-il été imaginé pour permettre aux Bisontines, comme aux Sévillanes, de glisser au-dehors une tête curieuse, mais le climat jurassien n'est guère propice aux sérénades andalouses.

Retable de Fouvent-le-Haut

Stalles de Montbenoît

Saline royale d'Arc-et-Senans

*Villes
et sites*

Abbaye d'**Acey**

On pourrait s'étonner de la variété des styles harmonieusement réunis dans cette vénérable abbaye du 12e s. C'est que, contrairement à la verdoyante et paisible vallée de l'Ognon où elle est installée, l'abbaye a connu un destin des plus tourmentés, et il a fallu toute la détermination et la patience légendaire des moines pour s'y maintenir. Plusieurs fois ravagée par les guerres et par le feu depuis le 17e s., l'abbaye a retrouvé sa sérénité monastique qu'elle partage avec ses hôtes ou visiteurs de passage.

Des 13 églises que les cisterciens, venus de Bourgogne, avaient construites en Franche-Comté, c'est la seule qui subsiste. C'est aussi le seul couvent de Franche-Comté appartenant à cet ordre qui soit encore occupé par les moines.

La situation
Cartes Michelin nos 66 pli 14 ou 243 pli 18. Haute-Saône (70). Aux confins du Doubs, du Jura et de la Haute-Saône, l'abbaye est située à quelque 10 km à l'Est de Pesmes. Aucune route ne suit de près la vallée mais la D 459 jusqu'à Vitreux est un accès agréable.

Les gens
Drapés dans leurs bures, les moines évoluent entre les murs silencieux de l'abbaye au rythme de la prière, de l'étude et du travail manuel.

visiter

L'abbaye est avant tout un lieu de prière et de silence : seule l'église peut se visiter en respectant le calme et le caractère sacré des lieux.

Église★
8h-12h, 14h-18h30, dim. et j. fériés 8h-10h50, 14h-17h50.
Le bâtiment tenant lieu de narthex et qui constituait la nef de l'église initiale possède de puissants piliers qui délimitaient autrefois les bas-côtés. Une petite porte à droite donne accès à l'église actuelle, remarquable par ses vastes proportions, son architecture dépouillée et la grande clarté qui y règne. L'édifice n'a plus sa longueur primitive et se présente selon un plan approximativement en croix grecque. Trois courtes nefs précèdent un large transept sur lequel s'ouvrent une abside et quatre chapelles à chevet plat selon la disposition cistercienne. L'église a été dotée d'un ensemble de **verrières « monobloc »** (une seule plaque de verre par baie). C'est l'œuvre d'artistes régionaux : le peintre Jean Riccardon et le maître verrier Pierre Alain Parrot.

Sobriété et harmonie se dégagent de cette nouvelle parure de verrières dont la gamme de couleurs se limite aux noir, gris, bleu et blanc.

Alaise

Un massif qui domine le Lison, un ancien oppidum gaulois et un toponyme évocateur, tout était réuni pour que certains érudits comtois y voient le site de la célèbre bataille d'Alésia. Plus d'un siècle après, la thèse comtoise semble définitivement écartée et ce n'est pas Vercingétorix mais le savant bisontin Alphonse Delacroix qui est honoré par une statue. Il faut reconnaître qu'il a bien œuvré pour la célébrité des lieux !

La situation
Cartes Michelin nᵒˢ 70 pli 5 ou 243 pli 19 – Doubs (25).
C'est par la D 139, au départ de Nans-sous-Sainte-Anne que l'on peut rejoindre cette petite localité très retirée.

Le nom
Alaise, autrefois *Alasia*, semble avoir la même origine qu'Alise-Ste-Reine. Mais cela n'a pas suffi pour entrer dans l'Histoire.

Les gens
Les archéologues ont longtemps volé la vedette aux habitants, autrefois appelés les Mendjous, mais le village a fini par retrouver son calme.

comprendre

Alaise ou Alésia ?
Un site controversé – Dans les bois, à 1 km à l'Est de ce village, s'élevait jadis une vaste forteresse gauloise d'où les fouilles ont extrait un grand nombre d'armes et d'objets divers.

Des discussions passionnées entre archéologues ont été ouvertes, en 1855, par le Bisontin **Alphonse Delacroix** qui soutenait que l'Alésia de Vercingétorix était Alaise et non Alise-Ste-Reine en Côte-d'Or *(voir LE GUIDE VERT Bourgogne).*

Par la suite, la thèse comtoise eut pour ardent défenseur l'érudit **Georges Colomb** (1856-1945) qui fut aussi, sous le pseudonyme de Christophe, le spirituel auteur de célèbres livres pour la jeunesse.

Rendons à César ce qui est à César – Toutes ces études n'ont pu aboutir et sont contredites par les recherches commandées par Napoléon III ; si bien qu'aujourd'hui et jusqu'à preuve du contraire, c'est bien sur le site bourguignon d'Alise-Ste-Reine que s'est déroulée la célèbre bataille.

> **DE VAINES RECHERCHES**
> Les érudits comtois se sont acharnés en vain à trouver un site régional pour la bataille d'Alésia. Parmi les lieux retenus figurent Salins-les-Bains, Syam et Chaux-des-Crotenay.

se promener

Oppidum
Accès aux vestiges par une route goudronnée prenant à droite, à la sortie du village sur la D 139 ; laisser la voiture au parc de stationnement dans une clairière et poursuivre à pied sur 200 m. Vous voulez vous faire une idée sur la question ou simplement vous balader, le mieux est de vous rendre sur le site. Il s'agit d'un vaste plateau de quelque 1 500 ha qui domine deux rivières, le Todeure et le Lison. L'endroit le plus significatif est le lieu-dit Camp de Châtillon dont les « huttes », abris sommaires, ont été fouillés en 1952.

Belvédère
À 1 km au Sud du village (D 139) a été aménagé un belvédère qui domine le Lison de ses 194 m.

Archéologue passionné s'il en fut, A. Delacroix surveille toujours ce site où il a toujours cru reconnaître le lieu de la bataille d'Alésia.

Ambronay

Petite ville, grand nom, Ambronay s'est développé autour d'une abbaye bénédictine fondée au 9e s. par saint Barnard, chevalier de Charlemagne. Elle prend une dimension internationale à l'occasion du festival de musique baroque.

La situation
Cartes Michelin nos 74 pli 3 ou 244 pli 5 (6 km au Nord d'Ambérieu) – Ain (01).
Privée depuis longtemps de ses remparts, la ville s'ordonne autour de la rue principale qui concentre la plupart de ses activités.

Le nom
Quelques vestiges et de fréquentes mentions d'une *villa Ambruniaci* plaident pour une origine romaine.

Les gens
1 996 Ambrunois ou Ambournois. De mi-septembre à mi-octobre, ils reçoivent le renfort des musiciens et mélomanes venus pour le festival de musique baroque.

FESTIVAL DE MUSIQUE BAROQUE

En célébrant ses 20 ans en 1999, le célèbre festival d'automne a consacré, s'il en était besoin, un succès qui ne s'est jamais démenti au fil des ans. Que ce soit la merveilleuse acoustique de l'abbaye, la richesse de la programmation ou la présence de nouveaux talents, tout concourt à faire de cette fête conviviale un rendez-vous très apprécié des mélomanes. Les principaux concerts ont lieu dans l'abbaye mais sont complétés par des soirées musicales beaucoup plus intimistes à la tour Dauphine ou dans d'autres lieux privilégiés.

---

visiter

Il ne manque que les longues bures qui glissaient jadis silencieusement dans ces lieux de prière et de recueillement.

Ancienne abbaye
9h-12h, 14h-16h, dim. 14h-16h (avr.-sept. : fermeture à 18h). Gratuit. ☎ *04 74 34 52 72.*
De cette abbaye, plusieurs fois reconstruite, il reste l'église, le cloître, la salle capitulaire et la majorité des bâtiments conventuels.

Église★ – Elle est en majeure partie des 13e et 15e s. avec quelques vestiges plus anciens (sous l'avant-chœur ont été découverts des restes de l'ancienne église carolingienne) ; la façade a été mutilée. Sur le linteau du portail central, on voit la Résurrection des morts (13e s.) : au centre, Abraham reçoit les âmes dans son manteau. Dans le bas-côté gauche dans un enfeu, on remarque une Pietà du 15e s. en pierre polychrome.
Dans le chœur, verrières et stalles (restaurées) du 15e s.

À gauche du chœur, la **chapelle Sainte-Catherine** abrite le **tombeau★** de l'abbé Jacques de Mauvoisin (15e s.), restaurateur de l'église.

Cloître – *Accès par une porte du collatéral droit.* Le cloître (15e s.) comporte, au-dessus d'arcades aux élégants fenestrages, une galerie à laquelle on accède par un escalier d'angle Louis XIV (*très restauré*).

Arbois★

Ville phare du vignoble jurassien, Arbois recèle nombre de caves, plus ou moins prestigieuses, vers lesquelles se pressent avec gourmandise les amateurs de crus régionaux. Le classement AOC en 1936 et les médiatiques initiatives d'Henri Maire ont en effet consacré le succès des vins du Jura. Mais Arbois doit également beaucoup à Pasteur qui a largement contribué, par ses recherches et ses conseils, à la renaissance du vignoble dévasté par le phylloxéra. Tous ces atouts feraient presque oublier la beauté du site au seuil d'une magnifique reculée qui cache bien d'autres trésors.

La situation

Cartes Michelin nos 70 pli 4 ou 243 pli 30 – Jura (39).
Desservie par la N 83, Arbois se découvre idéalement en suivant la route des vins. En venant de Poligny, quitter la N 83 à Buvilly et rejoindre Arbois par Pupillin. La descente sur Arbois découvre la ville dominée par l'impressionnant clocher (60 m) de l'église St-Just. Dans Arbois, le pont des Capucins offre de belles vues sur la Cuisance, les collines, les vieilles maisons, les restes des fortifications, notamment la tour Gloriette.

🛈 *Rue de l'Hôtel-de-Ville, 39600 Arbois,* ☎ *03 84 37 47 37.*

Le nom

Site prédestiné s'il en est, Arbois doit son nom à deux mots celtes, « Ar » et « Bos », qui signifient « terre fertile ».

Les gens

3 900 Arboisiens. Leur histoire, même contemporaine, confirme leur réputation de caractère obstiné qui n'enlève rien à leur tout aussi légendaire hospitalité. À votre santé !

« Que chacun de vous, mes frères, se fortifie donc le Corps et se réjouisse l'Esprit avec la quantité de Vin que la Bonté Divine a voulu lui permettre d'absorber ». Extrait du Joyeux sermon de l'évêque de Mayence, rapporté par Goethe et mis à l'honneur par Henri Maire.

comprendre

Têtes chaudes – Les habitants d'Arbois sont restés célèbres dans toute la Comté pour leur ardeur à manifester un esprit volontiers frondeur et indépendant. Leurs séditions ne se comptent plus. En 1834, lorsque Lyon se soulève, ils proclament la République. Mais ils restent tout interdits quand ils s'aperçoivent que les limites du nouveau régime ne dépassent pas les murs de leur petite cité. Il leur faut revenir à Louis-Philippe. C'est lors de cette insurrection que les habitants d'Arbois, venus réclamer de la poudre à la sous-préfecture de Poligny, et sommés de désigner ceux qui les avaient entraînés à la révolte, firent cette réponse demeurée célèbre : « **No san tou tchefs** » (nous sommes tous chefs).

PASTEUR À ARBOIS

Louis Pasteur est né à Dole, mais sa véritable petite patrie comtoise est Arbois. Il a passé là sa jeunesse, ses parents y sont morts, et, jusqu'à la fin de sa vie, il n'a jamais manqué d'y venir en vacances.
Les pasteurs s'installent dans la ville en 1827. Il fréquente d'abord l'école primaire, puis le collège (dans la cour, on peut voir encore un cadran solaire de sa fabrication). Réfléchi jusqu'à donner l'apparence de la lenteur, travailleur, consciencieux, il ne compte que parmi les élèves moyens. En 1843 commence, avec l'École normale, la carrière qui a fait de Pasteur un des plus grands hommes que l'humanité ait produits. Il débute par la science pure : ses études sur la géométrie des cristaux sont remarquées. Puis il aborde les problèmes pratiques.

On le savait scientifique de génie, mais Pasteur avait de multiples talents dont celui de peintre : il a fait le portrait de ses parents, de ses amis, en des pastels et crayons qui ne manquent pas d'accent.

À l'image de son clocher qui se dresse fièrement au-dessus des vignobles, Arbois porte haut les couleurs du tourisme viticole.

Par ses recherches sur les fermentations, il préserve le vin, la bière, le vinaigre des maladies ruineuses ; par ses observations sur le ver à soie, il sauve la sériciculture. Par ses vaccins, il guérit la rage chez l'homme, le charbon chez les animaux. Ses théories microbiennes ont révolutionné la chirurgie et la médecine : l'antisepsie, l'asepsie, l'isolement des malades en découlent. Pasteur a également ouvert la voie à la thérapeutique par les sérums. En 1895, le grand savant, malade, ne peut se rendre à Arbois. Le 28 septembre, il n'est plus.

visiter

Maison de Pasteur★

De Pâques à mi-oct. : visite guidée (1/2h) dép. à 14h15, 15h15, 16h15, 17h15 (juin-sept. : à 9h45, 10h45, 11h45 et 14h15-18h15). 32F. ☎ 03 84 66 11 72.

◄ 🕮 La visite de la maison où Pasteur passa sa jeunesse constitue un pèlerinage émouvant. Située au bord de la Cuisance, la tannerie de son père n'avait pas l'importance actuelle. C'est l'illustre savant qui l'a progressivement agrandie en achetant la maison mitoyenne et en modernisant les installations pour son atelier et ses enfants. La maison a gardé les décors d'origine et restitue fidèlement le cadre de vie familial. À la décoration un peu ostentatoire du vestibule succède l'ambiance feutrée et confortable du salon dans lequel trône un grand billard ; parmi les souvenirs personnels, on remarque de nombreux portraits de famille et un tableau représentant J.-Baptiste Jupille, courageux berger jurassien sauvé de la mort par le traitement de Pasteur contre

DE PRÉCIEUX CONSEILS
Quand, chaque année, le savant revient à Arbois, il est très sollicité. Les vignerons le considèrent comme le sorcier des vins et, dès qu'une bouteille se pique, viennent frapper à sa porte. On le croit aussi médecin et l'espoir d'une consultation gratuite conduit vers son cabinet les Arboisiens économes.

carnet pratique

OÙ DORMIR

• *Valeur sûre*
Jean-Paul Jeunet – *R. de l'Hôtel-de-Ville* - ☎ 03 84 66 05 67 - *fermé déc., janv., mar. soir et mer. midi sf sept. et vac. scol. et mar. midi* - 12 ch. : 420/600F - 🍴 68F - *restaurant 220/580F.* Mariage heureux de la tradition et de la modernité dans cette maison discrète en plein centre-ville. Chambres confortables au décor contemporain. Dans la salle à manger, les poutres de bois clair et la cheminée de pierre côtoient les tissus aux couleurs actuelles. Table étoilée.
Annexe Le Prieuré – ☎ 03 84 66 05 67 - 🅿 - 6 ch. : 350/430F - 🍴 68F. C'est l'annexe de l'hôtel Jean-Paul Jeunet précédemment cité, dans la maison familiale, à 200 m de là. Entrez par une petite cour fleurie. Ses chambres, plus au calme, sont meublées à l'ancienne.

OÙ SE RESTAURER

• *À bon compte*
Les Rives de l'Oizenotte – *Étang de Nohant* - 18700 Oizon - 6 km à l'E d'Aubigny sur D 923 - ☎ 02 48 58 06 20 - *fermé vac. de Toussaint, de Noël, de fév., mar. soir et mer.* - 95/130F. Telle une ancienne buvette, ce petit restaurant a les pieds dans l'eau. Après votre repas sur les planches de sa terrasse, flânez au bord de l'étang de pêche arboré. Cuisine très simple, sans prétention, à prix très honnêtes.
Auberge Le Grapiot – *39600 Pupillin* - 3 km au S d'Arbois par D 246 - ☎ 03 84 66 23 25 - *fermé 20 déc. au 28 janv., lun.*

de sept. à juin et dim. soir - 98/175F. Ne laissez pas le petit creux gâcher le plaisir de votre visite dans ce village vigneron. Cette auberge familiale pourra y remédier. Cuisine régionale simple à prix raisonnables.
Balance – *R. Courcelles* - ☎ 03 84 37 45 00 - *fermé 20 déc. au 7 fév., dim. soir sf du 6 juil. au 31 août et lun.* - 95/145F. Si vous vous arrêtez ici en l'hiver, vous aurez la chance de goûter à la cuisine en cocotte, mijotée par le patron devant vous, sur un ancien fourneau. Quelle que soit la saison, elle se compose toujours de produits frais.
Finette - Taverne d'Arbois – *22 av. Pasteur* - ☎ 03 84 66 06 78 - 89/170F. Cette taverne est bien sympathique avec son décor très rustique, ses tables de bois massif. L'accueil l'est tout autant et vous y goûterez une cuisine du terroir, arrosée des vins du pays, sélectionnés par le patron.

DÉGUSTER

Henri-Maire, les Deux Tonneaux – *Pl. de la Liberté.* Impossible de le manquer car les publicités, et les immenses et alléchantes vitrines sont à la mesure de son implantation dans le pays. Films, dégustations et possibilités de visite de caves.
Rolet – *R. de l'Hôtel-de-Ville.* Petite boutique pour un grand nom du vignoble qui collectionne les récompenses.
Coopérative vinicole d'Arbois – *Pl. de la Liberté.* Propose un vaste choix de vins de vignerons.
Patissier-chocolatier Hirsinger – *38 Grande-Rue.* Meilleur ouvrier de France. Galets d'Arbois, bouchons...

ARBOIS

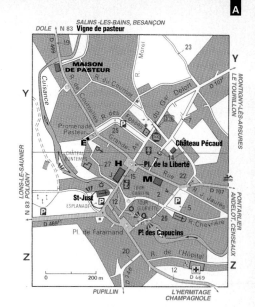

la rage. Au premier étage, deux dessins du jeune Pasteur rappellent ses dons artistiques méconnus. Sa chambre semble intacte : le porte-plume, l'encrier et le sous-main attendent sur le bureau ; la toque familière est là. Dans le laboratoire, où Pasteur travaillait pendant ses séjours à Arbois, sont conservés les instruments et appareils qu'il utilisait, ainsi que des bouillons de culture qui servirent à ses expériences sur la « génération spontanée ».

> ### REMARQUABLE
> Les équipements du laboratoire sont exceptionnels pour l'époque : alimentation en eau courante et en gaz de ville, isolation en liège de l'étuve (double paroi)...

« C'EST LE PIROU »

Comment parler du vignoble sans évoquer le destin d'une de ses figures emblématiques, Henri Maire ? Admiré, jalousé voire détesté, celui qu'on surnomme « le Pirou » ne peut laisser indifférent. La situation du vignoble était dans l'impasse quand il reprend en 1939 l'exploitation familiale. Il faudra toute l'ingéniosité, la détermination et le tempérament volontiers batailleur du jeune vigneron pour redonner une notoriété bien méritée aux crus arboisiens et jurassiens. Son succès, il le doit beaucoup à sa personnalité entreprenante et médiatique ; la fameuse campagne publicitaire du Vin Fou pour le pétillant d'Arbois a été un coup de maître qu'il a su prolonger par d'autres opérations commerciales originales. Après des décennies de lutte, Arbois est devenu la capitale des vignobles jurassiens.

Église Saint-Just

Une esplanade la borde, offrant une vue sur la Cuisance. Cette priorale (12e-13e s.) vaut surtout pour son clocher qui domine la ville de ses 60 m. Élevé au 16e s., en pierre de couleur ocre doré, il se termine par un dôme bulbeux, fréquent en Comté, et un campanile qui abrite un carillon.
À l'intérieur, l'étroite nef, voûtée à l'époque gothique, est séparée des bas-côtés par un ensemble massif d'arcades en plein cintre et de piliers. La chaire, en bois sculpté, date de 1717 et le chœur, à chevet plat, est percé d'une grande baie flamboyante où figurent les 12 apôtres. À l'entrée Sud, épitaphe du capitaine Morel.
Dans le bas-côté gauche, on remarque une très belle Vierge à l'Enfant de la fin du 14e s.

Musée Sarret-de-Grozon

Juil. : tlj sf mar. 15h-18h30 ; août : visite intégrée dans visite guidée de la ville ; juin et sept. : visite guidée (3/4h) w.-end et j. fériés 15h-18h30. Fermé oct.-mai. 10F. ☎ 03 84 37 47 90.
Cet ancien hôtel du 18e s. a conservé ses meubles et ses boiseries évoquant l'atmosphère d'une demeure bourgeoise de l'époque. On y trouve également de belles collections de peintures (œuvres du Jurassien A. Pointelin), de porcelaines et d'argenterie.

LE BIOU
Chaque année, le premier dimanche de septembre, les vignerons rendent hommage au patron de la paroisse. Ils apportent en procession à l'église St-Just une grappe géante, le Biou, tressée de raisins de toute la commune. Cette tradition qui remonte à la nuit des temps, est un moment de fêtes pour la ville qui s'associe étroitement à la vie de ses vignerons.

Château Pécaud
♿ *Mars-oct. : 10h-12h, 14h-18h (juil.-août : 10h-18h) ; nov.-fév. : tlj sf mar. 14h-18h. Fermé 1er janv., 1er mai, 25 déc. 20F.* ☎ *03 84 66 26 14.*

Vestige des anciennes défenses d'Arbois, il abrite l'Institut des vins du Jura ainsi que le **musée du Vin et de la Vigne**. Un parcours extérieur, organisé en petites parcelles de différents cépages, initie aux différentes activités du vigneron. À l'intérieur, des objets illustrent l'histoire du vignoble et de la communauté vigneronne qui marquèrent le 19e s.

alentours

L'Ermitage
2,5 km par la D 469, au Sud du plan. À 1,5 km, quitter la D 469 pour prendre à droite une route qui s'élève en lacet vers une esplanade.

Du rebord du plateau, à proximité de la chapelle, vue sur Arbois et la vallée de la Cuisance.

Pupillin
3 km au Sud par D 246. Sur le plateau qui domine Arbois, Pupillin s'est spécialisé sur un cépage, le poulsard, dont il s'est baptisé « capitale mondiale ». Un belvédère a été aménagé à la sortie du village : belle vue sur une partie du vignoble mais pas sur Arbois.

> **NOMS CÉLÈBRES**
> La qualité de ses vins a valu à Pupillin l'autorisation d'associer son nom à celui d'Arbois. Parmi les grands domaines d'Arbois-Pupillin, celui de **Désirée Petit et Fils** reste une valeur sûre.

Table d'orientation du Tourillon
3 km à l'Est par la D 107.
Vue sur Arbois au pied du plateau de l'Ermitage limité par l'abrupt du Fer à Cheval.

Grottes des Moidons
10 km au Sud du plan. Mai-sept. : visite guidée (3/4h) 10h-12h, 14h-16h45 (juil.-août : 9h15-18h) ; avr. : 14h-16h45. 32F (enf. : 16F). ☎ *03 84 51 74 94.*
Au cœur de la forêt, ces grottes présentent un nombre particulièrement important de **concrétions★**. Leur visite s'achève par un son et lumière mettant remarquablement en valeur les bassins d'eau.

circuits

RECULÉE DES PLANCHES★★
21 km – compter la journée.
Cette reculée est aussi appelée reculée d'Arbois car cette ville en garde le seuil.

Quitter Arbois par la D 107 et, à Mesnay, prendre à droite, à hauteur de l'église, la D 247, qui pénètre bientôt dans la reculée des Planches. Aux Planches-près-Arbois, après l'église, passer un pont de pierre et prendre, tout à fait à gauche, une route étroite, revêtue, qui longe le pied des falaises. Laisser la voiture 600 m plus loin (buvette).

Grande source de la Cuisance
C'est la plus intéressante des deux sources de cet affluent de la Loue. La caverne d'où l'eau tombe en cascade, en période de hautes eaux, constitue l'entrée des grottes des Planches.

Grotte des Planches★
D'avr. à fin oct. : visite guidée (1h) 10h-12h, 14h-17h, fermé ven. en oct. hors vac. scol. (juil.-août : 9h30-18h). 39F (enf. : 16,50F). ☎ *03 84 66 13 74.*
Dans cette grotte creusée au fond de la reculée, sous un impressionnant surplomb, les galeries aménagées illustrent le travail de l'eau et le phénomène d'enfouissement du réseau.
La galerie inférieure, cours de la Cuisance en période de crues, est occupée en période sèche par un chapelet de lacs dont le dernier est à plus de 800 m de l'entrée et qui frappent par la couleur bleutée et la transparence de leurs eaux.

La visite de la grotte des Planches n'est pas du tout la même en été et à l'automne ; en période de crue, une partie du circuit est inondée mais le grondement et le débit de la Cuisance en furie constituent un spectacle vraiment saisissant.

On peut observer, particulièrement en période sèche, les phénomènes d'érosion : longues galeries presque dépourvues de concrétions et dont les parois ont été polies par la rivière souterraine, cheminées élargies par les eaux tourbillonnantes sous pression, gours et surtout belles **marmites de géant**★ à divers stades d'évolution. Dans une galerie annexe sont retracés l'exploration, la formation et l'aménagement de la grotte ainsi que la formation de la reculée. Sous le porche de sortie, des fouilles ont mis au jour des couches d'habitats de l'âge du bronze, du néolithique et du paléolithique.

Petite source de la Cuisance

🚶 *0,5 km au départ des Planches, puis 1h à pied AR. En arrivant d'Arbois, prendre la direction « Auberge du Moulin » et laisser la voiture au parking, au bord de la rivière. Suivre un chemin en montée.*

Les cascades formées en période de grandes eaux par la rivière naissante et la source elle-même occupent un site agréable.

Faire demi-tour. Aussitôt après le pont sur la Cuisance, avant l'église des Planches, tourner à gauche dans la D 339, route revêtue, étroite, en montée. Prendre ensuite, à gauche, la D 469 en corniche. On passe bientôt sous un tunnel que suit un passage rocheux. Laisser la voiture 30 m plus loin au parking.

Revenir sur ses pas pour jouir d'un premier point de vue sur le cirque du Fer à Cheval.

Reprendre la voiture et suivre la D 469.

Belvédère du cirque du Fer à Cheval★★

Laisser la voiture à hauteur d'une auberge et suivre le sentier signalé (10mn à pied AR) qui s'amorce à gauche.

On traverse un petit bois à la lisière duquel le cirque s'ouvre, béant *(barrière de protection)*. Du belvédère dominant de près de 200 m le fond de la vallée, superbe perspective sur la reculée.

Regagner Arbois par la D 469.

LE VIGNOBLE★

Compter la journée. Quitter Arbois à l'Ouest par la N 83.
La route se déroule en vue du plateau jurassien.

Poligny *(voir ce nom)*

Prendre la N 5 en direction de Champagnole.

Culée de Vaux★

Entre Poligny et la surface du plateau, la dénivellation est de 240 m.
La N 5 gravit à flanc de falaise la culée de Vaux où naît la Glantine qui traverse Poligny.

Vaux-sur-Poligny

Ancienne église clunisienne qui présente un curieux toit de tuiles vernissées multicolores.

Belvédère de Monts-de-Vaux★

Ce belvédère aménagé *(parc de stationnement)* permet de jouir d'une belle vue dans l'axe de la reculée dont les versants présentent un joli paysage de prés-bois.

Reprendre la N 5, vers Poligny ; au bout de 3,5 km se détache à droite la D 257, vers Chamole.

Au cours de la montée, **vues**★ étendues sur la culée de Vaux, Poligny et la Bresse.

Regagner Poligny. Quitter la ville par la D 68, au Sud.

Plasne

La promenade dans ce village perché procure de jolies **vues**★ sur la Bresse.

Prendre ensuite la D 96, étroite et accidentée.

Belvédère du cirque de Ladoye★★

40 m après le croisement des D 96 et D 5, un parking, à droite de la route, dessert le belvédère aménagé au-dessus de la reculée.

La vue est impressionnante. Du fond du cirque sort une branche de la Seille.

À Granges-de-Ladoye, prendre la D 204 qui descend d'abord, étroite et sinueuse, jusqu'à Ladoye-sur-Seille. Elle suit ensuite la belle vallée de la Seille. Au croisement avec la D 70, tourner à gauche pour gagner Baume-les-Messieurs.

Baume-les-Messieurs★★★ *(voir ce nom)*

Rejoindre la D 471 en direction de Lons-le-Saunier. Peu après un grand coude qui dévoile un beau panorama sur le vignoble, prendre à droite une petite route en direction de Panessières. Suivre le fléchage pour rejoindre la château du Pin.

Château du Pin★

De mi-juin à mi-sept. : visite donjon, cour intérieure et remparts 13h-19h ; de déb. avr. à mi-juin et de mi-sept. à déb. nov. : sur demande. Fermé Toussaint-Pâques. 25F. ☎ 03 84 25 32 95.

Il s'élève dans un cadre de pâturages et de vignes. Construit au 13e s. par Jean de Chalon, comte de Bourgogne et seigneur d'Arlay, détruit par Louis XI, il a été rebâti au 15e s. et restauré de nos jours.
Le donjon du 15e s. offre une belle vue sur les environs.
Rejoindre la N 83 que l'on prend à gauche en direction de Lons-le-Saunier. Environ 1 km après, prendre à droite la D 38 vers St-Didier et l'Étoile.

AOC
Très varié, le vignoble comporte 4 AOC géographiques qui sont Arbois, Château-Chalon, l'Étoile et les Côtes du Jura. Cette dernière appellation, la plus vaste, s'étend de Port-Lesney au Nord à St-Amour au Sud. Pour plus de détails, se reporter au chapitre du vignoble dans l'Invitation au voyage.

ADRESSE
Idéal pour déguster les vins du pays, le comté est également un atout majeur de la région. À la **fruitière de Plasne**, les lève-tôt peuvent assister (vers 8h, 8h30) à sa fabrication. Renseignements au ☎ 03 84 37 14 03.

Rare témoin comtois de la période médiévale, le château du Pin garde fière allure ; l'imposant donjon est cantonné d'élégantes échauguettes qui atténuent sa sévérité.

L'Étoile

Avec son nom de « star » on ne s'étonnera guère de la grande renommée de ce village qui produit un des grands crus AOC de la région. S'il est petit, le village n'en possède pas moins cinq châteaux, et surtout, quelques domaines très accueillants où l'on peut déguster son fameux vin blanc au goût de pierre à fusil et de noisette.

Château d'Arlay★ *(voir ce nom)*
Reprendre la D 120 en direction de Voiteur. La D 5, très sinueuse, conduit à Château-Chalon.

Château-Chalon★ *(voir ce nom)*
Par la D 68, rejoindre Poligny puis Arbois.

Saline royale d'**Arc-et-Senans**★★

Contrairement à toute attente, il n'y a pas de sel sur la commune d'Arc-et-Senans. Et pourtant, à proximité des bords de la Loue, se dresse l'ancienne Saline royale d'Arc-et-Senans, fleuron de l'architecture industrielle du 18e s. inscrit au patrimoine mondial de l'Unesco. Les sites riches en sel comme Salins étaient déboisés pour le chauffage nécessaire à son extraction et il a semblé plus facile de transporter le sel que le bois. Le site d'Arc-et-Senans, en lisière de la forêt de Chaux a donc été choisi et alimenté par des « samoducs » à partir de Salins.

La situation
Cartes Michelin n⁰ˢ 70 Nord-Est du pli 4 ou 243 pli 18 – Doubs (25). Au Nord de Salins-les-Bains et au Sud de la forêt de Chaux, la fameuse Saline est accessible depuis ▶ le croisement entre la N 83 et la D 472.

Le nom
À l'origine de ce nom, le regroupement de deux communes, Arc (même racine que arche = pont) et Senans.

Les gens
En plein fonctionnement, la saline était prévue pour loger jusqu'à 250 ouvriers.

> **CULTURE**
> Une partie des bâtiments abrite un Centre culturel de rencontre : la **fondation Claude-Nicolas-Ledoux** qui organise de nombreuses manifestations.

comprendre

Une « ville idéale » – En 1773, un arrêt du Conseil du roi décide qu'une saline serait créée, à Arc-et-Senans, pour exploiter les eaux saumâtres de Salins, amenées par des conduites en bois. **Claude-Nicolas Ledoux** est chargé d'en dresser les plans. Il édifia, de 1774 à 1779, la Saline royale, son œuvre majeure, selon un plan semi-circulaire. Les bâtiments de la saline comprenaient à la fois les ateliers de travail et les habitations du personnel.

Tous ont subsisté, ils forment un ensemble impressionnant, parfaite illustration de tout un courant philosophique qui a parcouru l'Europe durant le siècle des Lumières. Dès le début, elle n'assure pas le rendement escompté : 40 000 quintaux annuels au lieu de 60 000. L'essor des nouvelles techniques, en particulier les forges, et une pollution du puits d'Arc par une fuite d'eau salée provoquèrent la fermeture de la saline en 1895.

Lorsque Claude-Nicolas Ledoux établira le projet d'une cité idéale, il se servira de la saline existante comme élément central de la Cité idéale de Chaux.

En 1804 paraît son traité *De l'architecture sous le rapport des arts, de la législation et des mœurs* qui présente très largement ce projet.

Visionnaire pour certains, idéaliste pour d'autres, C.-N. Ledoux ne peut laisser indifférent. Son œuvre, ses projets audacieux et son traité sont des repères majeurs dans l'histoire de l'architecture.

CLAUDE-NICOLAS LEDOUX (1736-1806)

Inspecteur général des Salines de Lorraine et de Franche-Comté, Ledoux est un architecte visionnaire très influencé par les idées du siècle des Lumières. Sa réalisation majeure reste la Saline mais il est à l'origine de projets très audacieux *(voir son musée)* et de réalisations très originales : les pavillons de l'enceinte parisienne dite des Fermiers Généraux – et notamment les rotondes de la Villette et du parc Monceau –, le château de Bénouville (Calvados), le théâtre de Besançon (aujourd'hui disparu), de nombreux hôtels particuliers...

visiter

LA SALINE ROYALE★★

Avr.-oct. : 9h-12h, 14h-18h (juil.-août : 9h-19h) ; nov-mars : 10h-12h, 14h-17h. Fermé 1ᵉʳ janv. et 25 déc. 39F. ☎ *03 81 54 45 45.*

Entrée

Face à la route de Salins, elle est constituée par un péristyle auquel fait suite un décor de rochers. Le bâtiment abritait le corps de garde, le four banal, le lavoir, la justice et la prison, car la saline était conçue comme une véritable petite ville. Il sert aujourd'hui de salle d'accueil, de librairie et de boutique.

Il faut prendre de l'altitude pour visualiser l'ensemble du site exceptionnel qui n'est qu'une partie de la « cité idéale » rêvée par Ledoux.

carnet d'adresses

Où dormir

• *À bon compte*

De Hoop – *25610 Arc-et-Senans - fermé de nov. à mai - 5 ch. : 240/350F - ☕ 40F - restaurant 95/150F.* Voisin immédiat de la Saline royale, un organiste hollandais talentueux et attachant fait vivre ce noble relais de poste du 18e s. Chambres confortables avec vue sur la Saline ou le jardin agréable. Au menu, bœuf batave, saucisse de Morteau et plat exotique.

Chambre d'hôte Le Val d'Amour – *39380 Ounans - 13 km au SO d'Arc-et-Senans par D 17E puis D 32 et D 472 - ☎ 03 84 37 62 28 - fermé déc. - ⊄ - 4 ch. : 220/260F.* Vous serez accueilli amicalement dans cette paisible maison particulière, non loin d'Arc-et-Senans. Petit-déjeuner sur la terrasse, par beau temps, avec vue sur les champs. Chambres simples et douillettes.

• *Une petite folie !*

Château de Germigney – *39600 Port-Lesney - 7,5 km au SE d'Arc-et-Senans par D 17E et D 48E - ☎ 03 84 73 85 85 - fermé janv. et fév. - P - 14 ch. : 600/1000F - ☕ 80F - restaurant 180/295F.* Le calme et le charme sont réunis dans cette ancienne maison de maître adossée à un parc. Les chambres joliment meublées sont coquettes avec leur parquet en cèdre du Liban. Deux salles à manger dont une ouvrant sur le parc. La table étoilée vous réserve de bonnes surprises.

Où se restaurer

• *À bon compte*

Relais – *Pl. de l'Église - 25610 Arc-et-Senans - ☎ 03 81 57 40 60 - fermé 15 déc. au 20 janv. et dim. soir - 58/180F.* Sur la place de l'Église, un restaurant qui ne va pas vous ruiner. Entrez par la petite terrasse où vous vous installerez en été. Salles à manger avec pierres, poutres apparentes et carrelage ancien. Quelques chambres modestes mais proprettes.

Maison du directeur

En face de l'entrée. Ce bâtiment, qu'un incendie avait ravagé en 1918 et dont on avait dynamité la façade en 1926 alors qu'il allait être classé Monument historique, a été restauré. Les colonnes de son péristyle présentent des tambours alternativement carrés et cylindriques. Au sous-sol se trouvait le magasin du sel, au rez-de-chaussée et à l'étage l'activité directoriale et l'escalier d'honneur dont le palier était aménagé en chapelle, au-dessus les administrations.

Dans la cave occupée par des expositions sont expliqués les raisons du choix de cet endroit pour la construction d'une saline ainsi que son fonctionnement. Un film sur les sauniers au début du 20e s. et un diaporama agrémentent la visite.

Cour

Elle montre admirablement la noblesse et l'originalité de la construction : tous les bâtiments situés sur le pourtour de l'hémicycle sont symboliquement orientés vers

la maison du directeur, cœur de l'entreprise. L'ensemble de l'œuvre présente une profonde unité de style et l'on est frappé par la beauté, la robustesse et l'agencement grandiose des pierres. L'influence de Palladio, architecte italien du 16e s., apparaît dans les colonnes et les frontons à l'antique ; celle des constructions comtoises, dans le dessin des toitures.

Bâtiment des tonneliers

À gauche de l'entrée. Le **musée Ledoux** qui y est installé renferme une soixantaine de maquettes d'architecture à l'échelle 1/200 ou 1/100, révélatrices des conceptions de la vie sociale selon Claude-Nicolas Ledoux. Dans l'aile droite sont exposés les monuments qu'il construisit, aujourd'hui pour la plupart disparus : le théâtre de Besançon dont il ne reste que la façade, la saline d'Arc-et-Senans, le château de Maupertuis. Présentées dans l'aile gauche, la Cité idéale de Chaux, la forge à canons, la maison des surveillants de la source de la Loue illustrent les rêves qu'il ne put réaliser.

Bâtiments des sels

De part et d'autre de la maison du Directeur. Ils ont été convertis en salles de concerts, de manifestations et d'expositions temporaires présentées chaque année en été.

Les bâtiments de la cour sont ornés de motifs sculptés en forme de cols d'urnes d'où s'échappent des flots pétrifiés évocateurs de la source de l'activité de la saline.

alentours

LE VAL D'AMOUR

Le nom enchanteur de cette partie de la vallée de la Loue est surtout connu pour ses légendes et pour sa séduisante rivière. La vallée était très animée jusqu'au début du siècle par de très nombreux métiers qui étaient très souvent liés à l'exploitation du bois.

Chissey-sur-Loue

Son intéressante **église** du 13e s. s'ouvre par un porche majestueux dont le tympan conserve une sculpture du Christ à la colonne. À l'intérieur, on remarque les babouins qui soutiennent la corniche de la grande nef, un retable doré de saint Christophe du 17e s., une statue géante de pierre polychrome de saint Christophe (15e s.)...

Port-Lesney★

Ce joli village, au bord de la charmante rivière de la Loue, est une villégiature estivale fréquentée. Le dimanche, pêcheurs, amateurs de canotage, gourmands de truites et de friture y affluent.

De la chapelle de Lorette par un sentier *(1h AR)* en sous-bois, on accède au belvédère Edgar-Faure qui domine le village et toute la vallée.

Chamblay

En suivant la Loue on arrive dans ce petit village qui reste très lié à l'histoire du flottage du bois. Cette activité s'est développée à partir du 18e s. pour approvisionner la Marine royale, avant de se diversifier avec le chauffage et les industries. La forêt de Chaux n'est pas loin et le meilleur moyen de transporter le bois a longtemps été la Loue dont le débit était très puissant pendant les crues. Elle était aussi souvent imprévisible et dangereuse et les manœuvres des grands radeaux nécessitait une grande habileté et beaucoup d'expérience.

LES RADELIERS DE LA LOUE

Les conducteurs de radeaux ont longtemps animé les rives de la rivière avant de disparaître à l'arrivée du chemin de fer. Depuis 1994 la confrérie Saint-Nicolas des Radeliers de la Loue fait revivre tous les ans ce métier oublié grâce à d'intéressantes manifestations.

Château d'**Arlay**★

Au bord de la Seille, au cœur d'un vignoble réputé, le nom d'Arlay résonne encore des hauts faits de la puissante famille de Chalon. La forteresse médiévale a été abandonnée au 17e s. et remplacée par un imposant château édifié au 18e s. Doté d'un mobilier exceptionnel, de caves très fournies et d'un superbe parc agrémenté de démonstrations de rapaces, ce lieu historique est devenu une étape qui ne manquera pas de séduire toute la famille.

La situation
Cartes Michelin nos 70 pli 4 ou 243 pli 30 (12 km au Nord de Lons-le-Saunier) – Jura (39). Le « nouveau » château et ses communs sont disposés symétriquement pour être vus de loin.

Le nom
La terre d'Arlay a donné son nom à une branche de la célèbre famille de Chalon : les Chalon-Arlay.

Les gens
Si Jean de Chalon l'Antique (13e s.) est le plus célèbre des Chalon, plus récemment le prince d'Arenberg, propriétaire du château au 19e s., a fasciné les Comtois par son train de vie fastueux.

> **À BOIRE**
> Arlay est un des villages viticoles les plus connus de l'appellation « Côtes du Jura ». Le château a naturellement son domaine et propose la dégustation et la vente de ses vins toute l'année.

visiter

Château
 ♿ *De mi-juin à mi-sept. : visite guidée intérieur du château (1/2h), visite libre du parc et de Jurafaune 14h-18h. 52F.* ☏ *03 84 85 04 22.*

L'édifice actuel a été construit au 18e s. à l'emplacement d'un ancien couvent de minimes, par la comtesse de Lauraguais ; il a été réaménagé en 1830 par le prince d'Arenberg dont l'appartement est ouvert aux visiteurs.

> **SOMPTUEUX**
> Le **mobilier** de style Restauration, œuvre d'un ébéniste de Poligny, forme un ensemble attachant. Remarquez en outre la bibliothèque et la chambre de poupée.

Jardin romantique★
Il offre une agréable promenade par un chemin gravissant une colline jusqu'aux ruines médiévales de la forteresse. Il renferme de grandes allées bordées de tilleuls centenaires, des éléments décoratifs (grotte, théâtre de verdure, boulingrin...) et offre de beaux points de vue sur la Bresse, le Revermont et le vignoble du château.

Un **jardin des Jeux** reconstitue par la disposition des végétaux (fleurs, fruits, légumes) dominos, damiers, parcours de croquet...

La promenade dans le parc doit forcément inclure une halte à la volerie de rapaces de **Jurafaune** qui est un lieu toujours très prisé des enfants ; les démonstrations sont toujours fascinantes.

Chouette alors ! C'est un véritable meeting aérien de hiboux, buses et autres rapaces qui se succèdent en rase-mottes pour la plus grande joie des petits et des grands.

Le massif du Ballon d'Alsace constitue l'extrémité Sud de la chaîne des Vosges. On y rencontre de belles forêts de sapins et d'épicéas, de charmants sous-bois, des fonds de ravins très frais et, sur les hauteurs, de grands pâturages, émaillés de fleurs alpestres. Du point culminant (alt. 1 250 m), le panorama est superbe ; par temps favorable, les Alpes sont visibles.

La situation

Cartes Michelin nos 66 ou 242 plis 35, 39 – Territoire de Belfort (90). Attention, le brouillard est fréquent et peut limiter l'intérêt du coup d'œil.

Le nom

Le terme « ballon » qui désigne les sommets si caractéristiques des Vosges du Sud, serait dérivé du nom du dieu Bel auquel les Celtes vouaient un culte.

Les gens

Les contrebandiers qui fréquentaient jadis les lieux ont laissé la place aux randonneurs qui viennent profiter des magnifiques paysages.

itinéraires

BALLON D'ALSACE★★★

De Giromagny au Ballon d'Alsace★★

Giromagny

Important carrefour sur la haute vallée de la Savoureuse, cette petite ville fut longtemps un grand centre d'industries textiles. Édifié entre 1875 et 1879, le **fort de Giromagny**, ou **fort Dorsner**, était doté d'un important armement et formait le lien entre la ligne de défense de la haute Moselle et le camp retranché de Belfort.

Musée de la Mine et des Techniques minières – *De déb. avr. à fin oct. : jeu. et dim. 14h30-18h. 10F.* ☎ *03 84 29 03 90.*

Installé dans le centre socioculturel *(place des Commandos-d'Afrique)*, ce petit musée retrace l'histoire de l'exploitation des mines de plomb et cuivre argentifères du 15e s. au 19e s.

Passé **Lepuix**, petite localité industrielle, on emprunte une gorge étroite.

Roches du Cerf

Elles bordent un verrou glaciaire et portent des stries horizontales creusées par les moraines latérales du glacier. Une école d'escalade utilise les possibilités naturelles de ce site.

Les militaires ont quitté depuis déjà longtemps le fort Dorsner mais un commando de bénévoles passionnés travaillent sans relâche à sa restauration.

carnet d'adresses

Maison forestière de Malvaux

Bien située dans un joli site à la sortie du défilé rocheux.

Saut de la Truite

Cascade formée par la Savoureuse au creux d'une fissure rocheuse.

Cascade du Rummel

🚶 *1/4h à pied AR. Accès au pont, puis à la cascade, toute proche de la D 465, par un chemin signalé.*
Reprendre la D 465, au cours de la montée (laisser à droite la route de Masevaux), très pittoresque, les versants, hérissés de rochers, sont couverts de sapins et de hêtres magnifiques. Les vues lointaines se succèdent sur les lacs de Sewen et d'Alfeld puis sur la plaine d'Alsace et de la vallée de la Doller.

Ballon d'Alsace★★★

🚶 *1/2h à pied AR.* Le sentier d'accès s'amorce sur la D 465, devant la « Ferme-Restaurant du Ballon d'Alsace ». Il se dirige à travers les pâturages, vers la statue de la Vierge. Avant le retour de l'Alsace à la France, cette statue se trouvait exactement sur la frontière. Le Ballon d'Alsace (alt. 1 250 m) est le sommet important le plus méridional des Vosges. Il domine les derniers contreforts de la chaîne. Du balcon d'orientation, le **panorama★★** s'étend au Nord jusqu'au Donon, à l'Est sur la plaine d'Alsace et la Forêt-Noire, au Sud jusqu'au Mont Blanc.

BALLON DE SERVANCE★★

Situé quelques kilomètres à l'Ouest du Ballon d'Alsace, le Ballon de Servance culmine à 1 216 m et donne naissance à l'Ognon dont le cours prend un départ tumultueux.

Route du col★★

Partir de Servance par la D 486 en direction du col des Croix.

Servance

Autrefois on exploitait les carrières de syénite (belle roche rouge) dans lesquelles on tailla les colonnes de l'Opéra de Paris.
🚶 À la sortie du bourg, à droite, un sentier *(1/4h AR)* mène au **Saut de l'Ognon**, cascade pittoresque, s'échappant d'une étroite gorge rocheuse.

Col des Croix

Alt. 678 m. Dominé par le fort de Château-Lambert, il marque la frontière entre Lorraine et Franche-Comté ainsi que la limite de partage des eaux entre mer du Nord et Méditerranée.

Château-Lambert

1 km après le col des Croix, on découvre ce charmant village qui accueille un petit musée.

Sauvage et impétueux, l'Ognon prend son élan sur les pentes du Ballon de Servance avant un long parcours dans la plaine saônoise.

Musée de la Montagne – *Tlj sf mar. 9h-12h, 14h-17h, dim. et j. fériés 14h-17h (avr.-sept. : fermeture à 18h). Fermé 1er janv., 1er nov., 25 déc. 20F.* ☎ *03 84 20 43 09.*
Il est possible d'y voir la maison du paysan mineur, un moulin, une forge, un pressoir du 17e s., une scierie, différents métiers de la forêt, une ancienne salle de classe... À proximité se trouvent une chapelle du 17e s. (chaire de la même époque) et l'oratoire St-Antoine.
Revenir au col des Croix. Prendre à gauche la D 16, ancienne route stratégique, qui s'élève en corniche, offrant de jolies vues sur la vallée de l'Ognon avant de sinuer en forêt.

Panorama du Ballon de Servance★★

🚶 *Laisser la voiture au départ de la route militaire (interdite) du fort de Servance et prendre, à droite, le sentier jalonné qui conduit (1/4h à pied AR) au sommet du Ballon (alt. 1 216 m).* On découvre un magnifique panorama : à l'Ouest, sur la vallée de l'Ognon, le plateau glaciaire d'Esmoulières, semé d'étangs, et le plateau de Langres ; au Nord-Ouest, les monts Faucilles ; plus à droite, la vallée de la Moselle ; au Nord-Est, du Hohneck au Gresson en passant par le Grand Ballon, très lointain, se silhouette la chaîne des Vosges ; à l'Est s'arrondit la croupe, toute proche, du Ballon d'Alsace ; au Sud-Est et au Sud, vue sur les contreforts vosgiens.

Baume-les-Dames

Le Doubs s'élargit en arrivant à Baume-les-Dames comme pour saluer la vénérable abbaye qui a longtemps assuré la prospérité de la ville. Les temps ont bien changé et la guerre de 1939-1945 y a été particulièrement destructrice. Mais le cœur historique a été relativement préservé et bénéficie d'importantes campagnes de restauration qui lui redonnent son lustre d'antan.

À SAVOIR
C'est à Baume-les-Dames que le physicien **Jouffroy d'Abbans** (1751-1832) expérimenta pour la première fois en 1778 un bateau à vapeur. Un monument, élevé près du pont du Doubs, commémore l'événement.

La situation

Cartes Michelin nos 66 Est du pli 16 ou 243 pli 20 – Schéma p. 106 – Doubs (25). Desservie par l'A 36 et par la N 83, Baume-les-Dames est à environ 30 km de Besançon. La ville est coupée en deux par la nationale. Son cœur historique, assez restreint, se visite à pied, tandis que les alentours sont pris d'assaut par des industries séduites par ce bassin naturel inespéré.
🛈 *RN 83, 25110 Baume-les-Dames,* ☎ *03 81 84 27 98.*

carnet pratique

OÙ DORMIR

• À bon compte

Chambre d'hôte Chez Mizette – *3 r. de l'Église - 25360 Vaudrivillers - 16 km au SE de Baume-les-Dames par D 50 jusq. St-Juan les Péquignots puis D 464 -* ☎ *03 81 60 45 70 -* ⊘ *- 4 ch. : 170/230F - repas 60F.* Vous serez accueilli chaleureusement dans cette maison bordée de prairies où galopent d'élégants chevaux. Tranquillité assurée dans les chambres claires et le vaste salon-bibliothèque, avec entrée indépendant. Table d'hôte conviviale.

Chambre d'hôte Chez Soi – *25640 Ougney-Douvot - 11 km au SO de Baume-les-Dames par D 277 -* ☎ *03 81 55 57 05 -* ⊘ *- 5 ch. : 150/200F -* ⌑ *50F - repas 125F.* Longeant le Doubs, le chemin s'arrête à cette ancienne ferme du 18e s. Chambres colorées avec vue sur la rivière. Tables sous les arbres, au bord de l'eau, pour les repas soignés de Pauline et ses petits-déjeuners copieux, à la hollandaise.

OÙ SE RESTAURER

• Valeur sûre

Hostellerie du Château d'As – ☎ *03 81 84 00 66 - fermé 15 nov. au 5 déc., 24 janv. au 6 fév., dim. soir et lun. sf j. fériés - 149/295F.* Maison des années trente au charme un peu désuet. En saison, installez-vous en terrasse pour y déguster une cuisine au goût du jour. Si vous restez pour la nuit, préférez les chambres à l'étage.

SPÉCIALITÉS

Le craquelin – *Pâtisserie Blanc, 17 r. F.-Bougeot -* ☎ *03 81 84 01 71.*

La cancoillotte – *Maison Raguin, 3 r. du Stade -* ☎ *03 81 84 09 00 (site Internet www.raguin.com).*

RENDEZ-VOUS

Festival de la Gourmandise, fin août.

Le nom

Anciennement Baume-les-Nonnes, la ville a été rebaptisée Baume-les-Dames à la Révolution. Comme Baume-les-Messieurs elle doit son nom à un vieux mot celtique qui signifie grotte et à une ancienne abbaye de bénédictines.

Les gens

5 237 Baumois. Au 18e s., les « chanoinesses » de Baume-les-Dames représentaient la fleur de l'aristocratie : elles devaient témoigner, pour être admises, de 16 quartiers de noblesse.

visiter

Église abbatiale

Accès par une voûte sur la place de la République. En cours de restauration.

La célèbre abbaye eut un destin plutôt tourmenté. Elle fut deux fois reconstruite et le dernier projet, beaucoup trop ambitieux, ne put aboutir. L'église abbatiale resta inachevée en 1760 et une partie de sa décoration intérieure fut dispersée sous l'Empire. Elle accueille aujourd'hui des concerts et des expositions temporaires.

Église Saint-Martin

Cet édifice a été reconstruit au début du 17e s. Les deux chapelles qui entourent le chœur sont ornées de retables Louis XIII, à colonnes torses du 17e s. La chapelle de la

> **MIRACLE !**
> L'abbaye fondée au 7e s., à l'emplacement d'un château, serait le lieu où sainte Odile, aveugle et chassée d'Alsace par son père, vécut et retrouva la vue par le baptême.

Lifting réussi pour le cœur historique de la ville, mis en valeur par un fleurissement abondant et un agréable éclairage nocturne.

Vierge, à droite, renferme une Pietà de 1549 et celle à gauche deux statues : une en bois polychrome de sainte Barbe, du 16e s., et une autre de saint Vincent, patron des vignerons, de la fin du 18e s. Le chœur renferme un beau lutrin (marbre, bronze et fer forgé) dû à Nicole (1751).

À droite de l'église, la place de la République est bordée de quelques belles maisons du 18e s. Un peu plus loin, une maison Renaissance, avec son élégante porte et sa tourelle en encorbellement, orne l'angle des places du Général-de-Gaulle et de la Loi.

Usine de pipes Ropp

R. des Pipes. Juin : visite guidée dim. à 14h30, 16h, 17h30 ; juil.-août : tlj sf mar. 15F. ☎ *03 81 84 27 98.*

Nous ne sommes pas à St-Claude et pourtant les maîtres pipiers de la fabrique Ropp sont devenus légendaires dans le monde très exigeant des fumeurs de pipe. L'activité s'est beaucoup réduite mais résiste encore dans cet ancien complexe industriel du 19e s. établi sur les bords du Cusancin.

circuits

VALLÉE DU CUSANCIN

Circuit de 25 km – environ 3h1/2. Quitter Baume-les-Dames au Sud par la D 50 ; puis, à Pont-les-Moulins prendre à gauche la D 21.

Une route pittoresque parcourt la fraîche vallée du Cusancin dans un agréable décor champêtre jusqu'aux sources de la rivière à val de Cusance.

Source Bleue★

Là naît le Cusancin ; à gauche, la source bleue, paisible étendue d'eau, entourée de bois ; à droite, la source noire issue d'une grotte au pied d'une falaise calcaire.

Prendre l'étroite route en montée jusqu'à Lomont-sur-Crête, puis à gauche la D 19E. Après le 2e embranchement vers Villers-St-Martin, prendre à droite la route forestière du bois de Babre, puis le sentier menant à la Fente de Babre et au sommet de la falaise.

Fente de Babre

🚶 *1h1/4 à pied AR.* Un chemin agréable parmi les chênes conduit à la Fente de Babre constituée par une cassure de terrain ou diaclase ; de cette arête rocheuse qui domine la rive gauche du Doubs, on découvre une **vue★** agréable sur Pont-les-Moulins et le vallon de l'Audeux, la roche de Chatard et le site de Baume-les-Dames.

Revenir sur la D 19E que l'on prend à droite pour regagner Baume-les-Dames.

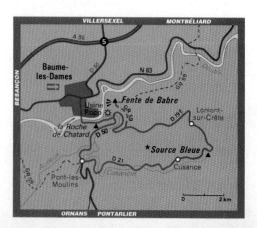

VALLÉE ET MONTAGNE

Quitter Baume-les-Dames à l'Est en direction de Montbé-liard.

Clerval

Entre le bois de la côte d'Armont et la montagne de Montfort, Clerval est une petite cité qu'animent quelques industries. .

Son **église** abrite des œuvres de valeur : sur le maître-autel, deux statues du 16e s. entourent un crucifix et dans le bas-côté une Vierge de pitié du 16e s. en bois. *Visite guidée 10h30-11h30. S'adresser à M. le curé ou aux sœurs de N.D.-d'Afrique, 3 r. de la Porte-de-Chaux.*

Aussitôt après Clerval la vallée s'ouvre très largement ▶ et la rivière s'infléchit au pied des montagnes du Lomont, à gauche. La falaise calcaire couronnée de végétation disparaît et fait place à des paysages de collines dans un décor très harmonieux. Nichés au creux des vallons, de petits villages forment un tableau pittoresque en reflétant leurs toits rouges dans la rivière.

> **DÉJEUNER SUR L'HERBE**
> Peu après Branne, de petites îles font leur apparition et attirent, dès les beaux jours, promeneurs et amateurs de pique-niques.

L'Isle-sur-le-Doubs

Le Doubs divise curieusement cette localité en trois quartiers : au milieu de la rivière « l'Île », sur la rive droite la « Rue » et sur la rive gauche le « Magny ».

Après Rang, la route serpente entre la falaise boisée et de doux vallonnements ; tour à tour, elle s'éloigne de la rivière dans la vallée élargie, puis revient en épouser les contours.

Revenir à l'entrée de la ville en direction de l'échangeur (A 36). Continuer sur la D 31 qui passe sous l'autoroute et descend vers Belvoir.

Château de Belvoir★ *(voir ce nom)*

Rejoindre Sancey-le-Grand et prendre à droite la D 464 qui conduit à Vellevans, Servin, et Vaudrivillers. Au croisement avec la D 50 prendre à gauche vers Orsans. À Orsans, prendre enfin à droite la D 120 jusqu'à la grotte de la Glacière.

Grotte de la Glacière

Juil.-août : visite guidée (1h) 9h-19h ; mars-juin : 9h-12h, 14h-18h ; sept. : 9h-12h, 14h-17h ; d'oct. au 2e dim. de nov. : 14h-16h, dim. et vac. scol. 9h-12h, 14h-16h. Fermé du 2e dim. de nov. à fin fév. 28F. ☎ 03 81 60 44 26.

Cette **grotte** à ciel ouvert, dans laquelle l'orifice dispense une lumière tamisée, s'ouvre en pleine forêt. Elle a une profondeur de 66 m et sa voûte est haute d'une trentaine de mètres. Il s'agit de l'unique grotte glaciaire en basse altitude (525 m).

En hiver, l'air froid extérieur est attiré par une très large ouverture et une descente abrupte ; l'eau suintant de la voûte se congèle en de belles formations sur des fagots amoncelés sur le sol.

En été, cet air froid, plus dense que l'air chaud, reste au fond de la glacière où la circulation d'air est faible. La glace ainsi formée se conserve donc toute l'année.

La **maison des Cristaux** abrite une importante collection de minéraux de provenances très diverses (vanadinite du Maroc, wulfénite du Mexique, etc.).

Reprendre la D 120 vers Aïssey, puis à droite la D 492 et la D 50 vers Baume-les-Dames.

> **UN ÉQUILIBRE FRAGILE**
> La surexploitation de la glacière par les moines de l'abbaye voisine, puis une fréquentation touristique excessive ont fini par déstabiliser ce rare phénomène de congélation naturelle. Désormais, afin d'éviter une dégradation irrémédiable, les visiteurs ne sont plus conduits au pied des formations de glace, mais les observent de la plate-forme qui les domine.

Baume-les-Messieurs★★★

Grandiose, spectaculaire, impressionnant, voire oppressant vu d'en bas, les qualificatifs semblent faibles pour décrire ce site naturel exceptionnel formé par la rencontre de trois vallées, dont la magnifique reculée du cirque de Baume. Il est occupée depuis le 6e s. par une illustre abbaye dont on peut encore admirer l'église et la plupart des bâtiments abbatiaux. Légèrement en contrebas le village, également bien préservé, se développe le long de la Seille au creux d'un imposant relief rocheux.

La situation

Cartes Michelin nos 70 Sud du pli 4 ou 243 pli 30 – Schéma p. 110 – Jura (39). Les belvédères sont nombreux à dévoiler le site mais les accès à Baume-les-Messieurs sont assez limités. Nous vous conseillons d'arriver par Crançot, puis de prendre la D 4 vers Baume-les-Messieurs. La descente est particulièrement belle.

Le nom

Baume vient d'un mot celtique qui désigne une grotte tandis que Messieurs est une laïcisation de moines.

Les gens

196 Baumois. Le plus illustre et le plus truculent est sans aucun doute Jean de Watteville qui aurait fait le bonheur de nos presses à sensation.

comprendre

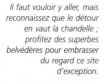

Il faut vouloir y aller, mais reconnaissez que le détour en vaut la chandelle ; profitez des superbes belvédères pour embrasser du regard ce site d'exception.

Histoire de l'abbaye – Elle a été fondée au 6e s. par le moine irlandais saint Colomban. Elle est soumise à la règle bénédictine. Un de ses titres de gloire est d'avoir fourni, en 910, les douze religieux qui ont créé l'illustre abbaye de Cluny. Peu à peu, comme à St-Claude, la vie monastique se relâche. À partir du 16e s., les humbles moines du début ont fait place à des chanoines nobles. Ces hauts « Messieurs » se hâtent de corriger le nom de leur maison : de Baume-les-Moines, il devient Baume-les-Messieurs. La vie de l'abbaye se termine en 1790 par la dispersion de ses biens en vente publique.

carnet d'adresses

La vie aventureuse de Jean de Watteville – Au 17e s., Baume a compté parmi ses abbés Jean de Watteville, un personnage extraordinaire – lire les *Mémoires* de Saint-Simon – dont les incroyables aventures sont encore enrichies par la légende.

Watteville suit d'abord la carrière des armes. Maître de camp du régiment de Bourgogne dans la campagne du Milanais, il tue en duel un gentilhomme espagnol au service de la reine d'Espagne. Obligé de fuir, il se cache à Paris. Un sermon sur l'enfer, entendu par hasard dans une église, le convertit. Le soudard se fait capucin, puis chartreux à l'abbaye de Bonlieu. La vie monacale devient vite insupportable à Watteville. Surpris par le prieur alors qu'il franchit le mur pour s'enfuir, il l'abat d'un coup de pistolet, prend le large et, après maintes aventures, franchit les Pyrénées. Nouveau duel : un grand d'Espagne reste sur le terrain. Fuite à Constantinople. L'ancien moine se fait mahométan, met ses talents militaires à la disposition du Grand Turc, devient pacha puis gouverneur de Morée. Après plusieurs années passées sous le turban, entouré d'un harem amplement fourni, notre homme traite avec les Vénitiens qu'il a reçu mission de combattre : si on lui assure l'absolution du pape pour ses crimes passés et l'abbaye de Baume comme bénéfice, il est prêt à livrer ses troupes. Le marché est conclu et exécuté. Le pacha, retonsuré, mène ses moines comme des soldats.

Après de brillants succès diplomatiques pendant la campagne française il rentre dans son abbaye en 1678 et y mène une vie de grand seigneur. Cette vie agitée se termine en 1702 à l'âge de 84 ans.

> ## UN FIN DIPLOMATE
>
> Quand Louis XIV envahit la Comté, Watteville, qui a mesuré les chances françaises, offre ses services au roi. Par sa faconde, son habileté, ses intrigues, il fait capituler, sans coup férir, les dernières résistances (Gray, Ornans, Nozeroy) et contribue à transformer la campagne de 1668 en promenade militaire.

visiter

L'ABBAYE★

De mi-juin à fin août : 10h-18h ; de déb. sept. à mi-sept. : 10h-12h, 14h-17h. 15F. ☎ 03 84 44 61 41.

On entre par un passage voûté qui conduit à une première cour, sur laquelle donnaient l'hôtellerie, le logis de l'abbé, le donjon, la « tour de justice » et l'église.

Église

La façade (15e s.) a un portail intéressant : au trumeau, Dieu le père bénissant, et dans les niches latérales des anges soufflant avec vigueur dans des instruments. La nef était dallée de pierres tombales ; il en reste une quarantaine dont les plus intéressantes sont adossées au mur du bas-côté gauche. Dans ce même bas-côté, sépulture de l'abbé Jean de Watteville. Dans la chapelle de Chalon, à gauche du chœur : statue de sainte Catherine (16e s.) et **statue de saint Paul** (15e s.) en pierre ; divers tombeaux de la famille de Chalon. Au milieu de la nef, à droite, une porte donne accès à ce qui fut le cloître. Le dortoir et le réfectoire des moines s'ouvraient sur cette cour qui a conservé sa fontaine.

Bâtiments abbatiaux

Passer sous une voûte, à gauche. On pénètre dans une autre cour dont les bâtiments abritaient les appartements des nobles chanoines.

Revenir à l'ancien cloître puis à la 1re cour par un passage voûté ouvert dans l'ancien cellier (13e s.).

*Dans le chœur (13e s.), un véritable chef-d'œuvre superbement restauré : le **retable à volets**★ sculpté et peint, œuvre flamande du début du 16e s.*

alentours

CIRQUE DE BAUME★★★

Quitter Baume-les-Messieurs par la D 70^{E3} qui franchit la Seille, puis à gauche la D 70^{E1} qui gagne le fond du cirque de Baume en longeant le Dard.

La contemplation des hautes falaises rocheuses qui forment ce cirque donne une impression écrasante. Laisser la voiture près du chalet des grottes de Baume.

Grottes de Baume★

Avr.-sept. : visite guidée (3/4h) 9h-12h, 14h-17h30 (juil.-août : 9h-18h). 29F (enf. : 14F). ☎ 03 84 44 61 58.

◄ Elles représentent une ancienne issue du Dard, affluent de la Seille. Après les périodes de pluie, le Dard emprunte encore cette sortie de trop-plein et forme alors une cascade. La résurgence du cours d'eau est en contrebas et à gauche de l'entrée des grottes.

Regagner la D 70 pour tourner à droite vers Crançot.

Après le deuxième lacet, vue sur Baume et son abbaye nichées au fond de la vallée dont les versants sont dominés par de blanches falaises calcaires.

Point de vue de la Croix

🚶 *S'arrêter au carrefour D 70-D 210 ; emprunter le chemin à droite qui se dirige vers la forêt – balisage bleu (20mn à pied AR). Au bout du chemin, près de la croix, **vue★** magnifique sur Baume-les-Messieurs, l'abbaye et l'ensemble de la reculée qui se ramifie en contrebas.*

Revenir sur ses pas. Possibilité de gagner le village des Granges-sur-Baume.

Du belvédère aménagé à l'entrée du bourg *(suivre la signalisation)*, autre **vue★** remarquable sur Baume ; on aperçoit au loin le fond de la reculée et la cascade.

Retourner au carrefour. Plus loin tourner à droite dans la D 4 puis, à Crançot, à droite dans la D 471, sur laquelle prendre à droite pour gagner le belvédère des roches de Baume.

Belvédère des roches de Baume★★★

Longer à pied le bord de la falaise qui forme le fameux belvédère des roches de Baume encore appelé belvédère de Crançot. L'entaille est prodigieuse ; découverte au dernier moment, elle donne une impression exaltante. On sera surpris de l'épaisseur des bancs de roche qui couronnent la falaise. Près du point de vue le plus à droite s'amorce un sentier coupé de marches taillées dans le roc : ce sont les **Échelles de Crançot** qui conduisent au fond du cirque et aux grottes.

Regagner la D 471 et la suivre jusqu'à Crançot. Retour à Baume-les-Messieurs par la D 4.

Belfort★

Ce « fier coin de terre » arrosé par la Savoureuse doit à sa position stratégique un destin des plus mouvementés. Belfort commande en effet la célèbre « Trouée » qui s'ouvre entre le Jura et les Vosges. Témoin de ces heures difficiles, la citadelle « imprenable » de Vauban couronne le célèbre Lion, symbole du courage de ses défenseurs. Mais la ville ne se limite pas à ses fortifications ; elle a depuis longtemps franchi la Savoureuse et ses façades colorées invitent à la flânerie dans ses rues animées.

La situation

Cartes Michelin nᵒˢ 66 pli 8 ou 243 pli 10 – Territoire de Belfort (90). Entre Montbéliard et Mulhouse, Belfort est particulièrement bien desservi par l'A 36. En arrivant de Montbéliard par l'autoroute on aperçoit le camp retranché qui domine la ville. L'ancienne place forte a conservé une bonne partie de son enceinte et il est intéressant d'arriver dans la vieille ville par la porte de Brisach. Il y a plusieurs parkings possibles dont celui de la place de la République et celui au pied du Lion.

🛈 *2 bis rue Clemenceau, 90000 Belfort, ☎ 03 84 55 90 90.*

Le nom

Ce n'est pas à la citadelle de Vauban mais à une très ancienne fortification que la ville doit son nom.

Les gens

50 125 Belfortains. La ville, connue pour son courage, a fourni au pays de très nombreux généraux (aucune ville n'en a donné autant à la France : vingt en un siècle).

comprendre

Sur le chemin des invasions – Au cours des siècles, Celtes, Barbares, Impériaux, Allemands déferlent successivement, pour le plus grand dommage de la malheureuse cité qui se trouve sur leur passage. Belfort reste sous la domination autrichienne (les Habsbourg) depuis le milieu du 14ᵉ s. jusqu'à la conquête française. Mais, dès 1307, les Belfortains jouissent d'une charte qui leur donne les libertés communales.

La guerre de Trente Ans – En 1636, la ville est prise par les Français : le comte de La Suze, parti de Montbéliard, enlève la nuit, par un coup d'une audace inouïe, les formidables fortifications. Suze, nommé gouverneur de Belfort par Richelieu, est resté célèbre dans les annales locales par ses instructions, données en trois mots au commandant de la garnison : « Ne capitulez jamais. » La conquête de Belfort et de l'Alsace est ratifiée par les traités de Westphalie (1648). Louis XIV ordonne à Vauban de faire de Belfort une place imprenable. Le grand ingénieur y déploie tout son génie et réalise sans doute là son chef-d'œuvre.

Le Verdun de 1870 – Avec une garnison de 16 000 hommes composée pour les trois quarts de gardes mobiles courageux mais inexpérimentés, le colonel **Denfert-Rochereau** doit résister à 40 000 Allemands. Au lieu de s'enfermer dans la place, il en dispute toutes les approches. Cette lente retraite vers le réduit de la défense prend 1 mois. L'ennemi a mis en batterie 200 gros canons qui, pendant 83 jours consécutifs, tirent plus de 400 000 obus : 5 000 par jour, ce qui est énorme pour l'époque. Mais la résistance ne fléchit pas d'une ligne. Le 18 février 1871, alors que l'armistice de Versailles est signé depuis 21 jours, le colonel consent enfin, sur l'ordre formel du gouvernement, à quitter Belfort après 103 jours de siège. Le retentissement de cette magni-

---

> **TROUÉE OU PORTE ?**
> Les militaires appelaient ce passage naturel entre Vosges et Alsace la « Trouée de Belfort ». Les géographes parlent plutôt, selon que l'on regarde vers l'Ouest ou vers l'Est, de **porte de Bourgogne** ou de **porte d'Alsace**. À 350 m d'altitude, ce seuil large d'environ 30 km est bordé au Nord par la masse imposante des Vosges et au Sud par les plateaux du Jura.

fique défense est grand, ce qui permet à Thiers, luttant de ténacité avec Bismarck, d'obtenir que la ville invaincue ne partage pas le sort de l'Alsace et de la Lorraine. On en fait le chef-lieu d'un « territoire » minuscule, mais dont l'importance économique va devenir considérable.

L'essor – Après 1870, Belfort connaît une transformation radicale. Jusqu'alors, peuplée d'environ 8 000 habitants, c'est une ville essentiellement militaire. En trente ans, elle devient une puissante agglomération de 40 000 âmes. La ville grandit à tel point qu'il faut abattre une partie des remparts de Vauban à l'Ouest. Des quartiers nouveaux, aux larges artères, aux vastes places, lui donnent l'aspect d'une petite capitale.

LA PRISE DU SALBERT

Le 14 novembre 1944, la 1re Armée française, stoppée depuis 2 mois devant le verrou de Belfort, hérissé de défenses, déclenche l'offensive qui doit lui ouvrir le chemin du Rhin. Le fort du Salbert, au Nord-Ouest de la ville, barre la route. Le 19 novembre, une attaque est montée contre lui. À la nuit, 1 500 hommes des commandos d'Afrique se glissent dans la forêt du Salbert, neutralisant les postes de garde allemands. Les fossés sont descendus à la corde, sans que l'éveil soit donné à l'ennemi : la colonne surprend la garnison du fort et la maîtrise. Le 20, au petit jour, dévalant les pentes du Salbert, les commandos bientôt suivis des chars pénètrent dans Belfort. Après 2 jours de combats de rues, la ville est enfin libre, le 22 novembre 1944.

se promener

VIEILLE VILLE★

Ce n'est qu'à la fin du siècle dernier que Belfort a pu se dégager de ses enceintes et ainsi mettre en communication sa vieille ville et les quartiers neufs sur la rive droite de la Savoureuse.

L'austérité de l'ancienne ville de garnison a depuis 1986 fait place à une heureuse réhabilitation des vieux immeubles, places et fontaines.

Garer sa voiture sur la place de la République et gagner la place d'Armes par la rue de la Porte-de-France. De l'autre côté de la place, s'élève la sévère cathédrale.

Statue « Quand même »

Érigée en mémoire du siège de 1870-1871, sur la place d'Armes, elle est due à Mercié (1884).

BELFORT

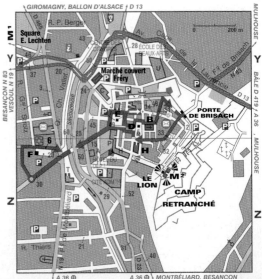

carnet pratique

VISITE

Un petit **train touristique** fait visiter la ville et conduit au château. *De mai à fin sept. : visite guidée (dép. toutes les h.) en train 10h-19h. 30F (enf. : 20F).* ☎ *03 84 55 90 90.*

OÙ DORMIR

• À bon compte

Hôtel Vauban – *4 r. Magasin -* ☎ *03 84 21 59 37 - 16 ch. : 190/350F -* ☐ *35F.* Vous aurez l'impression de pénétrer dans une maison particulière tant ce petit hôtel se fond parmi les autres. Les chambres sont proprettes, décorées de tableaux peints par le patron. Son jardinet fleuri au bord de la rivière Savoureuse est coquet.

• Valeur sûre

Hôtel les Capucins – *20 fg Montbéliard -* ☎ *03 84 28 04 60 - fermé 24 juil. au 8 août et 23 déc. au 3 janv. - 35 ch. : 255/320F -* ☐ *37F - restaurant 90/195F.* À deux pas des rives de la Savoureuse et du quartier piétonnier, ce bel immeuble a du caractère. Les chambres au mobilier actuel sont confortables. Préférez celles rénovées et sur l'arrière. Restaurant ou brasserie selon vos goûts.

Grand Hôtel du Tonneau d'Or – *1 r. Reiset -* ☎ *03 84 58 57 56 - fermé 1er au 16 août, 2 au 10 janv., lun. midi et dim. - 52 ch. : 390/680F -* ☐ *56F - restaurant 110/220F.* Au cœur de la vieille ville, cette belle bâtisse 1900 entièrement rénovée a gardé tout son charme avec son haut plafond, ses jolies moulures et ses colonnes. Chambres spacieuses meublées dans le style épuré de cette époque. Ambiance brasserie parisienne au restaurant. Piano-bar.

OÙ SE RESTAURER

• À bon compte

Choix de Sophie – *90600 Grandvillars - 19 km au SE de Belfort par N 19 -* ☎ *03 84 27 76 03 - fermé 1er au 22 août, 24 déc. au 3 janv., sam. et dim. - 89/165F.* Ce sera peut-être aussi le vôtre si une petite auberge simple vous tente. C'est le cas ici et son décor est sympathique avec ses poutres et ses colombages peints en bleu. Cuisine classique.

• Valeur sûre

Molière – *6 r. Étuve -* ☎ *03 84 21 86 38 - fermé 23 août au 15 sept., 21 fév. au 5 mars, mar. soir et mer. - 100/215F.* Dans un quartier rénové de la vieille ville, ce restaurant contentera tous les goûts. La carte est longue et vous aurez du mal à choisir. Salle à manger cossue ou terrasse selon le temps.

Pot au Feu – *27 bis Grand'Rue -* ☎ *03 84 28 57 84 - fermé 1er au 18 août, 1er au 10 janv., lun. midi, sam. midi et dim. - 155/230F.* La cravate n'est pas de rigueur dans ce petit restaurant de la vieille ville. Cadre bistrot et ambiance décontractée sous les voûtes de pierre de sa jolie salle à manger avec ses tables nappées de carreaux. Cuisine régionale au goût du jour.

OÙ PRENDRE UN VERRE

Happy-Jack – *1 r. Reiset -* ☎ *03 84 58 57 53 - lun.-sam. 19h-1h.* La décoration rouge et noir et l'atmosphère feutrée du piano-bar de l'hôtel du Tonneau d'Or est digne d'un palace trois étoiles du début du siècle. Les Belfortains s'y pressent nombreux, surtout lors des animations musicales qui ont lieu en fin de semaine.

Hemingway – *Av. de l'Espérance -* ☎ *03 84 58 85 58 - ouv. tlj 6h-1h.* Situé dans le centre Atria, le bar de ce grand hôtel attire surtout une clientèle internationale. Les soirées jazz qui y sont organisées chaque premier mercredi du mois séduisent néanmoins de nombreux Belfortains. Belle carte de cocktails à des prix abordables.

Le Piano-bar – *23 fg de France -* ☎ *03 84 28 93 35 - lun.-sam. 20h30-1h.* Le bar le plus fréquenté de la ville. Une clientèle de tous âges se presse dans cette vaste cave voûtée nichée en plein centre-ville. Les Belfortains y apprécient particulièrement les soirées à thème : scènes ouvertes le lundi et le mardi, karaoké le jeudi, jazz-variétés-blues le vendredi et le samedi.

Finnegan's – *6 bd Carnot -* ☎ *03 84 28 20 28 - ouv. tlj 8h-1h.* Tranquillité garantie dans ce pub irlandais situé à proximité du centre-ville. Un lieu idéal pour prendre un verre et discuter entre amis. Vous y trouverez un bon choix de bières et de whiskies.

Le Bistrot des Moines – *22 r. Dreyfus Schmitt -* ☎ *03 81 21 86 40 - lun.-sam. 8h-1h.* Un pays de cocagne pour les buveurs de bière, breuvage vendu ici exclusivement à la pression, comme en témoignent les multiples pompes en cuivre et porcelaine et l'alambic qui trône dans la salle. Spécialité de la maison : les cocktails à la bière.

SPÉCIALITÉS

Le territoire de Belfort propose de très nombreuses spécialités dont nous ne pouvons citer que les plus connues :

L'Épaule du Ballon : hommage aux rondeurs des reliefs de la région, ce plat d'agneau est accompagné de myrtilles.

Le Belflore : gâteau aux framboises recouvert d'amandes meringuées et de noisettes.

Les Crottes du Lion : chocolats pralinés (noisettes, écorces d'orange, nougatine...). M. Darmoise, *place d'Armes à Belfort.*

Épicerie Perello – *4 r. Porte-de-France 90000 Belfort -* ☎ *03 84 28 04 33.* Alors qu'on fait grand cas aujourd'hui des cuisines du monde, il faut savoir gré à un Espagnol venu des Baléares en 1938 d'avoir ouvert un café-épicerie dans une boutique bâtie en 1825... Depuis, de père en fils, cette épicerie fine n'a jamais cessé de faire le meilleur

accueil aux cuisines espagnoles, grecques, italiennes et algériennes... Sous une balustrade en fer forgé, on trouve toutes les semoules, riz et autres fèves, une centaine de thés, des cafés maison et une carte de vins et d'alcools exceptionnelle.

RENDEZ-VOUS

Le Festival international de musique universitaire (FIMU) – Au printemps (Pentecôte) le cœur de la vieille ville bat au rythme des concerts de musique classique, de jazz et de rock animés par des musiciens du monde entier.

Les Eurockéennes – Ce festival de rock en plein air accueille chaque année, en juillet, plus de 80 000 spectateurs sur le site du Malsaucy.

Entrevues – À l'automne, c'est le septième art qui fait la fête en proposant de nouveaux talents ou en célébrant ses plus grands succès.

DÉTENTE

Étang des Forges – Au Nord de la ville, par la D 13.
Aménagé en base nautique, l'étang permet la pratique de nombreux sports : voile, escalade, tir à l'arc, VTT...

Base de loisirs de Malsaucy – Environ 8 km au Nord-Ouest, par la D 465 et la D 24.
Cet important complexe offre un grand choix d'activités : baignade, pédalos, voile, animations estivales, sentier de découverte, gastronomie régionale à l'« Auberge du Lac »... Le site accueille chaque année un célèbre festival de rock : les Eurockéennes.

Cathédrale Saint-Christophe

Construite en grès rouge, elle présente une façade classique du 18ᵉ s. et une grande unité dans son architecture comme dans sa décoration intérieure. La frise qui court autour de la nef est ornée de têtes d'anges en relief. Les **grilles en fer forgé** rehaussé d'or entourant le chœur sont inspirées de celles de la place Stanislas à Nancy. Autel du 17ᵉ s. en marbre polychrome. Dans le transept : *L'Ensevelissement du Christ (à droite)* et *Saint François-Xavier en extase (à gauche)* par le peintre belfortain G. Dauphin. Les **orgues★** du 18ᵉ s. sont de Valtrin.

Contourner la cathédrale par la gauche en prenant tout de suite la rue de l'Église. Prendre à gauche la rue du Général-Roussel qui conduit au pied des remparts. Suivre les remparts à droite (rue des Bons-Enfants) jusqu'à la porte de Brisach.

Royale, la porte de Brisach arbore sans complexe son blason fleurdelisé surmonté d'un soleil et de la fameuse devise de Louis XIV « Nec pluribus impar ».

Porte de Brisach★

Il faut la traverser et se retourner pour admirer sa décoration. Édifiée en 1687, elle subsiste dans son état primitif et présente une façade à pilastres ornée d'un écusson à fleurs de lys ainsi qu'un fronton frappé aux armes de Louis XIV.

En face de la porte, la rue de la Grande-Fontaine conduit à la place du même nom.

Place de la Grande-Fontaine

Vous vous en seriez douté, il y a bien une fontaine sur cette place. Plusieurs s'y sont même succédé et l'actuelle remonte à 1860.

Au niveau de la place, tourner à droite pour rejoindre la place de l'Arsenal et la place d'Armes.

Hôtel de ville

S'adresser au bureau d'accueil de la mairie. ☎ 03 84 54 24 24.
Monument de style classique. Au rez-de-chaussée, la belle « salle Kléber » est un exemple de l'art français de la seconde moitié du 18ᵉ s. Au 1ᵉʳ étage, dans la salle d'honneur, tableaux illustrant les grandes heures de l'histoire de Belfort.
De l'avenue du Général-Sarrail, au Sud de l'hôtel de ville, belle vue sur le Lion.
Par la rue des Nouvelles, rejoindre la place de la République reconnaissable à son grand monument central.

Monument des Trois Sièges

Cette œuvre de Bartholdi représente la France et la ville de Belfort avec ses trois défenseurs (Legrand en 1814, Lecourbe en 1815 et Denfert-Rochereau en 1870). Elle s'élève au milieu de la place de la République bordée par la préfecture, le palais de justice et la salle des fêtes construits au début de ce siècle.

FRÉDÉRIC AUGUSTE BARTHOLDI (1834-1904)
Né à Colmar où sa maison natale a été aménagée en musée, Bartholdi montre très tôt son goût pour le dessin. Son voyage en Égypte et en Orient influencera par la suite son œuvre. Après la guerre de 1870, il sculpte de nombreux monuments d'inspiration patriotique dont les plus célèbres sont le *Lion* de Belfort et la *Liberté éclairant le monde* (1886), placé à l'entrée du port de New York.

Quartiers de la rive droite

Depuis les années 1970, un centre moderne et piétonnier, commerçant et animé, s'est développé sur la rive droite de la Savoureuse, des 4 As au faubourg de France.

Remonter le boulevard Carnot (beaux immeubles du début du siècle) ; traverser la Savoureuse et continuer en face dans le faubourg de France. Un peu plus loin sur la droite, un passage conduit à la rue de l'As-de-Carreau que l'on prend à droite.

Un peu plus bas sur un parking, se retourner pour détailler l'immense **fresque**★ originale d'Ernest Pignon-Ernest peinte sur les murs d'un immeuble en U : 47 hommes et femmes, grandeur nature, représentent la science et les arts des mondes latin et germanique. Beethoven, Picasso côtoient Rimbaud, Goethe...

Vous avez certainement reconnu Picasso, Rimbaud ou Beethoven, mais l'exercice se révèle plus difficile pour l'ensemble de la fresque ; une excellente occasion de tester votre sens de l'observation !

visiter

Le Lion★★

Juil.-sept. : 8h-19h ; avr. et oct. : 8h-12h, 14h-18h ; mai-juin : 8h-12h, 14h-19h ; nov.-mars : 10h-12h, 14h-17h, w.-end et j. fériés 8h-12h, 14h-17h. 3F. ☎ *03 84 54 25 51.*

Cette œuvre « pharaonique » adossée à la paroi rocheuse, en contrebas de la caserne construite par le général Haxo, a été exécutée par **Bartholdi** de 1876 à 1880 et montée sur place, pièce par pièce. Le Lion, en grès rouge des Vosges, symbolise la force et la résistance de la ville en 1870. De proportions harmonieuses, il mesure 22 m de longueur et 11 m de hauteur.

On peut approcher la sculpture en accédant à la **plate-forme** située à ses pieds. *(Depuis le parking, monter les escaliers et, à droite dans le tunnel, porte d'accès tout de suite à gauche.)* Le monument, a écrit Bartholdi, « représente, sous forme colossale, un lion harcelé, acculé et terrible encore dans sa fureur. »

Le camp retranché★★

Une clé stratégique – Soucieux de se ménager une voie d'accès vers l'Alsace et l'Empire, Richelieu avait déjà, en 1625, tenté de s'emparer de Belfort. À la tête d'un corps de Croates, Tilly avait alors victorieusement résisté. Devenue française à la signature des traités de Wesphalie, Belfort se voyait confirmée dans son rôle de place forte avec les travaux entrepris par **Vauban** dès 1687. Vauban conserva le château, mais enserra la ville dans un système de fortifications pentagonal ancré à l'escarpement rocheux qui porte l'édifice. À partir de 1815, pre-

Les Belfortains peuvent dormir tranquilles, le célèbre **Lion** *de Bartholdi veille toujours avec autant de pugnacité sur la citadelle et sur la ville. La nuit, illuminé, il a encore plus fière allure.*

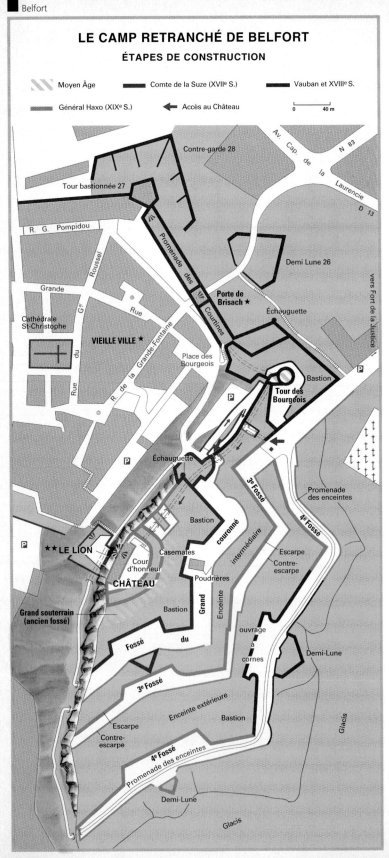

LE CAMP RETRANCHÉ DE BELFORT
ÉTAPES DE CONSTRUCTION

Moyen Âge   Comte de la Suze (XVIIe S.)   Vauban et XVIIIe S.

Général Haxo (XIXe S.)   Accès au Château   0 ⸺ 40 m

Contre-garde 28

Tour bastionnée 27

Av. Cap. de la Laurencie

N 83

D 13

R. G. Pompidou

Roussel

Grande

Rue

Promenade des

Courtines

Demi Lune 26

Porte de Brisach ★

Échauguette

Cathédrale St-Christophe

du Gal

Rue

VIEILLE VILLE ★

R. de la Grande-Fontaine

Place des Bourgeois

P

Bastion

Tour des Bourgeois

vers Fort de la Justice

P

Échauguette

3e Fossé

Promenade des enceintes

4e Fossé

Bastion couronné

★★ LE LION

P

Casemates

Cour d'honneur

Poudrières

intermédiaire

Escarpe

Contre-escarpe

CHÂTEAU

Grand

Enceinte

Grand souterrain (ancien fossé)

Bastion

du

ouvrage à cornes

Demi-Lune

Fossé

3e Fossé

Escarpe

Contre-escarpe

Enceinte extérieure

Bastion

Glacis

4e Fossé

Promenade des enceintes

Demi-Lune

Glacis

nant davantage en compte les exigences de la guerre de mouvement, le général Lecourbe puis le général **Haxo** (dès 1825) mirent en œuvre un plan qui visait à créer à Belfort non seulement l'ouvrage de défense de la ville mais aussi le camp retranché qui permettait la surveillance de la Trouée : ils élargissaient ainsi considérablement le rôle stratégique de la place.

Cette conception prévalait toujours lors du siège de 1870, et elle s'affirma avec les plans du général Séré de Rivières qui préconisait le renforcement de quatre camps retranchés (Verdun, Toul, Épinal, Belfort) reliés par une ligne de forts.

Après 1885, à la suite des progrès observés dans l'efficacité des armements, les nombreux forts furent modernisés : le béton remplaça la maçonnerie et l'artillerie fut dispersée en batteries, moins aisément repérables que les forts. À la veille de la Grande Guerre, Belfort pouvait abriter 7 500 hommes en temps de paix et dix fois plus en cas de conflit. La ligne défensive Belfort-Épinal jouait pleinement son rôle.

Fortifications

De juin à fin sept. : visite guidée (de 1h à 3h) 10h-12h, 14h-18h. ☎ 03 84 54 25 51.

Terrasse du fort – Elle couronne la caserne où est installé le musée d'Art et d'Histoire. D'accès libre, elle forme un belvédère exceptionnel qui permet de situer le fort dans son environnement géographique et aussi de mieux comprendre son important système de défense.

Au pied de la caserne à l'Est, la **cour d'honneur** est bordée par les casemates Haxo, transformées en salles d'art. On devine le tracé du **Grand Souterrain,** couvert sous Louis XV, tandis que plus à l'Est on voit successivement le fossé du **Grand Couronné** et ses bastions, le fossé de l'enceinte intermédiaire (ou 3ᵉ fossé) et le fossé de l'enceinte extérieure (ou 4ᵉ fossé).

Les enceintes – *Compter 1h.* Prendre le chemin au pied du château qui passe en tunnel sous le Lion et poursuivre jusqu'à ce que l'on débouche sur le 4ᵉ fossé. Observer les imposants fossés et, en direction de l'autoroute, le **glacis,** vaste terrain nu en faible pente.

En parcourant le 4ᵉ ou le 3ᵉ fossé entre les puissants murs d'escarpe et de contrescarpe, on pourra détailler le système de défense : nombreuses embrasures permettant le tir dans les fossés, ouvrages à cornes, bastions. On débouche au niveau de la **tour des Bourgeois,** ancienne tour de l'enceinte médiévale, abaissée par Vauban.

Les courtines – Du château, on accède à cette intéressante promenade en traversant la salle semi-circulaire de la tour des Bourgeois (en cas de fermeture, accès par la place des Bourgeois).

La terrasse qui domine la porte de Brisach permet de découvrir une vue sur l'ouvrage en demi-lune qui protégeait cet accès à la ville. On distingue encore la double enceinte de fortifications conçue par Vauban.

Continuer jusqu'à la **tour bastionnée 27.** En se retournant, belle vue sur la forteresse et ses murailles couvertes de gazon depuis les transformations du général Haxo.

Musée d'Art et d'Histoire – *Mai-sept. : 10h-19h ; oct.-avr. : tlj sf mar. 10h-12h, 14h-17h. Fermé 1ᵉʳ janv., 1ᵉʳ nov., 25 déc. 12F, gratuit mer.* ☎ 03 84 54 25 51.

Les plus anciennes collections remontent au néolithique mais la plupart datent des époques gallo-romaine et mérovingienne : poteries, armes, outils, reconstitution d'une tombe du cimetière de Bourogne...

L'histoire plus récente n'est pas oubliée : reproduction du plan en relief des fortifications de la ville par Vauban en 1687 ; nombreux souvenirs militaires de la guerre de 1870, dont des objets ayant appartenu au colonel Denfert-Rochereau ainsi qu'à des soldats ou officiers français et prussiens.

Surnommé le « Vauban du 19ᵉ s. », le **général Haxo** (1774-1838) était un spécialiste de la guerre de siège. C'est lui qui conçut les forts des Dardanelles et qui, en 1822, présenta un plan d'ensemble visant à améliorer la défense du site de Belfort.

À PERTE DE VUE
Le **panorama**★★ porte, au Sud, sur les premiers chaînons du Jura au loin, à l'Ouest sur la vieille ville, les zones industrielles et le fort du Salbert, au Nord vers les Vosges méridionales où s'élèvent le Ballon de Servance, le Ballon d'Alsace, le Baerenkopf et le Rossberg, à l'Est vers les enceintes du fort et la Trouée de Belfort.

COLLECTIONS EN BATTERIE
De l'autre côté de la cour d'honneur, dans la batterie Haxo sont présentées les collections de peintures (tableaux de Gustave Doré, Heim, Maximilien Luce, Guillaumin, ainsi que des gravures de Dürer), de sculptures (Camille Lefèvre, Dalou, Barye, Rodin) et de photographies (A. Villers).

La ville

Cabinet d'un amateur★ – *Ouv. déb. 2000. Se renseigner auprès de l'Office de tourisme.*

En 1997 Maurice Jardot, associé du fameux marchand de tableaux Daniel-Henry Kahnweiler, lègue à la ville de Belfort une exceptionnelle collection de 110 œuvres de grands peintres modernes. Une belle occasion de découvrir des œuvres encore peu connues de Picasso, Léger ou Braque.

alentours

Fort du Salbert

C'est du **fort du Salbert** *(8 km au Nord-Ouest)* que l'on aura la meilleure vue d'ensemble sur la Trouée de Belfort et le site qu'occupe la ville.

Quitter la ville par l'avenue Jean-Jaurès. Tourner à gauche dans la rue de la 1ʳᵉ-Armée-Française prolongée par la rue des Commandos-d'Afrique, puis prendre légèrement à droite la rue du Salbert.

Par une route sinueuse à travers la forêt, la D 4, on atteint le fort situé à 647 m d'altitude. De la vaste terrasse *(à 200 m sur la gauche)* se révèle un beau **panorama★★** sur Belfort, les Alpes suisses, le Ballon d'Alsace et les monts environnants *(tables d'orientation)*.

Les hauts de Belfort

🚶 *Cette promenade pédestre assez longue (compter 2h) peut avoir son point de départ en sortant par la porte de Brisach et en longeant la citadelle par la droite jusqu'à un parking. Prendre à gauche la passerelle qui enjambe l'avenue de la Laurencie.*

Le chemin conduit tout d'abord au **fort de la Justice.** Sur la gauche, des belvédères permettent d'admirer le panorama sur les Vosges. L'un d'eux est installé face à un pigeonnier sur la façade duquel sont fixés des exemples de messages acheminés par les pigeons. Au-delà, on atteint le **fort de la Miotte** reconnaissable à sa tour, rebâtie en 1947 après maints épisodes tragiques : 1724, 1835, 1870, 1875 et 1940.

Étang des Forges

Se garer près de la base nautique.

◄ Un sentier écologique fait le tour de l'étang, tantôt le longeant, tantôt traversant des roselières. Des panneaux renseignent sur la flore et la faune de ce lieu (blongios nain, le plus petit héron d'Europe, grèbe huppé ou foulque macroule).

Étueffont : forge-musée

15 km au Nord-Est. Quitter Belfort par la N 83, puis, 10 km plus loin, tourner à gauche dans la D 12. De Pâques à fin oct. : visite guidée (1h1/2) 14h-18h. 20F (-13 ans : gratuit). ☎ *03 84 54 60 41.*

TOUT UN SYMBOLE !
Mis à l'honneur par le célèbre Lion de Bartholdi, le courage et l'obstination des Belfortains sont également illustrés par l'ancienne tour de la Miotte (15e s.) qui domine l'étang des Forges. Plusieurs fois abattue ou meurtrie par le temps et par les guerres, la tour a été chaque fois relevée et veille toujours sur la ville.

Dur métier que celui de maréchal-ferrant et les enclumes délaissées ne craignent plus les assauts des lourds marteaux. Vulcain doit se reposer car son antre semble bien tranquille !

C'est dans une maison située au centre du village que vécurent de 1844 à 1975 quatre générations de la famille Petitjean, exerçant le double métier de maréchal-ferrant et de paysan. De nombreux outils sont rassemblés dans la forge toujours en état de fonctionnement. L'habitation est meublée telle qu'elle l'était au début du siècle.

Chapelle de Ronchamp★★ *(voir ce nom)*
22 km au Nord-Ouest.

Massif du Ballon d'Alsace★★★ *(voir ce nom)*
28 km au Nord.

Bellegarde-sur-Valserine

Son nom chante comme une cascade mais la réalité est fort différente car Bellegarde est une petite ville industrielle de développement récent, située sur l'itinéraire de Lyon au tunnel du Mont-Blanc. Son principal attrait est la Valserine, dont elle réhabilite les berges, et sa position au confluent du Rhône et de la Valserine, au cœur d'une région riche en belles excursions.

La situation

Cartes Michelin n⁰ˢ 74 pli 5 ou 244 pli 6 – Schémas p. 122 – Ain (01). Longtemps excentrée, Bellegarde est désenclavée par le TGV Paris-Genève et par l'autoroute A 40. La ville se love dans la courbe formée par la rencontre du Rhône et de la Valserine.
🅱 *24 place Victor-Bérard, 01200 Bellegarde-sur-Valserine,* ☎ *04 50 48 48 68.*

Le nom

Logiquement traversée par la Valserine, la ville n'est pas fortifiée comme son nom « garde » pourrait le laisser supposer.

Les gens

11 153 Bellegardiens. Ils ont eu l'honneur et l'avantage d'être dans l'une des premières communes françaises à bénéficier de l'électricité publique grâce à la construction d'un barrage sur la Valserine en 1883.

carnet d'adresses

découvrir

LA VALSERINE

La rivière la Valserine a donné son nom au val de la haute montagne jurassienne où se déroule son cours. L'excursion est à faire de préférence l'après-midi en remontant la vallée du Sud vers le Nord. La rivière naît dans les prairies du Valmijoux. Longue de 50 km, elle descend de 1 000 m depuis sa source jusqu'à son confluent avec le Rhône, à Bellegarde-sur-Valserine. Elle a un régime torrentiel : on a vu, en 1899, son niveau monter subitement de 26 m au pont des Oulles. Le val s'allonge entre deux lignes de montagnes parallèles dont les sommets les plus connus sont le crêt de la Neige (1 717 m) et le crêt de Chalam (1 545 m).

Berges de la Valserine★

Rejoindre le cœur de la ville (Office de tourisme) et prendre à gauche la N 84 en direction de Lyon. Se garer sur le parking situé juste derrière le viaduc du chemin de fer (rue Louis-Dumont).

La Valserine longe la ville mais son cours encaissé a longtemps été difficile d'accès. Un sentier a été aménagé au départ du viaduc. Compter 2 heures aller-retour pour ce beau parcours qui se prolonge jusqu'aux pertes de la Valserine. Il nécessite un peu de souffle car il y a de nombreux escaliers. Attention par temps de pluie, car le sentier est parfois boueux et les pierres peuvent être glissantes.

Pertes de la Valserine★

Pour gagner plus rapidement les pertes, quitter Bellegarde par la N 84 au Nord. Passer sous la voie ferrée et continuer environ 2 km sur la N 84. Un parking est aménagé sur la droite de la route.

Prendre (3/4h à pied AR) le sentier en descente, sous bois et coupé de marches. Gagner le site très curieux où la rivière disparaît dans les fentes étroites des rochers. Les profondes marmites de géants appelées « Oulles » ont été creusées et polies par le torrent. Le « pont des Oulles » est le nom d'un ancien ponceau métallique sur la Valserine. Un peu en amont : chutes de la Valserine.

Un bon exemple vaut mieux que de longs discours... Venez donc aux pertes de la Valserine pour observer en direct le travail de l'eau qui sculpte de superbes marmites avant de s'enfoncer profondément dans la roche.

circuits

DÉFILÉ DE L'ÉCLUSE★★

Circuit de 32 km. Quitter Bellegarde à l'Est par la N 206.
C'est une cluse magnifique qui sépare le grand crêt d'Eau (1 621 m) de la montagne de Vuache (1 101 m). Outre le fleuve et la voie ferrée, deux routes l'empruntent : la N 206, grande voie de passage franco-suisse, sur la rive Nord, la D 908A, plutôt route de promenade, sur la rive Sud. Ces deux routes offrent des vues très pittoresques.
Passé Longeray, tourner à droite, juste avant l'entrée du tunnel, vers le fort de l'Écluse.

Fort de l'Écluse★

De fin juin à fin août : tlj sf lun. 14h-19h, dim. 13h-19h. Fermé j. fériés. 25F. ☎ 04 50 59 68 45.

Formidable ensemble de fortifications de montagne, le fort actuel a été construit entre 1820 et 1840. Sa position stratégique lui a valu d'être âprement disputé par les Allemands en 1944. Il se compose d'un fort inférieur et d'un fort supérieur reliés par un escalier casematé de 1 165 marches (excusez du peu !). Le fort d'en haut n'est pas encore accessible mais la partie actuellement sécurisée offre de magnifiques **vues**★ sur la région. Ce site exceptionnel a été sélectionné pour accueillir le cinquième pôle des musées des Pays de l'Ain.

Passer sous le tunnel et poursuivre la N 206 à droite ; dans Chevrier, prendre à droite la D 908ᴬ et regagner Bellegarde par la N 508.

LE HAUT-BUGEY

136 km – environ 6h. Quitter Bellegarde au Sud par la N 508 ; prendre à droite la D 168 vers St-Germain-sur-Rhône. On rejoint bientôt la D 214 qui conduit au barrage de Génissiat.

Barrage de Génissiat★ *(voir ce nom)*

Par la D 72, rejoindre la D 991 que l'on prend à gauche.

Seyssel *(voir p. 183)*

Après Seyssel, suivre la D 991 en direction de Ruffieux.

Au Sud de Seyssel, le val prend le nom de cette localité. Le Rhône, rejoint par le Fier dont le val franchit la montagne du Gros Foug, s'étale et divague dans un large lit de cailloux et de graviers encombré d'îlots qui prend le nom de marais de Chautagne.

À la hauteur de Ruffieux, prendre à droite la D 904 qui parcourt une zone marécageuse, traverse le Rhône et gagne Culoz. Autrefois, arrivé à Culoz, le fleuve traversait le Jura d'Est en Ouest par les cluses qu'emprunte actuellement la route de Culoz à Ambérieu. Aujourd'hui, il poursuit sa course vers le Sud jusqu'à Yenne.

De Culoz, monter au Grand Colombier.

Grand Colombier★★★ *(voir ce nom)*

Gagner, sur le versant Ouest de la montagne du Grand Colombier, Virieu-le-Petit, par la route étroite et en forte pente. D'Assin, gagner Don par la D 69. De là, la D 31, puis un chemin goudronné s'embranchant à gauche au-dessus de la cascade de Cerveyrieu.

Cascade de Cerveyrieu★

Jolie chute d'eau faite par le Séran.

Revenir à la D 31 et prendre à droite la D 30ᴮ.

Vieu

Le village occupe l'emplacement de la ville romaine qui fut métropole du Valromey. Brillat-Savarin *(voir p. 123)* y avait sa gentilhommière où, mettant en pratique ses conseils gastronomiques, il régalait ses amis.

Champagne-en-Valromey

C'est l'actuel centre du Valromey ; il conserve encore quelques maisons anciennes. Champagne organise en été la Fête de la batteuse et des vieux métiers.

Prendre la direction de Lochieu (D 69ᶠ).

Lochieu

Le musée du Bugey-Valromey – *D'avr. au 11 nov. : 14h-18h, dim. et j. fériés 10h-18h (juil.-août : fermeture à 19h). 22F. ☎ 04 74 32 10 60.*
Installé dans une maison Renaissance (1501) restaurée, il s'efforce de garder vivant le passé de la vallée : objets usuels, vêtements, résultats de fouilles, métiers, objets religieux. Un escalier à vis mène au pigeonnier que seuls les nobles possédaient à l'époque.

Revenir à la D 31 pour gagner Ruffieu au Nord. Par la D 9 et la D 30 on peut atteindre le col de Richemont.

Il vous faudra beaucoup de courage pour monter les 800 marches actuellement mises en sécurité vers la partie supérieure du fort de l'Écluse. Mais si votre cœur vous le permet, n'hésitez pas : le spectacle est grandiose.

Mais où sont partis les pigeons ? De part et d'autre de l'étroit couloir, les boulins attendent depuis bien longtemps leur improbable retour.

Col de Richemont★

Du col (alt. 1 036 m), la **vue** porte sur la Michaille, région
ondulée qui s'étend, au pied de la montagne, jusqu'au
Rhône dont le cours est barré par les ouvrages de Seyssel et de Génissiat, sur la chaîne du grand crêt d'Eau
(1 534 m) et sur le défilé de l'Écluse par où le Rhône
pénètre dans le Jura ; il est même possible de voir la
chaîne du Mont-Blanc par temps clair.

De retour à Ruffieu prendre au Nord par le Petit puis le
Grand-Abergement, la D 39, la D 55 au pied du crêt du Nu
et la D 101 à la Manche, pour gagner le plateau de Retord.

Plateau de Retord

De molles ondulations herbeuses, coupées de bocages,
se succèdent. Dans ce paysage très doux, très vert, on
éprouve une sensation d'isolement, de calme, de repos.
Fin mai, début juin, c'est un immense champ de narcisses. Des vues s'offrent à la fois sur le Valromey, la vallée du Rhône, le Jura.

L'itinéraire, bientôt, domine la Michaille : le **pano-
rama★★** *(table d'orientation à « Catray »)* s'étend sur les
Alpes (Mont Blanc au Sud-Est), la Valserine, le défilé du
fort de l'Écluse, le lac du Bourget.

Regagner Bellegarde par la D 101.

itinéraire

DE BELLEGARDE AU COL DE LA FAUCILLE

Quitter Bellegarde-sur-Valserine par la N 84 d'où se fait la
visite des pertes de la Valserine. 4 km après Châtillon-de-
Michaille, prendre la D 14 puis, à Montanges, à droite, la
D 14^A.

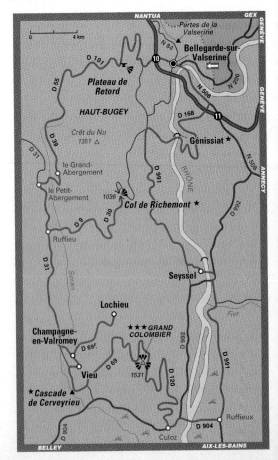

Pont des Pierres★

Il franchit la rivière entre Montanges et la Mulaz. Son arche unique, audacieuse et élégante, de 80 m d'ouverture, enjambe la gorge à une hauteur de 60 m. Par temps pluvieux, le spectacle est impressionnant : la Valserine, couverte d'écume, resserrée entre d'abruptes parois verticales, reçoit de bruyantes cascades qui dévalent des deux versants, entraînant terre et pierres.

À la Mulaz, prendre à gauche la D 991.

La route remonte la vallée en longeant des falaises boisées. Entre Chézery-Forens et Lélex, la Valserine traverse le **défilé de Sous-Balme**, défilé sauvage, long de 5 km, resserré entre le crêt de Chalam et le Reculet.

Remonter la vallée jusqu'à la station Monts Jura.

Monts Jura✻

À partir de Lélex, la station s'allonge dans la vallée et se termine par le fameux col de la Faucille connu pour son panorama. *Voir Monts Jura.*

Belley

À l'extrême Sud de la province, la capitale du Bugey s'étend dans un large bassin arrosé par le Furan. Détruite par un incendie en 1385, la ville est reconstruite et entourée de fortifications par Amédée VII de Savoie (le Bugey appartenait à la maison de Savoie depuis 1077). La « Vieille Porte » à l'extrémité du boulevard du Mail est un vestige de ces remparts. En 1601, le traité de Lyon rattache définitivement le Bugey et donc Belley à la France.

La situation

Cartes Michelin nos 74 Nord-Est du pli 14 ou 244 pli 17 – Schéma p. 127 – Ain (01). Que l'on vienne de Lyon par Ambérieu ou d'Aix-les-Bains, c'est par la N 504 que l'on arrive à Belley. Le Rhône passe lui aussi à Belley mais son parcours jalonné de barrages exclut le développement de la navigation.

🖪 *34 Grande-Rue, 01300 Belley, ☎ 04 79 81 29 06.*

Le nom

Bellilocus, Bellitium, Bellica ; l'origine du nom semble remonter à un ancien camp romain.

Les gens

7 807 Belleysans. Belley s'honore d'avoir accueilli Alphonse de Lamartine en son collège (une statue du poète devant le collège Lamartine commémore ce souvenir) et doit à Brillat-Savarin, l'un de ses enfants, sa renommée dans le monde de la gastronomie.

comprendre

Brillat-Savarin – Quand, en 1755, naît à Belley Jean-Anthelme Brillat-Savarin, sa carrière est déjà toute tracée : il sera avocat, comme son père. Il s'installe donc confortablement dans la quiétude de la vie belleysane, s'intéresse aux sciences comme aux arts et animant les réunions de famille et d'amis à Belley ou à Vieu dans sa maison de campagne. En 1789, il est élu député du Tiers État et ne se départira pas, dans l'exercice de ses fonctions, de sa bonhomie, de sa tolérance. Il ne peut malgré tout échapper aux soupçons de la Terreur et, en 1794, alors que, de retour à Belley, il y avait été élu maire, il doit s'enfuir. Après un séjour en Suisse puis en Amérique, il regagne la France où il se retrouve conseiller à la Cour de cassation durant le Consulat. Là, il occupe ses loisirs à écrire, d'abord des ouvrages juri-

> **LA PHYSIOLOGIE DU GOÛT**
> En trente méditations, Brillat-Savarin aborde tous les problèmes du bien manger et du bien vivre : les principes philosophiques côtoient les réflexions sur la gourmandise, le sommeil, les rêves ; des théories scientifiques il passe aux préceptes culinaires, sans jamais abandonner le ton débonnaire et joyeux qui a caractérisé toute sa vie d'érudit.

diques et politiques puis le petit chef-d'œuvre qui lui vaudra la célébrité : *La Physiologie du goût.* En 1826, il mourut et Belley, reconnaissante, lui a élevé sur le « Promenoir » une statue où apparaît en exergue une de ses maximes : « Convier quelqu'un c'est se charger de son bonheur pendant tout le temps qu'il est sous notre toit. »

se promener

Cathédrale Saint-Jean

Reconstruite presque entièrement au 19e s., elle a gardé son portail Nord, probablement du 14e s.

À l'intérieur, l'édifice a conservé un vaste **chœur★** de six travées datant de 1473 dont le triforium possède de belles balustrades ajourées. Cinq chapelles richement décorées s'ouvrent sur le déambulatoire. La **chapelle de la Vierge**, derrière le maître-autel, renferme une imposante statue de la Vierge, en marbre, œuvre de Chinard (1756-1813).

Les armes épiscopales rappellent, s'il en était besoin, le rôle historique des évêques qui ont largement favorisé le développement et le rayonnement de la ville.

Maison natale de Brillat-Savarin

Au no 62 de la Grande-Rue. Belle demeure à deux étages présentant des cintres en façade. Sa cour intérieure prolongée par un jardin s'orne d'une loggia, d'une façade à 3 étages de galeries et balustres et d'un vieux puits.

Le buste de Brillat-Savarin se dresse à l'extrémité Nord du Promenoir, face au Grand Colombier qu'il aimait, et où il posséda le château de Vieu.

Rue du Chapitre

Au no 8 belle maison Renaissance à tourelle du 15e s. avec une inscription gothique au-dessus de la porte.

Palais épiscopal

Dès 555, un évêque réside à Belley. Le palais épiscopal du 18e s. aurait été construit d'après les plans de Soufflot. Il abrite la bibliothèque municipale, l'école de musique et une salle de concerts et d'expositions.

alentours

Les trois lacs

13 km. Quitter Belley à l'Ouest par la D 41. À la sortie d'Appregnin, prendre à droite.

Les lacs d'**Ambléon**, d'**Arborias** et d'**Armaille**, desservis par des petites routes, parfois étroites et sinueuses mais très agréables à parcourir, sont recherchés des pêcheurs et des amateurs de baignade ou de pique-nique.

BELLEY

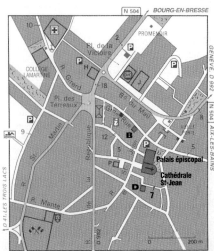

carnet d'adresses

OÙ DORMIR

• À bon compte

Chambre d'hôte Les Charmettes – *La Vellaz, St-Martin-de-Bravel - 01510 Virieu-le-Grand - 11 km au N de Belley par N 504 jusq. Chazey-Bons puis D 31C* - ☎ *04 79 87 32 18* - ⊠ - *3 ch. : 180/220F.* Au calme de la campagne, agréable séjour garanti dans les anciennes écuries très bien restaurées de cette ravissante ferme du Bugey. Les chambres sont mignonnes et confortables dont une équipée pour personnes handicapées. Cuisine aménagée à disposition.

Chambre d'hôte Ferme des Grands Hautains – *Le Petit Brens - 01300 Brens - 10 km de Belley par N 504 dir. Chambéry puis D 31A à Virignin jusq. Brens puis Petit-Brens* - ☎ *04 79 81 90 95 - fermé du 11 nov. au 20 déc. -* ⊠ - *4 ch. : 200/240F - repas 75F.* Pergola de charmille et table de pierre sous le chêne pour l'apéritif, jardin potager qui fournit les légumes des repas conviviaux... Dans ce havre pour non-fumeurs, les chambres sous les toits sont douillettes avec leurs meubles de famille.

OÙ SE RESTAURER

• À bon compte

Auberge La Plumardière – *01300 Contrevoz - 9 km au NO de Belley par D 69 puis D 32* - ☎ *04 79 81 82 54 - fermé 21 au 27 juin, 6 au 12 sept., déc., janv., mar. d'oct. à mai, dim. soir et lun. - 98/250F.* Son jardin fleuri planté d'arbres fruitiers est coquet à souhait. Cette maison ancienne a gardé son charme campagnard avec sa belle cheminée et tous ces objets agrestes tapissant les murs de la salle à manger. Cuisine régionale.

• Valeur sûre

Auberge La Fine Fourchette – *3 km au SE de Belley sur rte de Chambéry* - ☎ *04 79 81 59 33 - fermé 24 au 31 déc., 24 au 31 déc., dim. soir et lun. - 120/300F.* Les larges baies vitrées de la salle à manger au plafond lambrissé ouvrent sur la campagne et le plan d'eau en contrebas. Les beaux jours vous inciteront sûrement à vous installer en terrasse pour profiter de cette vue paisible. Cuisine classique généreuse.

circuit

LE BAS-BUGEY

170 km – compter 1 journée. Quitter Belley au Nord du plan par la N 504, puis tourner à droite dans la D 69, et après Billieu, de nouveau à droite jusqu'à la D 37.

Peu après Pollieu, on arrive au **lac de Barterand** ou de St-Champ du nom du village voisin, dans un site verdoyant et reposant.

Prendre à gauche la D 992 qui longe le canal puis à droite la D 37. Avant de rejoindre la N 504, tourner à droite vers Chemillieu.

La vue se dégage sur le bassin d'Yenne, la dent du Chat, le mont Revard – par la trouée du col du Chat –, le massif de la Chartreuse (Grand Som, Grande Sure).

Au hameau de Nant, laisser la voiture près d'un lavoir. Prendre aussitôt à gauche un chemin goudronné, puis rocailleux (interdit aux véhicules) bientôt tracé en corniche étroite, au-dessus du défilé de Pierre-Châtel.

Défilé de Pierre-Châtel

🚶 *1h1/2 à pied AR.* Du sommet d'un banc rocheux, à gauche du chemin, **vue★** sur la cluse. À Yenne, le Rhône a trouvé le défaut de la cuirasse des plissements jurassiens ; il perce en cluse la montagne au défilé de Pierre-Châtel. La cluse est dominée par les bâtiments de ▶ l'**ancienne chartreuse** de Pierre-Châtel.

L'élégante arche du pont de la Balme, jetée sur le Rhône, retient l'attention.

Revenir à la D 37 et gagner la N 504 qui suit le fond du défilé, puis traverser le Rhône ; à Virignin, prendre à gauche la D 31A puis la D 24 à gauche jusqu'à Peyrieu où l'on rejoint la D 992.

L'itinéraire, en contournant la montagne d'Izieu, suit le Rhône qui, de nouveau, s'apprête à changer de direction : au confluent avec les Guiers, une rainure du plateau l'entraîne vers le Nord-Ouest.

Poursuivre par la D 19C jusqu'à l'entrée de Bruyère, où l'on prend à droite vers Izieu.

> **UNE VOCATION CONTRARIÉE**
> Le monastère de Pierre-Châtel, fondé en 1383, fut très vite transformé en **chartreuse-forteresse** puis en forteresse au 17e s., lorsque la position devint frontière du fait de l'attribution de la Bresse et du Bugey à la France.

Cette belle maison d'Izieu, d'aspect si paisible, a pourtant été le cadre d'un terrible drame qui a secoué tout le pays, avant de devenir un émouvant lieu de souvenir.

Izieu

La petite route grimpant en lacet, dans un paysage de maquis, de bois, de vergers, conduit à ce village dont le nom reste lié à l'une des tragédies les plus bouleversantes de la Seconde Guerre mondiale. Dans un hameau situé à quelque 800 m de là avait trouvé asile une colonie d'enfants juifs. Le 6 avril 1944, la Gestapo de Lyon a arrêté les 44 enfants qui avaient trouvé refuge dans la maison d'Izieu et leurs sept éducateurs, parce qu'ils étaient juifs. Une personne a pu s'échapper au moment de la rafle. Une seule rescapée est revenue des camps.

Musée-Mémorial★ – *Juil.-août : tlj sf mer. 10h-18h30 ; sept.-juin : tlj sf mer. 9h-17h, w.-end et j. fériés 10h-18h. Fermé de mi-déc. à mi-janv. 30F.* ☎ *04 79 87 20 08.*

En 1987, après la condamnation de Klaus Barbie pour ce crime contre l'humanité, s'est constituée autour de Sabine Zlatin, directrice de la colonie en 1943 et 1944, l'association du Musée-Mémorial des enfants d'Izieu.

À l'intérieur de la maison principale est évoquée ce que fut la vie quotidienne dans cet éphémère refuge (réfectoire, salle de classe partiellement reconstituée, dortoirs) ; la grange abrite une exposition retraçant l'itinéraire des enfants et de leur famille dans le contexte du régime nazi ; un centre de documentation et une salle de conférences ont été aménagés dans la magnanerie ; commentaire audiovisuel.

De retour à la Bruyère prendre à droite l'ancienne D 19 qui traverse les villages de Brégnier-Cordon et de Glandieu.

Cascade de Glandieu

Les eaux de cette cascade sont utilisées en semaine par deux petites centrales hydroélectriques qu'elle surplombe.

Continuer par la D 19 au Nord.

Remarquer le pont suspendu de Groslée, spécimen rare en alliages légers tous tonnages. Peu après Flévieu, la route longe les ruines du **château de St-André**.

À Serrières-de-Briord, prendre sur la droite la verdoyante D 32 puis à gauche la D 99 qui conduit au calvaire de Portes.

Calvaire de Portes★

Il est situé au Sud-Est de la chartreuse de Portes, à l'extrémité d'une crête à 1 025 m d'altitude, et offre un beau ◀ **panorama★** sur les rides du Bas-Bugey.

🚶 *Laisser la voiture sur le parc de stationnement qui se trouve à côté de la route (D 99). On aperçoit le calvaire qu'on atteint par un sentier (1/4h à pied AR).*

La D 99 qui redescend vers Lagnieu offre quelques vues sur la vallée du Rhône.

POINT DE VUE
De la table d'orientation, on distingue, petite et pointue, la dent du Chat (1 390 m) ; sur la gauche se dresse, massif, le Grand Colombier (1 531 m). Sur la droite s'étend la plaine où l'Ain rejoint le Rhône.

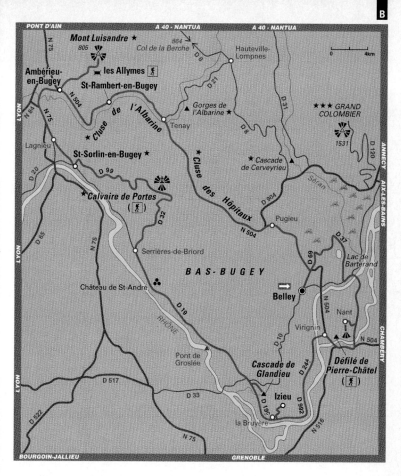

PONT D'AIN — A 40 - NANTUA — A 40 - NANTUA

Mont Luisandre ★
805
864
Col de la Berche
Hauteville-Lompnes

Ambérieu-en-Bugey
les Allymes
St-Rambert-en-Bugey
Cluse de l'Albarine
Gorges de l'Albarine ★
Tenay
★★★ GRAND COLOMBIER
1531

Lagnieu
St-Sorlin-en-Bugey ★
★ Cluse des Hôpitaux
★ Cascade de Cerveyrieu

★ Calvaire de Portes
Pugieu
N 504

Serrières-de-Briord
BAS-BUGEY
Lac de Barterand

Château de St-André
Belley

Nant
Virignin

RHÔNE
Pont de Groslée
Cascade de Glandieu
Défilé de Pierre-Châtel

Izieu
la Bruyère

BOURGOIN-JALLIEU — GRENOBLE

Saint-Sorlin-en-Bugey★

Le village, réputé pour son exceptionnel fleurissement, occupe un site pittoresque au pied d'une falaise dominant un coude de la vallée du Rhône. Il faut absolument s'arrêter pour découvrir ses étroites ruelles et la montée à l'église qui dévoile de très belles maisons restaurées ; au croisement avec la montée des Sœurs, remarquer la belle **fresque de Saint-Christophe** (16e s.).

L'église a connu plusieurs campagnes d'agrandissement et de restauration ; la plus importante a repris l'édifice intérieurement en rehaussant sa voûte et en édifiant de hauts piliers gothiques portant une voûte en réseaux.

Du 2e lacet en montant au-delà de l'église, à hauteur de l'ancien château, la vue est belle sur l'ensemble du site. Phénomène d'érosion naturelle, la « Pouponne » est un

Facilement reconnaissable aux armes de la maison de Savoie qui se détachent sur la façade, cette maison de St-Sorlin est décorée d'une très belle fresque bien conservée ; pour tout savoir sur son histoire, n'hésitez pas à interroger la borne parlante.

énorme rocher dressé comme un menhir sur le flanc de la falaise dont il est légèrement détaché. Il donne la réplique au clocher de l'église et semble veiller sur la vallée qui se déroule paresseusement à ses pieds.

Ambérieu-en-Bugey

Ambérieu, nœud de communications ferroviaires et routières important, se développe dans la plaine de l'Ain, au débouché de la cluse de l'Albarine.

À hauteur de l'église d'Ambérieu, prendre à gauche une route en montée vers le château des Allymes et laisser la voiture à l'entrée du hameau de Brédevent d'où se font à pied les promenades au mont Luisandre et au château des Allymes.

Mont Luisandre★

🚶 *1h1/4 à pied AR.* Dans le village, à gauche du lavoir, prendre entre deux maisons le sentier caillouteux, en forte montée : après 1/4h de marche, parvenu à un seuil, gravir, à droite, à travers les pâturages et les friches, la rampe qui mène au sommet (805 m) surmonté d'une croix. En faisant le tour du bosquet on jouit d'une **vue★** remarquable sur le château des Allymes, sur la Dombes où miroitent les étangs, sur le confluent de l'Ain et du Rhône, sur les monts boisés du Bugey.

Château des Allymes

Mars-nov. : tlj sf mar. 10h-12h, 14h-18h (juin-août : fermeture à 19h) ; janv.-fév. : w.-end 14h-17h. 20F. ☎ 04 74 38 06 07.

🚶 *1/2h à pied AR au départ de Brédevent.* Le château fort, édifié sur plan carré, enferme une cour protégée aux angles par un robuste donjon carré et par une tour ronde à belle charpente. En faisant le tour des courtines au 2e étage, on bénéficie, par les ouvertures, de vues sur la Dombes *(voir Le Guide Vert Vallée du Rhône)* et la Bresse *(décrite dans Le Guide Vert Bourgogne)*.

L'itinéraire emprunte ensuite les cluses de l'Albarine et des Hôpitaux, qui séparent les deux parties du Bugey.

Cluse de l'Albarine★

Elle va d'Ambérieu à Tenay. L'Albarine, le chemin de fer, la route y serpentent de compagnie entre des versants encaissés. Quelques rares vignes tapissent les pentes inférieures ; les pentes supérieures, boisées, se terminent par des escarpements calcaires où l'on distingue de nombreuses strates inclinées ou redressées et souvent aussi des rochers ruiniformes. La vallée est très sinueuse et se resserre rapidement ; on a parfois l'impression qu'un cirque vous entoure et qu'on va buter dans sa paroi ; c'est au dernier moment qu'on en découvre l'issue.

◄ Saint-Rambert-en-Bugey

S'étirant le long de l'Albarine, dans un vallon verdoyant, Saint-Rambert est une petite ville industrielle.
Maison de Pays – *9h-12h, 14h-17h, dim. 14h-17h (avr.-oct. : fermeture à 18h). Fermé j. fériés. Gratuit. ☎ 04 74 36 32 86.*

LE PETIT PRINCE

C'est à environ 6 km d'Ambérieu, à Saint-Maurice-de-Rémens, qu'Antoine de Saint-Exupéry a passé d'heureuses vacances en famille. Sa mère a dû se séparer de la maison familiale en 1931 pour des raisons financières. De récentes découvertes en Méditerranée sur l'aviateur disparu le 31 juillet 1944 ont relancé des projets de musée dans la région.

LE TRAVAIL DE LA SHAPPE

La proximité de Lyon et de ses industries textiles est à l'origine du développement de cette petite industrie qui consistait à récupérer des déchets de soie pour fabriquer un fil solide et bon marché. Cette activité a définitivement disparu avec l'arrivée des fibres synthétiques.

Il faut parfois lever la tête pour découvrir de véritables chefs-d'œuvre. C'est le cas au château des Allymes où vous pourrez découvrir ces superbes charpentes.

Elle présente une évocation des activités traditionnelles et la reconstitution d'un intérieur d'autrefois.

Entre Argis et Tenay, dans le fond de la cluse, des usines se succèdent le long de la route, entourées de cités ouvrières. Autrefois spécialisées dans le travail des déchets de soie, elles traitent maintenant le nylon et ses dérivés.

Cluse des Hôpitaux★

Elle s'ouvre entre Tenay et Pugieu. Comme il n'y coule plus qu'un mince ruisseau, elle est bien moins verdoyante que la cluse de l'Albarine. Ses escarpements rocheux, plus élevés et plus sauvages que ceux de l'Albarine, ses défilés lui donnent un aspect sévère qu'accuse le manque presque total d'habitations.

Regagner Belley par la N 504.

Château de **Belvoir**★

Au Sud des montagnes du Lomont, perché sur un promontoire qui domine le vallon de Sancey, Belvoir, au nom évocateur, est dominé par la silhouette de son château. Bâti au 12e s. par les barons de Belvoir, il resta leur propriété jusqu'au 19e s., dans les familles de Lorraine et les princes de Rohan.

La vue est belle non seulement à l'extérieur mais aussi dans le château ; un plancher marqueté, un lit à baldaquin et d'agréables tableaux composent ce décor plutôt séduisant.

La situation

Cartes nos 66 pli 17 ou 243 pli 21 – Doubs (25). 16 km au Sud de l'A 36 au niveau de l'Isle-sur-le-Doubs. Du sommet du donjon se découvre un vaste panorama : au Nord sur la chaîne du Lomont, au Sud sur le plateau de Maîche, à l'Est le mont Terri (Suisse) et à l'Ouest sur les collines et plateaux qui glissent vers Besançon.

Le nom

La position du château au-dessus de la vallée explique sans peine l'origine du nom : belle vue.

Les gens

Vincent de Belvoir, à qui Saint Louis confia la rédaction de la première encyclopédie, vit le jour en ces lieux.

visiter

D'avr. à fin oct. : dim. et j. fériés 10h-12h, 14h-18h (juil.-août : tlj). 30F.

Restauré à partir de 1955, le château de Belvoir se compose de deux bâtiments contigus qui offrent à la visite de nombreuses salles où ont été disposés un mobilier, des objets et des tableaux de qualité. On peut admirer la cuisine aux cuivres rutilants, la salle des Gardes, la grande salle de Justice, la salle d'Honneur, le salon « Béatrice de Cusance » et celui de Madame de Marsan, gouvernante des Enfants de France. Dans le second bâtiment, l'ancien Arsenal et la salle d'Armes sont logiquement réservés à une belle collection d'armes du Moyen Âge au 19e s.

Le donjon a été récemment coiffé d'une belle charpente à l'ancienne couverte de tavaillons d'épicéa.

alentours

Sancey-le-Long

2 km au Sud de Belvoir. Le village a vu naître sainte Jeanne-Antide Thouret, fondatrice des sœurs de la Charité à Besançon ; un pèlerinage et une église commémorent son souvenir.

Besançon★★

Capitale de la Franche-Comté, Besançon s'est développée durant des siècles dans une boucle presque parfaite du Doubs. Au-dessus, inébranlable sur son éperon rocheux, la citadelle érigée par Vauban garde fière allure, et ses murs épais qui ont bravé le temps et les guerres accueillent aujourd'hui les colonnes plus pacifiques mais toujours plus nombreuses de visiteurs. La ville historique, discrètement lovée dans l'harmonieuse courbe du Doubs, ne se dévoile qu'au promeneur attentif qui découvrira au fil de ses étroites rues piétonnières, de beaux hôtels particuliers, le fameux palais Granvelle et bien d'autres témoins de son riche passé.

La situation

Cartes Michelin nos 66 pli 15 ou 243 pli 19 – Doubs (25). Accès par l'autoroute A 36 dite « la Comtoise ». Le TGV relie Paris à Besançon en 2h30 environ. Besançon séduit d'abord par son site et nous vous conseillons de gagner l'un des forts (La citadelle, Chaudanne, Brégille, Montfaucon...) qui dominent la ville pour découvrir de très belles vues sur les différents quartiers.

🛈 *Place de l'Armée-Française, 25000 Besançon*, ☎ *03 81 80 92 55.*

Symboles de l'autorité royale, les fleurs de lys couronnent les tours du Roi et de la Reine dans la citadelle.

Ce superbe alignement, digne d'une parade, vient se refléter dans les eaux du Doubs qui dessine sa célèbre courbe. Baptisé quai Vauban, cet harmonieux « rempart » a été réalisé par les frères Robelin à la fin du 17e s.

Le nom

Besançon est une évolution phonétique de *Vesontio,* citée par César dans la *Guerre des Gaules.* Il semblerait que *Vesontio* soit une appellation très ancienne de montagne.

Les gens

113 828 Bisontins. Véritable vivier de talents, la ville a vu naître pléthore d'hommes célèbres et d'artistes. Parmi eux : le philosophe et économiste Charles Fourier (1772-1837) qui imagina une originale communauté de travail, le « phalanstère », le romancier Charles Nodier (1780-1844), Victor Hugo (1802-1885), le sociologue Pierre-Joseph Proudhon (1809-1865), les frères Lumière, Auguste (1862-1954) et Louis (1864-1948), ainsi que le journaliste humoriste Tristan Bernard (1866-1947).

comprendre

Une métropole chrétienne – Le site particulier de la ville avait fait forte impression sur Jules César qui l'a décrit dans sa *Guerre des Gaules.*

Vesontio, l'ancêtre gauloise de Besançon, a été évangélisée par deux apôtres d'origine grecque : saint Ferréol et saint Ferjeux. Vers l'an 180, ceux-ci s'installent dans une caverne, au milieu des bois, à l'endroit où s'élève aujourd'hui la basilique qui leur est consacrée. Pendant trente ans, ils se vouent à l'apostolat dans toute la région. Sommés de sacrifier aux anciens dieux, ils sont finalement décapités dans les arènes.

Les persécutions n'empêchent pas la religion nouvelle de triompher avec l'empereur Constantin. La ville devient alors le siège d'un important archevêché.

Hugues de Salins, le grand archevêque – C'est en 1031, année marquée par une terrible famine, que Hugues de Salins fut nommé archevêque. Représentant d'une des plus illustres familles de la Comté, Hugues fut chapelain auprès de Rodolphe III, roi de Bourgogne, puis homme de confiance d'Henri III, empereur germanique. En 1042, ce dernier accorde une certaine autonomie à la Bourgogne en lui octroyant une chancellerie particulière qu'il confie à Hugues. Besançon devient ville impériale directement rattachée à l'empereur. Hugues de Salins dispose désormais de la justice et

> **RÉFORMATEUR ET BÂTISSEUR**
>
> Reconnu comme grand animateur de la réforme religieuse, Hugues de Salins a déployé à Besançon une grande activité de bâtisseur jusqu'à sa mort en 1066. Il fit ainsi reconstruire la cathédrale St-Étienne (1050) sur la citadelle, la cathédrale St-Jean (1061) et bien d'autres sanctuaires des environs.

de l'administration de la monnaie. Le pouvoir de l'archevêque prendra une dimension encore plus grande, lorsque son ami Brunon de Toul deviendra pape sous le nom de Léon IX. Hugues entre alors au service de la papauté et siège aux conciles de l'époque.

Les Granvelle – Mais que serait Besançon sans la famille Granvelle à qui la ville doit une grande part de son prestigieux patrimoine ? C'est elle qui a édifié le magnifique palais Granvelle et collectionné de magnifiques chefs-d'œuvre aujourd'hui présentés dans le musée des Beaux-Arts. Cette modeste famille de paysans est devenue, en deux générations, la plus puissante de la région. L'un d'eux, Nicolas, ne sera rien moins que le chancelier de Charles-Quint, un homme de confiance que l'empereur appellera son « lit de repos ». L'autre célébrité familiale est l'un de ses fils, Antoine, connu sous le nom de cardinal de Granvelle. Ses titres sont à la mesure de la considération que lui porte le roi Philippe II d'Espagne : premier ministre des Pays-Bas, vice-roi de Naples, ministre des Affaires étrangères...

Un difficile rattachement à la France – C'est en 1656 qu'à son insu Besançon, ville d'Empire, fut échangée contre Frankenthal et devint terre espagnole. Ainsi s'ouvrait une période de crises. En 1668, Condé occupe la ville après que Louis XIV eut revendiqué la Franche-Comté et la Flandre en héritage. Pour peu de temps il est vrai, le traité d'Aix-la-Chapelle, signé la même année, restituant la Franche-Comté à l'Espagne.

Néanmoins, en 1674, les armées de Louis XIV, fortes d'environ 20 000 hommes, se rassemblent à nouveau devant Besançon. Vauban organise le siège. Dans la boucle du Doubs, 5 000 hommes opposent une résistance farouche et tiennent durant 27 jours sous les boulets lancés par les Français depuis Chaudanne et Bregille. La place se rendra, à l'exception de son chef le prince de Vaudemont, fils du duc Charles de Lorraine, qui capitulera une semaine plus tard. En 1677, Louis XIV fera élever Besançon au rang de capitale de la province et c'est le traité de Nimègue qui, en **1678**, rattachera définitivement la Franche-Comté à la France.

La capitale de la Comté française – Le Parlement, la Chambre des Comptes, l'Université, la Monnaie émigrent de Dole. Les Bisontins en tirent grand orgueil. Mais ils font la grimace lorsque l'autorité royale, à chacun de ces transferts, leur présente une note de 150 000 à 300 000 livres, et, par surcroît, triple les impôts. À son importance stratégique s'ajouta au fil des ans un rôle de métropole ecclésiastique, puis industrielle. Besançon devint sous la Révolution la capitale de la montre française. Les industries de microtechniques de précision qui se développent aujourd'hui dans la région ont hérité de ce savoir-faire.

LE POUVOIR DES INTENDANTS

Après l'annexion de la Franche-Comté, les intendants font durement peser le pouvoir du roi ; ils vident les bas de laine mais donnent au commerce, à l'industrie et aux arts un développement jamais connu. Besançon conserve un souvenir reconnaissant à l'un de ces grands commis, l'intendant de Lacoré, qui, au 18e s., la dota de monuments et de jardins dont elle s'enorgueillit encore.

se promener

LA VIEILLE VILLE★★

1 La ville basse

Délimitée par la boucle du Doubs, cette partie de la ville était jadis ceinturée de solides remparts.

La visite de la vieille ville se fait à pied. Garer son véhicule soit au parking de la promenade Chamars, soit sur la rive droite du Doubs. Gagner le pont Battant.

Avant de s'engager dans la Grande-Rue, faire quelques pas sur le pont afin de pouvoir mieux admirer les habitations du 17e s., aux très belles **façades**★ de pierre gris-bleu qui bordent le Doubs à cet endroit.

Remonter le quai Vauban (ou promenade Vauban) vers le Nord jusqu'au passage Vauban qui conduit à la place de la Révolution ; en période de crue prendre la rue parallèle car les quais sont inondés.

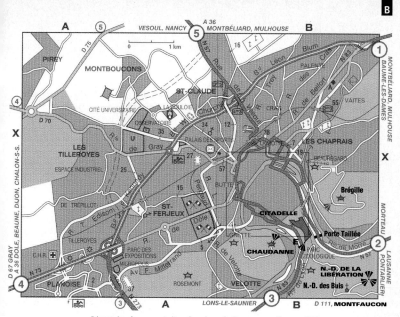

Répertoire des rues et sites des plans de Besançon, voir page 136.

Place de la Révolution

Ce grand carrefour toujours animé est bordé par le **musée des Beaux-Arts et d'Archéologie★★** (*voir description dans « visiter »*) et, sur la rue des Boucheries, par des immeubles anciens.

À l'angle Nord-Est de la place, l'église de l'ancien hôpital du Saint-Esprit est, depuis 1842, un temple protestant ; la cour a conservé sa galerie en bois sculpté, datant vraisemblablement du début du 16e s.

Rejoindre la rue des Granges (derrière le marché couvert) et tourner tout de suite à droite dans la rue R.-L.-Breton qui mène à la place Pasteur, dans la Grande-Rue.

La Grande-Rue

Ancienne voie romaine qui traversait *Vesontio* de bout en bout, elle reste, 2 000 ans plus tard, l'artère principale de la ville ; elle est aménagée pour les piétons du pont Battant à la place du 8-Septembre.

On remarque, au no 44, l'**hôtel d'Emskerque** de la fin du 16e s., où logea Gaston d'Orléans ; élégantes grilles au rez-de-chaussée. En face au no 53, la cour intérieure possède un remarquable escalier en pierre et fer forgé. Au no 67 s'élève l'**hôtel Pourcheresse de Fraisans** avec son bel escalier sur cour. Au no 68, ancien hôtel Terrier de Santans, bâti en 1770, avec sa cour intérieure.

Lieu incontournable de la vie bisontine, la place de la Révolution est surtout connue sous le nom de place du Marché ; autour des petites halles se tient régulièrement un marché très fréquenté.

carnet pratique

ACCÈS

Le cœur de la ville est en grande partie piétonnier ; il est recommandé d'utiliser les parkings prévus aux différentes entrées. Des itinéraires fléchés permettent de rejoindre les hôtels du centre-ville.

VISITE

Bateau – Croisières sur le *Vauban* au départ du pont de la République ; découverte du site, franchissement de deux écluses, passage sous la citadelle en empruntant un canal souterrain. *De juil. à déb. sept. : (1h1/4) dép. à 10h, 14h15 et 16h30, w.-end et j. fériés à 10h, 14h15, 16h30, 18h ; mai-juin : w.-end et j. fériés dép. à 14h15 et 16h30. 49F (enf. : 37F).* ☎ 03 81 68 13 25.

Petit train – Parcours de la vieille ville et montée à la citadelle où une halte est prévue pour la visite. *De déb. mai à fin sept. : 10h-18h. Dép. ttes les h. du parking Rivotte, halte à la citadelle. 33F (enf. : 25F).* ☎ 03 81 63 44 56.

BON WEEK-END EN VILLE

Deux nuits pour le prix d'une et de nombreuses réductions. Pourquoi ne pas se laisser tenter par cette offre vraiment adaptée à un week-end de découverte ? Mais il ne faut pas oublier de s'y prendre à l'avance. Renseignements auprès de l'Office de tourisme.

OÙ DORMIR

• À bon compte

Hôtel du Nord – *8 r. Moncey -* ☎ *03 81 81 34 56 - 44 ch. : 190/320F -* 🍽 *34F.* Vous êtes en plein cœur de la cité historique et vous pourrez flâner le long des ruelles autour de l'hôtel. Les chambres sont classiques, assez spacieuses et bien équipées.

Hôtel Régina – *91 Grande-Rue -* ☎ *03 81 81 50 22 - 20 ch. : 189/235F -* 🍽 *34F.* C'est un petit hôtel familial, en plein cœur de la ville mais au calme au bout d'une impasse. En saison, une belle glycine parcourt le balcon de certaines chambres. Quelques-unes ont vue sur la citadelle.

• Une petite folie !

Hôtel Castan – *6 square Castan -* ☎ *03 81 65 02 00 - fermé 31 juil. au 20 août et 24 déc. au 4 janv. -* 🅿 *- 10 ch. : à partir de 580F -* 🍽 *60F.* À vous la vie de château dans cet hôtel particulier du 17e s., au cœur archéologique de la ville. Chambres aux noms illustres : Louis XVI, Pompéï, Régence... meublées à l'ancienne. Prenez votre petit-déjeuner près de la grande cheminée de pierre de la salle des gardes.

OÙ SE RESTAURER

• À bon compte

Chaland – *Promenade Micaud , près pont Brégille -* ☎ *03 81 80 61 61 - fermé 1er au 15 août et sam. midi - 95/375F.* Embarquez à bord de ce restaurant installé dans une péniche sur le Doubs, avec à bâbord la promenade Micaud, à tribord la vieille ville. De la salle à manger sur le pont supérieur, admirez les cormorans s'adonnant à la pêche.

• Valeur sûre

Barthod – *22 r. Bersot -* ☎ *03 81 82 27 14 - fermé vac. de fév., dim. et lun. - 110/295F.* Parmi les plantes vertes et les arbustes de la terrasse, installé près de la paisible cascade, laissez-vous guider... Ce spécialiste en vins vous propose un choix de mets soignés à déguster en savourant au verre des crus sélectionnés pour les accompagner.

Vauban – *À la citadelle -* ☎ *03 81 83 02 77 - fermé 24 déc. au 20 fév., lun. sf midi de juin à août et dim. soir - 108/175F.* Dans les fortifications de la citadelle, la grande terrasse de ce restaurant domine la cité avec ses deux salles à manger aux voûtes de pierre. Cuisine classique.

• Une petite folie !

Mungo Park – *11 r. Jean-Petit -* ☎ *03 81 81 28 01 - fermé 1er au 16 août, 1er au 15 nov., lun. midi et dim. - 490F.* Dans une maison du 17e s. le long du Doubs, ce restaurant étoilé évoque les voyages de l'explorateur britannique. Mélange exotique et rustique avec chaises en rotin, poutres massives et pierres apparentes. Cuisine au goût du jour.

OÙ PRENDRE UN VERRE

Brasserie du Commerce – *R. des Granges -* ☎ *03 81 81 33 11 - ouv. tlj 8h-1h.* Fondée en 1873, cette brasserie a conservé sa décoration d'origine qui lui vaut un statut indiscutable d'institution. Il s'en dégage une atmosphère rétro des plus agréables. Mais, victime de son succès, l'endroit est parfois si bondé qu'il est presque impossible d'y trouver une place assise...

L'Auberge comtoise – *195 r. de Belfort -* ☎ *03 81 50 83 83 - ven.-sam. à partir de 21h.* Les amateurs de bal musette trouveront ici leur bonheur : valses romantiques, tango langoureux, paso doble et javas endiablés... Il y en a pour tous les goûts et tous les âges ! Atmosphère simple et chaleureuse, un brin rétro.

Le Vin et l'Assiette – *97 r. Battant -* ☎ *03 81 81 48 18 - mar.-sam. 9h-21h.* Il y a longtemps que le vin est à l'honneur dans cette ancienne cave de vigneron située au cœur du vieux Besançon, dans un bâtiment du 14e s. classé à l'inventaire du patrimoine. Les amoureux du vin pourront donc en déguster au verre avec, par exemple, une assiette de rosette ou de comté.

Le Brystol – 4 av. Édouard-Droz - ☎ 03 81 53 04 00 - ouv. tlj 21h-4h. Transformée en temple du karaoké, cette maisonnette au décor cossu est devenue l'un des « must » du genre dans la région. L'ambiance est des plus animées les soirs d'affluence et le spectacle brille aussi bien sur scène que dans la salle. Belle carte de cocktails.

Une petite faim ?

Baud – 4 Grande-Rue - ☎ 03 81 81 20 12 - ouv. tlj à partir de 8h. Cet établissement familial est une institution à Besançon. Son succès est à la mesure de la qualité des produits qu'il propose (pâtisseries, glaces et plats à emporter). Sa terrasse est toujours bondée mais prenez la peine d'attendre : vous ne serez pas déçu.

Remise en forme

Valvital Besançon – Espace Valentin, chemin des Fermes, 25480 École-Valentin - ☎ 03 81 47 95 60. Centre de balnéothérapie et de remise en forme (fitness, kinésithérapie, esthétique...) ; plus de 3 000 m² d'installations et un encadrement médical réputé.

Au n° 86, l'**ancien couvent des Carmes**, du 17e s., a conservé sa cour à arcades. Au n° 88, ancienne entrée du **couvent des Grandes Carmes**, flanquée à gauche d'une belle fontaine. Au n° 103, bel escalier en bois dans la cour.

Hôtel de ville

Du 16e s. Façade à bossages, en pierres alternativement bleues et ocre. En face, la curieuse façade de l'**église Saint-Pierre** est due à l'architecte bisontin Bertrand (18e s.).

Palais de justice

Le centre du bâtiment présente une jolie façade Renaissance due à Hugues Sambin. La grille de la porte d'entrée (1861) est fort belle. À l'intérieur, au 1er étage, siégeait le Parlement de Franche-Comté.

Palais Granvelle★

Édifié de 1534 à 1542 pour le chancelier Nicolas Perrenot de Granvelle, il dresse sur la rue une imposante façade Renaissance, compartimentée à trois étages et cinq travées ; son grand toit à pignon latéral orné de redans est percé de trois lucarnes surmontées d'un fronton richement sculpté. Jolie **cour★** intérieure rectangulaire entourée de portiques aux arcades surbaissées, en anse de panier. En cours d'installation dans le palais, le **musée du Temps** va se développer progressivement à partir de l'an 2000.

Derrière le palais, la promenade Granvelle, ancien jardin du palais, offre ses ombrages aux promeneurs dont elle est en été le point de ralliement. Le Kursaal, salle de concerts et de réunions, s'ouvre sur la promenade.

Continuer à suivre la Grande-Rue.

C'est au n° 140 que serait né Victor Hugo. Place Victor-Hugo, au n° 1, les frères Lumière, inventeurs du cinéma, ont vu le jour.

Vestiges romains

La rue de la Convention, qui fait suite à la Grande-Rue, offre un agréable coup d'œil. Elle longe le square archéologique A.-Castan, joli petit jardin que dominent d'antiques colonnes alignées ; celles-ci appartenaient au péristyle d'un nymphée, réservoir d'eau construit en cet endroit et où aboutissait un aqueduc dont les conduits sont visibles.

À l'entrée du couvent des Carmes, cette fontaine du 16e s. est l'une des plus anciennes de la ville : le sculpteur, Claude Lullier a représenté en Neptune le duc d'Albe, lieutenant de Philippe II d'Espagne.

BESANÇON

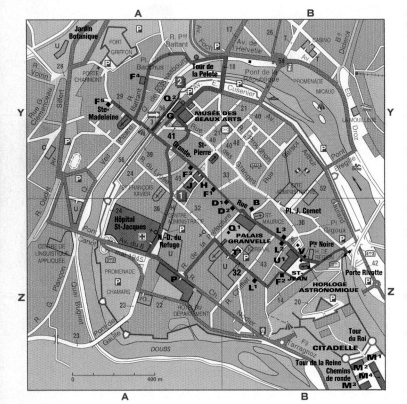

Plan d'agglomération voir page 133

En face du square s'élève l'ancien Palais archiépiscopal, du début du 18e s., occupé par le rectorat de l'Académie. Passer sous la **porte Noire**, ancienne porte de Mars. Cet arc de triomphe romain, érigé au 2e s., tire sans doute son nom de sa patine très foncée. Il était autrefois isolé. Ses sculptures (restaurées en partie au 19e s.) ont été rongées par les intempéries.

Cathédrale Saint-Jean★

Tlj sf mar. 9h-18h (été : fermeture à 19h). ☎ *03 81 83 34 62.* Quelle étrange cathédrale ! On ne peut manquer en effet d'être surpris par sa discrétion extérieure, par l'absence de portail principal, par la présence de deux absides opposées, dotées chacune d'un chœur.

À gauche, en entrant, l'**abside du Saint Suaire**, reconstruite après l'effondrement du clocher en 1729, abrite en fait un « contre-chœur » à décoration baroque, utilisée pour le culte du Saint Suaire ; elle est ornée de toiles du 18e s. (Van Loo, Natoire, de Troy) et, dans l'absidiole de gauche, du tombeau en marbre de Ferry Carondelet.

Dans le bas-côté droit, à gauche de la tribune du grand orgue, se trouve le célèbre tableau de Fra Bartolomeo, la ***Vierge aux Saints★***, exécuté à Rome en 1512 pour le chanoine de la cathédrale, Ferry Carondelet, abbé de Montbenoît et conseiller de Charles Quint. Le prélat est représenté agenouillé, à droite.

La nef et l'abside principale, à droite, ont gardé la base romane de l'édifice du 12e s. La deuxième chapelle s'ouvrant sur le bas-côté gauche renferme un autel circulaire paléochrétien en marbre blanc, dit « Rose de saint Jean », orné d'un chrisme que surmonte curieusement un aigle. Dans le chœur, trône reproduisant celui du sacre de Napoléon Ier.

LE SAINT SUAIRE

Il ne s'agit pas du Suaire de Turin encore aujourd'hui connu et vénéré dans le monde entier. Le Suaire de Besançon était lui aussi considéré comme authentique et les plus grands du Royaume et d'Europe sont venus prier devant lui. Il a disparu à la Révolution.

NOTRE-DAME DES JACOBINS

Dans le bas-côté gauche, près de la « Rose de saint Jean », une chapelle est dédiée à une *Vierge à l'Enfant* miraculeuse. Peinte par Dominico Cresti en 1630, elle a survécu à un naufrage près de Toulon et a immédiatement été vénérée sous le vocable de « Vierge des Ondes ». On l'appelle également « Vierge des jacobins » car ce sont les dominicains, autrefois appelés jacobins, qui sont à l'origine de son culte. L'attachement pour cette vierge était tel dans le cœur des Bisontins que, second miracle, elle a traversé la Révolution sans être inquiétée.

Au no 5 de la rue de la Convention s'élève un ancien hôtel du 18e s., aujourd'hui palais de l'Archevêché.

Horloge astronomique★ – *Salle basse du clocher. Visite guidée (1/4h) tlj sf mar. à 9h50, 10h50, 11h50, 14h50, 15h50, 16h50, 17h50 (oct.-avr. : fermé mer.). Fermé en janv., 1er mai, 1er et 11 nov., 25 déc. 15F.* ☎ *03 81 81 12 76.*

🕐 Cette merveille de mécanique comptant 30 000 pièces a été conçue et exécutée de 1857 à 1860 par A.-L. Vérité, de Beauvais, et réorganisée en 1900 par F. Goudey, de Besançon. Elle fait office d'horloge publique car elle transmet l'heure aux cadrans du clocher. Les 62 cadrans indiquent les jours, les saisons, les heures dans 16 points du globe, les marées dans 8 ports, la durée du jour et de la nuit, les levers et couchers du soleil et de la lune... et, en bas de l'horloge, le mouvement des planètes autour du soleil. Une série d'automates s'anime toutes les heures.

Pour ceux qui ont du souffle et du temps, possibilité de descendre vers la porte Rivotte par l'étroite rue du Chambrier, sur la gauche.

Porte Rivotte

Restes de fortifications du 16e s. Après la conquête française, Louis XIV fit orner le fronton d'un soleil symbolique.

Contourner la cathédrale par la rue du Chapitre, puis la rue du Palais sur la droite. Remarquer, sur la gauche, le bel hôtel Bonvalot.

À PIC

Le rocher de la citadelle domine la porte Rivotte de ses abrupts aux longues strates. Il plongeait autrefois dans la rivière et l'étroite bande où passe la route a été gagnée par le pic ou la mine. Un canal de 375 m de longueur traverse le roc en tunnel, permettant d'éviter la boucle du Doubs.

Hôtel Bonvalot

Il fut construit de 1538 à 1544 par F. Bonvalot, oncle du célèbre cardinal de Granvelle. Son architecture un peu austère est égayée par les vitraux et les accolades qui surmontent les fenêtres.

Par la rue du Cingle rejoindre la rue de la Vieille-Monnaie que l'on prend à droite.

Maison espagnole

10-12 rue de la Vieille-Monnaie. Même si cette maison du 17e s. est postérieure au rattachement à la France, les influences espagnoles sont évidentes sur cet édifice décoré de très belles **grilles** ventrues.

La rue de la Vieille-Monnaie se prolonge par la rue Mégevand.

Rue Mégevand

Tout au début de la rue, au croisement avec la rue Ronchaux, remarquez une belle fontaine du 18e s. représentant le Doubs. Un peu plus loin sur la droite, la place du Théâtre met en valeur la façade très classique du théâtre ; elle est l'œuvre de C.-N. Ledoux. L'Université, sur la gauche, se termine par l'ancienne abbaye St-Vincent (devenue église Notre-Dame) dont on peut encore voir l'ancien clocher et un portail du 16e s.

Au niveau de la place de Granvelle, tourner à gauche dans la rue de la Préfecture.

Et non, ces grilles ne cachent pas de belles Andalouses ! Elles sont pourtant caractéristiques des influences espagnoles avant la conquête française.

Préfecture★

C'est l'ancien palais (18e s.) des Intendants élevé sur les plans de l'architecte Louis et dont l'entrée a été dégagée par une place en demi-cercle.

En arrivant de la rue de la Préfecture, faire un petit détour sur la gauche dans la rue Ch.-Nodier pour admirer la jolie **fontaine des Dames** (18e s.). Dans la coquille se dresse une sirène, copie d'un bronze du 16e s.

Revenir au croisement avec la rue de la Préfecture et remonter la rue Ch.-Nodier jusqu'à la place Saint-Jacques où l'on tourne à droite vers la rue de l'Orme-de-Chamars.

Hôpital Saint-Jacques

S'adresser à l'Office de tourisme.

Il date du 17e s. Magnifique **grille★** et belle pharmacie du 18e s.

SYMBOLIQUE

L'architecture même de l'édifice assume une signification religieuse : l'intérieur, de forme elliptique, affecte progressivement, à partir de l'entablement, la forme d'un cercle, symbole de la perfection.

Chapelle Notre-Dame-du-Refuge

Tlj sf mar. 14h-16h30. ☎ *03 81 21 86 66.*

◀ Reconnaissable à son dôme couvert de tuiles vernissées, elle doit son nom à un établissement créé en 1690 par le marquis de Broissia pour recueillir les jeunes filles moralement en danger. Elle a été construite par l'architecte Nicolas Nicole en 1739 et fut rattachée à l'hôpital en 1802. On y remarque de belles boiseries d'époque Louis XV.

La rue de l'Orme-de-Chamars se prolonge par la rue Pasteur qui ramène au début de la Grande-Rue.

2 Quartier de Battant

Vous êtes encore en forme ? Tant mieux car il serait dommage de ne pas faire un petit tour dans ce quartier qui s'étage sur la rive droite du Doubs. Populaire et très animé, c'est l'un des plus anciens de Besançon. C'était celui des vignerons, les « Bousbots ». Leurs vignes s'étendaient à l'entour, sur toutes les pentes que colonisent aujourd'hui des résidences modernes.

Église Sainte-Madeleine

Elle fut construite au 18e s. sur les plans de Nicolas Nicole, mais ses deux tours ne datent que de 1830. L'intérieur frappe par ses vastes dimensions et l'élégance de ses voûtes soutenues par des colonnes cannelées. Les grandes orgues, restaurées, sont l'œuvre de Callinet.

Remonter la rue de la Madeleine.

À l'angle des rues du Petit-Charmont et du Grand-Charmont s'élève l'**hôtel Jouffroy**, construit fin 15e-début 16e s.

Revenir sur ses pas pour regagner l'église Sainte-Madeleine. Prendre alors la célèbre rue Battant.

Si vous vous promenez près du pont Battant, ne lui demandez pas votre chemin, il ne vous répondra pas ! Cette statue grandeur nature de Jouffroy d'Abbans fait presque illusion. Il n'est pas bisontin mais il est entré dans l'Histoire grâce à ses essais de navigation à vapeur sur le Doubs.

Hôtel de Champagney

Construit au 16e s. pour la veuve de Nicolas de Granvelle, il avance ses quatre gargouilles au-dessus du trottoir. Passer sous la voûte pour admirer les galeries. Le passage permet de rejoindre le fort Griffon d'où l'on a une belle vue sur les toits de Besançon, en passant par le clos Barbisier, jardin de roses anciennes.

De la place sur laquelle se dresse la fontaine Bacchus, descendre la rue du Petit-Battant, à droite.

Tour de la Pelote

La curieuse tour de la Pelote (seconde moitié du 15e s.) avait été intégrée dans le système définitif de Vauban, ce qui évita sa destruction. Elle accueille aujourd'hui un restaurant.

Par le pont Denfert-Rochereau puis, à droite, l'avenue E.-Cusenier, regagner la place de la Révolution.

découvrir

LA CITADELLE★★

Prendre, derrière la cathédrale, la rue des Fusillés-de-la-Résistance, sinueuse et en forte montée. Pâques-Toussaint : 9h-18h (juil.-août : 9h-19h) ; Toussaint-Pâques : 10h-17h. Fermé 1er janv. et 25 déc. 40F, billet valable pour tous les musées de la citadelle (enf. : 20F). ☎ 03 81 65 07 54.

Remarqué dès l'époque romaine, ce haut lieu fut couronné d'un temple païen dont les colonnes se retrouvent dans les armes de la ville, puis d'une église dédiée à saint Étienne. Après la conquête française de 1674, Vauban, rasant une grande partie des constructions antérieures, édifia la forteresse actuelle qui domine de 118 m le cours du Doubs. Tour à tour caserne, école de cadets sous Louis XIV, prison d'État, forteresse, assiégée en 1814, la citadelle bisontine constitue un site naturel et historique d'un grand intérêt.

L'ouvrage se présente sous l'aspect d'un terrain à peu près rectangulaire, en dos d'âne, barré dans toute sa largeur par trois bastions successifs (les « enceintes » ou « fronts » : front Saint-Étienne côté ville, front Royal au centre et front de Secours), derrière lesquels s'étendent trois esplanades. L'ensemble est ceinturé de remparts que parcourent des chemins de ronde et où subsistent des tours de guet (« du Roi » à l'Est, « de la Reine » à l'Ouest) et des échauguettes.

Cette ancienne tour de guet, dite de la Reine, donne toujours la réplique à celle du Roi qui est, comme il se doit, un peu plus grande.

Chemins de ronde

Le chemin de ronde Ouest, qui débute par la tour de la Reine, à droite, sur la première esplanade, permet de découvrir une **vue**★★ impressionnante sur Besançon, la vallée du Doubs, les collines de Chaudanne et des Buis. Celui qui donne du côté de Brégille offre un point de vue intéressant sur Besançon et la boucle du Doubs. Du côté opposé à la ville, l'échauguette sur Tarragnoz, que l'on atteint en traversant le parc zoologique, offre une jolie vue sur la vallée du Doubs.

Musée Comtois★

Mêmes conditions de visite que la citadelle. Fermé mar. Toussaint-Pâques.

Deux bâtiments du musée rassemblent dans une quinzaine de salles un choix considérable de mobilier, d'objets d'art populaire traditionnel et de folklore, recueillis dans toute la province. Plusieurs salles abritent une importante collection de marionnettes : crèche du couvent des Dames-de-la-Providence, « théâtre mécanique » de 1850. Le territoire et les paysages sont également illustrés par de nombreux documents dont certains sont consultables à partir de bornes informatiques.

> **DUR COMME FER**
> Dédiée à l'art du fer, l'aile gauche renferme les collections les plus originales du musée, parmi lesquelles on admire de belles plaques en fonte, des chenets, fourneaux et marmites.

Espace Vauban

Mêmes conditions de visite que la citadelle.

Aménagée dans le bâtiment des cadets, une exposition retrace l'histoire de la citadelle, évoque le contexte civil et militaire du Grand Siècle et présente le brillant ingénieur qu'était Vauban. Film vidéo.

Musée d'Histoire naturelle★

Parc zoologique, aquarium, insectarium, noctarium. Mêmes conditions de visite que la citadelle. Fermé mar. Toussaint-Pâques.

Installé dans deux ailes du bâtiment de l'ancien arsenal, il expose de façon claire et moderne l'évolution des vertébrés du poisson aux homénidés.

– **L'insectarium**, réalisation particulièrement originale, s'étend sur 300 m² au premier étage du Petit Arsenal ; c'est toujours avec une certaine appréhension que l'on approche des vivariums qui renferment toutes sortes de blattes, mygales et scorpions. La gigantesque fourmilière impressionne par son incroyable organisation. À l'étage du dessus, une section d'**astronomie** et de **météorologie** offre une petite initiation à la connaissance du ciel.

– **L'aquarium Georges-Bresse** aménagé dans une grande salle au rez-de-chaussée du Petit Arsenal ; une succession d'aquariums (50 000 l) reproduit le cours du Doubs et présente la faune aquatique des rivières : truite, perche, carpe, brochet, silure... Remarquez les poissons et la flore des lacs dans les bassins extérieurs, ainsi que le petit élevage d'écrevisses dans un bâtiment de la cour.

– **Le parc zoologique** (2,5 ha) occupe, à l'extrémité de la forteresse, les glacis du Front Saint-Étienne et les fossés du Front de Secours. L'exiguïté des lieux explique le choix de présenter certaines espèces menacées (beaucoup de primates) ou des animaux de la ferme pour les enfants. Rien de sensationnel, si ce n'est la présence de deux magnifiques tigres de Sibérie.

– **Le noctarium** est aménagé dans l'ancienne poudrière. Rassurez-vous, il ne s'agit pas d'une épreuve de Fort Boyard ! Et pourtant, en poussant la porte, vous entrez dans le monde mystérieux de la nuit. Après quelque temps d'adaptation et un peu de patience vous découvrirez mulots, souris, et jusqu'aux impressionnants surmulots ou rats d'égout ; si vous tombez au moment de leur casse-croûte, vous aurez sans doute un petit frisson.

Il semble si gentil ! Ce superbe tigre de Sibérie est pourtant un redoutable chasseur et les vitres blindées ne sont pas un luxe quand il vient s'ébattre ou parader près de vous.

Musée de la Résistance et de la Déportation★

Mêmes conditions que la citadelle. Déconseillé -10 ans. Fermé mar. Toussaint-Pâques. ☎ 03 81 65 07 55.

Comment dire ce qui est indicible, évoquer ce qui est indescriptible ? Un dessin, un mot, une photo, le moindre souvenir prend ici une force terrifiante. Cette douloureuse mais nécessaire rétrospective se déroule dans vingt-deux salles où est présentée une importante collection de photographies, d'objets, d'affiches et de documents relatifs à la naissance et à la montée du nazisme, à défaite de 1940, au régime de Vichy, à la Résistance et à la Déportation, à la Libération. Une salle de projection complète la visite.

L'ART POUR MÉMOIRE
Les collections rassemblent des dessins, peintures et sculptures réalisés dans les prisons et les camps allemands ainsi que des œuvres contemporaines de même inspiration. Près de l'entrée, statue du sculpteur Georges Oudot.

Poteaux des Fusillés

Ils ont été dressés là, à la mémoire des patriotes fusillés pendant la Seconde Guerre mondiale.

visiter

Musée des Beaux-Arts et d'Archéologie★★

& *Tlj sf mar. 9h30-12h, 14h-18h (juin-oct. : ouv. en continu). Fermé 1ᵉʳ janv., 1ᵉʳ mai, 1ᵉʳ nov., 25 déc. 21F (-18 ans : gratuit), gratuit sam. ap.-midi. ☎ 03 81 82 39 89.*

Installé dans l'ancienne halle aux grains de 1835, le musée a été agrandi dans les années 1970 par un disciple de Le Corbusier, Louis Miquel, qui éleva dans la cour une originale architecture de béton, faite d'une succession de rampes en pente douce et de paliers.

Au cœur de l'édifice, le rez-de-chaussée abrite une belle collection d'**antiquités égyptiennes**, des statues et objets du Moyen Âge et de la Renaissance. Magnifique exemple de l'art funéraire égyptien de la Basse Époque, le double **sarcophage de Séramon★** (scribe royal) est encore occupé par sa momie.

Dans les salles latérales, sont présentées les collections archéologiques qui sont très riches pour la **période gallo-romaine** : mosaïque de Neptune, casque de soldat romain, taureau tricorne en bronze, Dieu au maillet.

Mais c'est la **section peinture★**, très éclectique, qui est ▶ la principale richesse du musée ; les collections qui proviennent en bonne part de la famille Granvelle, offrent un large choix de tableaux d'écoles étrangères, signés des plus grands noms du 14e au 17e s. Le destin international de la ville et son rattachement relativement tardif à la France explique l'importance d'œuvres majeures des écoles étrangères. *L'Ivresse de Noé* par exemple, véritable chef-d'œuvre réalisé par Giovanni Bellini (1430-1516) à la fin de sa vie, témoigne de ses dernières évolutions vers les nouveaux courants en Italie. Parmi eux, le maniérisme est porté aux sommets dans la magnifique *Déposition de Croix* de Bronzino (1503-1572) dont l'intensité et la gradation des bleus souligne la dualité de la composition et l'incroyable perfection des visages. On ne peut en dire autant du *Philosophe Chilon* de Luca Giordano (1634-1705) dont la laideur exacerbée contraste volontairement avec sa richesse intérieure.

Les écoles allemandes et nordiques sont également bien représentées. Parmi les œuvres les plus célèbres figurent le panneau central du *Triptyque de Notre-Dame-des-Sept-Douleurs* de Barend Van Orley (Bruxelles, 1488-1541), ainsi que les allégories de Lucas Cranach dit l'Ancien (Allemagne, 1472-1553), *Courtisane et vieillard* et la *Nymphe à la Source*. La peinture flamande est également illustrée par de très beaux portraits humains (*Portrait de femme*, par Dirck Jacobs) et animaliers. Les collections françaises recèlent également quelques œuvres majeures : belle collection de maîtres français des 18e et 19e s. : cartons de tapisseries à sujets chinois de Boucher, œuvres de Fragonard et Hubert Robert, esquisses de David et dix tableaux de Courbet dont *Le Gour de Conche* et le monumental *Hallali du cerf*.

Le 20e siècle n'est pas oublié. On peut admirer les plus beaux tableaux de Bonnard tels que la *Place Clichy* et le *Café du Petit Poucet,* le portrait de Mme Besson par Renoir, *La Seine à Grenelle* et *Les Deux Amies* d'Albert Marquet, la *Voile jaune* de Paul Signac.

On ne quittera pas le musée sans s'attarder devant les ▶ œuvres d'artistes comtois (J. Gigoux, T. Chartran et J.-A. Muenier : *La Leçon de catéchisme*).

Bibliothèque municipale★
Expositions temporaires. ☎ *03 81 81 20 89.*
Remarquables manuscrits enluminés, incunables, livres anciens, dessins, reliures.

CONTRASTE
Le choc des extrêmes dans la salle du 18e s. : d'un format exceptionnel (37,7 x 392 cm !) la *Mascarade des quatre parties du monde* de Jean Barbault illustre un défilé de convois chamarrés sur fond de palais romains ; très petits mais d'une férocité rare, deux tableaux de Goya illustrent des *Scènes de cannibalisme*.

HIER, À BESANÇON
Une très belle reproduction du plan-relief de la ville de Besançon révèle l'ancien clocher de la cathédrale et l'arc de triomphe – aujourd'hui disparu – qui s'élevait sur le quai Vauban.

Si l'on peut rapprocher Les Paysans de Flagey revenant de la foire des plus célèbres tableaux de Courbet dont le fameux Enterrement à Ornans, l'**Hallali du cerf** détonne par la vivacité de sa composition et la luminosité de ses couleurs.

alentours

Chaudanne

2 km, puis 1/4h à pied AR. Prendre le pont Charles-de-Gaulle en direction de Planoise ; passer sous un pont ; 100 m plus loin prendre à droite la rue G.-Plançon, puis la première rue à droite, la rue de Chaudanne. Suivre la rue du Fort-de-Chaudanne jusqu'au point de vue aménagé à l'entrée du fort.

La vue est belle sur Besançon et la boucle du Doubs. C'est l'un des plus intéressants belvédères bisontins (alt. 419 m). De la droite vers la gauche, on remarque d'abord, au pied de la citadelle, la cathédrale et la vieille ville, puis l'église St-Pierre et la ville commerçante. Sur l'autre rive du Doubs, l'ancien quartier vigneron de Battant.

Chapelle N.-D.-des-Buis

Quitter Besançon par la N 83 au Sud. À Tarragnoz, tourner à gauche dans une petite route en forte montée. Alt. 460 m. De style néogothique, elle offre un cadre simple aux pèlerins qui viennent particulièrement nombreux le 15 août.

LA MORALE DE L'HISTOIRE

Une légende rapporte qu'un ancien seigneur, Amaury d'Arguel, rançonnait les passants pour financer son train de vie fastueux. Mais cela n'était jamais suffisant et il tomba un jour sur le diable, déguisé en vieillard, qui lui promit les plus grandes richesses s'il lui accordait la main sa fille. Il finit par accepter et conduisit sa fille au sinistre rendez-vous. Accablée mais résignée, la fille voulut s'arrêter en chemin pour une prière à la chapelle Notre-Dame-du-Buis. Après cette courte halte, les deux cavaliers rejoignirent le ravin de l'Enfer où l'attendait le diable. Il s'approchait déjà avec un sourire de triomphe sur les lèvres, mais eut la surprise de sa vie quand il découvrit, en soulevant le voile, la Vierge qui avait remplacé la malheureuse enfant. Le choc fut, est-ce utile de le préciser, de la plus extrême violence, et il disparut avec perte et fracas. Sonné, Amaury réalisa la gravité de ses actes et devint un modèle de sagesse et de piété dans la région.

À PERTE DE VUE
De la table d'orientation, la **vue**★ s'étend sur le site de Besançon et, par temps clair, porte jusqu'aux Vosges. Monter sur l'esplanade du monument pour découvrir, à l'opposé, les crêtes du Haut-Jura.

N.-D.-de-la-Libération★

À 400 m de la chapelle, sur un vaste terre-plein, une grande statue de la Vierge a été érigée en reconnaissance de la libération de Besançon. Une vaste crypte de style roman abrite les plaques de marbre sur lesquelles sont gravés les noms des morts de la guerre de la région.

Revenir à la chapelle et gagner la D 111 que l'on prend à gauche. Éviter la D 67 et suivre la petite route courant parallèlement en contre-haut, jusqu'à Montfaucon.

Belvédère de Montfaucon★

Aménagé à proximité d'un relais hertzien, il offre une **vue**★ magnifique sur l'agglomération de Besançon et ses forts, et, au loin, sur le Haut-Jura.

Montfaucon

Dans un vallon pittoresque, que parcourent les sentiers de randonnées pédestres et dont les falaises se prêtent à l'escalade, subsistent d'imposants vestiges rappelant l'histoire de Montfaucon.

Le village fortifié datant du 13e s. présente encore ses enceintes, son entrée fortifiée, son église, des caves voûtées, des citernes ; certaines des maisons furent habitées jusqu'au milieu du 19e s.

BIEN DE FAMILLE
Le château *(accès par un chemin empierré à proximité du terrain de sport)* couronne une butte calcaire dominant la vallée du Doubs. Il fut élevé par la célèbre famille de Montfaucon qui s'implanta à proximité de Besançon au milieu du 11e s.

Musée de plein air des Maisons comtoises★

9 km à l'Est de Montfaucon, voir Nancray.

Brégille

4 km par le chemin du Fort Brégille – Autobus no 5. Du terre-plein (alt. 425 m) devant le fort, très belle vue. Promenades dans les bois qui couronnent le plateau.

Forêt de Chailluz et fort de la Dame Blanche

10 km, puis 2h30 à pied AR. Quitter Besançon au Nord par la N 57, puis à Valentin tourner à droite en direction de Tallenay où l'on laissera la voiture.

Par un chemin pittoresque, on atteint le fort de la Dame Blanche d'où se révèle un beau **panorama**★, au Nord-Ouest sur la vallée de l'Ognon et son affluent le Buthiers, au Sud-Est sur la vallée du Doubs et la longue échine de Lomont.

Château de Vaire-le-Grand

11 km à l'Est de Besançon par la N 83. D'août à mi-sept. : 10h-12h, 14h-18h. 25F (-12 ans : 10F). ☎ *03 81 57 09 50.*
Au cœur d'un beau parc qui descend en terrasses vers le Doubs, cet harmonieux château du 18e s. revient de loin. Après une longue période d'abandon, il est progressivement restauré et remeublé, et retrouve peu à peu son lustre d'antan.

Boussières

17 km au Sud-Ouest de Besançon par la N 83 et la D 104.
Ce village de la vallée du Doubs en aval de Besançon est surtout connu pour son église qui est un des rares édifices romans conservés dans la région.

Église Saint-Étienne★ – Un avant-porche massif construit en 1574 ouvre sur un magnifique **clocher**★ roman (11e s.) à quatre étages ; il est décoré de hautes bandes lombardes dont les pilastres s'interrompent au 3e étage. Quelques ouvertures (certaines bouchées) rompent l'uniformité de la composition.
À l'intérieur, on peut voir, sur le côté gauche de la nef, une curieuse statue de saint Jacques, du 16e s.

Sans doute l'un des plus beaux de la région, le clocher de Boussières marie avec bonheur la rigueur du style roman et les vives couleurs de son clocher comtois.

Le Bugey★

On appelle ainsi le Jura méridional. Il présente deux grandes divisions naturelles : le Haut-Bugey, limité au Nord par une suite de cluses qui vont de Nantua à Bellegarde, au Sud par les cluses de l'Albarine et des Hôpitaux, à l'Est par le Rhône, à l'Ouest par la vallée de l'Ain ; le Bas-Bugey, qui occupe la grande boucle du Rhône.

La situation

Cartes Michelin nos 74 plis 3, 4, 5, 14 et 15 ou 244 plis 4, 5, 6, 16 et 17 – Ain (01). Assez isolé par un relief difficile, le Bugey est en bonne partie désenclavé par l'A 40 qui a nécessité la construction de nombreux ouvrages d'art parfois spectaculaires.

Le nom

Le Haut-Bugey, assez sévère à cause de sa sombre couverture de sapins est appelé Bugey noir ; plus riant bien que très accidenté, le Bas-Bugey ou Bugey blanc est réputé pour ses vignobles.

Les gens

Pays de solides montagnards, le Bugey est fréquenté depuis la nuit des temps. Une légende rapporte même qu'un petit fils de Noë s'y serait installé avec sa femme Bugia. C'est vous dire !

comprendre

Un territoire disputé – Au 9e s., le Bugey est rattaché au royaume de Bourgogne et en 1077, une grande partie du territoire passe sous la domination du comte de Savoie qui, peu à peu, va s'en approprier la totalité. En 1601, la maison de Savoie cède le Bugey ainsi que la Bresse et le pays de Gex à Henri IV, roi de France, en échange du marquisat de Saluces.

Une terre de passage – Le Bugey, sillonné de passages transversaux (cluses) correspondant d'un chaînon à l'autre, a toujours été traversé très facilement. Cette situation lui a valu pendant longtemps bien des péripéties. Au 18e s., ce sont les troupes espagnoles qui foulent son sol lors de la guerre de Succession d'Espagne. Au 19e s., les nations coalisées contre Napoléon prennent le Bugey comme théâtre de leurs luttes. Il faut attendre 1855 et la création du chemin de fer Lyon-Genève par la cluse de l'Albarine pour que le Bugey commence à tirer profit de sa position de lieu de passage. En 1871, la percée du Mont-Cenis et la construction de la ligne d'Italie font d'Ambérieu une gare importante. Mais la principale avancée est la construction de l'A 40 qui a nécessité la constructions de vertigineux viaducs (environ 100 m de haut) et d'interminables tunnels (plus de 3 km). Cette impressionnante et très coûteuse réalisation contribue largement au désenclavement du Haut-Bugey.

Le maquis de l'Ain – Au cœur du massif protégé par les vallées du Rhône et de l'Ain et commandant d'importants passages routiers et ferroviaires, le maquis installe, dès 1943, de nombreux camps. Il établit sa citadelle en Valromey et celle-ci est l'objet en février 1944 d'une attaque allemande. Le 5 à l'aube, 5 000 Allemands encerclent le massif, puis en camions, à pied ou à skis montent à l'assaut des plateaux d'Hauteville, de Retord et de Brénod. La neige rend les opérations difficiles. Les forces de la Résistance doivent se disperser après des escarmouches locales. Du 6 au 12 février, les villages et les populations ont à souffrir des sévices et des violences de l'ennemi. Reconstitué, le maquis sera, en juillet, l'objet d'une deuxième attaque, étendue à tout le Bugey. Elle compte 9 000 hommes appuyés par l'aviation et l'artillerie légère. Le maquis disperse ses groupes en se repliant sur les plus hautes chaînes.

Ce colossal monument du val d'Enfer a été érigé en mémoire du maquis de l'Ain qui a payé très cher sa résistance héroïque.

circuits

LE HAUT-BUGEY
(voir Nantua et Bellegarde-sur-Valserine)

LE BAS-BUGEY *(voir Belley)*

Lac de **Chalain**★★

Ce vaste lac de 232 ha est sans doute le plus beau et le plus impressionnant des lacs jurassiens. Nos ancêtres d'ailleurs ne s'y sont pas trompés en y installant très tôt un village lacustre révélé au début du siècle par d'importantes découvertes archéologiques. Doté de nombreuses structures sportives et de loisirs, il est devenu un des attraits touristiques majeurs de la route des Lacs.

La situation
Cartes Michelin nos 70 plis 4, 5, 14 et 15 ou 243 plis 30, 31 – Schéma p. 195 – Jura (39). Une partie du lac pénètre dans une échancrure du plateau de Fontenu, encadrée de pentes boisées et abruptes ; l'autre partie, aux abords parfois marécageux, s'étend entre les collines arrondies. Il est alimenté par les résurgences du lac de Narlay et se déverse dans l'Ain par le bief d'Œuf.

Le nom
Aujourd'hui propriété du département, le château et les terres appartenaient à la famille de Chalain.

Malgré son site historique exceptionnel, le lac n'attire pas que les chercheurs où les passionnés d'archéologie. Il devient chaque été une base nautique très appréciée.

Les gens

Il est bien loin le temps où les occupants des rives du lac vivaient de la chasse ou de la pêche. Les pêcheurs s'y accrochent pourtant mais sont remplacés à la belle saison par les nombreux vacanciers.

comprendre

Une cité lacustre – En juin 1904, la captation d'eau pour une usine électrique jointe à une grande sécheresse produisirent un abaissement de niveau de près de 7 m. C'est alors qu'apparurent sur la rive Ouest de nombreux pilotis de bois où l'on vit d'abord les vestiges d'une cité lacustre vieille de 5 millénaires et datant de l'âge de la pierre polie. En réalité, les fouilles successives ont révélé

carnet pratique

OÙ DORMIR

• *À bon compte*

Camping La Pergola – *39130 Marigny - 5 km de Doucier par D 27 - ☎ 03 84 25 70 03 - ouv. mai à sept. - réserv. conseillée - 350 empl. : 228F.* Les piscines chauffées surplombent le lac de Chalain, en contrebas du camping, avec tous les sports nautiques à votre disposition. Animations et clubs pour les enfants. Pour les plus grands, des soirées animées sont organisées. Location de mobile homes.

Chambre d'hôte Chez Mme Devenat – *R. du Vieux-Lavoir - 39130 Charezier - 13 km au SO du lac de Chalain par D 27 - ☎ 03 84 48 35 79 - fermé vac. de Pâques - ⊠ - 4 ch. : 160/200F - repas 60F.* Dans ce charmant village entre Clairvaux-les-Lacs et le lac de Chalain, profitez du calme et du confort d'une maison familiale. Chambres plus indépendantes dans la maisonnette près du petit bois. Une spécialité régionale chaque jour à la table d'hôte.

Camping Domaine de Chalain – *39130 Doucier - 3 km au S du lac de Chalain par D 27 - ☎ 03 84 24 29 00 - ouv. mai au 23 sept. - réserv. indispensable 10 juil. au 15 août - 804 empl. : 125F - restauration.* En bordure du lac de Chalain, ce camping est idéal pour les vacances en famille. Activités sportives pour tous les âges et animations à toute heure de la journée et de la soirée. Plage pour les amateurs de bains d'eau douce. Location de huttes.

OÙ SE RESTAURER

• *À bon compte*

Ferme-auberge Le Tilleul – *39130 Charezier - 13 km au SO du lac de Chalain par D 27 - ☎ 03 84 48 35 07 - fermé 1ᵉʳ nov. au 1ᵉʳ avr. et le midi - 70F.* Attablé dans les anciennes écuries, vous vous régalerez du coq au vin blanc du Jura comme du lapin aux morilles et vin jaune, préparés savamment par Mme Bailly et son fils. À l'étage, chambres confortables avec vue sur le jardin et la forêt alentour.

SPÉCIALITÉ

Le galet de Chalain – C'est une spécialité de la région. Ne le cherchez pas sur les plages du lac mais plutôt à la confiserie Pelen à Lons-le-Saunier.

sur près de 2 km, le long des rivages Ouest et Nord, des restes d'habitations disposées au bord du lac et dont les bases étaient immergées à l'époque des hautes eaux. Parmi les objets découverts lors des fouilles et exposés au musée municipal d'Archéologie de Lons-le-Saunier, on remarque en particulier une très belle pirogue longue de 9 m creusée dans un tronc de chêne, des outils et ustensiles en bois de cerf, en os, en pierre.

séjourner

Un site archéologique

Site archéologique d'intérêt national depuis 1995, Chalain est un trésor pour les chercheurs qui s'y livrent à de nombreuses expériences. Ainsi, ont été reconstituées au bord du lac deux **maisons néolithiques sur pilotis** avec les techniques de l'époque. La plupart des objets trouvés sont exposés au musée Archéologique de Lons-le-Saunier ou à la **Maison des Lacs** à Marigny.

Une base de loisirs

Ce vaste plan d'eau est devenu une des plus grandes bases de loisirs de la région : on y pratique la planche à voile, le canoë ou plus simplement la baignade. Mais l'eau n'y est pas chaude toute l'année et les pêcheurs en profitent pour tester leur adresse ou leur patience ; le lac est classé en 2e catégorie et regorge de brochets, de perches...

Construites selon les techniques de l'époque néolithique, ces maisons affrontent depuis quelques années les conditions climatiques difficiles de la région : un véritable test qui sera certainement très instructif.

Crêt de **Chalam**★★★

Ce n'est pas l'Olympe mais c'est quand même le sommet le plus élevé (1 545 m) de la chaîne qui domine, à l'Ouest, la Valserine. Son accès un peu ardu ne décourage pas les nombreux promeneurs qui viennent chercher un dépaysement garanti et un panorama qui, par temps favorable, offre un spectacle de toute beauté.

La situation

Cartes Michelin nos 70 Sud du pli 15 ou 243 pli 43 – Schéma p. 226 – Départements du Jura (39) et de l'Ain (01). Plusieurs accès au sommet sont possibles mais nous conseillons celui au départ de la Pesse

Les gens

Sac à dos, solides chaussures de marche, telle est la panoplie des randonneurs avisés qui partent à l'assaut de ce somptueux belvédère.

carnet d'adresses

OÙ DORMIR
• À bon compte
Chambre d'hôte Boréal – *39370 La Pesse - 1,5 km de La Pesse par D 25 dir. Oyonnax - ☎ 03 84 42 70 99 - ⊠ - réserv. obligatoire - 6 ch. : 150/300F - repas 90F.* Au charme extérieur d'une ferme traditionnelle avec sa terrasse fleurie s'ajoute celui d'un intérieur en bois, sobre et chaleureux, d'inspiration scandinave. Salle de jeux et de musculation, sauna... Cuisine soignée et conviviale. Fumeurs s'abstenir.

Chambre d'hôte La Dalue – *39310 Bellecombe - 5 km de La Pesse par D 25 - ☎ 03 84 41 69 03 - ⊠ - 4 ch. : 180/280F - repas 75F.* En pleine forêt, cette ancienne ferme est une fameuse étape pour marcheurs et fondeurs sur les grands sentiers de randonnée du Jura. Dortoir, chambres, modestes mais agréables dans l'ancien grenier à foin. Table d'hôte simple et copieuse. Non-fumeurs bienvenus.

Hôtel du Commerce – *01410 Chézery-Forens - 4 km au S de crêt de Chalam sur D 14b - ☎ 04 50 56 90 67 - fermé 20 au 30 juin, 15 sept. au 15 oct., 3 au 10 janv., mar. soir et mer. sf vac. scol. - 10 ch. : 220F - ⊠ 35F - restaurant 85/200F.* Cet hôtel familial réunit toutes les conditions pour un séjour en toute simplicité dans ses chambres modestes mais bien tenues. Salle à manger pimpante et petite terrasse sur la Valserine. Le tout sans trop délier votre bourse.

OÙ SE RESTAURER
• À bon compte
Ferme-auberge La Combe aux Bisons – *39370 La Pesse - 1,5 km de La Pesse par D 25 vers Amboissieu - ☎ 03 84 42 71 60 - fermé 1er au 26 déc., lun. et mar. hors sais. - ⊠ - réserv. obligatoire - 90/160F.* Imaginez les contrées nord-américaines, avec tipis, forêts et bisons qui paissent dans les grands pâturages et... une ferme accueillante du Haut-Jura ! Son équipe passionnée accommode cette viande goûteuse avec les produits et les vins locaux.

se promener

🚶 *1h1/2 à pied AR au départ de la Pesse. Prendre la route en face de l'église. Après 4 km on arrive à un carrefour (panneau « La borne au Lion »).*

Borne au Lion
Sur cette borne, située en contrebas du monument aux Maquis de l'Ain et du Haut-Jura, on distingue le lion (Franche-Comté), les fleurs de lys (le royaume) et la date 1613 ; elle marquait à l'époque la limite entre la France, l'Espagne et la Savoie.

Tourner à droite dans une route forestière et laisser la voiture 250 m plus loin à l'endroit où, à gauche, une plaque (flèches rouges) indique un vieux chemin qui se poursuit en sentier vers le sommet.

On traverse bientôt un plateau planté d'épicéas et on aperçoit le sommet du crêt. Vers la fin du parcours, montée très raide.

Panorama★★
La vallée de la Valserine apparaît dans toute sa longueur. L'horizon est limité, à l'Est, par les **monts du Jura**, la plus haute chaîne et la dernière avant l'effondrement de la plaine suisse : juste devant soi, on a la roche Franche,

> **LES DEUX MARQUISES**
> Plusieurs légendes rapportent que deux marquises qui voulaient s'enfuir en Suisse à cause de la Révolution furent détroussées et tuées à la combe d'É-vuaz. Elles auraient eu le temps de cacher une partie de leurs richesses mais avec beaucoup de soin car on cherche encore !

Fréquentes dans cette région frontalière, ces anciennes bornes sont devenues des repères précieux pour les randonneurs ; la borne au Lion est l'une des plus célèbres.

aux pentes ravinées ; sur la gauche, le Reculet puis le crêt de la Neige (1 717 m) ; sur la droite, au-delà du col du Sac, le grand crêt d'Eau. Derrière la chaîne, entre le Reculet et le grand crêt d'Eau, émerge, par temps clair, le Mont Blanc.

Vers l'Ouest, la vue est très étendue sur les chaînons et les hauts plateaux jurassiens.

Champagnole

Ville étape stratégique au cœur d'une région touristique particulièrement riche, Champagnole est un point de départ privilégié pour des excursions dans la vallée de l'Ain, dans la forêt de la Joux ou la très belle région des lacs. La ville elle-même a beaucoup souffert d'un terrible incendie qui l'a ravagée en 1798.

La situation

*Cartes Michelin n*os *70 pli 5 ou 243 pli 31 – Jura (39).* Du pont sur l'Ain et de la promenade établie en terrasse sur la rive droite, **vue** sur la vallée encaissée et boisée.
🛈 *Av. de la République, 39300 Champagnole,* ☎ *03 84 52 43 67.*

Le nom

C'est du mot latin *campania*, la plaine, que la ville doit son nom.

Les gens

◄ C'est une longue tradition d'accueil qui caractérise cette ville qui recevait déjà de nombreux pèlerins à l'époque gallo-romaine ; et du pèlerin au touriste il n'y a pas bien loin : deux millénaires, à peine !

comprendre

Vallée de l'Ain – La source de l'Ain se trouve à 750 m d'altitude, sur le plateau de Nozeroy. Dès son origine, le cours d'eau coule dans une vallée étroite, aux berges escarpées et boisées. Il disparaît un instant dans une profonde crevasse qu'on appelle la « perte » de l'Ain, puis descend en bondissant de chutes en rapides vers le plateau de Champagnole, plus de 100 m plus bas. Après Bourg-de-Sirod, l'Ain suit une agréable vallée : prairies dans le fond, bois sur les versants. Après avoir percé un éperon boisé, l'Ain arrose Champagnole. 10 km plus loin, il se heurte aux hauteurs de la côte de l'Heute, obstacle infranchissable. Il tourne alors à angle droit et pique au Sud en longeant cette barrière. La vallée, large de 2 à 4 km, est connue jusqu'à la cluse de la Pyle sous le nom de combe d'Ain.

visiter

Musée archéologique

R. Baronne-Delort (annexe de la mairie). De juil. à fin août : tlj sf mar. 14h-18h. Fermé 14 juil. et 15 août. 15F. ☎ *03 84 47 12 13.*
Les collections proviennent, pour l'époque gallo-romaine, des sites du mont Rivel et de Saint-Germain-en-Montagne ; elles évoquent la vie des artisans et des pèlerins qui fréquentaient les temples du mont Rivel au début de notre ère. Les collections mérovingiennes issues des nécropoles de Monnet-la-Ville et Crotenay, évoquent les coutumes funéraires, les maladies, etc. Le musée possède également une mosaïque gallo-romaine provenant d'une villa découverte à Tourmont (N.-O. de Poligny).

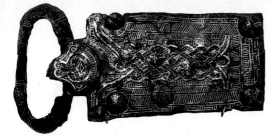

Particulièrement riche, la collection d'orfèvrerie du musée archéologique présente de très belles plaques-boucles mérovingiennes en bronze ou en fer, dont la décoration est obtenue par placage, estampage ou damasquinage.

circuit

HAUTE VALLÉE DE L'AIN

84 km – environ 4h – schéma ci-dessous. Quitter Champagnole au Sud-Ouest, par la D 471. À Ney, prendre à gauche la D 253 ; 2,5 km plus loin prendre à gauche une route non revêtue et en mauvais état (longue de 2,4 km), aboutissant à un parking.

Belvédère de Bénedegand

🏃 *1/4h à pied AR..* On y accède par un agréable sentier en forêt. Jolie vue sur la vallée de l'Ain, Champagnole et le mont Rivel et au loin sur la forêt de la Fresse.

Faire demi-tour et, par Loulle et le Vaudioux, gagner la N 5 que l'on prend à droite. Prendre la 1ʳᵉ route à gauche, D 279, et laisser la voiture sur un parking en bordure de la route, à hauteur de la cascade de la Billaude.

Une plate-forme aménagée en contrebas offre une belle vue d'ensemble sur la cascade et son site.

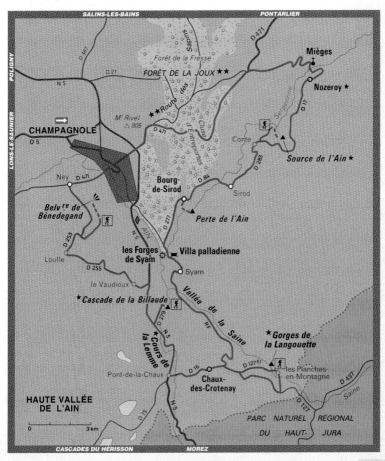

Cascade de la Billaude★

1/2h à pied AR. Point de départ aux abords du parking près d'une buvette. En descendant vers la cascade, appuyer à droite. Dans le ravin, le sentier décrit des lacets abrupts. Remontée pénible (100 marches souvent très hautes). Dans un site boisé, où se dressent des falaises, la Lemme tombe d'une fissure étroite, en deux chutes successives totalisant 28 m. Autour de la cascade, on peut voir, certaines années en été, des cyclamens au parfum délicat.

Revenir à la N 5 et la prendre à gauche.

Cours de la Lemme★

Jusqu'à Pont-de-la-Chaux, la N 5 suit la vallée de la Lemme, affluent de l'Ain, au caractère âpre et sauvage. Les eaux écumantes, parmi les rochers et les sapins, y procurent une saisissante impression de fraîcheur.

À Pont-de-la-Chaux, prendre à gauche la D 16.

Chaux-des-Crotenay *(voir p. 89)*

Gagner les Planches-en-Montagne par la D 16 et la D 127 E1.

Gorges de la Langouette★

1/2h à pied AR. Laisser la voiture sur le parc ombragé après le pont dit de « La Langouette ». De ce pont, belle vue sur les gorges de la Langouette, larges seulement de 4 m et profondes de 47 m ; elles ont été sciées par la Saine dans le calcaire. Par un chemin qui part à gauche avant le pont, gagner les trois **belvédères★** *(accès en voiture possible depuis le village, chemin fléché)* des gorges de la Langouette. On y accède par un sentier fléché assez abrupt. La Saine forme des cascades qui tombent au fond d'une fissure étroite, origine des gorges.

Revenir aux Planches ; à hauteur de l'église prendre à droite et à l'entrée de Chaux-des-Crotenay prendre encore à droite une route forestière.

Vallée de la Saine

La route, adoptant un agréable parcours en corniche escarpée, suit en forêt l'étroite vallée de la Saine, petit affluent de la Lemme.

À la sortie des gorges, prendre à droite et franchir le pont.

Au cœur d'un site verdoyant, Syam figure parmi les lieux comtois où certains spécialistes croient reconnaître le site d'Alésia. C'est plus que douteux mais le village recèle bien d'autres trésors qui méritent largement d'être visités.

Forges de Syam

Juil.-août : tlj sf mar. 10h-18h ; mai-juin et sept. : w.-end et j. fériés 10h-18h. 15F. ☎ 03 84 51 61 00.

Construites en 1813 au bord de l'Ain, elles connurent la prospérité sous le Ier Empire. Les ateliers sont aujourd'hui spécialisés dans le laminage et perpétuent le savoir-faire des anciens en utilisant du matériel presque centenaire. Une exposition et un film vidéo présentent le travail des « forgerons de Syam ».

Villa palladienne

Juil.-août : visite guidée (1/2h) ven.-lun. 14h-18h. 25F.

Surprenante dans le paysage jurassien, la villa a été commandée vers 1825 par Emmanuel Jobez, un maître de forges épris de l'architecture italienne *(illustration dans le chapitre sur l'art, en début de guide)*. Son plan carré souligné par des pilastres ioniques, la couleur du crépi, la rotonde centrale et la décoration de style pompéien, tout rappelle les villa italiennes et même la fameuse « maison temple » de Vincente.

Après les Forges, prendre à droite vers Bourg-de-Sirod.

Bourg-de-Sirod

Ce village doit le pittoresque de son site aux chutes, aux cascades, aux rapides, par lesquels l'Ain rattrape la différence d'altitude de 100 m qui sépare le plateau de Nozeroy de celui de Champagnole.

Laisser la voiture sur le parking près de la mairie de Bourg-de-Sirod. Prendre le chemin signalé : point de vue, perte de l'Ain.

Perte de l'Ain

La vue est superbe sur les chutes que forme l'Ain qui disparaît dans une crevasse sous les rochers éboulés.

Poursuivre par Sirod et Conte.

Source de l'Ain★

🚶 *Laisser la voiture à l'extrémité de la route d'accès (trajet sous bois) qui part de la D 283, après Conte. Continuer (1/4h à pied AR) pour atteindre la source qui naît au pied d'un amphithéâtre rocheux très boisé.*

C'est une résurgence au débit très variable. En 1959 et 1964, années de grande sécheresse, l'entonnoir était à sec : on a pu remonter en partie le cours souterrain de l'Ain.

Revenir à la D 283, prendre à gauche et gagner Nozeroy.

Nozeroy★ *(voir ce nom)*

Mièges *(voir p. 250)*

La D 119 puis la D 471 que l'on prend à gauche et qui franchit la verdoyante cluse d'Entreportes ramènent à Champagnole.

Champlitte

La ville pourrait s'appeler Saint-Vincent tant son culte est présent dans la vie de la ville. Ce n'est pas une ville de vignoble parmi tant d'autres car sa position de ville frontière lui a valu une histoire particulièrement mouvementée. Les fortifications ont depuis laissé place aux maisons vigneronnes et aux élégantes décorations Renaissance du château et des maisons dites « espagnoles ».

La situation

Cartes Michelin nos 66 Sud-Est du pli 3 ou 243 pli 5 – Haute-Saône (70). Sur l'axe Gray-Langres (D 67), Champlitte se traverse trop vite. Il faut prendre le temps de flâner dans ses rues.

Le nom

Après une invasion des Alamans au 3e s., les Lites défaits se seraient établis dans la région d'où le nom de Champ des Lites. Une autre déformation du nom a donné Chanitte que l'on retrouve dans le nom de ses habitants.

Les gens

1 906 Chanitois. À défaut de faire fortune, les émigrés de Jicalthépec y ont fait souche et un récent jumelage confirme le rétablissement des relations avec les « cousins » du Mexique.

MEXICO !
Avec plus de 600 ha de vignes, Champlitte prospérait avant que de terribles gelées ruinent la plupart des domaines. Suivant les conseils d'un aventurier, près de 400 Chanitiens s'embarquèrent de 1833 à 1860 pour le Mexique et s'établirent à Jicalthépec près de San Rafael.

Remises à l'honneur par le fameux A. Demard, créateur du musée, les traditions populaires connaissent un réel succès dans la région ; la fête de la Saint-Vincent en est un exemple convaincant.

visiter

Église

De style classique, elle est flanquée d'une tour gothique (1437) qui, dit-on, atteignait jadis 80 m de hauteur. Elle conserve de très belles statues qui témoignent de l'importance de l'art sacré dans une ville qui ne comptait pas moins de six couvents.

Château★

De la Renaissance subsiste seule l'élégante façade sur cour à deux ordres superposés, ionique et corinthien (16e s.). Les arcades du rez-de-chaussée ont été bouchées au 18e s. lors de la reconstruction entreprise par l'architecte bisontin Claude Bertrand, auteur du château de Moncley. L'édifice, dont la façade sur jardin possède un avant-corps central en rotonde, abrite l'hôtel de ville et un musée.

Musée des Arts et Traditions populaires★ – *Tlj sf mar. 9h-12h, 14h-17h, dim. et j. fériés 14h-17h (avr.-sept. : fermeture à 18h ; juin-août : ouv. tlj). Fermé 1er janv., 1er nov., 25 déc. 30F. ☎ 03 84 67 82 00.*

Ce musée fait revivre les activités et les objets d'autrefois de la région de Haute-Saône et des collines sous-vosgiennes. Le visiteur découvre successivement le mobilier et les souvenirs de ce terroir – dont le lit-alcôve caractéristique de la région de Champlitte –, les petits métiers ambulants, des ateliers soigneusement reconstitués, ainsi que divers lieux propres à la vie villageoise tels qu'une épicerie, une école, un café ou une chapelle. Un intérêt particulier a été réservé à la médecine populaire, à la pharmacie et aux réalités d'un ancien hospice.

Musée 1900 – Arts et Techniques – ♿ *Tlj sf mar. 9h-12h, 14h-17h, dim. et j. fériés 14h-17h (avr.-sept. : fermeture à 18h, juin-août : ouv. tlj). Fermé 1er janv., 1er nov., 25 déc. 20F. ☎ 03 84 67 62 90.*

Deux « rues » bordées d'ateliers évoquent les progrès techniques qu'a pu connaître un bourg du début du siècle.

alentours

Champlitte-la-Ville *(1 km à l'Ouest par la D 17)*

Outre son gracieux portail (14e s.) à culots figurés, l'église possède une attrayante cuve baptismale monolithique (11e s.) décorée de sculptures symboliques.

CONFRÉRIE SAINT-VINCENT
CHAMPLITTE

« Saint du cep et de la pampre... » Très sollicité dans le pays, saint Vincent a des missions difficiles qui ont cependant d'agréables compensations !

Château-Chalon★

Ancienne place forte solidement ancrée sur son escarpement rocheux, Château-Chalon règne sur un petit territoire de 50 ha au renom prestigieux, le mystérieux royaume du vin jaune. C'est d'abord un terroir atypique dont les pentes ensoleillées sont couvertes de vignes. Mais la magie opère également dans le secret des caves où s'élabore lentement ce « vin en or massif » qui semble se jouer des outrages du temps.

> **NON EN VAIN !**
> Le classement AOC Château-Chalon est attribuée en cours de vinification aux seuls vins jaunes, après décision d'un jury. La célèbre appellation inclut également les communes de Ménétru-le-Vignoble, Nevy-sur-Seille, Voiteur et Domblans.

La situation

Cartes Michelin n°s 70 pli 4 ou 243 pli 30 – Jura (39). L'accès n'est pas facile car Château-Chalon est au seuil d'une reculée. La N 83 qui relie Lons-le-Saunier à Poligny ► conduit à St-Germain-les-Arlay. Prendre alors la D 120 vers Voiteur, puis la D 5 jusqu'à Château-Chalon. Vous êtes venu pour le vignoble ? Vous pouvez vous reporter à l'itinéraire décrit au départ d'Arbois.

Le nom

Le village doit son nom à sa position fortifiée qui appartenait à la puissante famille des Chalon.

Les gens

153 Castelchalonnais. Bernard Clavel, écrivain comtois renommé, a longtemps apprécié le charme de ce site enchanteur.

se promener

Le village a conservé une ancienne **porte fortifiée** et les **vestiges du château** qui témoignent de sa puissance passée. On ne saurait en effet résumer le site à son précieux breuvage : omniprésents, les témoignages du passé rappellent le destin du village qui a été fortifié dès l'époque gallo-romaine avant de recevoir un château fort et une abbaye de bénédictines (7e s.). Les **rues** ne manquent pas de caractère, jalonnées de hautes maisons vigneronnes dont certaines sont dotées d'un perron, d'une grande ouverture en plein cintre et d'un accès extérieur aux caves.

La dive bouteille ! Le fameux vin jaune a droit à une bouteille qui lui est propre, le « clavelin ». D'une contenance de 65 cl, elle correspondrait à ce qui reste d'un litre de vin après six années de vieillissement.

carnet pratique

C'est à sa situation et à son terroir exceptionnel que Château-Chalon doit sa renommée dans le monde viticole. Les pentes caressées par le soleil conviennent très bien aux vignes qui s'y montrent des plus généreuses.

Église St-Pierre

Elle date du 10e s. Les bas-côtés sont voûtés d'arêtes tandis que dans la nef apparaissent les premières croisées d'ogives caractéristiques de l'art gothique. Le chœur présente des arcatures romanes et une voûte compartimentée par des liernes et des tiercerons de la fin du gothique flamboyant.

Le vignoble *(voir Arbois)*

Chauvirey-le-Châtel

Ce modeste village situé sur l'Ougeotte et entouré de bois connut des heures de gloire au temps des Chauvirey, une des plus puissantes familles de la région. Des deux châteaux fortifiés il ne reste que la très belle chapelle construite au 15e s. pour accueillir le célèbre olifant de saint Hubert.

La situation

Cartes Michelin nos 66 pli 4 ou 243 pli 6 – Haute-Saône (70). En venant de Lure ou de Langres par la N 19, prendre la D 1 à Cintrey, entre Fayl-Billot et Combeaufontaine.

Le nom

Le nom de Chauvirey aurait pour origine un calvaire tandis que « le Châtel » témoigne de la présence d'une ancienne place forte dont il reste quelques vestiges.

L'OLIFANT DE SAINT HUBERT
En or émaillé incrusté d'ivoire et d'ambre, il aurait appartenu à saint Hubert et donné à Charles le Téméraire par l'évêque de Liège. Il a été acheté par Richard Wallace en 1879 et est aujourd'hui visible à la Wallace Collection à Londres.

visiter

Chapelle Saint-Hubert

Du château ne subsiste que cette chapelle qui daterait de 1484, sur plan d'abside gothique et de style flamboyant. L'intérieur, remarquable pour la richesse de sa décoration, a perdu beaucoup de son intérêt avec le vol du **retable de saint Hubert** en pierre. En 1934, la chapelle fut achetée par la famille Rockefeller désireuse de la voir aboutir au Metropolitan Museum de New York – projet que des pétitions firent avorter.

Église de la Nativité-de-Notre-Dame

L'édifice à chevet plat est surmonté d'un clocher carré. À l'intérieur, l'autel en bois sculpté est entouré des deux statues en bois polychrome du 17e s. de saint Sébastien et de saint Roch ; au-dessus de l'autel, retable imposant du 17e s. La chapelle à gauche du chœur formant un bras du transept renferme une statue de sainte Anne du 15e s.

Cette ancienne chapelle castrale dédiée à st Hubert est aujourd'hui un surprenant appendice gothique qui vient terminer un long bâtiment.

alentours

Château de Bougey
9 km à l'Est. Visite guidée tlj. Gratuit. ☎ *03 84 68 04 01.*
En cours de sauvetage, ce château (15e-17e s.) étonne par
son architecture originale qui combine des styles très
différents ; remarquer par exemple l'étonnant clocheton
qui surmonte la tour de guet.

Jussey
12 km à l'Est. Cet agréable petit bourg qui compte encore quelques belles demeures anciennes, situé sur la
Mance, était autrefois dominé par un château et divisé
en ville haute et ville basse. L'église St-Pierre desservait
la ville basse.

Église Saint-Pierre – Reconstruit au 18e s. par l'architecte bisontin Nicole, l'édifice a conservé son chœur du
16e s. À l'intérieur, on remarque le **maître-autel**★ en bois
doré, de belles stalles et un buffet d'orgues du 18e s., la
grille de communion en fer forgé.

Forêt de **Chaux**★

Envoûtante et mystérieuse, la forêt s'étend sur plus
20 000 ha à l'Est de Dole, entre le Doubs et la Loue,
constituant un des plus vastes massifs forestiers de
France. Pour ne pas s'y perdre, les sept célèbres
colonnes commandées par l'architecte Guidon en
1826 ponctuent les carrefours importants. De nouveaux aménagements et des animations estivales
mettent en valeur le riche passé de la forêt et de ses
habitants.

La situation
Cartes Michelin nos 70 pli 4 ou 243 pli 18 – Jura (39).
Ce n'est pas Manhattan mais les routes forestières sont
tracées au cordeau de chaque côté d'un grand axe
transversal curieusement appelé le **Grand Contour**.
Jalonné des fameuses bornes Guidon, il est le meilleur
axe de circulation dans la forêt.

*Ne vous éloignez pas trop
d'elles ! Ces bornes Guidon
sont de véritables repères
bien utiles pour se retrouver
dans la forêt.*

Le nom
Très fréquent dans cette partie du Jura, *chaux* pourrait
venir de *calmis* qui désignait des friches ou des landes.

carnet pratique

Où DORMIR
• *À bon compte*
Camping La Plage Blanche – *39380
Ounans, 1,5 km de Ounans par D 71 -
☎ 03 84 37 69 63 - ouv. 15 mars-oct. -
réserv. conseillée juil. au 15 août - 220
empl. : 81F.* Paressez sur la plage et admirez
les plus vaillants plonger dans la Loue fraîche
qui borde ce camping tout en longueur.
Centre d'équitation à proximité. Jeux pour
les enfants.

Où SE RESTAURER
• *À bon compte*
Auberge de la Lavandière – *R. de la
Lavandière - 25440 Avans-Quingey -
12,5 km de Courtefontaine par D 101 jusq.
Byans-sur-Doubs par D 101 puis D 13 jusq.
Quingey et dir. Lavais-Quingey -* ☎ *03 81
63 69 28 - fermé Noël - j. de l'An, dim. soir*
et lun. - 75/150F. On se sent petit dans
cette superbe grange, avec sa charpente
imposante et sa vieille cheminée. Le jambon
à l'os au comté et morilles ou le veau de lait
se dégustent aussi dehors, sur la grande
table de jardin, près du bois touffu et du
charmant ruisseau.

Où SE RENSEIGNER
ONF – *21 r. du Muguet, 39100 Dole,*
☎ *03 84 82 09 21.* Visites guidées en été
et à l'automne.
**Association des villages de la forêt de
Chaux** – *Mairie, 39700 Étrepigney,*
☎ *03 84 71 33 08.* Animations des
baraques de la Vieille-Loye.
Jura Vert – *2 pl. Grévy, 39100 Dole,*
☎ *03 84 82 33 01.* Visites guidées de la
forêt.

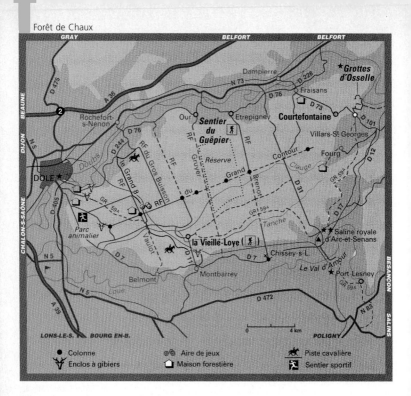

● Colonne
 Enclos à gibiers
⚙ Aire de jeux
🏠 Maison forestière
🐎 Piste cavalière
🏃 Sentier sportif

Les gens

Potiers, verriers, forgerons, bûcherons-charbonniers et toutes sortes d'artisans ont longtemps occupé la forêt qui était leur gagne-pain. André Besson nous conte dans *Une fille de la forêt* cette époque qui n'était pas si malheureuse qu'on pourrait le croire.

comprendre

LA RÉVOLTE DES DEMOISELLES

Au 18e s., une décision du Conseil du roi qui n'autorise aux habitants que le ramassage du bois mort provoque un long conflit. En février 1765, les habitants, souvent déguisés en femmes pour tromper les militaires, organisent la résistance. Mais ils doivent abandonner deux mois plus tard pour récupérer leurs familles prises en otage par les gardes royaux.

Des ressources disputées – À l'origine, la forêt appartenait aux souverains qui y pratiquaient la chasse bien que les habitants des environs y jouissent de droits étendus. Ces droits disparurent au 19e s. donnant naissance aux forêts communales périphériques, la partie centrale (13 000 ha) restant domaniale.

Pendant des siècles, la forêt alimenta les usines implantées en bordure du massif : salines à **Salins** et à **Arc-et-Senans**, forges à Fraisans, verreries à La Vieille-Loye et à **Courtefontaine**... Son aménagement actuel tend à transformer en futaie régulière ses taillis sous futaie. Le chêne y domine (60 %) avec le hêtre (20 %) et divers feuillus (15 %) et résineux (5 %).

se promener

Une zone touristique, aménagée à l'Ouest et en bordure du massif pour préserver le caractère sauvage de la forêt, comprend une piste cavalière (bretelle du Grand 8), un sentier sportif sylvestre, des parkings, une partie du GR 59A entre Dole et Arc-et-Senans, trois enclos à gibier dont on peut faire le tour pour voir des cerfs sikas, des sangliers, des cerfs élaphes et un parc animalier (88 ha) où vivent à l'état sauvage cerfs, élaphes et sangliers que l'on peut observer grâce à deux miradors ou en faisant le tour. Au centre, une réserve *(accès interdit)* de 1 400 ha offre un refuge aux animaux.

La Vieille-Loye

Seul village enclavé dans la forêt, il était autrefois habité par des bûcherons installés dans des baraques situées au centre de chaque triage.

Les « **baraques du 14** » sont d'anciennes maisons bûche-
ronnes restaurées qui accueillent aujourd'hui des expositions. Autour d'elles on été reconstitués un rucher, un
vieux puits, un four banal (autrefois les bûcherons
étaient tenus par le seigneur de cuire leur pain, moyennant une redevance appelée banalité). ⚒ *De déb. juil. à
déb. sept. : mar., jeu., w.-end, j. fériés 14h-18h. 10F.* ☎ *03
84 82 33 01.*

🚶 Un sentier (*environ 1/2h*) dévoile un baccu en bois de
lune, un four à charbon métallique et de nombreux
aspects de la vie en forêt au début du siècle.

Le sentier du Guêpier

🚶 Ce sentier de découverte, long de 4 km environ, offre
une approche intéressante et authentique de l'histoire
de la forêt. À **Étrepigney**, point de départ de la promenade, a été reconstitué un baccu ; plus loin, le sentier
dévoile un chêne à la vierge, un chêne à gui, des fontaines, l'oratoire Saint-Thibaud, avant de se terminer par
un ancien four à pain du 19e s. à **Our**.

alentours

Courtefontaine

Ce village est situé à l'orée de la forêt de Chaux, à proximité du méandre du Doubs que signalent les grottes
d'Osselle.

Église – Cet édifice roman qui remonte au 12e s. appar-
tint aux augustins du monastère voisin. Elle est remarquable pour son portail surmonté d'une archivolte à
billettes et pour son clocher assez élégant.

Grottes d'Osselle★

*Juin-août : visite guidée (1h1/4) 9h-19h ; avr.-mai : 9h-12h,
14h-18h ; sept. : 9h-12h, 14h-17h ; oct. : 14h30-17h, dim. et
j. fériés 9h-12h, 14h-17h. Fermé nov.-mars. 32F (enf. : 25F).*
☎ *03 81 63 62 09.*

Les grottes d'Osselle s'ouvrent dans la falaise qui domine un méandre du Doubs. Découvertes au 13e s., elles
se visitent depuis 1504. Leurs galeries sèches servirent
de refuge et de chapelle aux prêtres pendant la Révolution. On peut encore voir un autel d'argile. Un squelet-
te d'ours des cavernes y a été reconstitué avec des ossements trouvés sous les éboulis.

Sur les 8 km, 1 300 m de galeries longues et régulières,
suivant le faîte de la montagne, ont été aménagés. Les
premières salles, aux concrétions encore alimentées par
des eaux vives, ont été ternies par la fumée des torches
de résine ; puis apparaissent, après un passage bas, des
stalagmites blanches de calcite presque pure ou diver-
sement colorées par des oxydes de fer, de cuivre ou de
manganèse.

Le val d'Amour *(voir p. 100)*

BACUL OU BACCU ?

Pas très poétique mais
autrefois très répandu
dans la forêt, ce nom
désignait les abris
temporaires et
démontables des
bûcherons. Ils étaient très
modestes et il fallait se
baisser pour franchir leur
petite porte : d'où ce
nom dont l'origine reste
quand même à vérifier !

À VOIR

Un ponceau de pierre,
édifié en 1751, enjambe
le cours de la rivière
souterraine coulant dans
une galerie inférieure et
permet de voir la galerie
des orgues et la salle aux
colonnes blanches.

*Les sculptures variées des
grottes d'Osselle, formées
par les abondantes
concrétions, composent un
très beau tableau
étrangement coloré par les
différentes réactions à
l'oxydation.*

Cirque de **Consolation**★★

Si le terme « bout du monde » a une signification, c'est bien au plus profond de ce cirque sauvage qu'il faut venir la chercher. La nature y semble indomptable ; elle jaillit en cascades, dresse ses hautes falaises au-dessus de l'abîme, accroche ses racines noueuses sur un terrain chaotique. Depuis le 14e s. la Vierge de Consolation veille sur les quelques âmes venus se recueillir dans ce site exceptionnel. Mais les religieux ne sont plus seuls car depuis quelques années les vacanciers viennent aussi tout oublier dans ce cadre pourtant inoubliable.

La situation

Cartes Michelin nos 66 Sud du pli 17 ou 243 pli 21 (13 km au Nord de Morteau) – Doubs (25). C'est du fameux belvédère de la roche du Prêtre que l'on peut découvrir l'ensemble du site.

Le nom

C'est une Vierge qui aurait été trouvée dans un tilleul au 14e s. qui est à l'origine du nom. Le petit village a pris la nom charmant de Consolation-Maisonnettes, ou pour les habitués, « Conso ».

Les gens

Ce cirque si prisé des randonneurs est également et surtout un centre religieux connu pour son monastère.

itinéraires

VALLÉE DU DESSOUBRE★

De Saint-Hippolyte au parc de N.-D.-de-Consolation 33 km – environ 3/4h

Saint-Hippolyte *(voir p. 180)*
Cette vallée s'allonge de St-Hippolyte (où le Dessoubre se jette dans le Doubs) au cirque de Consolation.
La D 39 suit au plus près le Dessoubre, par le Pont-Neuf et Rosureux.

carnet d'adresses

OÙ DORMIR

• À bon compte

Chambre d'hôte Chez Patrick Dorget – *La Joux - 25380 Bretonvillers - 7 km de Gigot par D 125 jusq. Bretonvillers puis vers Pierrefontaine et dir. La Joux -* ☎ *03 81 44 35 78 -* ⌧ *- 4 ch. : 170/230F.* Une paix bucolique baigne cette ancienne ferme typique de la région, au cœur d'une vaste clairière verdoyante. Le propriétaire, sage et attentif, apprécie les amoureux de calme et de nature. Les chambres habillées de bois sont coquettes. Belle cuisine avec dalles anciennes.

• Valeur sûre

Hôtel du Moulin – *25380 Cour-St-Maurice - 14 km à l'O de Maîche par D 464 et D 39 -* ☎ *03 81 44 35 18 - fermé 1er au 6 oct. et 15 janv. au 15 fév. -* 🅿 *- 7 ch. : 260/380F -* ⌑ *40F - restaurant 105/160F.* Quelques marches à descendre et vous serez dans le jardin fleuri, au bord de la rivière. Dans cette jolie maison bourgeoise des années 1930 avec ses tours à colonnades, vos nuits seront paisibles. Chambres spacieuses et confortables. Salle à manger claire avec joli parquet.

OÙ SE RESTAURER

• À bon compte

Ferme-auberge de Frémondans – *25380 Vaucluse - 10,5 km de Gigot, à Rosureux (D 39) dir. Charmoille -* ☎ *03 81 44 35 66 - fermé 20 déc. au 5 janv., le midi du lun. au ven. -* ⌧ *- réserv. obligatoire - 80/90F.* La ferme de la famille Moreau domine la vallée du Dessoubre. Vous y goûterez de bon cœur les terrines, le chevreau, les gâteaux de chou farci, les fromages de chèvre et les pâtisseries maison. Avant tout, pensez à réserver.

Truite du Moulin – *25380 Cour-St-Maurice - 14 km à l'O de Maîche par D 464 et D 39 -* ☎ *03 81 40 30 59 - fermé 20 déc. au 5 janv. et mer. - 95/185F.* Il fait bon s'arrêter là, au bord de la rivière, dans cet ancien moulin transformé en restaurant. La salle à manger est chaleureuse. Cuisine de terroir simple mais bien tournée. Votre truite sera pêchée dans le vivier. Prix raisonnables.

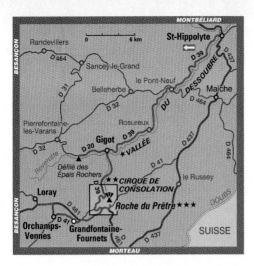

Encadrée de pentes boisées de sapins, de chênes et de frênes que couronne une corniche calcaire, cette vallée est d'une grande solitude. Au fond, parfois sur un lit de galets blancs, la rivière coule de bassin en bassin au milieu de prairies, par endroits ombragées.

Gigot

Le Dessoubre reçoit ici un petit affluent, la Reverotte, qui, à droite en amont, serpente au fond d'une vallée encaissée connue sous le nom de **défilé des Épais Rochers**.

De Gigot, la route qui côtoie le Dessoubre est une véritable promenade. Comment ne pas être séduit par son brillant parcours parmi les bois, les prés, le long de l'eau tantôt murmurante, tantôt écumante pendant les crues qui transforment ce cours d'eau paisible en un torrent impétueux ?

N.-D.-de-Consolation

Cet ancien couvent de minimes, petit séminaire jusqu'en 1981, sert aujourd'hui de centre spirituel. La chapelle est de style jésuite ; beau mausolée de marbre. La chaire en bois sculpté est du 18e s.

Le **parc** *(promenade de 1h environ)* est un véritable petit paradis terrestre dans lequel la nature s'épanouit généreusement : prairies, arbres, rochers, cascades, sources du Lançot et du Tabourot, source Noire et val Noir.

Cette Vierge miraculeuse veille toujours sur Consolation, mais d'un peu plus loin. Il faut en effet aller à l'église de Guyans-Vennes (3 km à l'Ouest) pour la trouver.

LA ROCHE DU PRÊTRE★★★

De la roche du Prêtre à Loray

La roche du Prêtre

Le célèbre belvédère se trouve sur le rebord de la falaise et offre, sur le cirque de Consolation, une vue d'ensemble inoubliable. Il a été baptisé roche du Prêtre après la chute mortelle d'un prêtre de Mont-de-Laval en 1726. Du sommet, on domine de 350 m le site boisé et verdoyant, ponctué de rochers parfois ruiniformes où prend naissance le Dessoubre ; il est d'une solitude pleine de grandeur sauvage qui contraste avec l'aspect aimable qu'offre le plateau couvert de pâturages verts.

Grandfontaine-Fournets

C'est dans ce hameau typiquement comtois, au cœur du Haut-Doubs, que se situe la **ferme du Montagnon**, des 17e et 18e s., tout imprégnée des anciennes traditions, munie de son **tuyé★** où l'on fume encore jambons, viandes, lards, saucisses. ♿ *Pâques-Toussaint : 9h-12h, 14h-18h30. Gratuit.* ☎ *03 81 67 68 69.*

L'**appartement-musée** restitue à travers l'ameublement traditionnel le mode de vie d'autrefois.

VÉGÉTARIENS, S'ABSTENIR !
Saveurs et authenticité font de la ferme-musée du Montagnon une adresse incontournable pour les gastronomes. Toutes les salaisons ou charcuteries régionales sont déclinées selon les règles de l'art et il vous sera très, très difficile de ne pas craquer !

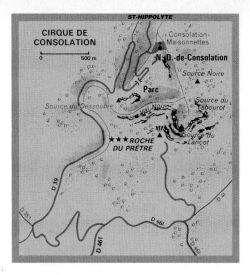

CIRQUE DE CONSOLATION

ST-HIPPOLYTE

Consolation-Maisonnettes

N.-D.-de-Consolation

0   500 m

Source Noire

Parc

Source du Dessoubre

Val Noir

Source du Tabourot

★★★ROCHE DU PRÊTRE

Source du Lançot

D 39

D 351

D 461

D 461

D 41

D 461

Orchamps-Vennes

Ce gros village de montagne, bâti sur un haut plateau à l'écart de la D 461, route de Besançon à Morteau, dissémine ses maisons basses dans un site très verdoyant de prés-bois et de gras pâturages.

◀ **Église St-Pierre-et-St-Paul** – Elle date du 16e s., avec un clocher porche du 19e s. Devant l'église observer d'intéressantes pierres tombales. L'intérieur abrite une belle chaire en chêne sculpté du 17e s., due probablement à Étienne Monnot originaire d'Orchamps-Vennes, qui est aussi l'auteur des boiseries du chœur.

> **ÉMOUVANT**
> En haut du bas-côté gauche débute le chemin de croix que le sculpteur comtois Gabriel Saury exécuta en 1947. Chaque station est représentée par des personnages que l'auteur a voulu criants de vérité.

Loray

Ce village possède quelques maisons typiques et une église néo-romane renfermant un beau mobilier du 18e s. Non loin de là s'élève un **calvaire** du 12e s. dont la colonne, haute de plus de 4 m, est décorée d'une statue grandeur nature tenant une tête humaine dans la main ; plus haut subtilement étagés la Vierge, le Christ et saint Michel terrassant le dragon.

Au centre de la place, belle **fontaine-lavoir** monumentale datant du 19e s., dont les colonnes cannelées sont surmontées de chapiteaux doriques.

La célèbre fontaine de Loray est une des innombrables fontaines comtoises où l'on retrouve l'un des fameux ordres de l'architecture grecque.

Dino-Zoo ★

Jurassic Parc en Franche-Comté ? Nous n'en sommes pas loin car le parc Dino-Zoo présente sur 12 ha des reconstitutions, le plus souvent à l'échelle réelle, des dinosaures, dont de nombreux restes fossilisés ont été signalés dans le département du Jura, près d'Arbois, de Lons-le-Saunier (platéosaure) ou encore à Poligny. Le long d'un parcours agréablement tracé dans la verdure, sont évoquées les origines et l'évolution de ces étranges sauriens aux dimensions extravagantes et aux allures fantastiques.

La situation

Cartes Michelin n°s 66 pli 16 ou 243 pli 20 – À Charbonnières-les-Sapins – Doubs (25). Situé entre le gouffre de Poudrey et Ornans, le parc n'est qu'à 25 km de Besançon par la N 57. Il se développe sur 12 ha et propose un parcours agréablement tracé dans la verdure.

Le nom

L'appellation « dinosaure » (du grec *deînos*, « terrible » et *sauros*, « lézard ») fut employée pour la première fois en 1841 par le zoologue Richard Owen, directeur du British Museum.

Les gens

Impressionnants mais aujourd'hui inoffensifs, les dinosaures vous attendent depuis la nuit des temps, enfin presque !

On les croyait disparus, mais il reste quelques dinosaures de belle taille !

visiter

♿ *Mai-sept. : 10h-18h (juil.-août : 10h-19h) ; mars-avr. : 11h-18h ; oct. : 13h30-17h30 ; nov. : dim. et tlj pdt vac. scol. Toussaint 13h30-17h30. Fermé déc.-fév. 35F (enf. : 25F).* ☎ *03 81 59 27 05.*

Au détour des vallons, surgissent : le **dimétrodon** (4,5 m) dont la voilure dorsale faisait peut-être fonction de régulateur thermique ; le **platéosaure**, herbivore du trias, qui est le plus ancien dinosaure connu en Europe à ce jour, gros reptile plat doté d'un cou allongé, de dents plates et pointues ; le **tyrannosaure**, patibulaire carnivore de 15 m de long, 6 m de haut, pesant 5 tonnes ! Les interminables **diplodocus** (27 m, herbivore) et **apatosaurus** (21 m, végétarien)… Et bien d'autres surprenantes créatures, dont l'environnement végétal consistait pour l'essentiel en fougères et conifères.

Le parcours permet également de découvrir des oiseaux, des petits carnivores, des reptiles mammaliens et des animaux marins en situation de combat.

Plus proche de nous, l'homme de Néandertal et l'homme de Cro Magnon apparaissent dans des scènes de la vie préhistorique (chasse, repas sépulture, technique de peinture…).

LA FIN DES DINOSAURES
Après avoir dominé le monde pendant 160 millions d'années, les dinosaures disparurent à la fin de l'ère secondaire, victimes, pense-t-on, de chutes de météorites géantes, qui auraient bouleversé l'environnement.

Une situation exceptionnelle au pied du massif du Jura et à proximité du lac Léman, la magnifique perspective des Alpes suisses, des eaux thermales réputées, Divonne est plutôt gâtée par la nature. Ajoutez-y un des plus grands casinos de France, des palaces et des restaurants de grande qualité, un lac artificiel de 45 ha, et la petite ville prend des allures de villégiature de luxe. Mais il y en a pour toutes les bourses et pour tous les goûts tant les activités y sont variées.

La situation

Cartes Michelin n°s 70 pli 16 ou 243 pli 44 – Ain (01). À l'Ouest de la ville, des sentiers permettent de belles promenades dans le mont Mussy ; vues sur le lac Léman et sur la chaîne des Alpes.

🛈 *Rue des Bains, 01220 Divonne-les-Bains,* ☎ *04 50 20 01 22. 3615 Divonne, site Internet www.divonnelesbains.com.*

Le nom

Divonne vient du latin et signifie « source divine ». Que demander de mieux ?

Les gens

5 580 Divonnais. C'est au docteur Paul Vidart que la station doit son essor incroyable qui ne cesse de se confirmer.

séjourner

Thermes de Divonne

Av. des Thermes, 01220 Divonne-les-Bains, ☎ *04 50 20 27 70.*

L'établissement s'est spécialisé dans le traitement des troubles modernes : stress, insomnie, surmenage, spasmophilie. Le centre de remise en forme Valvital propose toute l'année de nombreuses activités et des formules très souples.

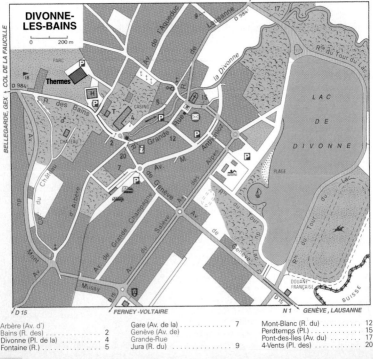

carnet pratique

RANDONNÉES
N'hésitez pas à vous renseigner à l'Office de tourisme car de nombreuses sorties et randonnées sont proposées.

TRANSPORTS
Des services de bus assurent régulièrement des liaisons vers la Suisse et particulièrement vers Coppet et Nyon. Renseignements auprès de la société TPN à Nyon, (☎ 0041 22 994 28 40) ou à l'Office de tourisme de Divonne.

OÙ DORMIR
• *Valeur sûre*
Auberge des Chasseurs – *01170 Echenevex - 8 km au S de Divonne par D 984ᶜ -* ☎ *04 50 41 54 07 - fermé 16 nov. au 31 avr., dim. soir sf en sais. et lun. -* 🅿 *- 15 ch. : 400/800F -* 🍽 *58F - restaurant 120/195F.* Une douce quiétude a envahi cette auberge. De sa belle terrasse, contemplez le spectacle du Mont Blanc. Ou bien paressez au bord de la piscine en plein air. Œuvres d'art et photos tapissent le hall d'entrée avec son bel escalier de bois. Chambres coquettes et tranquilles.

• *Une petite folie !*
Grand Hôtel – ☎ *04 50 40 34 34 - fermé fév. -* 🅿 *- 115 ch. : à partir de 1 000F -* 🍽 *105F.* Sans être totalement fou, vous vous laisserez peut-être tenter par un verre au bar de cet hôtel au décor des années 1930, dans son parc ombragé. Chambres élégantes, au luxe de palace. Et si vous dîniez à la Brasserie du Léman ou, mieux encore, à La Terrasse, son restaurant étoilé.

OÙ SE RESTAURER
• *À bon compte*
Auberge du Vieux Bois – *1 km de Divonne rte de Gex -* ☎ *04 50 20 01 43 - fermé 28 juin au 6 juil., 27 sept. au 5 oct., 1ᵉʳ au 21 fév., dim. soir et lun. - 95/260F.* C'est une auberge familiale, adossée à la forêt, modeste mais sympathique, avec son décor des années 1960. Terrasse ombragée pour les jours ensoleillés. Cuisine simple et classique.

OÙ PRENDRE UN VERRE
Le 1900 – *49 r. Voltaire -* ☎ *04 50 20 42 02 - ouv. tlj 21h-1h.* Une atmosphère chaleureuse et intimiste règne dans ce bar à cocktails. Si les curistes s'y rendent nombreux, les touristes ne dédaignent pas venir y finir leur soirée tant le cadre est séduisant.
Les Quatre-Vents – *Pl. des Quatre-vents -* ☎ *04 50 20 00 08 - ouv. tlj 8h-19h.* Pour ceux qui ne se contentent pas d'une simple boisson chaude, ce salon de thé propose un grand choix de pâtisseries maison à déguster dans une ambiance conviviale, tout en découvrant les œuvres de quelques artistes régionaux, puisque la salle fait aussi office de galerie d'art.

DÉTENTE
Casino – *Parc du Casino* – Plus de 190 machines à sous, les plus importants jackpots d'Europe, roulette, black-jack, punto-banco, boule... Tous les moyens de gagner mais aussi de perdre de l'argent sont à votre disposition de 16 h à 4 h du matin. À vous de faire le bon choix ! Haltes possibles voir conseillées aux restaurants ou, si ce n'est pas trop tard, au night-club judicieusement appelé La Baraka.
Golf – *Route de Gex.* Golf de 18 trous très réputé dans un magnifique parc de 60 ha. Renseignements au ☎ 04 50 40 34 11.

Hippodrome
À proximité du lac de Divonne, l'hippodrome est utilisé pour des courses de trot et de galop en période estivale.

Lac
Ce grand plan d'eau artificiel est très prisé en été pour sa plage. Il est également fréquenté par les véliplanchistes et autres amateurs de voile.

alentours

PAYS DE GEX

Gex
Située sur la rive gauche du Journans, Gex est un bon lieu de séjour en altitude moyenne (628 m), à proximité de la haute montagne et au voisinage de Genève. De la place Gambetta, en terrasse, on découvre le Mont Blanc. Le débouché du col de la Faucille *(voir description à Monts Jura)* fut commandé de bonne heure par un château fort autour duquel s'éleva Gex. La ville devint le siège du gouvernement d'une petite principauté, dépendant de la Savoie, rattachée à la France en 1601. Ce curieux petit

ZONE FRANCHE
Très proche de Genève, le pays de Gex a tout son commerce tourné vers la Suisse. Au 18ᵉ s., Voltaire, installé à Ferney, obtient du roi Louis XVI que le tabac et le sel entrent en franchise de Suisse dans le pays de Gex. C'est de là que vient le nom de « zone franche » donné à la région. Après plusieurs différends avec la Suisse l'affaire est tranchée en 1932 par la Cour de La Haye qui rétablit la zone franche.

La nature est un artiste de génie ; la magie des éclairages met en valeur cette magnifique composition formée par le lac Léman et le massif alpin en arrière-plan.

coin de terre est limité au Nord et à l'Est par la Suisse, à l'Ouest par la grande chaîne du Jura, au Sud par le Rhône. Séparé du reste de la France par la montagne, il est, depuis 150 ans, soumis à un régime douanier spécial.

Creux de l'Envers

 2h à pied AR. Le chemin d'accès s'amorce au bas de la rue du Commerce par la rue Léone-de-Joinville, avec retour par la rue de Rogeland sur la N 5 au Nord de Gex.

Cette promenade est très agréable. Le creux de l'Envers qui s'ouvre au pied du Colomby de Gex constitue, dans le flanc de la montagne, une entaille importante, presque entièrement boisée, où coule le Journans.

Le point le plus étranglé est connu sous le nom de « portes Sarrasines » : le torrent se faufile dans une étroite fissure rocheuse dont les escarpements calcaires, très rapprochés, sont comparables à des montants de porte.

Col de la Faucille★★

Un belvédère aménagé à proximité du sommet dévoile de somptueux paysages formés par le lac Léman et les Alpes.

Monts Jura✴ *(voir ce nom)*

circuit

Escapade dans le canton de Vaud

35 km. Quitter Divonne à l'Est en direction de l'autoroute (E 25 - E 62) Lausanne-Genève. Passer au-dessus de l'autoroute et continuer en direction de Coppet.

Coppet

Une petite visite à Mme de Staël s'impose. En effet, dominant le Léman, le **château**★ de Coppet appartient toujours à la famille de la célèbre et tumultueuse femme de lettres.

Descendre jusqu'à la route qui longe le lac Léman en direction de Lausanne.

Nyon★

Cette agréable petite ville descend jusqu'au lac Léman où l'on peut admirer son **château féodal** (*travaux jusqu'en 2005*) aux cinq tours et un petit port de plaisance bien abrité. Mais pour bien connaître le lac, il faut aller visiter le **musée du Léman** situé dans un ancien hôpital du 18e s., tout près du port. Origine, faune, flore, activités, tout y est bien expliqué et illustré.

Continuer 2 km en direction de Lausanne.

Prangins

Le château de Prangins tour à tour seigneurie, demeure princière, école et habitation abrite une annexe du **Musée national suisse** de Zurich consacrée à l'histoire du pays aux 18e et 19e s.

Retourner à Nyon et prendre à droite une route en direction de Divonne.

Dole★

Fierté de ses habitants mais aussi de la région, Dole n'est pas une ville comme les autres. Elle a longtemps été une puissante capitale régionale, dotée d'un parlement et autorisée à battre monnaie, avant qu'une ordonnance royale de 1696 la dépossède de ses privilèges au profit de Besançon. Aujourd'hui encore, son riche patrimoine, tel l'imposant clocher de sa collégiale, témoigne fortement de sa gloire passée. À ses pieds le Doubs et les canaux « embrassent la ville », lui offrant de magnifiques perspectives qui ont souvent inspiré les artistes.

La situation
Cartes Michelin nos 70 pli 3 ou 243 pli 17 – Jura (39). Dole est proche de Paris par le TGV qui y conduit en 2h environ. Porte de la Franche-Comté au croisement de l'A 36 et de l'A 39, la ville est contournée par les grands axes et il faut en sortir pour découvrir ses secrets. L'ancienne ville fortifiée n'est pas très grande et il est conseillé de laisser sa voiture dans les parkings d'entrée avant de se lancer, à pied, à l'assaut de ses rues étroites.
ℹ *Place Grévy, 39100 Dole, ☎ 03 84 72 11 22.*

Le nom
C'est une racine celtique *dol* désignant un méandre qui serait à l'origine du nom. Autre particularité linguistique, Dole ne porte curieusement pas d'accent circonflexe.

Les gens
26 577 Dolois. Le plus célèbre d'entre eux est certainement l'incontournable Pasteur mais il est difficile, en flânant dans cette ville, de ne pas penser à un écrivain dolois d'adoption, Marcel Aymé. Dole est également la patrie d'une « Verte » passionnée devenue ministre : il s'agit bien sûr de Dominique Voynet.

comprendre

HEURES CAPITALES

Naissance d'une capitale – Née au 11ᵉ s. sur une position de carrefour, Dole, favorisée par les comtes de Bourgogne et l'empereur germanique suzerain de la Comté, fut dotée en 1274 d'une charte de franchises qui lui donna une véritable vie municipale.
Au 15ᵉ s., siège du Parlement de Comté et d'une Université, elle fait déjà figure de capitale et sa réussite ne tarde pas à attirer la convoitise des Français. En 1479, les troupes de Louis XI l'assiègent. La résistance héroïque de quelques habitants s'est traduite par le fameux : « Comtois, rends-toi ! – Nenni, ma foi ! » Finalement, la ville est prise et incendiée méthodiquement. La rareté des édifices antérieurs au 16ᵉ s. témoigne de l'ampleur des destructions. Furieux de leur résistance, Louis XI leur interdit de reconstruire leurs maisons. Mais en 1493 son fils Charles VIII rétrocède la Comté aux Habsbourg et Dole retrouve son rang de capitale.

L'âge d'or – Aux 16ᵉ et 17ᵉ s., la ville ne cesse de se développer. De nombreux chantiers, privés ou publics, mettent la ville en effervescence : l'actuelle collégiale, les fortifications... Le renom de certains architectes, décorateurs ou sculpteurs, vecteurs de l'épanouissement de l'art de la Renaissance à Dole, nous est parvenu : Denis et Hugues le Rupt, Jean Rabicant, les Lulliers...
Jusqu'à la conquête française, le rayonnement de Dole vient des institutions dont elle a été dotée : Parlement, États, Université. Mais le rayonnement est aussi

L'UNIVERSITÉ
Créée en 1423, elle est célèbre pour son école de droit. Environ 800 élèves fréquentent ses cours. Il y a beaucoup d'étrangers. Chacun d'eux a sa « Valentine », jeune fille doloise auprès de laquelle il perfectionne son français. Des collèges de Dole sortent des robins (hommes de loi) experts. Ils fournissent au comte, à l'empereur, des serviteurs éprouvés qui se substituent peu à peu à la noblesse.

LE COIN DES ARTISTES
Que serait Dole sans ses canaux et sans le Doubs qui baigne ses pieds ? Beaucoup de peintures ou photos de la ville sont réalisées à partir d'un beau point de vue situé sur l'avenue de Lahr. À partir du quai des Tanneurs, un réseau de passerelles traverse les canaux et conduit à l'avenue.

LE PARLEMENT
Composé de quelques grands seigneurs et en majorité de simples bourgeois, bons légistes, fins juristes, il exerce la justice souveraine. Il a, en même temps, des attributions étendues dans les domaines politique, économique, diplomatique, militaire. Les plus grands seigneurs peuvent être cités à sa barre.

Peintres, promeneurs, plaisanciers, personne ne peut rester insensible à l'harmonie qui se dégage de ce superbe tableau.

religieux. Sous le règne de Philippe II de Habsbourg, Dole devient un pôle important de la Contre-Réforme ; le patrimoine dolois tire aujourd'hui bénéfice de la multiplication des édifices religieux qui en a résulté.

Le siège de 1636 et la conquête française – Avec Louis XIII et Richelieu recommencent sérieusement les tentatives pour s'emparer de la province et de sa capitale. En 1636 le prince de Condé met le siège devant Dole. Les obusiers français lancent de grosses bombes, d'un modèle nouveau, qui traversent les toits, explosent dans les caves avec un bruit terrible, font effondrer les maisons. Mais la résistance doloise finit par décourager l'assaillant. Toute une légende s'est forgée autour de cette victoire inespérée qui confortait le rôle de capitale et la très large autonomie de Dole au sein du royaume de Philippe II.

Mais en 1668 et 1674, Louis XIV revient à la charge. La ville et la province sont définitivement conquises par la France. Besançon est promue capitale à la place de Dole qui est dépouillée du Parlement, de l'Université et voit ses remparts démantelés.

> **HÉROÏQUE**
> Un des actes de bravoure les plus magnifiques est celui de Ferdinand de Rye, gouverneur de la Comté et archevêque de Besançon qui, bien qu'âgé de plus de 80 ans, rejoignit les assiégés et fut l'âme de la défense.

GÉNIES ET ENFANTS TERRIBLES

Malet le conspirateur – Le général Malet, enfant de Dole, cousin de Rouget de Lisle, d'esprit indépendant et de tempérament républicain, devient suspect à Napoléon qui le fait incarcérer à Paris en 1808. Dans la nuit du 23 au 24 octobre 1812, Malet s'évade et tente avec quelques amis de se rendre maître des principaux organes de pouvoir. Mais la conspiration échoue, Malet est arrêté et fusillé avec neuf de ses compagnons.

Siège de Dole en 1674, par J.-B. Martin. Deux terribles sièges en un siècle, c'est trop. Après une résistance héroïque qui fera échouer celui de 1636, la ville succombera à celui mené par Louis XIV en 1674.

La famille de Pasteur – C'est à Dole, le 27 décembre 1822, que naît le grand savant. Son père, Joseph Pasteur, ancien sergent-major de l'armée impériale, licencié après la chute de Napoléon, a repris son métier de tanneur. Il a épousé, en 1816, Jeanne-Étiennette Roqui.

Ce que furent ses parents, le grand homme, parvenu au faîte des honneurs, l'a dit, en une sorte d'oraison, le 14 juillet 1883, quand une plaque commémorative fut apposée sur sa maison natale : *« Oh ! mon père et ma mère ! Oh ! mes chers disparus, qui avez si modestement vécu dans cette petite maison, c'est à vous que je dois tout. Tes enthousiasmes, ma vaillante mère, tu les as fait passer en moi. Si j'ai toujours associé la grandeur de la science à la grandeur de la patrie, c'est que j'étais imprégné des sentiments que tu m'avais inspirés. Et toi, mon cher père dont la vie fut aussi rude que ton rude métier, tu m'as montré ce que peut faire la patience dans les longs efforts... tu avais l'admiration des grands hommes et des grandes choses. Regarder en haut, apprendre au-delà, chercher à s'élever toujours, voilà ce que tu m'as enseigné... »* En 1827, la famille quitte Dole et se fixe à Arbois.

Marcel Aymé, hôte de Dole – Parfois surnommé « le paysan de Montmartre », Marcel Aymé (1902-1967) a vécu ses jeunes années à Villers-Robert, village de la Bresse comtoise, avant d'être confié à l'âge de sept ans à sa tante de Dole. Il va passer là son adolescence, laissant au vénérable collège de l'Arc le souvenir d'un élève facétieux. Tenu d'interrompre pour raisons de santé des études d'ingénieur effectuées à Paris, il revient à Dole écrire son premier roman, *Brûlebois*, publié en 1926. Le talent de l'écrivain est rapidement reconnu : en 1929, le prix Renaudot est attribué à *La Table aux crevés* ; suivront *La Jument verte*, *La Vouivre*...

> **PETIT TEST !**
> Si vous avez lu l'œuvre romanesque de Marcel Aymé, il ne vous aura pas échappé que la ville de Dole y est très présente : on y reconnaît le champ de foire, l'hôpital, la gare, la rue Pasteur, la Grande Fontaine, la place du Marché... Le haut clocher de l'église Notre-Dame joue même un rôle déterminant dans l'intrigue policière du *Moulin de la Sourdine*.

se promener

LE VIEUX DOLE★★

La vieille ville est blottie autour de Notre-Dame. Ses rues sont étroites et tortueuses, ses maisons, du 15e au 18e s., serrées les unes contre les autres présentent des détails intéressants : portails blasonnés, tourelles rondes, carrées ou hexagonales, cours intérieures à arcades, escaliers de toutes formes, puits, niches abritant autrefois des statuettes, grilles de fenêtres et rampes en fer forgé.
Partir de la place Nationale.

Place Nationale

L'ancienne place Royale, située au cœur de la vieille ville, est bordée de maisons anciennes et dominée par la collégiale. Réhabilitée, la place Nationale est le cadre des marchés qui se tiennent à proximité du pavillon Baltard.

Collégiale Notre-Dame★

Pour monter au clocher, s'adresser à la mairie.
Construite au 16e s. après le sac de Louis XI, elle est l'expression du relèvement de la cité. Avec son puissant clocher-porche haut de 75 m, elle témoigne également de l'intensité des luttes religieuses de l'époque.
À l'intérieur, on est frappé par l'ampleur des volumes, par la sobriété un peu massive des lignes d'un gothique tardif suranné résolument le dos aux manifestations excessives. Meublée et décorée grâce à des commandes des plus hauts notables de la ville, l'église est dépositaire des premières œuvres de la Renaissance doloise. Remarquer tout d'abord l'ensemble d'**œuvres en polychromie de marbres★** chargées de motifs de feuillages, d'entrelacs, d'oiseaux, caractéristiques des productions de l'atelier dolois : façade de la Sainte-Chapelle, tribune d'orgue et chaire dues à Denis Le Rupt, bénitier. L'arcade du mausolée Carondelet est pour sa part attribuée à un artiste flamand. Les statues d'apôtres adossées aux piliers de part et d'autre du chœur appartiennent à l'école bourguignonne (début du 16e s.).

Ne quittez surtout pas la collégiale sans visiter la **Sainte-Chapelle** *située à l'extrémité du bas-côté droit. Elle a été élevée au 17e s. pour l'adoration de la Sainte Hostie du miracle de Faverney.*

L'exceptionnel **grand orgue** en bois sculpté, l'un des très rares du 18e s. en France qui nous soit parvenu quasiment intact, est dû au facteur Karl Joseph Riepp.

Prendre, sur la droite de l'ancien hôtel de ville, la rue d'Enfer qui rejoint la rue de Besançon, puis la place du 8-Mai-1945 et la rue des Arènes.

Place aux Fleurs

Jolie **vue** sur le vieux Dole, dominé par le clocher de l'église Notre-Dame.

Elle est ornée de la fontaine à l'Enfant sculptée par Fr. Rosset et d'une sculpture moderne de Boettcher, *Les Commères*.

Au no 28 façade de 1609.

Rue Mont-Roland

Le portail en polychromie de marbre et pierre de l'ancien couvent des carmélites et les façades 16e, 17e ou 18e s. des hôtels particuliers valent le coup d'œil : maison Odon de La Tour (16e s.), **hôtel de Froissard** (tout début du 17e s.) dont il faut pousser la porte pour admirer l'escalier à double volée en fer à cheval et la loggia de la cour intérieure...

*Place aux fleurs, **Les Commères** de Boettcher, étrangement silencieuses, ne commenteront même pas votre passage. Les traditions se perdent !*

carnet pratique

BON WEEK-END EN VILLE

Deux nuits pour le prix d'une et de nombreuses réductions. Pourquoi ne pas se laisser tenter par cette offre vraiment adaptée à un week-end de découverte ? Mais il ne faut pas oublier de s'y prendre à l'avance. Renseignements auprès de l'Office de tourisme.

OÙ DORMIR

• À bon compte

Chambre d'hôte La Thuilerie des Fontaines – *2 r. des Fontaines - 39700 Chatenois - 7,5 km au NE de Dole par N 73 dir. Besançon puis D 79 à gauche jusq. Chatenois -* ☎ *03 84 70 51 79 -* ⊠ *- 4 ch. : 200/250F.* L'accueil est très chaleureux dans cette maison de maître du 18e s. En haut d'une volée d'escalier de pierre, les chambres sont soignées et très confortables. Goûtez au repos dans le joli parc ou au bord de la piscine, près des anciennes écuries.

• Valeur sûre

Hôtel la Chaumière – *346 av. Mar.-Juin -* ☎ *03 84 70 72 40 - fermé 19 au 29 juin et 18 déc. au 18 janv. -* 🅿 *- 18 ch. : 350/500F -* 🍽 *55F - restaurant 98/270F.* Place aux paresseux sur les transats autour de la piscine avec son plongeoir pour les amateurs d'acrobaties ! Les chambres ouvrent sur le jardin calme. La salle à manger est douillette avec ses pierres et ses poutres apparentes. Cuisine soignée à prix raisonnables. Terrasse d'été.

OÙ SE RESTAURER

• À bon compte

La Demi-Lune – *39 r. Pasteur -* ☎ *03 84 72 82 82 - fermé 3 au 15 janv., lun. midi et le soir hors sais. - 85/165F.* Il fait bon dans cette jolie salle voûtée des 16e et 18e s., à deux pas du musée Pasteur, comme sur la terrasse, au bord du canal des Tanneurs. Vous y dégusterez de bonnes grillades, des galettes de sarrasin, des spécialités locales. Jeux pour les enfants.

Les Templiers – *35 Gde-Rue -* ☎ *03 84 82 78 78 - fermé 1er au 15 janv., lun. et dim. soir - 98/260F.* Au détour d'une ruelle de la vieille ville dans une atmosphère médiévale... Dans une crypte du 13e s., les chandeliers éclairent les pierres blondes des voûtes en ogive de la belle salle à manger. Cuisine de produits frais.

OÙ PRENDRE UN VERRE

Café des Sports – *Chemin Thévenot - ouv. tlj 8h-22h.* Tout le charme de ce petit café anonyme réside dans sa situation : face à une belle prairie, il offre, depuis sa terrasse, une vue plongeante sur le canal Charles-Quint, sillonné en permanence par des canards. L'animation musicale puise dans un répertoire qui s'étend des années 1970 aux années 1990.

La Navigation – *22 r. Pasteur - ouv. tlj 8h-22h.* Situé dans l'ancien quartier des moulins, cet établissement était autrefois le lieu de rendez-vous des bateliers qui venaient y débarquer leur chargement de grains. La terrasse présente d'autant plus d'agrément que l'établissement est sis au cœur d'un secteur piétonnier.

DOLE

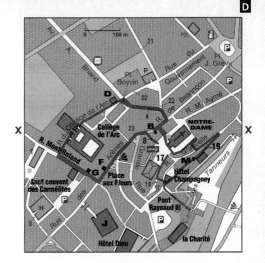

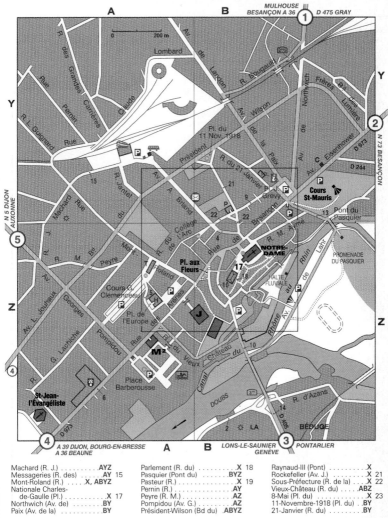

Ancien couvent des Carmélites

Du 17e s. Beau portail, fenêtres grillagées.

Prendre à droite la rue du Collège-de-l'Arc.

Collège de l'Arc

Fondé par les jésuites en 1582, il est aujourd'hui un lycée.

Passer sous l'arc qui enjambe la rue.

Un beau **porche** Renaissance, surmonté d'une loggia dont les arcades reposent sur des anges aux ailes déployées, signale la chapelle aujourd'hui désaffectée. Remarquer, à gauche, deux anciens hôtels dont l'un de 1738, ayant conservé leur petite cour intérieure et leurs belles balustrades.

Continuer jusqu'à la place Boyvin ; de là, prendre la rue Boyvin, la rue de la Sous-Préfecture et la rue de Besançon, à droite.

Cave d'Enfer

Plaque (19e s.) évoquant une légende sur la résistance héroïque de quelques Dolois lors de la prise de la ville, en 1479.

Revenir sur ses pas pour gagner la place Nationale, puis la rue Pasteur.

Rue Pasteur

Autrefois appelée rue des Tanneurs, elle regroupait au bord du canal les maisons des artisans du chanvre et du cuir. Au n° 43, maison natale de Pasteur *(voir description dans « visiter »).*

Prendre le passage à droite de la maison natale de Pasteur, longer la promenade le long du canal des Tanneurs puis emprunter les passerelles pour accéder au pont Raynaud-III.

Pont Raynaud-III

◄ Vue sur un bel ensemble monumental : la **Charité** (18e s.), l'Hôtel-Dieu (17e s.), le couvent des Dames d'Ounans (18e s.).

Hôtel Champagney

Un portail blasonné du 17e s. donne accès à une cour où l'on observe encore deux tourelles d'escalier et un beau balcon sur consoles.

Prendre à gauche puis à droite la pittoresque rue du Parlement, d'où l'on a une belle vue sur le clocher de Notre-Dame qui ramène à la place.

> **RAFRAÎCHISSANTE**
> La Grande Fontaine, source et lavoir souterrains, est visible sous la dernière arche du pont Raynaud-III *(on peut y descendre par le passage Raynaud-III qui s'ouvre rue Pasteur).*

visiter

Maison natale de Pasteur et musée Pasteur

Avr.-oct. : 10h-12h, 14h-18h, dim. et j. fériés 14h-18h (juil.-août : 10h-18h, dim. et j. fériés 14h-18h) ; nov.-mars : sam. 10h-12h, 14h-17h, dim. et j. fériés 14h-17h. 20F. ☎ 03 84 72 20 61.

La **maison natale** est restée celle du tanneur Jean-Joseph Pasteur, avec son atelier de corroierie, et sa tannerie au sous-sol. Dans l'appartement, plusieurs salles présentent des documents et souvenirs de Louis Pasteur ; sa famille et son enfance sont évoquées par des portraits et des objets personnels. La carrière du célèbre scientifique est rappelée par sa toque et sa cape d'universitaire, son bureau, ou le tableau à l'étonnant cadre en ceps de vigne, offert par les vignerons d'Arbois. Deux pastels peints par le jeune Pasteur permettent également de découvrir son goût pour la peinture.

De la terrasse au 1er étage, vue sur le canal des Tanneurs et les anciennes fortifications (16e s.).

> **LE COUP DU LAPIN**
> La célèbre moelle de lapin enragé conservée dans une atmosphère desséchée excite toujours la curiosité du visiteur.

◄ Le **musée Pasteur**, installé dans un autre logis-atelier de tanneur contigu à la maison natale, illustre le rayonnement universel de l'œuvre du grand savant. La salle scientifique réunit tout un appareillage témoignant des expériences de celui qui, n'étant ni médecin ni biologiste mais physicien et chimiste, bouleversa par ses découvertes les industries alimentaires, la médecine et la chirurgie. Des écrits, des photographies évoquent les 22 Instituts Pasteur, centres vivants de recherche et de santé publique répartis dans le monde entier.

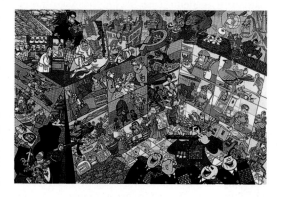

Très éclectique, le fonds d'art contemporain présente un large choix d'œuvres modernes comme cet étonnant **Brejnev en Russie,** *par Erro.*

Musée des Beaux-Arts★
85 r. des Arènes. ♿ Tlj sf lun. 10h-12h, 14h-18h. Fermé entre Noël et Jour de l'An, 1er mai. Gratuit. ☎ 03 84 79 25 85.
Il est installé dans le pavillon des Officiers construit au 18e s., dont la façade est ornée d'armes et d'attributs guerriers. Le sous-sol est consacré à l'archéologie locale et régionale et à la sculpture bourguignonne.
Le musée possède une collection de peintures comprenant de nombreuses toiles françaises et étrangères du 15e au 19e s. (*La Mort de Didon* de Simon Vouet, *Portrait d'une femme et de son fils,* par Mignard, paysages de Courbet et Pointelin). Des tableaux évoquent les sièges des différentes villes de Franche-Comté dont celui de Dole au 17e s.
Sous les combles est présentée la collection d'art contemporain du Fonds régional d'art contemporain et du musée de Dole.

Hôtel-Dieu
En cours de restauration, il doit accueillir une médiathèque.
Cet énorme édifice destiné aux « pauvres malades » fut ▶ la dernière construction de prestige réalisée par la ville avant son annexion par la France et la perte de son rang de capitale. L'impression initiale de sévérité est tempérée par la fantaisie de l'ornementation, tel le remarquable balcon ceinturant en partie l'édifice, soutenu par des modillons sculptés.

Église St-Jean-l'Évangéliste
S'adresser au presbytère, 58 r. Général-Lachiche, 39100 Dole.
Construite de 1961 à 1964, l'église surprend par son architecture originale. Sa toiture est composée de deux parties en forme d'hyperboles. Ses murs vitrés sont entourés d'une belle **grille★** de fer forgé illustrant l'Apocalypse, œuvre de Calka. Remarquer, en particulier, l'*Agneau immolé* et le *Combat de la femme et du dragon.*

> **BIEN PENSÉ**
> À l'intérieur, la cour est disposée comme un cloître, avec deux niveaux de galeries reliés par une viorbe (tour d'escalier) ; les marches vont en diminuant de hauteur afin d'éviter toute fatigue aux malades.

alentours

Mont Roland
6 km au Nord de Dole par la N 5 et une petite route à droite. Sanctuaire marial récent sur un site religieux ancien. Large panorama sur la plaine du Doubs et la plaine de la Saône. Pèlerinage *(voir le chapitre des Informations pratiques en début de volume).*

Forêt de Chaux★ *(voir ce nom)*
Le val d'Amour *(voir P. 100)*

Faverney

Miracle ! Miracle ! Nous sommes en 1608 quand deux hosties échappent miraculeusement à un terrible incendie. La ville qui est alors connue pour son abbaye fondée au 8e s. devient un lieu de pèlerinage très fréquenté ; les plus grands du royaume viennent se prosterner devant les hosties du miracle. L'une d'elles est transférée dans la collégiale de Dole où une chapelle lui est consacrée. Aujourd'hui Faverney a bien évolué sans renier ce qui a fait son histoire.

La situation
Cartes Michelin nos 66 Est du pli 5 ou 243 pli 7 (13 km au Nord de Port-sur-Saône) – Haute-Saône (70).
En venant de Vesoul, quitter la N 19 au Nord par la D 434 qui conduit à Faverney.

Le nom
Un ancien nom d'homme, Fabrinius, serait à l'origine du nom.

Les gens
1112 Favernéens. Ils vénèrent encore chaque année, vers la Pentecôte, l'hostie miraculeuse.

visiter

Église abbatiale
Souvent remaniée au cours des siècles, elle est aujourd'hui d'un aspect banal avec son porche gothique et ses deux clochers. À l'intérieur, la chapelle à gauche du chœur abrite la Sainte Hostie du miracle. Dans la chapelle à droite du chœur, une statue du 15e s., avec son manteau de bois doré du 17e s., représente N.-D.-la-Blanche, vénérée depuis le 8e s. Près du maître-autel se trouve une mise au tombeau du 16e s. en bois polychrome, d'un réalisme émouvant.

Largement « médiatisé » au 17e s., le miracle des hosties a inspiré quelques artistes plus ou moins connus comme on peut le voir à la Sainte-Chapelle de Dole ou dans l'abbatiale de Faverney.

> #### LE MIRACLE DES HOSTIES
> En 1608, les religieux du monastère préparèrent un reposoir pour la Pentecôte et y déposèrent un ostensoir contenant deux hosties et des reliques de sainte Agathe. Le 25 mai, un incendie détruisit le reposoir à l'exception de l'ostensoir reliquaire qui resta miraculeusement suspendu sans qu'aucun support ne le maintienne. Le lendemain, alors que l'assistance écoutait la messe, l'ostensoir vint de lui-même se poser sur l'autel, sous le regard stupéfait des fidèles. L'enquête épiscopale, qui eut lieu aussitôt après, conclut qu'un tel fait ne peut se produire « sans l'intervention de la très grande puissance et bonté de Dieu ».

Ferney-Voltaire

Si Ferney s'accroche autant à Voltaire c'est que ce dernier lui a apporté une notoriété vraiment internationale. Aujourd'hui encore, même si sa position frontalière reste attractive, c'est avant tout le souvenir de Voltaire que les voyageurs viennent chercher. Les nombreux projets pour la reprise du château illustrent bien, s'il en est besoin, l'intérêt voire les passions que suscite encore ce polémiste de génie.

La situation
Cartes Michelin nos 70 pli 16 ou 243 pli 44 – Ain (01).
Seuls la frontière et l'aéroport séparent Ferney de la banlieue de Genève.

Le nom

Bienfaiteur inespéré pour cette commune frontalière, le célèbre philosophe a désormais son nom associé à celui de la commune.

Les gens

6 408 Ferneysiens. Après un premier essor encouragé par le « Patriarche » de Ferney, la ville a connu un développement spectaculaire depuis les années 1950. Industriels, universitaires, financiers ne cessent d'affluer dans ce qui était une petite ville jurassienne.

comprendre

Le « roi Voltaire » – En 1758, le philosophe, qui réside aux Délices, près de Genève, a des difficultés avec les Genevois que les comédies jouées sur son théâtre effarouchent. C'est alors qu'il achète, en territoire français, mais près de la frontière, la terre de Ferney. Selon les circonstances, il pourra ainsi passer d'un asile dans l'autre. À partir de 1760, Ferney est sa résidence favorite. Il agrandit le château, crée le parc et prend au sérieux son rôle de seigneur. Le village, assaini, est doté d'un hôpital, d'une école, de fabriques d'horlogerie ; de bonnes maisons de pierre sont construites.

La vie à Ferney – Pendant 18 ans, Ferney abrite une petite cour : grands seigneurs, gens d'affaires, artistes, écrivains reçoivent l'hospitalité du patriarche, assistent aux représentations données dans son théâtre. L'immense fortune que Voltaire a réalisée, grâce à d'heureuses spéculations sur les fournitures militaires, lui permet d'avoir en permanence cinquante invités. Des curieux viennent de loin pour l'apercevoir dans le parc ; quand il sort du château, c'est entre deux haies d'admirateurs. Il écrit ses contes, multiplie les brochures, les pamphlets, mène campagne contre les abus de toute nature et notamment contre le servage dans le Haut-Jura. Sa correspondance est prodigieuse : il écrit ou dicte à Ferney au moins vingt lettres par jour ; plus de 10 000 ont été publiées. Il meurt en 1778, lors de son voyage triomphal à Paris.

visiter

Château

De juil. à fin août : visite guidée (1h) sam. 14h30-17h30. 10F.
☎ *04 50 40 63 33.*
Construit par Voltaire à la place d'une forteresse qu'il jugeait trop sévère, le château est un édifice « d'ordre dorique, qui doit durer mille ans ». Les deux premiers siècles se sont plutôt bien passés et semblent confirmer la solidité de cette belle demeure. Elle contient encore de nombreux souvenirs du philosophe, dont son portrait à 40 ans par Quentin de La Tour.
Le château a été racheté par l'État qui veut faire de « l'Auberge de l'Europe » un lieu de mémoire mais aussi et surtout un centre culturel de rencontre.

alentours

Genève★★★

De toutes les villes suisses, Genève est certainement la grande cité la plus favorisée par un site incomparable qu'elle a su protéger. La rade et son jet d'eau, des édifices cossus, les bords du lac et leurs somptueuses perspectives d'eau, de verdure et de montagne ne peuvent laisser indifférent.
Ville de Calvin et citadelle de la Réforme au 16ᵉ s., capitale de la pensée au 18ᵉ s., elle accueille aujourd'hui de grandes organisation internationales comme l'ONU. Les principaux sites à voir sont :

OÙ SE RESTAURER
France – 1 r. Genève - ☎ 04 50 40 63 87 - fermé 20 déc. au 4 janv., lun. midi et dim. - 175/255F. Un petit moment au frais sur la jolie terrasse de ce restaurant en centre-ville, face à une fontaine fleurie surmontée du buste de Voltaire. La salle à manger décorée de fresques peintes se prolonge d'une autre salle en véranda. Quelques chambres sobres.

Écrivain aux multiples facettes, Voltaire fut également un mécène généreux. Il poussait son zèle de châtelain à se rendre à l'église où il avait son banc. Qui l'eût cru ?

GENÈVE EN BREF
Pour tout renseignement, se reporter au GUIDE VERT Suisse. Il est également possible de contacter l'Office de tourisme, gare Cornavin, 1200 Genève, ☎ (022) 909 70 50.

– **la rade et les bords du lac**★★
– **La vieille ville**★, ses vieilles rues, la **cathédrale**★ et la **maison Tavel**★
– **le quartier international** avec le **musée Ariana**★★ (céramique), le **palais des Nations**★★ et le **musée international de la Croix-Rouge et du Croissant-Rouge**★.

Pour compléter au mieux la visite de Ferney, un petit détour s'impose aux « Délices » où vécut souvent Voltaire de 1755 à 1765. C'est aujourd'hui l'**Institut et le musée Voltaire**★.

Château de **Filain**★

Les toits à l'impériale qui encadrent la façade côté parc donnent un air franchement comtois à l'un des plus beaux châteaux de Haute-Saône. Mais aussi belle soit-elle, cette façade n'est qu'un somptueux élément de cette vaste demeure qui s'est développée dès la Renaissance autour d'une maison forte du 15e s. Son principal trésor est son incroyable cheminée d'où semble jaillir un cerf majestueux qui a, bien sûr, sa légende.

La situation
Cartes Michelin nos 66 Sud-Ouest du pli 6 ou 243 pli 8 – Haute-Saône (70). Au Sud de Vesoul le château est un peu à l'écart des grands axes. Le plus rapide est de quitter Vesoul au Sud par la N 57 jusqu'à la D 25 que l'on prend sur la gauche.

Le nom
Filain est le nom d'une ancienne famille qui possédait les terres au 12e s.

Les gens
Parmi les célèbres propriétaires de Filain figure **Jacob-Francois Marulaz** (1769-1842), général et baron d'Empire, qui s'illustra dans de nombreuses campagnes napoléoniennes et dans la défense de Besançon en 1814.

visiter

De Pâques au 11 nov. : visite guidée (1h) 10h-12h, 14h-18h. 35F. ☎ *03 84 78 30 66.*

Au 15e s., le promontoire était occupé par une maison forte flanquée de quatre tours. De cette époque date l'aile droite du château dont les fenêtres ont été agrandies au 16e s. et pourvues de meneaux.

Le corps de logis Renaissance a été relié au 16e s. aux bâtiments primitifs. Entre les deux ordres de colonnes superposées (de style dorique romain au rez-de-chaussée et ionique à l'étage) se logent de larges fenêtres à

Reconnaissez qu'il a fière allure ! Son harmonieuse reconversion en demeure de plaisance intègre des éléments typiques de l'architecture comtoise.

meneaux. Au rez-de-chaussée, la galerie a été transformée en une suite de baies au début du 19e s. Depuis le jardin, on peut aisément apprécier la façade méridionale (16e s.) encadrée de deux tours carrées coiffées chacune d'un toit à l'impériale plus récent et typiquement comtois. Sous le Premier Empire, l'ancien pont-levis a été remplacé par le perron à balustres.

On pénètre dans l'édifice par une porte Renaissance, remarquablement sculptée, percée à la fin du 15e s. dans une des anciennes tours d'angle du château fort.

La visite débute par le rez-de-chaussée : la cuisine conserve une belle collection de gaufriers et de moules à hosties, puis deux autres salles dont une abrite une collection ornithologique. Au premier étage, après la **salle des Gardes**, suivent la grande galerie et ses salons, ▶ avant de descendre vers les anciennes cuisines transformées en bibliothèque, et le passage voûté qui marque l'ancienne entrée principale du château.

LE CAVALIER NOIR

Une légende rapportée par André Besson assure qu'un seigneur de Filain aurait pactisé au 14e s. avec un ténébreux cavalier noir qui se révéla être Satan en personne. Jacques de Tincey, grand chasseur devant l'Éternel, avait décimé la faune sur ses terres et rentrait bredouille malgré d'interminables équipées. Il rencontra un jour ce mystérieux cavalier qui lui proposa de repeupler ses terres d'un abondant gibier s'il interdisait à sa famille et à ses gens d'aller à une messe solennelle. Très mortifié par ses derniers échecs, le seigneur finit par accepter et fit le lendemain une incroyable chasse qui aurait rassasié Gargantua. Mais la punition ne se fit pas attendre : il disparut brutalement et on ne retrouva à sa place qu'un grand cerf mort. Immortalisé sur la grande cheminée du château, il serait autorisé à sortir une fois par an, à l'équinoxe d'automne. Mais cette sortie est périlleuse car dehors l'attendent les redoutables meutes du cavalier noir qui le traquent alors sans répit jusqu'au bout de la nuit.

Fondremand

Un imposant donjon du 11e s., de nombreuses maisons du 15e et du 16e s., une charmante source vauclusienne aménagée au 19e s., la petite ville ne manque pas d'atouts. Elle est devenue un rendez-vous incontournable pour les artisans et artistes qui attirent chaque été des foules plus nombreuses.

La situation

Cartes Michelin n°s 66 pli 15 ou 243 pli 7 – Haute-Saône (70). Environ 22 km au Sud-Ouest de Vesoul par la D 474, puis la D 33.

Le nom

Pratiquement oubliée depuis plusieurs siècles, la commune se refait un nom grâce au succès des journées artisanales et artistiques qui s'y déroulent chaque année autour du 14 juillet.

Les gens

153 Romanifontains. Venez à la fête, ils vous feront découvrir les secrets et légendes du pays.

se promener

Source de la Romaine

Aménagée en 1831, à l'émergence de cette source vauclusienne, la façade néo-classique du lavoir ouvre sur un bassin par une variante de la « serlienne », c'est-à-dire une baie cintrée encadrée de deux baies droites plus étroites (ici quatre).

Au pied du donjon, la source résurgente de la Romaine, petit affluent de la Saône, est agrémentée d'un lavoir de style et d'un bassin circulaire très prisé des enfants.

Château
De mai à fin sept. : w.-end et j. fériés 15h-18h. Gratuit.
Seul le donjon (11ᵉ s.) se visite. Un escalier taillé dans la muraille mène à la salle des Gardes et aux cachots ; l'escalier à vis (15ᵉ s.) permet d'accéder aux salles et à la charpente en chêne.

Église
Au 13ᵉ s., cet édifice appartenait au château. À la belle rosace romane de la façade répond un chœur ogival primitif abritant une pierre tombale sculptée en haut relief (16ᵉ s.) et deux délicieuses stalles à arcatures. Dans la nef, Vierge aux Raisins et Vierge de Douleur (16ᵉ s.).

À LA FOIRE ET AU MOULIN
Non content d'organiser de nombreuses fêtes, le village restaure depuis des années un très ancien moulin installé sur les bords de la Romaine. Il était jadis utilisé pour la production d'huile de noix.

Fougerolles

Comtoise ou Vosgienne ? La petite ville a longtemps souffert de sa position frontière qui lui a valu d'être disputée par les ducs de Bourgogne et de Lorraine. Elle est aujourd'hui la capitale du « pays de la cerise » et est très réputée pour sa production artisanale et industrielle de kirsch.

La situation
Cartes Michelin nᵒˢ 66 pli 6 ou 242 pli 34 – Haute-Saône (70). Contournée par la N 57, la ville s'étire de chaque côté de la rue principale.
🚹 *1 rue de la Gare, 70220 Fougerolles, ☎ 03 84 49 12 91.*

Le nom
C'est bien à la fougère qui se développait particulièrement bien sur la commune que la ville doit son nom.

Les gens
4 167 Fougerollais. Ils déclinent à merveille les spécialités de cerise selon des méthodes ancestrales ou industrielles : à vous de choisir !

visiter

Écomusée du Pays de la Cerise et de la Distillation★
2 km au Nord par le C 201. Juil.-août : visite guidée (1h1/2) 10h-19h, dim. 14h-19h ; avr.-juin et sept.-oct. : tlj sf mar. 14h-18h. Fermé nov.-mars. 25F. ☎ 03 84 49 52 50.
Installé au hameau du Petit-Fays, dans les bâtiments d'une des premières distilleries industrielles du terroir (1831), ce musée particulièrement vivant s'attache à pré-

---

À BOIRE
La distillerie Paul Devoille, proche de la gare, se visite à 15h30 en sem. de juin à sept., le mar. d'oct. à mai. Magasin ouv. en semaine toute l'année. ☎ 03 84 49 10 66. La visite peut se prolonger par la Maison des Eaux-de-Vie, ouverte toute l'année et située sur la N 57, entre Plombières et Fougerolles.

Les ateliers de l'Écomusée font vraiment impression avec leurs batteries d'alambics monumentaux et étincelants fonctionnant par bain-marie ou à la vapeur.

senter une authentique unité de production de kirsch telle qu'elle a fonctionné durant tout le 19e s. et une partie du 20e s. Le visiteur découvre la maison du distillateur, entièrement meublée, la maison des domestiques, le grenier d'affinage, l'entrepôt d'expédition et les deux grands ateliers. L'inséparable environnement agricole et les diverses activités artisanales se greffant sur la distillerie sont évoqués par de nombreux outils et reconstitutions d'ateliers : tonnellerie, vannerie, textiles, four à pain, « chélo » (abri agricole).

Un verger-conservatoire où sont cultivées des variétés locales de cerisiers jouxte les bâtiments.

alentours

Ermitage Saint-Valbert
Autour d'une ancienne grotte fréquentée par saint Valbert au 7e s., l'ermitage s'est particulièrement développé au 18e s. Statue du saint sculptée dans le rocher.
⊚ Juste à côté, **parc animalier** de 60 ha (chevreuils, cerfs, chamois...).
Sur rendez-vous de juin à sept. ☎ *03 84 49 54 97.*

Barrage de **Génissiat**★

Jusqu'en janvier 1948, date de la mise en eau du barrage de Génissiat, le Rhône, en arrivant à Bellegarde, disparaissait aux basses eaux dans une fissure profonde de 60 m. C'était la « perte » du Rhône. Le site a été transformé en un lac-réservoir long de 23 km où évoluent, à la belle saison, les embarcations de plaisance. Le lac occupe le fond de la vallée et emplit, en aval de Bellegarde, les gorges taillées par le fleuve qui coulait, au point le plus resserré, entre deux falaises distantes de 1,70 m.

La situation
Cartes Michelin nos 74 pli 5 ou 244 pli 6 – Ain (01).
La D 72A passe sur le barrage et offre de belles vues sur la retenue. Mais pour découvrir l'ensemble des installations il faut s'arrêter et gagner les belvédères décrits ci-dessous dans « les abords ».

Le nom
Au pied du barrage avec lequel elle fait corps, la centrale Léon-Perrier porte le nom du fondateur de la Compagnie nationale du Rhône.

Les gens
Jadis surnommé le « taureau furieux », le Rhône est aujourd'hui corseté par une ceinture de barrages qui canalise ses emportements.

comprendre

Le Rhône jurassien – Né en Suisse, à 2 200 m d'altitude, dans les cirques glaciaires de l'Oberland entre les cols de la Furka et du Grimsel, le Rhône a, jusqu'à son arrivée dans le lac Léman (alt. 309 m), une allure torrentielle. Entré trouble et boueux dans ce lac, il en sort remarquablement limpide. C'est en quelque sorte un nouveau fleuve, le Rhône de France, qui commence. Dans la traversée du Jura, la pente moyenne est sept fois moins forte que dans le cours suisse. Mais le régime demeure irrégulier ; la hauteur d'eau varie, suivant la saison, de 0,30 m à 5 m. Peu après avoir quitté Genève, le Rhône reçoit l'Arve, rapide et abondante, qui lui apporte les eaux des glaciers du Mont Blanc. 30 km plus loin, il se heurte

LES CENTRALES
L'aménagement du fleuve été confié, sur le territoire français, à la Compagnie nationale du Rhône. De Genève à Lyon neuf centrales utilisent les eaux du Rhône : deux en Suisse, celles de Verbois et de Chancy-Pougny ; sept en France, celles de Génissiat, Seyssel, Chautagne, Belley, Brégnier, Sault-Brenaz et Cusset-Villeurbanne.

à la haute et abrupte barrière du Jura dont il lui faudra franchir les chaînons parallèles par une succession de cluses. La première de ces cluses est le pittoresque défilé de l'Écluse *(voir Bellegarde-sur-Valserine)*. Le Rhône, large de 350 m à sa sortie de Genève, s'est ici fortement rétréci pour se frayer un passage : il n'a plus que 20 m.

visiter

Le site

En amont de l'emplacement choisi, le Rhône est encaissé entre de hautes falaises, ce qui permettrait de relever son niveau de 69 m sans provoquer de submersions importantes. La qualité du calcaire sur lequel devaient s'ancrer les 600 000 m³ de béton de l'ouvrage était une question d'une importance primordiale : il aurait pu y avoir risque de voir les eaux passer sous le barrage par les fissures du sous-sol. L'homogénéité de la roche fut reconnue satisfaisante et les travaux purent commencer en 1937. Le barrage a été mis en eau début 1948.

Le barrage

La retenue d'eau, de 53 millions de m³, s'étend sur 23 km jusqu'à la frontière suisse. Pour parer aux violentes crues du Rhône, dont le débit peut passer de 140 à 2 800 m³ par seconde, deux canaux évacuateurs ont été construits, l'un à l'air libre sur la rive droite, le « saut de ski », l'autre en souterrain sur la rive gauche.

Centrale Léon-Perrier

La **centrale** peut produire 1 700 millions de kWh en année moyenne. La **salle des machines** est l'une des réussites françaises pouvant être mises à l'actif de l'« esthétique industrielle » ; elle est ouverte aux visites touristiques. *Juil.-août : visite guidée (1h1/2) 11h-18h ; sept-juin : sur demande 9h-15h. Gratuit.* ☎ *04 78 24 16 16.*

Les abords

Visite : environ 1/2h. Laisser la voiture sur le parking aménagé à côté du monument commémoratif célébrant la construction de l'ouvrage. À hauteur d'un premier belvédère a été installé un **kiosque touristique** équipé de des panneaux explicatifs.

Du second belvédère (jardinet), on domine le canal évacuateur de crues de la rive droite, le « saut de ski ». Il donne naissance, lorsqu'il fonctionne (généralement au début de l'été), à une majestueuse gerbe d'écume.

En été, des promenades en bateau ont lieu sur la retenue entre Bellegarde et le barrage.

Gigny

Pour une fois ce ne sont pas les moines qui sont les premiers habitants connus du village. En effet une importante grotte préhistorique témoigne d'une occupation très ancienne de la verdoyante vallée du Suran. L'abbaye bénédictine fondée au 9e s. s'est maintenue avec difficulté jusqu'à la Révolution.

La situation

Cartes Michelin nos 70 pli 13 ou 243 pli 41 – Jura (39).
La petite ville se trouve à 15 km au Sud-Est de Cuiseaux sur la D 117.

Le nom

Ce serait un nom d'homme gaulois, *Gennius*, qui serait à l'origine du nom.

Les gens

251 habitants. Avant d'être occupée par des ermites, la grotte de Gigny a été fréquentée par des hommes environ 80 000 ans avant notre ère.

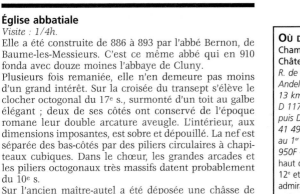

L'abbatiale paraît bien grande pour un si petit village. L'abbaye a en effet disparu mais l'église constitue un beau témoin de ce riche passé religieux.

visiter

Église abbatiale
Visite : 1/4h.
Elle a été construite de 886 à 893 par l'abbé Bernon, de Baume-les-Messieurs. C'est ce même abbé qui en 910 fonda avec douze moines l'abbaye de Cluny.
Plusieurs fois remaniée, elle n'en demeure pas moins d'un grand intérêt. Sur la croisée du transept s'élève le clocher octogonal du 17e s., surmonté d'un toit au galbe élégant ; deux de ses côtés ont conservé de l'époque romane leur double arcature aveugle. L'intérieur, aux dimensions imposantes, est sobre et dépouillé. La nef est séparée des bas-côtés par des piliers circulaires à chapiteaux cubiques. Dans le chœur, les grandes arcades et les piliers octogonaux très massifs datent probablement du 10e s.
Sur l'ancien maître-autel a été déposée une châsse de saint Taurin, patron de la paroisse.
Le bas-côté gauche conserve des dalles funéraires du 16e s.

alentours

Saint-Amour
15 km à l'Est. Dotée d'un nom si évocateur, cette petite ville ne devrait pas manquer de vous séduire ! Frontière entre trois départements, elle était logiquement fortifiée comme en témoigne encore la fameuse **tour Guillaume** (16e s.). De nombreux monuments, dont la fontaine des Dauphins illustrent la prospérité de la ville à partir du 16e s.

> **Où DORMIR**
> **Chambre d'hôte Le Château Andelot** – *R. de l'Église - 39320 Andelot-les-St-Amour - 13 km de Gigny par D 117 jusq. St-Julien puis D 3 - ☎ 03 84 85 41 49 - fermé 1er nov. au 1er avr. - 6 ch : 950F - repas 220F.* Du haut de ces vestiges du 12e et 15e s. admirablement restaurés, la vue embrasse la région tout entière. Dans les salons et les chambres, confort moderne et raffinement côtoient sans incongruité voûtes gothiques et cheminées monumentales. Table d'hôte... royale !

Goumois

Après son saut spectaculaire, le Doubs s'enfonce dans de profondes et étroites gorges avant de s'élargir un peu en arrivant sur Goumois. Au fond de cette vallée encaissée, le petit village de Goumois est un agréable lieu de villégiature très prisé des pêcheurs et des canoéistes.

La situation
Cartes Michelin nos 66 pli 18 ou 243 pli 22 – Doubs (25). La descente par la corniche de Goumois dévoile de belles vues sur le village. Il est très petit et il est facile d'aller saluer les douaniers, même si on ne l'avait pas prévu !

Le nom
C'est un ancien nom d'homme germanique qui est à l'origine du nom.

carnet d'adresses

OÙ DORMIR

• *À bon compte*

Moulin du Plain – *5 km au N par rte secondaire -* ☎ *03 81 44 41 99 - fermé de nov. à avr. -* 🅿 *- 22 ch. : 215/330F -* ☐ *40F - restaurant 95/200F.* Cette auberge familiale au milieu de la forêt est le rendez-vous des pêcheurs qui s'en donnent à cœur joie dans le Doubs à ses pieds. Chambres simples mais bien entretenues et fonctionnelles. Cuisine régionale.

OÙ SE RESTAURER

• *À bon compte*

Au Bois de la Biche – *25140 Charquemont - 12 km au SO de Goumois par rte secondaire -* ☎ *03 81 44 01 82 - fermé 2 janv. au 2 fév. et lun. sf été - 93/200F.* Écoutez chanter les oiseaux et le vent dans les cimes de la forêt toute proche. Choisissez une table en bordure de la baie vitrée, vous profiterez ainsi de la vue sur la vallée. Cuisine régionale. Quelques chambres simples.

Les gens

136 habitants (Français). La commune a été divisée en deux par le traité de Vienne en 1815. Les habitants des deux Goumois se retrouvent chaque 31 juillet pour célébrer dans l'amitié la fête nationale suisse.

circuit

Quitter Goumois par la D 437ᴮ en direction de Montbéliard. À Trevillers prendre à droite la D 201 jusqu'au carrefour avec la D 134 qui conduit à Courtefontaine et Soulce. Prendre alors la D 437ᶜ jusqu'à St-Hippolyte.

St-Hippolyte

Ce bourg est situé dans un **site**★ pittoresque, au confluent du Doubs et du Dessoubre.

Par la D 437 gagner Maîche au Sud.

Maîche

Sur les vastes plateaux du Nord du Jura, à proximité des vallées du Dessoubre et du Doubs, Maîche occupe un agréable site dans un large val dominé par le mont Miroir (986 m). Vous apercevrez certainement, en approchant de Maîche, de sympathiques colosses à la crinière blonde, les « maîchards » : vous avez certainement reconnu le fameux cheval comtois dont le village est la patrie.

Petit poulain deviendra grand et... fort ! Après un inquiétant déclin, le cheval comtois revient aujourd'hui en force et, chaque été, le Concours national de Maîche sélectionne les meilleurs pour assurer l'avenir de la race.

LE CARNAVAL DE MAÎCHE

Vous voulez de l'animation, des costumes multicolores et des rythmes endiablés ? Ne cherchez plus, c'est à Maîche qu'il faut aller. Ce n'est pas Rio ni Venise, mais cette fête populaire créée en 1991 connaît un réel succès populaire en attirant chaque année plus de 30 000 personnes. Des parades, des concerts, des fanfares, une soupe géante, difficile de s'ennuyer dans cette fiesta qui se prolonge tout le week-end. Pour renforcer le côté ludique des animations un thème est choisi chaque année ; en 1998 c'était « Démons de minuit ». Tout un programme !

À gauche de l'église, on voit le château ayant appartenu au comte Charles de Montalembert (1810-1870), le grand polémiste catholique libéral. Une croix rappelle le souvenir des 19 hommes guillotinés sous la Terreur (plaque de marbre dans l'église).

Église – Construite au 18ᵉ s., elle renferme, dans la dernière chapelle, à gauche près du chœur, le corps de saint Modeste, apôtre de saint Vite martyrisé au 4ᵉ s.

Rejoindre Charquemont par la D 464 et continuer jusqu'à la frontière en direction de la Chaux-de-Fonds.

Les Échelles de la Mort★★

Aussitôt après le bureau de douane de la Cheminée (signaler au douanier que l'on n'a pas l'intention de passer en Suisse), prendre sur la gauche le chemin d'accès à l'usine hydroélectrique du Refrain. Descendre cette route qui mène au fond de la gorge dont le **site**★ est impressionnant avec ses hautes falaises couronnées de sapins et d'épicéas.

« Bricottiers » et « gabelous »

Matérialisée par quelques bornes mais aussi et surtout par les crêts et les rivières (dont le Doubs), la frontière franco-suisse a longtemps été une zone très convoitée par les contrebandiers. Il s'agissait souvent de petit trafic (ou « bricote ») de tabac, ou suivant les périodes, d'alcool, de poudre de chasse, de jeux de cartes et même de bétail. Ces montagnards rusés et résistants transportaient de lourdes charges dans des ballots appelés « bêtes à 4 cornes » et devaient franchir des reliefs très escarpés dont les légendaires Échelles de la Mort. Les douaniers, baptisés « Gabelous » en référence à une ancienne taxe impopulaire, ont tout tenté pour les intercepter. Organisés en plusieurs lignes de défense, ils se déplaçaient en permanence ; ils avaient parfois quelque indulgence pour la « bricote » mais s'attaquaient activement aux grandes filières de la contrebande.

🚶 *Laisser la voiture à gauche des clôtures de l'usine et suivre à gauche (3/4h à pied AR), le sentier signalé conduisant au pied des Échelles de la Mort (rude montée en sous-bois).* Pour accéder au **belvédère,** il faut gravir trois échelles d'acier aux barreaux doubles et robustes, dotées de mains courantes, appliquées contre une muraille de rocher. Le belvédère où s'achève l'ascension domine les gorges du Doubs d'une centaine de mètres.

Revenir à Charquemont et prendre la D 10ᴱ jusqu'au lieu-dit de « la Cendrée » (parc de stationnement).

Belvédères de la Cendrée

🚶 200 m plus loin, deux sentiers conduisent aux belvédères d'où l'on découvre un très beau point de vue sur les gorges du Doubs et la Suisse. Le premier sentier *(1/2h à pied AR)* aboutit à un éperon rocheux surplombant à pic la vallée du Doubs d'une hauteur de 450 m. Le belvédère auquel conduit le second sentier *(3/4h à pied AR, itinéraire fléché)* est situé à la partie supérieure des rochers de la Cendrée.

À Charquemont, prendre à droite la D 201. Par Damprichard, la D 437 A, on atteint le col de la Vierge (alt. 964 m) et le début de la fameuse corniche de Goumois qui domine le Doubs.

Corniche de Goumois★★

On appelle ainsi une route très pittoresque, établie à flanc de pente, sur le versant gauche de la vallée du Doubs. Sur un parcours de 3 km, dont les meilleurs points de vue sont marqués par des garde-fous, on domine le fond des gorges d'une centaine de mètres. Les versants abrupts sont boisés ou rocheux ; quand la pente est moins forte, ils sont tapissés de prairies. Les sites ont un caractère de grandeur tranquille plutôt que sauvage. De l'autre côté du Doubs, ce sont les Franches Montagnes suisses.

Accrochez-vous !

Il vaut mieux ne pas avoir le vertige mais l'ascension des Échelles de la Mort n'a plus le caractère périlleux qui leur a valu un nom si inquiétant. De solides échelles de fer, solidement ancrées dans la roche, ont remplacé les échelles de bois amovibles des contrebandiers. Il est cependant conseillé de ne pas les utiliser par temps de pluie car les barreaux deviennent glissants.

Variant à l'infini son parcours dans les paysages comtois, le Doubs s'épanouit vers Goumois et se laisse admirer de la célèbre corniche.

Grand Colombier★★★

Culminant à 1 531 m, le Grand Colombier est le sommet le plus élevé du Bugey. Certes les routes en lacet et les chemins pierreux ne facilitent pas son accès, mais les exceptionnels panoramas qui attendent les courageux justifient largement cet effort.

La situation

Cartes Michelin nos 74 pli 5 ou 244 pli 17 – Schéma p. 122 – Ain (01). La D 120 au départ de Virieu-le-Petit ou de Culoz permet de grimper dans le massif ; mais que la montée est rude !

Les gens

Randonneurs et vététistes sont les rois des chemins qui seraient bien déserts sans eux.

itinéraire

DE VIRIEU-LE-PETIT À CULOZ

29 km – environ 2h. Au départ de Virieu, la route aborde la montagne du Grand Colombier par une série de lacets d'abord dessinés dans un paysage pastoral. Après l'orée de la forêt, le parcours tracé dans de magnifiques sapinières est très beau. Après avoir laissé à gauche la route de Lochieu, un beau replat d'alpages, à hauteur de la grange de Fromentel, offre des échappées sur le bassin de Champagne-en-Valromey.

Après un nouveau kilomètre de montée en forêt se détache à gauche la route vers le relais-hôtel du Colombier, alors qu'un dernier lacet à flanc de montagne permet d'atteindre le col.

Grand Colombier★★★

🅰 Du parking, deux sommets facilement accessibles à pied s'offrent au promeneur. Au Nord, celui arrondi qui porte la croix *(1/2h à pied AR – table d'orientation)* ; au Sud, celui qui se termine en arête abrupte sur le versant Ouest et qui porte le point géodésique *(3/4h à pied AR).*

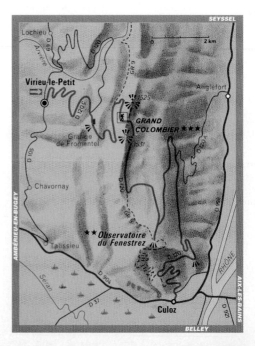

carnet pratique

Ils offrent des panoramas amples et magnifiques sur le Jura, la Dombes, la vallée du Rhône, le Massif Central et les Alpes. Par beau temps, trois lacs scintillent au soleil : Léman, Bourget, Annecy.

Sur le versant oriental de la montagne, la route parcourt d'abord de hauts pâturages avant de pénétrer en forêt. Dans un lacet, à 5 km du sommet, prendre à droite vers le Fenestrez.

Observatoire du Fenestrez★★

Un sentier conduit au bord de la falaise *(pas de parapet – bancs – piste d'envol pour deltaplanes)* d'où l'on domine d'une hauteur d'environ 900 m la plaine de Culoz.

On découvre, au Sud-Est, le lac du Bourget, puis Chambéry ; à l'Est, le lac d'Annecy. Au-delà, la vue s'étend jusqu'à la chaîne des Alpes.

De retour à la route principale, la prendre à droite, descente à 15 %. À 4 km de là, on laisse à gauche la route vers Anglefort.

La descente sur Culoz (12 % par endroits – 13 lacets) offre des vues impressionnantes sur le Bugey, la vallée du Rhône et la plaine de Culoz, surtout lorsque la route est taillée au ras de l'abrupt, au pied de la forêt.

alentours

Seyssel

Autrefois grand port fluvial de la Savoie sur le Rhône, Seyssel est surtout connu aujourd'hui pour les excellents vins blancs de son terroir identifiés généralement sous le nom du cépage producteur, « l'Altesse ». L'agglomération, jadis partagée entre la France et la Savoie, reste écartelée entre les départements de la Haute-Savoie et de l'Ain. Le pont suspendu reliant les deux bourgs – qui ont conservé chacun leur noyau ancien – constitue le trait le plus caractéristique du paysage seysselan. Plus récemment, un pont à haubans a été construit au Sud de l'agglomération.

Barrage de Seyssel

1,5 km en amont de Seyssel. Ce barrage de compensation est destiné à régulariser le débit du Rhône à la sortie de Génissiat. L'ouvrage a créé un nouveau plan d'eau au pied de l'éperon qui porte l'église de **Bassy**, fort bien située. L'usine peut produire 150 millions de kWh par an.

LES SEYSSELANES

Les habitants de Seyssel ne peuvent ignorer le Rhône qui coupe la commune en deux. Ils en ont logiquement profité pour développer un commerce fructueux avec Lyon. Ils fabriquaient sur place leurs fameuses seysselanes, grandes barques à fond plat, qui servaient au transport des marchandises.

Gray

Bâtie en amphithéâtre sur une colline dominant la Saône, Gray entretient des rapports privilégiés avec le fleuve. Important port fluvial jusqu'au 19e s., la ville est devenue une étape très prisée des plaisanciers.

Son patrimoine n'est pas en reste, fièrement représenté par son hôtel de ville, joyau Renaissance paré d'un superbe toit de tuiles vernissées.

La situation

Cartes Michelin n°s 66 pli 14 ou 243 pli 18 – Haute-Saône (70). Du pont de pierre (18e s.), on a une jolie vue sur la ville. 🛈 *Île Sauzay, 70100 Gray,* ☎ *03 84 65 14 24.*

Les armes

Outre le lion de Franche-Comté, le blason de la ville porte trois flammes d'or qui rappellent les trois terribles incendies qui ont ravagé la cité en 1324, 1377 et 1479.

Les gens

6 916 Graylois. Gray est le pays natal d'Augustin Cournot (mathématicien et philosophe) et **François Devosge** (1732-1811), fondateur de l'école des Beaux-Arts de Dijon, et qui eut pour élèves Prud'hon et Rude.

visiter

Hôtel de ville★

C'est un gracieux édifice à arcades de style Renaissance (1568), orné de colonnes en marbre rose de Sampans, et d'un beau toit de tuiles vernissées.

Musée Baron-Martin

Mai-oct. : tlj sf mar. 10h-12h, 14h-18h ; nov.-avr. : tlj sf mar. 14h-17h. Fermé 1er janv., 1er mai, 1er nov., 25 déc. 22F. ☎ *03 84 64 83 46.*

◄ Le musée est installé dans le château du comte de Provence, frère de Louis XVI, qui remplaça au 18e s. la forteresse féodale des ducs de Bourgogne dont subsistent la tour du Paravis et les caveaux. Les premières salles sont consacrées aux Primitifs des différentes écoles occiden-

---

PARLEZ-VOUS ESPÉRANTO?

La ville de Gray a la singularité d'être un centre espérantiste actif dont le musée retrace l'histoire de la langue internationale depuis sa création en 1887. Pour toute information ou visite, se renseigner au musée, 19 rue V.-Hugo, ☎ 03 84 65 11 73 ou 03 84 64 81 92.

À VOIR

Une salle contient la belle **collection de pastels et dessins★** de P.-P. Prud'hon (1758-1823), dont les trois portraits exécutés au château même lors de sa retraite en 1795 et 1796.

GRAY

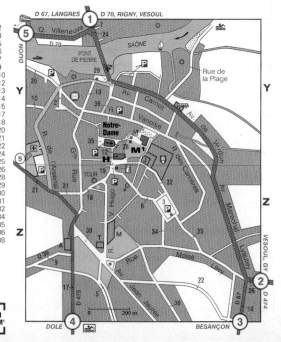

*Quelle élégance ! Malgré les années, cette **Dame** à l'ombrelle de James Tissot (musée Baron-Martin) connaît encore un certain succès.*

tales ; suivent les écoles italienne (16e au 18e s.), flamande (17e s.), hollandaise (17e s.) – dont quelques gravures de Rembrandt – et française (16e au 19e s.). Suivent des œuvres de la fin du 19e s. et du début du 20e s. : Albert Besnard et d'Aman-Jean, pierres lithographiques de Fantin-Latour, tableaux de Tissot, Steinlen. Ne pas oublier les caveaux voûtés (13e s.) qui abritent des collections d'antiquités.

Basilique Notre-Dame

Commencé à la fin du 15e s., l'édifice est surmonté, à la croisée du transept, d'un puissant lanternon baroque et s'ouvre par un portail achevé au siècle dernier. Buffet d'orgues en bois sculpté (1746).

alentours

Autrey-lès-Gray

8,5 km. Quitter Gray par le Nord et prendre à gauche la D 2.

Église – Dédiée à saint Didier, elle date du 12e s. et a été transformée du 17e au 19e s. On remarque le confessionnal en bois sculpté et dans la première travée la belle statue en pierre polychrome du 15e s. de saint Didier tenant sa tête dans ses mains.

carnet d'adresses

OÙ DORMIR ET SE RESTAURER

• *Valeur sûre*

Château de Nantilly – *70100 Nantilly - 8 km au NO de Gray par D 2 -* ☎ *03 84 67 78 00 - fermé de nov. à mars -* 🅿 *- 30 ch. : 450/850F -* 🛏 *90F - restaurant 200/460F.* Le long de la petite rivière, sous les arbres du parc de ce château du 19e s., votre promenade aura le goût des vacances. Vous y apprécierez le calme de la nature. Chambres réparties dans des bâtiments d'époques différentes. Espace santé et piscine d'été.

• *Une petite folie !*

Château de Rigny – *70100 Rigny - 6 km au NE de Gray par D 2 -* ☎ *03 84 65 25 01 - fermé 5 au 30 janv. -* 🅿 *- 29 ch. : à partir de 570F -* 🛏 *60F - restaurant 190/360F.*

Vous serez certains d'être au calme dans cette maison de maître du 17e s. au milieu d'un grand parc ombragé en bordure de la Saône. Boiseries, tapisseries et meubles anciens. Chambres personnalisées. Jardin d'hiver pour apprécier votre petit-déjeuner en pleine nature.

PROMENADES EN BATEAU

Promenades et croisières-repas sur la Saône vers Mantoche, Prantigny, Pontailler. Embarquement : quai Mavia. Renseignements et réservations auprès de **Vagabondo**, ☎ 06 07 42 75 54. Location de bateaux électriques de 1h à 1 journée : **Connoisseur**, Île Sauzay, ☎ 03 84 64 95 20.

185

Château de Saint-Loup

À St-Loup-Nantuard. 15 km à l'Est par la D 474. À Velesmes, tourner à gauche en direction de Saint-Loup. Continuer environ 2 km en direction de Sauvigney-les-Gray. De juin à fin sept. : tlj sf mer. 14h-18h. 30F château et parc (enf. : 10F), 10F parc seul. ☎ *03 84 32 75 69.*

C'est un agréable exemple de propriété familiale, largement remaniée au 19e s. L'un de ses propriétaire, le baron de Klinglin (1785-1863), a en effet réalisé d'importants aménagements qui constituent un ensemble intéressant de décoration au début du 19e s. Les communs ont disparu, excepté un curieux bâtiment qui fait face au château et dont la fonction reste inconnue.

Gy

18 km à l'Est par la D 474.
À l'orée du bois de Plumont, Gy, fut la propriété des archevêques de Besançon à partir du 10e s.

Château★ – *Pâques-Toussaint : w.-end et j. fériés (de juil. à mi-sept. : tlj sf mar.). 25F (-15 ans : 10F).* ☎ *03 84 32 92 41.*
À l'Ouest du bourg, l'imposant château (16e-18e s.) qu'ils possédaient domine toujours la ville. Il a perdu quelques bâtiments mais garde fière allure grâce à sa belle **tour d'escalier**★ polygonale de style flamboyant. La succession des archevêques nécessitait des inventaires qui ont permis de reconstituer une partie du mobilier des salles de réception ou de la chambre. Enfin, une exposition sur le vin rappelle la présence de vignes qui ont fait la richesse des environs.

L'imposante grille d'entrée du château de Gy arbore fièrement les armes des archevêques de Besançon, anciens propriétaires des lieux.

Église St-Symphorien – Elle date du 18e s. L'intérieur est remarquable par sa luminosité, des fenêtres hautes et de grandes baies ajourant les bas-côtés. La cuve baptismale de pierre date du 16e s.

Fontaine – 19e s. En forme de portique antique.

Cugney

15, 5 km au Sud-Est par la D 67, puis la D 22.
Château – *14h-19h. 25F (enf. : 10F).* ☎ *03 84 32 83 79.*
Il s'agit plus exactement d'une belle maison de maître (1850), propriété d'un peintre de la région. En plus de ses peintures, vous pourrez découvrir les collections de phonographes, de postes radio mais aussi et surtout de voitures anciennes (environ 40).

Cascades du **Hérisson**★★★

La réputation de la région des Lacs n'est plus à faire et pourtant, on ne s'attend guère à y à trouver un des plus beaux ensembles de chutes du massif jurassien. Né à 805 m d'altitude, le Hérisson est un véritable acrobate qui commence son parcours de manière éblouissante. Il s'enfonce rapidement dans le plateau de Doucier en descendant de 280 m sur 3 km. Dans les célèbres gorges il multiplie les chutes et les cascades offrant en période humide un spectacle grandiose.

La situation

Cartes Michelin nos 70 Nord du pli 15 ou 243 pli 31 – Schéma p. 195 – Jura (39).
La D 39 qui relie Doucier à Ilay traverse une vaste forêt et il n'y a qu'un belvédère aménagé pour offrir une belle vue sur le site de la cascade de l'Éventail.

Le nom

Quel est le point commun entre le petit mammifère aux redoutables piquants et le célèbre ensemble de cascades ? Il n'y en a apparemment pas, sauf peut-être, qu'il ne faut pas les approcher de trop près !

comprendre

C'est à l'automne, après une forte période de pluie, que le spectacle prend toute son ampleur. La vue des masses liquides se précipitant, soit en jet rectiligne puissant, soit en forme de château d'eau monumental, vaut bien le petit désagrément de se promener en imperméable et de glisser un peu sur l'herbe ou la terre mouillées. Il vaut mieux alors éviter de passer sous le Grand Saut car le passage y est des plus étroits et particulièrement glissant. Après une longue période de beau temps, la rivière, dépourvue d'affluents en raison de la proximité de sa source, peut être presque à sec et, si les chutes perdent alors une grande partie de leur attrait, le lit du torrent, surtout entre le Gour Bleu et le Grand Saut, présente des affouillements intéressants : dallages naturels, marmites de géants, étagements de cavernes.

randonnées

🏃 Plusieurs points de départ s'offrent aux visiteurs ; nous recommandons l'accès en venant de Doucier, c'est celui-ci que nous décrivons ci-dessous.

AU DÉPART DE DOUCIER

8 km au Sud-Est par la D 326 ; laisser la voiture au terminus de la route.

Lac de Chambly et lac du Val

La route (D 326), qui remonte la vallée du Hérisson en aval des cascades, offre sur ces deux lacs de belles échappées à travers la végétation. Le fond de la vallée est plat et verdoyant, les versants abrupts et boisés. Le cours d'eau, après avoir traversé les lacs du Val et de Chambly, va se jeter dans l'Ain.
Poursuivre la D 326 jusqu'au moulin Jacquand où on laisse la voiture.
Le sentier des cascades suit les gorges, presque continuellement sous bois. Il est parfois très escarpé mais bien sécurisé. *Compter 2h1/2 à pied AR.*

Cascade de l'Éventail★★★

Après avoir parcouru environ 400 m, on parvient au pied de la cascade de l'Éventail. C'est de là que l'on a la meilleure vue : l'eau tombe par rebonds successifs, d'une hauteur de 65 m, formant ainsi un grandiose château d'eau.
Le sentier s'élève ensuite jusqu'au sommet de l'Éventail par une pente très raide. Prendre la passerelle Sarazine qui franchit le Hérisson et suivre à droite le sentier qui conduit au belvédère des Tuffs : vue sur la vallée du Hérisson et la cascade de l'Éventail.

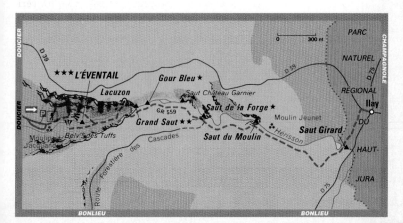

Regagner la passerelle et continuer à remonter le cours de la rivière. 300 m plus loin on atteint la passerelle Lacuzon.

Grotte Lacuzon

Promenade au départ de la passerelle Lacuzon (1/2h AR). Traverser le Hérisson et suivre le sentier très raide qui mène à la grotte.

En remontant le torrent sur sa rive gauche, gagner le Grand Saut.

Cascade du Grand Saut★★

C'est du pied du Grand Saut que l'on a la meilleure vue sur cette cascade. L'eau tombe d'un seul bond, d'une hauteur de 60 m.

Le sentier en corniche, souvent en forte montée, comportant des passages très étroits munis de mains courantes, conduit ensuite à la cascade du Gour Bleu.

Gour Bleu★

Au pied d'une petite cascade, dite du Gour Bleu, s'étend une belle vasque (gour) dont les eaux présentent une transparence bleutée.

On gagne ensuite le **saut Château Garnier** puis le saut de la Forge.

◀ **REFUGE**
De nombreuses grottes de la province ont été utilisées comme refuges pendant les nombreux conflits qui se sont succédé au 17e s. La grotte située près du Grand Saut a servi d'abri au héros populaire **Lacuzon** (1607-1681) qui, pendant quarante ans, personnifia l'esprit comtois d'indépendance (*voir la région des Lacs*).

Saut de la Forge★

L'eau se précipitant du haut d'une paroi rocheuse cintrée et en surplomb constitue un très joli spectacle.

Saut du Moulin et Saut Girard

Promenade de 1h AR au départ du saut de la Forge. Le chemin, tantôt sous bois, tantôt à travers prés, permet de voir le saut du Moulin, près des ruines du moulin Jeunet, et le saut Girard, haut d'une vingtaine de mètres.

Au pied du saut Girard le chemin franchit le Hérisson et gagne le carrefour d'Ilay à proximité de l'auberge du Hérisson.

AUTRES POSSIBILITÉS

Au départ d'Ilay

Laisser la voiture à hauteur de l'auberge du Hérisson.

Au départ de Bonlieu

2 km par une route forestière ; prendre, à l'Est de l'église de Bonlieu, la route signalée qui offre à gauche une belle vue sur le cours inférieur du Hérisson, laisser la voiture près d'une buvette à hauteur du saut de la Forge, gagner directement le pied de la cascade de l'Éventail et effectuer, à partir de là, la promenade comme nous la décrivons.

Véritable star dans le monde très fermé des grandes chutes d'eau, la cascade du Hérisson ne fait pas un saut direct mais soigne ses effets de style grâce à des multiples rebonds.

Fort, prison, musée, la destinée de ce château est peu commune, à l'image de sa position exceptionnelle au-dessus d'une très belle cluse. C'est un formidable nid d'aigle qui a longtemps surveillé ce défilé stratégique. Il a finalement fort bien survécu à son rôle de gardien et présente aujourd'hui, avec la fierté du devoir accompli, plus de dix siècles de résistance et d'évolution dans son architecture comme dans ses missions.

La situation

Cartes Michelin nos 70 pli 6 ou 243 pli 32 (4 km au Sud de Pontarlier) – Doubs (25). Laisser la voiture au parc de stationnement aménagé à l'entrée du château.

Le nom

Très répandu dans la région où il désigne une forêt de sapins, *Joux* est aussi le nom de la famille qui possédait les terres dès le 10e s.

Les gens

Et si c'était vrai ? L'imaginaire prend toute sa force dans des lieux aussi impressionnants et tellement chargés d'histoire, si bien qu'on ne peut rester insensible en passant devant le minuscule cachot de la malheureuse Berthe de Joux !

OÙ SE RESTAURER

Auberge Le Tillau – *Le mont des Verrières - 25300 Les Verrières-de-Joux - 7 km de La Cluse-et-Mijoux par D 67bis -* ☎ *03 81 69 46 72 - fermé 15 nov. au 15 déc. et lun. - 70/225F.* Faites le plein d'oxygène à 1 200 m d'altitude parmi les pâturages et les sapins. Et savourez la cuisine traditionnelle aux produits du terroir dans cette charmante auberge de montagne. Chambres confortables pour une étape ou un séjour de tout repos.

---

comprendre

Une forteresse convoitée – Ce château commande l'extrémité de la cluse de Joux empruntée dès l'empire romain par la route reliant l'Italie du Nord aux Flandres et à la Champagne. Cette grande voie commerciale sera également celle des invasions : sièges autrichien de 1814 et suisse de 1815, protection de l'armée de Bourbaki en 1871 lors de son passage en Suisse, invasion de 1940. Édifié au 11e s., par les sires de Joux, le château fut agrandi sous Charles Quint. Après son rattachement à la France en 1678, Vauban renforce la place frontière. Les derniers travaux de modernisation sont dirigés par Joffre, le futur maréchal, entre 1879 et 1881.

Une prison redoutée – Prison d'État sous l'Empire, le fort accueillera de nombreux détenus politiques et militaires. Mirabeau y fut enfermé à la suite d'une lettre de

---

LA LÉGENDE DE BERTHE DE JOUX

C'est une fête magnifique lorsque Amaury III de Joux épouse la jeune Berthe, fille d'un riche voisin. Le bonheur des nouveaux époux est à son zénith lorsque l'appel de la Croisade résonne. Amaury décide de se croiser et part en Terre Sainte. Les mois passent et Berthe ne reçoit aucune nouvelle de son mari. Plusieurs années après, un chevalier harassé et blessé se présente sous les remparts du château. Folle d'espoir, Berthe se précipite pour l'accueillir et reconnaît un ami d'enfance, Amey de Montfaucon. Il revient de la Croisade et lui annonce que son mari a disparu lors de violents combats contre les Infidèles. Bouleversée, Berthe accueille et soigne Amey qui la réconforte dans cette terrible épreuve. Lorsque, contre toute attente, Amaury se présente au château, il tombe sur les deux amants enlacés. Sa colère est à la mesure de sa déception : il se précipite sur Amey, le tue et le fait pendre dans la forêt voisine ; il emprisonne l'épouse infidèle dans un minuscule cachot avec une vue imprenable sur... la dépouille de son amant. À la mort d'Amaury, son fils délivre Berthe et l'envoie expier ses fautes au couvent de Montbenoît. Mais ses prières hantent toujours la vallée et certains soirs, lorsque le vent se lève, les voisins attentifs peuvent entendre sa complainte :

« Priez, vassaux, priez à deux genoux,
Priez Dieu, pour Berthe de Joux. »

Le fond de l'air est plutôt frais, voire glacial, mais la sentinelle de Joux veille toujours impertubablement sur la célèbre cluse.

cachet obtenue par son père, pour calmer son tempérament fougueux et l'éloigner des usuriers dont il était la proie. En 1802, les chefs chouans d'Andigné et de Suzannet réussirent à s'enfuir en sciant leurs barreaux et en utilisant des rideaux et des ficelles. Lorsque, quelques mois plus tard, **Toussaint Louverture**, héros noir de l'indépendance de Haïti, fut capturé et conduit à Joux, les mesures de sécurité étaient considérablement renforcées ; il y mourut le 7 avril 1803. L'écrivain allemand Heinrich von Kleist fut aussi détenu à Joux en 1806.

visiter

♿ *Des vac. scol. fév. à fin sept. : visite guidée (1h) 10h-11h30, 14h-16h30 (juil.-août : 9h-18h) ; d'oct. aux vac. scol. fév. : 10h, 11h15, 14h, 15h30. Fermé de mi-nov. à mi-déc. 32F. ☎ 03 81 69 47 95 (château) ou ☎ 03 81 46 48 33 (Office de tourisme).*

Sur 2 ha, cinq enceintes successives, séparées par de profonds fossés franchis de trois ponts-levis, font découvrir dix siècles de fortification. Depuis la terrasse de la tour d'artillerie, belle vue sur la vallée du Doubs et la cluse de Pontarlier.

Un **musée d'Armes anciennes**★ comprenant 650 pièces ► a été installé dans cinq salles de l'ancien donjon : depuis le premier fusil réglementaire à silex (modèle 1717) jusqu'aux armes à répétition du début de la IIIe République. Cet ensemble est complété par des coiffures – belle collection de shakos – et des tuniques militaires. Par la galerie verticale de 35 m de profondeur (212 marches) on accède au grand puits dont le diamètre atteint 3,70 m et la profondeur 120 m.

En parcourant les souterrains qui mènent aux casernements Joffre, il est possible de voir certains décors utilisés pour le tournage du film *Les Misérables* par Claude Lelouch.

> **AU CACHOT !**
> On visite la cellule de Mirabeau à la belle charpente chevillée, celle où Toussaint Louverture mourut en avril 1803 et le minuscule cachot de la légendaire Berthe de Joux.

alentours

Cluse de Joux★★

Le Frambourg – Excellent **point de vue**★★ sur la cluse ► de Joux depuis la plate-forme du monument aux morts de la guerre 1914-18.

C'est un des beaux exemples de cluse jurassienne. L'entaille transversale faite dans la montagne du Larmont forme un passage juste suffisant pour la route et pour la voie ferrée fort importante qui se dirige vers Neuchâtel et Berne. Les versants sont couronnés par deux forts : au Nord, celui du Larmont inférieur ; au Sud, le château de Joux.

> **L**a région frontalière est remarquable pour ses panoramas spectaculaires et le dynamisme de son artisanat ; l'industrie horlogère s'y est beaucoup développée et a largement contribué à la réputation internationale du massif jurassien.

Chalain, Chambly, Val, Ilay, Narlay... C'est un véritable chapelet de lacs qui s'égrène dans une zone comprise entre Champagnole, Clairvaux-les-Lacs et Saint-Laurent-en-Grandvaux. Très différents les uns des autres, ils donnent tous la même impression de tranquillité, de repos, d'intimité. Mais le calme se limite à la basse saison, car quand le soleil darde ses rayons brûlants sur les plateaux, les eaux pures des lacs deviennent des refuges précieux pour les vacanciers de la région.

La situation

Cartes Michelin n°s 70 plis 4, 5, 14, 15 ou 243 plis 30, 31, 42, 43 – Jura (39). À part les lacs de Clairvaux, les lacs sont très regroupés. Le principal point de vue est le belvédère des 4 Lacs sur la N 5.

Le nom

La densité exceptionnelle de lacs explique sans peine ce nom donné à cette partie très touristique du Jura. Ne pas confondre avec la région des Mille Étangs qui se trouve au Nord de la Haute-Saône.

Les gens

Il est difficile d'imaginer aujourd'hui la férocité des conflits qui se sont déroulés dans la région. Figure emblématique de la combativité comtoise, Lacuzon est très présent dans la mémoire locale.

comprendre

« Mauvais comme Weimar » – Pendant la campagne que Richelieu fait mener en Comté, à partir de 1635, la région des Lacs est dévastée par les troupes suédoises, alliées des Français et commandées par **Bernard de Saxe-Weimar** : maisons brûlées, moissons coupées en herbe, vignes et arbres fruitiers arrachés. La famine est si terrible qu'on mange de la chair humaine. L'habitant soupçonné de cacher de l'argent est soumis à un supplice terrible : on lui verse dans le gosier, à plein entonnoir, de l'eau chaude, de l'huile, du purin ; on saute à pieds joints sur son ventre pour chasser le liquide et on recommence l'opération jusqu'à ce qu'il ait dit où se trouve son magot. Des familles entières, que l'on découvre cachées dans des grottes ou des souterrains, sont murées vivantes dans leur refuge. Pendant un siècle survivra l'expression : « Mauvais comme Weimar. »

Lacuzon, héros de l'indépendance – Prost, né en 1607 à Longchaumois, établi commerçant à Saint-Claude, prend les armes dès l'invasion de 1636. Ce n'est pas un guerrier-né. Il tremble au début de chaque combat et, pour se vaincre, se mord sauvagement. On lui prête cette forte apostrophe : « Chair, qu'as-tu peur ? Ne faut-il pas que tu pourrisses ? » qui rappelle le « Tu trembles, carcasse... » de Turenne. Son aspect austère, soucieux, lui a valu son surnom de Lacuzon (Cuzon = souci, en patois).

Guerre de partisans – La plaine de Bresse, française depuis 1601, est mise en coupe réglée : « Délivrez-nous de la peste et de Lacuzon », prient chaque soir les villageois bressans. Sur les plateaux comtois, c'est la guerre d'escarmouches : colonnes harcelées, convois enlevés. Tous les Suédois capturés sont mis à mort, non sans que leur aient été offerts les secours de la religion, car la piété de Lacuzon et de ses compagnons est très vive.

La paix de Westphalie (1648), en mettant fin à la guerre de Trente Ans, interrompt l'activité militaire de Lacuzon. Elle reprend quand Louis XIV entre en Comté. Le vieux combattant trouve un émule dans Marquis, curé de St-Lupicin,

qui mobilise ses paroissiens et guerroie à leur tête. Mais la lutte est trop inégale ; les derniers partisans comtois succombent. En 1674, sur le point d'être pris, Lacuzon réussit à s'échapper et à gagner le Milanais, possession espagnole. Il y meurt, intraitable, sept ans plus tard.

Dominés par des hauteurs boisées, les lacs de Maclu et de Narlay prennent tout leur éclat avec les couleurs de l'automne.

carnet d'adresses

Où DORMIR
• À bon compte
Chambre d'hôte Les Cinq Lacs – *66 rte des Lacs - 39130 Le Frasnois - 3,5 km d'Ilay par D 75 - ☎ 03 84 25 51 32 - ⌸ - réserv. obligatoire - 4 ch. : 210/270F - repas 75F.* Voilà le point de départ de promenades de rêve autour des lacs tout proches. Votre chambre, confortable et joliment décorée, porte le nom d'un d'entre eux. Demi-pension de préférence pour apprécier la table d'hôte et ses spécialités locales. Fumeurs s'abstenir.
Chambre d'hôte M. et Mme Grillet – *12 r. de la Maison-Blanche - 39130 Bonlieu - ☎ 03 84 25 59 12 - 4 ch. : 180/220F.* Ce couple de jeunes agriculteurs a joliment restauré cette ancienne ferme et aménagé des chambres confortables. Terrasse à l'étage avec vue sur le jardin ou les prairies et l'étang. Petit-déjeuner dans la longue salle à poutres massives et fenêtres cintrées.
Hôtel L'Alpage – *39130 Bonlieu - ☎ 03 84 25 57 53 - ▯ - 10 ch. : 200/265F - ⌷ 39F - restauration 100/165F.* Prenez de la hauteur dans ce chalet perché et admirez la vue. Chambres confortables ouvrant pour la plupart sur la vallée des lacs et les collines boisées. Dégustez les saveurs franc-comtoises dans la salle à manger panoramique ou sur la terrasse abritée.
Hôtel La Chaumière du Lac – *R. du Sauveur - 39130 Clairvaux-les-Lacs - ☎ 03 84 25 81 52 - fermé 1er oct au 31 mars - ▯ - 15 ch. : 170/250F - ⌷ 30F - restauration 79/230F.* Les matins sont calmes au bord du lac, avec sa plage pour un petit plongeon à quelques pas de l'hôtel. Les chambres sont agréables, donnant sur le lac ou les arbres. Préférez celles avec sanitaire privé. Spécialités du Jura au menu. Belle terrasse.
Camping Le Fayolan – *39130 Clairvaux-les-Lacs - 1,2 km au SE de Clairvaux-Les-Lacs par D 118 - ☎ 03 84 25 26 19 - ouv. mai au 19 sept. - réserv. conseillée - 516 empl. : 120F - restauration.* Une bonne distribution aérée pour un camping de bon standing en bordure d'un lac. Plage, piscines, terrasse. Snack-bar et galerie commerciale. De nombreuses activités sont organisées pour les enfants. Et un parcours de santé, pour les grands !

Où SE RESTAURER
• À bon compte
Ferme-auberge Le Coq en Pattes – *Sous Chalamet - 39150 Les Chalesmes (Sous Chalamet) - 10 km de Chaux-des-Crotenay par D 16 puis D 127E1 jusqu. Les-Planches-en-Montagne puis D 17 jusqu. La Perrena - ☎ 03 84 51 51 62 - fermé sam. midi - ⌸ - réserv. obligatoire - 60/140F.* Fouine, belette, marcassin empaillés décorent la grande salle de cette ferme avec sa vaste cheminée. Dans une ambiance conviviale, vous y goûterez une vraie cuisine de campagne avec lapins ou agneaux maison, selon le jour. Chambres simples.

découvrir

LES LACS

Boissia

3,5 km au Nord-Ouest de Clairvaux-les-Lacs par la N 78 et la D 27.

Un monument a été élevé à la mémoire de quinze jeunes gens du maquis, tués par les nazis, le 17 juin 1944.

Bonlieu

◄ L'église, restaurée, conserve un beau retable Renaissance provenant vraisemblablement de la chartreuse de Bonlieu.

Lac de Bonlieu

4,5 km au Sud-Est de Bonlieu par la pittoresque N 78, puis la D 75E à droite. Ce joli lac, presque entièrement enchâssé dans la forêt, est dominé par une arête rocheuse, couverte de sapins et de hêtres, et sillonnée de nombreux sentiers. On peut se promener en barque sur le lac.

À l'extrémité Nord du lac, des bâtiments qui ont appartenu à la chartreuse de Bonlieu, fondée en 1170 par Thibert de Montmorot, ont été ruinés en 1944. Jean de Watteville *(voir p. 109)* y fut moine.

Une route forestière, qui s'élève au-dessus de la rive Est, conduit à un belvédère, situé au Sud du lac, d'où l'on découvre une belle vue sur le pic de l'Aigle, les lacs d'Ilay et de Maclu et, au loin, le mont Rivel.

Clairvaux-les-Lacs

Les amateurs d'art iront voir les stalles sculptées (15e s.) de l'église provenant de l'abbaye de Baume-les-Messieurs ainsi que des tableaux de maîtres du 18e s.

Lacs de Clairvaux

300 m au Sud de Clairvaux par la D 118 et, à droite, une route étroite. Ils sont moins pittoresques que les autres lacs de la région.

◄ Un canal réunit le Petit et le Grand Lac et, quand les eaux sont hautes, les deux cuvettes n'en font plus qu'une. On peut se baigner et se promener en barque ou en pédalo et faire de la planche à voile sur le Grand Lac de Clairvaux.

Belvédère de la Dame Blanche★

2 km au Nord-Ouest de Bonlieu, puis 1/2h à pied AR. Au carrefour N 78-D 67 prendre la direction de Saugeot. À 800 m de cet embranchement, à la sortie de la forêt, prendre à droite un chemin non revêtu ; au 1er carrefour tourner à gauche, laisser la voiture à l'entrée du bois et suivre le sentier.

Banc rocheux dominant le val Dessus et le val Dessous ; vue à gauche sur les lacs du Val et de Chambly, à droite sur les hauteurs du pic de l'Aigle.

Ilay

Point de départ de la visite des cascades du Hérisson, des lacs d'Ilay et de Maclu.

Lac d'Ilay ou lac de la Motte

◄ Le nom de la « Motte » vient de la jolie petite île rocheuse, ombragée de sapins et de hêtres, qui se dresse près de la rive Est. Le lac d'Ilay, ou de la Motte, occupe la partie centrale d'une longue faille où se logent aussi les lacs de Narlay et de Bonlieu. Il reçoit par un canal les eaux des lacs de Maclu. La nappe d'Ilay se déverse dans des entonnoirs à l'extrémité Sud. La résurgence se fait dans le Hérisson, en aval du saut Girard.

Lacs de Maclu

Ils sont situés dans un vallon dominé à l'Est par les escarpements du bois de Bans, à l'Ouest par une ride rocheuse qui les sépare d'Ilay, au Sud par le cône majestueux du Pic de l'Aigle.

Le lac du Petit Maclu se déverse dans celui du Grand Maclu. Celui-ci a comme émissaire un canal de 500 m qui rejoint le lac d'Ilay.

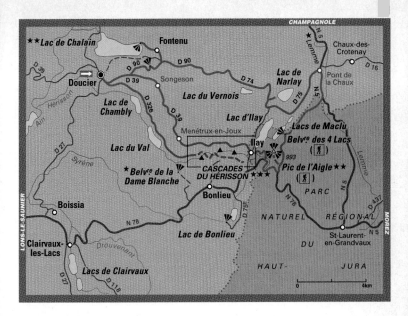

circuit

LAC DE CHALAIN et PIC DE L'AIGLE★★

*Circuit de 46 km – environ 2h1/2. Quitter Doucier à l'Est
par la D 39 vers Songeson, Menétrux-en-Joux ; traverser
Ilay, prendre à gauche la N 78 qu'il faut quitter au Nord de
la Chaux-du-Dombief ; laisser la voiture 250 m plus loin, sur
la route de la Boissière.*

Pic de l'Aigle★★

🚶 *3/4h à pied AR par un sentier signalé au départ et parfois mal tracé, qui monte en appuyant à droite, vers le promontoire boisé du pic de l'Aigle. La montée est assez raide.*
Du sommet du pic de l'Aigle (993 m), souvent appelé Bec
de l'Aigle, on découvre tout le Jura, dans le sens transversal. Le **point de vue** domine la cluse d'Ilay, empruntée par la N 78, en travers des hauteurs de la Chaux-du-
Dombief.
Sur la gauche se dressent les chaînes du Jura derrière
lesquelles apparaît, par très beau temps, le sommet du
Mont Blanc, sur la droite s'étendent les plateaux dont on
distingue le rebord, au-dessus de la plaine de la Saône.
*Laisser à droite la route qui conduit à la Boissière et s'en-
gager dans une route étroite et en montée.*

Belvédère des quatre Lacs

🚶 *1/4h à pied AR. De ce belvédère, on découvre les lacs
d'Ilay, de Narlay, du Grand et du Petit Maclu.*
*L'itinéraire rejoint la N 5 que l'on prend à gauche, jusqu'à
Pont-de-la-Chaux, puis par la D 75 gagne le Frasnois. Là,
prendre à droite la D 74.*

Lac de Narlay

Ce lac a comme traits caractéristiques sa forme triangulaire, alors que les autres lacs sont allongés, et ses
48 m de profondeur, record de la région. Ses eaux se perdent dans plusieurs entonnoirs situés à l'extrémité Ouest
et cheminent sous terre pendant 10 km ; leur résurgence alimente le lac de Chalain.

Lac du Vernois

Il apparaît tout à coup, à un détour de la route, entouré
de bois. Nulle habitation à la ronde ; une impression de
paix et de solitude. Les eaux de ce petit lac se perdent
dans un entonnoir et se joignent souterrainement à
celles du lac de Narlay.

Poursuivre par la D 74 puis la D 90 vers Fontenu.

*Il manque quand même une
barque pour vous emmener
pêcher sur les nombreux lacs
de la région ; mais ce n'est
que partie remise.*

Fontenu

L'église de ce village est entourée de tilleuls centenaires. 800 m après Fontenu, on gagne la rive Nord du lac de Chalain d'où s'offre un excellent **point de vue**★★ *(parking, belvédère, aire de pique-nique)*.

Lac de Chalain★★ *(voir ce nom)*

Faire demi-tour et, en appuyant toujours à droite sans redescendre au bord du lac (sens interdit), prendre, en direction de Doucier, la D 90.

500 m après avoir rejoint la route, second **point de vue**★★ sur le lac.

Regagner Doucier par la D 90 et la D 39.

Lons-le-Saunier★

Saviez-vous que Lons est la capitale du Jura, la ville natale de Rouget de Lisle, une ville thermale dotée d'un important patrimoine artistique, historique et même archéologique ? Malgré tous ses atouts, malgré sa position stratégique à proximité du vignoble, la ville souffre d'un manque de notoriété sans doute lié à son enclavement au fond d'une reculée. Le nouvel accès de l'A 39 et de réels efforts pour la mise en valeur de son patrimoine ouvrent de nouvelles perspectives pour son avenir touristique.

La situation

Cartes Michelin n⁰ˢ 70 plis 4, 14 ou 243 pli 30 – Jura (39). Au creux d'une étroite cuvette entourée de collines, Lons-le-Saunier se découvre grâce à des belvédères, plus ou moins aménagés. Celui de Montaigu, un peu avant le village, dévoile une belle vue sur la ville.
🛈 *Place du 11-Novembre, 39000 Lons-le-Saunier,* ☎ *03 84 24 65 01.*

Le nom

Lons a une origine assez obscure même si l'on trouve des traces très anciennes de ses habitants : les *Lédoni* devenus aujourd'hui les Lédoniens. Saunier, par contre, rappelle l'importance du sel pour la ville.

Les gens

19 144 Lédoniens. Un cou allongé, une petite tête, des dents puissantes crénelées sur les bords, des pouces prolongés par une énorme griffe, tel se présente le plus ancien Lédonien connu. Mais rassurez-vous, il s'agit du platéosaurus, un dinosaure herbivore de plus de 200 millions d'années que vous pouvez retrouver au musée Archéologique !

comprendre

Rouget de Lisle – L'auteur de *La Marseillaise* naît, en 1760, au n⁰ 24 de la rue du Commerce. Son père est avocat du roi. Entré dans l'armée, Rouget devient capitaine du génie, mais ce n'est pas un foudre de guerre, ses goûts le portent vers la versification et la musique. D'une veine féconde – le musée de Lons conserve quatre volumes entiers de ses chants –, il charme les salons.

C'est en avril 1792, à Strasbourg, sa garnison, qu'il compose le « Chant de guerre pour l'armée du Rhin », devenu *La Marseillaise*. Le poète-musicien commet ensuite l'imprudence de dédier un hymne à Henri IV. Il est emprisonné jusqu'au 9 thermidor.

LES SALINES DE MONTMOROT

Après avoir longtemps été, avec Salins-les-Bains, les plus importantes de Franche-Comté, les salines de Montmorot à Lons ont définitivement fermé en 1966. Des imposants bâtiments du 18ᵉ s. il ne reste plus qu'une porte monumentale qui ouvre maintenant sur les archives départementales.

Ce profil un peu sévère appartient à une gloire locale et nationale ; vous avez bien sûr reconnu Rouget de Lisle.

carnet pratique

STATIONNEMENT

Les places du centre-ville sont idéales pour des stationnements de courte durée ; la première heure est gratuite et il y a presque toujours de la place.

OÙ DORMIR

• À bon compte

Nouvel Hôtel – *50 r. Lecourbe* - ☎ *03 84 47 20 67* - *fermé 20 déc. au 10 janv.* - 🅿 - *26 ch. : 198/295F.* - 🍽 *40F.* Les bateaux de guerre de la Marine française sont la passion du patron de cet hôtel en centre-ville. Il a décoré l'intérieur de superbes maquettes confectionnées à ses heures perdues. Les chambres du 3e étage sont moins spacieuses et réservées aux plus sportifs... il faut monter l'escalier !

• Une petite folie !

Hôtel du Golf – *39570 Vernantois* - *6 km au S de Lons-le-Saunier par D 117 et D 41* - ☎ *03 84 43 04 80* - *fermé 25 déc. au 15 janv. et dim. soir d'oct. au 15 mai* - 🅿 - *36 ch. : à partir de 525F* - 🍽 *55F* - *restaurant 105/165F.* Passionnés de golf, vous serez sur place pour pratiquer votre sport favori. Au cœur du green, cet hôtel moderne très calme enchantera aussi les adeptes de la piscine, du tennis ou de la remise en forme. À chaque chambre, sa personnalité, ses couleurs et ses tentures.

OÙ SE RESTAURER

• Valeur sûre

Ferme-auberge La Grange Rouge – *39570 Geruge* - *9 km au SO de Lons-le-Saunier par D 117* - ☎ *03 83 47 00 44* - *fermé 21 août au 15 sept., dim. soir, lun. et mar.* - 🍽 - *110F.* Cette maison perchée sur les collines au Sud de Lons-le-Saunier attire les connaisseurs de toute la région. Téléphonez pour prendre connaissance du menu du jour et réservez votre table. Chambres spacieuses, confortables et calme champêtre.

Auberge de Chavannes – *39570 Courlans* - *6 km au SO de Lons-le-Saunier par N 78* - ☎ *03 84 00 55 52* - *fermé 28 juin au 7 juil., janv., dim. soir et mar. soir* - *100/265F.* Vous oublierez bien vite le petit inconvénient du passage de la route. Cette auberge étoilée en sortie de village a de quoi vous régaler. Les poissons viennent directement de Bretagne, les viandes de la Bresse... Terrasse pour les repas dehors. Pensez à réserver.

SORTIR

Théâtre – *4 r. Jean-Jaurès* - ☎ *03 84 86 03 03.* Grâce à un judicieux et efficace jumelage avec Dole, le théâtre bénéficie d'une programmation riche et variée.

Grand Café de Strasbourg – *4 r. Jean-Jaurès* - ☎ *03 84 24 18 45* - *ouv. tlj 8h-1h.* Classé monument historique, ce grand café de la fin du 19e s. incarne la fierté des Lédoniens, qui viennent ici nombreux à toute heure. Dès les beaux jours, la terrasse s'anime et la musique jazz qui emplit alors la salle en fait un lieu très prisé du curiste, grand admirateur de Louis Armstrong et de Billie Holiday, comme chacun sait.

Grand Café du Théâtre – *Pl. de la Liberté* - ☎ *03 84 24 49 30* - *lun.-sam. 7h30-1h.* S'il est peut-être moins réputé que son voisin et confrère le Grand Café de Strasbourg, cet endroit spacieux est néanmoins très

fréquenté et il jouit d'une terrasse surplombant la place. En outre, il constitue une halte agréable à proximité immédiate du quartier commerçant.

DÉGUSTER

Spécialités – Rouget de Lisle est une vraie célébrité locale qui a donné son nom à un savoureux gâteau *(voir pâtisserie à côté de sa maison natale)*, à une bière...

Au Prince d'Orange – *1 r. Saint-Désiré* - ☎ *03 84 24 31 39* - *lun.-sam. 9h-12h, 14h-19h pour le magasin, 14h-19h pour le salon de thé.* Depuis 1899, la famille Pelen régale Lons de ses galets de Chalain (nougatine et praliné enrobés de chocolat), de son gâteau « écureuil » (crème au beurre praliné-noisette sur un fond amande-noisette, le tout recouvert de pâte d'amande)... Au 1er étage se trouve également un salon de thé élégant et confortable.

La Maison du vigneron – *23 r. du Commerce* - ☎ *03 84 24 44 60* - *mar.-sam. 9h-12h, 14h-19h.* Ce caveau de dégustation et de vente au détail propose de découvrir les spécialités viticoles du Jura à travers une gamme de vins d'AOC qui fleure bon le terroir. Une adresse confirmée pour qui n'a pu se rendre chez des vignerons de la région.

THERMALISME

Thermes Lédonia – *Parc des Bains* - ☎ *03 84 24 20 34* - *ouv. avr. à oct.* L'établissement utilise des eaux chlorurées sodiques fortes (305 g/l) ou moyennes (10 g/l). Elles sont indiquées pour le traitement de la rhumatologie, les troubles du développement de l'enfant et le psoriasis *(demande d'agrément en cours)*. Comme dans la plupart des stations thermales, un secteur de remise en forme est ouvert à tous l'après-midi. De nombreux forfaits facilitent le choix des soins. Un parc arboré de 7 ha invite à la promenade autour des installations.

Casino du Solvan – *795 bd de l'Europe* *(direction piscine)* - ☎ *03 84 87 06 06.* Après une longue disparition, le casino renaît dans un site tout neuf au Nord de la ville. Avec ses 50 machines, son restaurant, sa rhumerie (concerts fréquents), il constitue un lieu d'animation incontournable.

RENDEZ-VOUS

En plus des nombreuses animations estivales, la fête traditionnelle de la ville, la Saint-Désiré ou « Saint-Dé », a lieu chaque année le dernier dim. de juil.

Vivant chichement – il copie de la musique –, Rouget retourne au pays natal. À Montaigu, où se trouve la maison de campagne familiale, il mène de 1811 à 1818 la vie du vigneron, puis revient à Paris. Pauvre comme Job, il est emprisonné à Ste-Pélagie pour une dette de 500 francs et libéré grâce à la générosité du chansonnier Béranger. En 1830, des amis de Choisy-le-Roi le recueillent, à demi paralysé, presque aveugle. À ce moment, Louis-Philippe accorde au vieillard une pension de 1 500 francs qui soulage sa misère pendant les six dernières années de sa vie.

se promener

Place de la Liberté

Véritable cœur de la ville, la place concentre une bonne part de l'animation lédonienne et mérite bien sa récente rénovation. À l'une des extrémités, une statue d'Étex représente le général Lecourbe, enterré à Ruffey, près de Lons. À l'opposé, la place est fermée par l'imposante façade rococo du théâtre dont l'horloge égrène deux mesures de *La Marseillaise* avant de sonner les heures. La tour de l'Horloge, emblématique de la ville, défendait jadis l'entrée de la ville fortifiée (la place occupe l'emplacement du fossé).

Ceux qui le souhaitent prennent d'abord la rue St-Désiré pour visiter l'église St-Désiré qui est un peu excentrée.

Église Saint-Désiré

Malgré d'importantes restaurations, l'intérieur de l'église a gardé son caractère roman qu'accentuent les imposantes piles de la nef. À droite du chœur, belle Mise au tombeau ou Pietà (15e s.) de l'école bourguignonne. La **crypte**, dont la construction remonte au 11e s., est l'une des plus anciennes de Franche-Comté. Une des trois absidioles abrite le sarcophage de saint Désiré.

Revenir à la tour de l'Horloge qui marque l'entrée de la rue du Commerce.

SAINT DÉSIRÉ

On sait malheureusement fort peu de choses sur le saint patron de la ville. Il aurait vécu à la fin du 4e s. et serait mort à Lons vers 414. Très vénéré dans la ville, son sanctuaire a pris une grande importance à partir du 11e s. L'église qui lui est dédiée conserve son sarcophage mais ses reliques ont été déplacées dans l'église des Cordeliers qui était à l'abri des remparts. Elles y sont toujours conservées.

Rue du Commerce★

Ses 146 arcades sur rue et sous couvert lui donnent un aspect très pittoresque. Elles ont été établies dans la seconde moitié du 17e s. après que de terribles incendies eurent fait place nette. Même dans cette construction réglementée, les Lédoniens, par leur goût du beau et leur indépendance d'esprit comme tous bons Comtois, se sont appliqués à varier les dimensions, la courbure, la décoration des arcs. Remarquer les grands toits éclairés de quelques mansardes et percés de hautes cheminées. Au no 24, la maison natale de Rouget de Lisle est devenue un musée.

Continuer jusqu'à la place de l'Hôtel-de-Ville et faire le tour des bâtiments.

Les collines qui entourent la ville étaient autrefois couvertes de vignes. Les maisons vigneronnes de la place de la Comédie rappellent l'importance de cette activité. Les linteaux de porte des nos 20 et 22 sont décorés de serpettes, outils des vignerons.

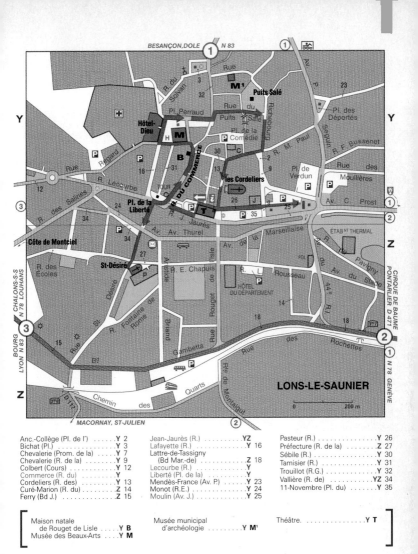

La proximité de l'hôtel de ville et de l'**hôtel-Dieu** (*voir description dans « visiter »*) fait ressortir la ressemblance entre ces deux bâtiments construits au 18e s.

À l'extrémité de la place Perraud, la rue du Puits-Salé conduit à la célèbre source.

Puits-Salé
En contrebas, au cœur d'un petit parc, coule la source salée déjà utilisée par les Romains ; elle est à l'origine du développement de la ville.

Prendre à droite la rue Richebourg, puis encore la droite la place de l'Ancien-Collège.

La rue de Balerne à droite mène à la **place de la Comédie** où l'on peut admirer d'anciennes maisons vigneronnes.

Par la rue du Four, gagner la rue des Cordeliers.

Église des Cordeliers
Sépulture des Chalon-Arlay (*voir p. 249*), seigneurs de Lons au Moyen Âge, l'église a été restaurée au 18e s. Outre la chaire exécutée vers 1728 par les frères Lamberthoz de Lons, on remarquera les **boiseries** Louis XVI du chœur.

Rejoindre, au bout de la rue, la place du 11-Novembre.

La place est prolongée par la **promenade de la Chevalerie** où l'on peut admirer la statue de Rouget de Lisle par Bartholdi.

visiter

Théâtre★

Après une terrible incendie en 1901, l'ancien théâtre (1847) doit être partiellement reconstruit. Les architectes bressans Tony et George Ferret, largement influencés par l'opéra Garnier, en reprennent le style avec originalité. Ils confient la réalisation de la composition peinte du plafond à Louis Bardey. Un remarquable travail de restauration réalisé depuis 1995.

Musée Rouget de Lisle (Donation A. Lançon)

De mi-juin à mi-sept. : 10h-12h, 14h-18h, w.-end et j. fériés 14h-17h. Gratuit. ☎ *03 84 47 29 16.*

Au n° 24 de la rue du Commerce, l'appartement natal de Rouget de Lisle a été transformé en musée. Il reste peu de mobilier, mais les souvenirs et documents présentent l'étonnant destin de l'artiste et de *La Marseillaise*.

Hôtel-Dieu

De juil. à fin sept. : visite guidée (1h) sam. à 15h. 20F. ☎ *03 84 24 65 01.*

Construit à partir de 1735, cet établissement caractéristique du 18ᵉ s. est fermé par une très belle **grille** en fer forgé. Aujourd'hui désaffecté, il a conservé une superbe **pharmacie★** dont les boiseries mettent en valeur les collections de pots de faïence, d'étain et de cuivre.

Musée des Beaux-Arts

Tlj sf mar. 10h-12h, 14h-18h, w.-end et j. fériés 14h-17h. Fermé 1ᵉʳ janv., 1ᵉʳ mai, 25 déc. 10F, gratuit mer. ☎ *03 84 47 64 30.*

C'est une aile de l'hôtel de ville qui accueille ce musée agréable mais sans prétention. La section peinture, peu mise en valeur, présente quelques tableaux remarquables comme le *Massacre des Innocents* de P. Brueghel le Jeune ou *La mort du cerf* de Courbet. Les collections de sculptures, particulièrement riches, rassemblent des œuvres de Falconet, de Claude Dejoux et surtout de Jean-Joseph Perraud.

Musée municipal d'Archéologie

Tlj sf mar. 10h-12h, 14h-18h, w.-end et j. fériés 14h-17h, 10F, gratuit mer. ☎ *03 84 47 12 13.*

Annoncé par une reconstitution du désormais fameux platéosaurus, le musée attend désespérément de nouveaux locaux pour exposer ses riches collections parmi lesquelles figure une exceptionnelle pirogue, datant de l'âge du bronze et trouvée dans le lac de Chalain. Pour patienter, d'intéressantes expositions temporaires sont régulièrement proposées.

Tableau représentatif de l'école flamande, le **Massacre des Innocents** *est l'un des deux tableaux de Brueghel le Jeune (1564-1637) conservé au musée des Beaux-Arts.*

alentours

Montaigu
3 km. Quitter Lons au Sud par la route de Montaigu. De la route en forte montée, dans un virage à droite, belle vue à gauche *(belvédère aménagé)* sur Lons et ses environs. Le village s'accroche au rebord du plateau. Le château fort, où Lacuzon *(voir Région des Lacs)* soutint plusieurs sièges, a été démantelé sous Louis XIV.

La Croix Rochette
9 km. Quitter Lons-le-Saunier par la route de Montaigu. 6 km plus loin, tourner à droite dans la D 41ᴱ conduisant à Saint-Maur. Le chemin d'accès s'amorce sur la D 41, en face de l'église (angle Sud-Ouest) de Saint-Maur. Le suivre sur 200 m puis prendre, à gauche, la rampe conduisant à un vaste parc de stationnement.
🚶 Monter *(1/4h à pied AR)* sur le sommet de la Croix Rochette. Située sur le rebord du plateau jurassien, la Croix Rochette (alt. 636 m) offre un **panorama** qui s'étend sur la plaine de la Saône limitée, au loin, par les monts du Mâconnais, ainsi que sur les plateaux et les montagnes du Jura ; par temps clair, vue sur le Mont Blanc.

Château d'Arlay★
12 km au Nord. Voir ce nom.

Belvédère des roches de Baume★★★
19 km à l'Est. Voir p. 110.

> **LA VACHE QUI RIT**
> Qui peut oublier cette tête rigolarde qui a amusé tant d'enfants et accompagné tant de randonneurs ? C'est à la fromagerie Bel, de Lons-le-Saunier, et au dessinateur B. Rabier que l'on doit cette sympathique vedette qui a survécu à l'une de ses concurrentes, la surprenante « Vache sérieuse ».

itinéraire

LE PLATEAU JURASSIQUE
19 km – environ 4h. Quitter Lons-le-Saunier par la N 78.

Conliège
L'église – *Sur demande auprès de M. Pierre Broutet, 34 rue Neuve, 39570 Conliège.* ☎ *03 84 24 04 93.*
Elle possède de belles grilles en fer forgé et une chaire richement sculptée (17ᵉ s.), des bancs d'œuvre de 1525, une châsse du 16ᵉ s. renfermant les reliques de saint Fortuné.

Pont-de-Poitte *(voir p. 296)*

Creux de Revigny★
C'est un bel amphithéâtre d'escarpements calcaires au pied desquels naît la Vallière, qui passe à Conliège et à Lons-le-Saunier. Dans la falaise s'ouvrent de nombreuses grottes, dissimulées par la végétation. ▶
La route descend ensuite vers la vallée de l'Ain qu'elle rejoint à Pont-de-Poitte.

> **À L'ABRI**
> Au 17ᵉ s., durant la guerre de Dix Ans, les grottes de Revigny servirent de refuge aux habitants. Ils y vivaient de façon permanente et on venait y célébrer les baptêmes, tant le pays, battu par les Suédois, était peu sûr.

Lure

À proximité de la vallée de l'Ognon, Lure a retrouvé une atmosphère de tranquillité avec la mise en service, en 1976, d'une voie de contournement par le Nord. Elle occupe un site révélateur à proximité du plateau des Mille Étangs appartenant aux Vosges saônoises : de hautes montagnes surgissent, de lourds édifices en grès font leur apparition.

La situation
Cartes Michelin nᵒˢ 66 plis 7 ou 243 pli 9 – Haute-Saône (70). Entre Luxeuil, Vesoul et Belfort, Lure a une situation de carrefour et il est difficile de la manquer. La ville s'étire

tout en longueur le long de l'ancienne route mais il ne faut pas hésiter à s'en écarter, pour voir la sous-préfecture, par exemple.

🛈 *35 av. Carnot, BP 126, 70203 Lure Cedex,* ☎ *03 84 62 80 52.*

Le nom
Lure, *Lutheraa* au 9e s., pourrait être un ancien nom de l'Ognon.

Les gens
8 843 Lurons. Ils ne peuvent qu'être joyeux avec un tel nom ! Une petite visite s'impose pour le vérifier.

se promener

Sous-préfecture
Cet élégant bâtiment qui se mire dans le lac de Font est un ancien palais abbatial construit en 1519 et profondément remanié au 18e s. Il est un des seuls vestiges de l'abbaye fondée au 7e s. par saint Desle et relevant de Luxeuil-les-Bains. Le lac a la particularité de ne pas geler en hiver ; par temps froid, ses eaux se mettent à fumer, alimentant toutes sortes de légendes.

Rue Pasteur
La façade du n° 7 porte un ensemble de sculptures du 15e s. : à gauche la Trinité, et au linteau une Piéta, un saint suaire et la chasse miraculeuse de saint Hubert.

Église Saint-Martin
Construite entre 1740 et 1745, elle abrite des reliques de saint Colombin et de saint Desle. Remarquer la belle chaire sculptée (1745), signée C.-F. Cupillard.

alentours

Fresse
19 km au Nord-Est. Dans l'église, belle **chaire**★ sculptée du 18e s., provenant de l'abbaye de Lucelle (Haut-Rhin), statue de la Vierge à l'Enfant, en pierre polychrome, du 13e s., et statuette de sainte Barbe (patronne des mineurs), du 18e s.

Route des Mille Étangs
Circuit balisé de 60 km au départ de Melisey.
L'itinéraire conduit à Melay, La Mer, Servance, Beulotte-Saint-Laurent, Esmoulières, Faucogney, Ecromagny, Belmont...

Le fameux **Sapeur Camember** *qui a si bien inspiré Georges Colomb a été définitivement immortalisé par une statue (bronze de Françoise Faure-Couty) érigée avenue de la République en 1979.*

Luxeuil-les-Bains ⚔

Station thermale réputée, Luxeuil doit beaucoup à la puissante abbaye fondée au 6e s. par saint Colomban. Comment ne pas être surpris, en traversant la ville, par la richesse décorative de ses belles maisons et hôtels de grès rouge ? Après des années de déclin, elle se refait une santé en développant ses loisirs autour du thermalisme.

La situation
Cartes Michelin n°s 66 pli 6 ou 242 pli 38 – Haute-Saône (70). Malgré sa position excentrée au pied des Vosges, Luxeuil est desservie par la N 57 qui contourne la ville.
🛈 *1 av. des Thermes, 70300 Luxeuil-les-Bains,* ☎ *03 84 40 06 41.*

Le nom
Luxeuil, autrefois *Luxovium*, pourrait dériver du dieu gaulois Luxovius ; les sources sont en effet souvent associées à un dieu guérisseur.

carnet pratique

OÙ DORMIR ET SE RESTAURER

• À bon compte

Hôtel Beau Site – 18 r. G.-Moulimard - ☎ 03 84 40 14 67 - fermé ven. soir et dim. soir de nov. à fév. - 🅿 - 33 ch. : 160/340F - 🍽 40F - restaurant 85/220F. À l'écart du centre-ville et proche des thermes, c'est une imposante bâtisse au milieu d'un jardin fleuri. Les chambres sont spacieuses. Prenez votre petit-déjeuner en terrasse si le temps le permet, après un bain dans la piscine.

THERMALISME

Thermes – ☎ 03 84 40 44 22. L'établissement thermal, reconstruit au 18e s. en grès rouge, est entouré d'un beau parc ombragé. Il abrite, en plus des équipements traditionnels, un **centre d'aquathérapie** très moderne ouvert à tous.

Casino Paradise – 16 av. des Thermes. Pour finir votre soirée, roulettes, black-jack, traditionnelles machines à sous et même un piano-bar vous attendent à deux pas des thermes.

SPÉCIALITÉS

On ne peut éviter le traditionnel jambon de Luxeuil, légèrement fumé, qui bénéficie d'un label régional. La proximité de Fougerolles explique les nombreux produits à base de cerise comme le kirsch, les griottines...

Conservatoire de la Dentelle de Luxeuil – Place de l'Abbaye - ☎ 03 84 93 61 11. On ne peut évoquer Luxeuil sans parler de sa fameuse dentelle. Après un succès international au 19e s., elle est progressivement tombée dans l'oubli au cours du 20e s. Un conservatoire tente depuis quelques années de la réintroduire dans la région.

Les gens

8 790 Luxoviens. **Saint Colomban**, très vénéré dans la pays, est un moine irlandais qui fonda l'abbaye de Luxeuil à la fin du 6e s. Ayant reproché au roi de Bourgogne ses dérèglements, il fut chassé du pays et dut se réfugier à Bobbio, en Italie.

se promener

Hôtel du cardinal Jouffroy★

Le cardinal Jouffroy, abbé de Luxeuil puis archevêque d'Albi, fut jusqu'à sa mort le favori de Louis XI. Sa maison (15e s.), la plus belle de Luxeuil, ajoute au gothique flamboyant de ses fenêtres et de sa galerie quelques éléments Renaissance dont, sur l'un des côtés, une curieuse tourelle (16e s.), coiffée d'un lanternon, construite en encorbellement. Mme de Sévigné, Augustin Thierry, Lamartine, André Theuriet ont habité cette maison.

> ### BIEN VU
> Sous le balcon, la 3e clef de voûte à partir de la gauche représente trois lapins. Le sculpteur n'a représenté que trois oreilles en tout, mais le groupe est disposé de telle sorte que chaque lapin paraît avoir deux oreilles.

Maison François-Ier★

Son nom ne perpétue pas le souvenir du roi de France, mais celui d'un abbé luxovien. Elle est de style Renaissance.

Ancienne abbaye St-Colomban★

Possibilité de visite guidée (2h) à 15h 3e jeu. du mois. Office de tourisme. 25F.

La plupart de ses éléments ont été conservés et viennent d'être restaurés.

Basilique – Succédant à une église du 11e s. dont il reste quelques traces, l'édifice actuel remonte aux 13e et 14e s. Des trois tours d'origine subsiste seulement le clocher occidental, reconstruit en 1527, dont le couronnement date du 18e s. L'abside a été refaite en 1860 par Viollet-le-Duc. De la place St-Pierre, on découvre le côté Nord de l'église près de laquelle s'élève une statue moderne de saint Colomban. Un portail classique à fronton donne accès à l'intérieur, de style gothique bourguignon.

LUXEUIL-LES-BAINS

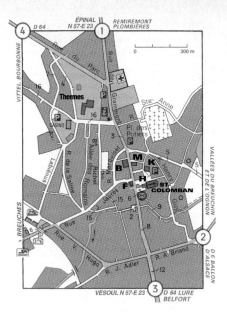

Voilà un bel exemple de « bâtarde » conservé à St-Colomban. Cet étrange nom donné à la dentelle de Luxeuil vient de l'emprunt de différentes techniques italiennes (Venise, Milan) et de l'ajout d'un lacet mécanique.

On ne peut manquer le superbe **buffet d'orgues★** (*illustration p. 76*) soutenu par un atlante posé sur le sol et décoré de médaillons sculptés. La chaire, au fin décor Empire, tranche avec l'architecture de l'église ; elle date de 1806 et provient de Notre-Dame de Paris : Lacordaire y prêcha. Dans le transept à droite se trouve la châsse de saint Colomban.

Cloître – Il garde trois de ses quatre galeries de grès rouge : une travée comportant trois baies surmontées d'un oculus remonte au 13e s., les autres ont été refaites au 15e-16e s.

Bâtiments conventuels – Ils comprennent au Sud de l'église le « bâtiment des moines » des 17e-18e s. et sur la place St-Pierre le palais abbatial (16e-18e s.), aujourd'hui hôtel de ville.

Maison du Bailli

Elle date de 1473. La cour est dominée par un balcon de pierre flamboyant et par une tour polygonale surmontée de créneaux.

visiter

Musée de la tour des Échevins★

Été : tlj sf lun. et mar. 10h-12h, 14h-18h30, dim. 14h-18h ; hiver : tlj sf lun. et mar. 10h-12h, 14h30-17h30, dim. 14h-17h. Fermé en nov., 1er janv., 25 déc. 12F. ☎ 03 84 40 00 07.
L'hôtel des Échevins est un édifice important du 15e s. aux murs crénelés. La décoration extérieure et la fine loggia de style gothique flamboyant contrastent avec l'allure générale de la construction. Le 2e et le 3e étage abritent le **musée Adler** qui rassemble des peintures de J. Adler, Vuillard et Pointelin. Du sommet de la tour (146 marches) : **vue** sur la ville et, au loin, sur les Vosges, le Jura et les Alpes.

POUR MÉMOIRE
De remarquables monuments funéraires de pierre proviennent de la ville gallo-romaine (Luxovium) : **stèles★** votives, inscriptions, ex-voto d'époque gauloise, reproduction de fours de potiers, etc.

Malbuisson★

C'est à un lac, et pas des moindres, que la station estivale doit sa célébrité et son succcès. Elle domine en effet le magnifique lac de Saint-Point dont les eaux paisibles renfermeraient, selon une légende, une ville engloutie un soir de violent orage pour avoir refusé l'aumône à une femme et à son enfant.

La situation

Cartes Michelin nos 70 pli 6 ou 243 pli 32 – Doubs (25). Le tour du lac n'est pas trop construit et les belles perspectives sont nombreuses. La plus célèbre se trouve au belvédère aménagé près de Chaon avec une vue imprenable sur sur Port-Titi.

🛈 33 Grande-Rue, 25160 Malbuisson, ☎ 03 81 69 31 21.

Le nom

Ce n'est pas le lac mais la forêt qui est à l'honneur car *buisson* désigne un petit bois.

Les gens

366 Malbuissonnais. Cela ne doit pas avoir de lien avec la terrible légende mais l'hospitalité est vraiment appréciable dans les communes qui entourent le lac.

> **PORT-TITI**
> Et non, nous ne sommes pas aux Antilles ni dans un autre archipel ensoleillé ! Voilà pourtant un nom très exotique qui cadre bien avec la pureté de l'eau ou avec les couleurs vives des barques amarrées au ponton. Titi est en fait le surnom d'un pêcheur qui est à l'origine de ce petit port bien sympathique.

se promener

LE TOUR DU LAC

Lac de Saint-Point★

Établi dans un « val », ce lac que traverse le Doubs ne formait autrefois, avec celui de Remoray, qu'une seule nappe d'eau. Il est long de 6,3 km, large de 800 m. En hiver, il gèle totalement ; il remplit l'office de régulateur des eaux du Doubs depuis qu'à son extrémité Nord a été construit un barrage. Un sentier permet de faire le tour du lac *(parkings aménagés).*

Source Bleue

Ce bleu transparent est la teinte naturelle de l'eau très pure vue en profondeur. Selon une légende, le sire Amaury de Joux, revenant des Croisades après cinq ans d'absence, fit emprisonner Berthe son épouse infidèle. Du cachot où elle était enfermée, celle-ci pouvait voir le gibet où avait été pendu son amant. L'infortunée aurait tant pleuré que ses larmes seraient allées colorer en bleu les eaux de la source. Selon une autre légende, l'eau aurait pris la couleur des yeux d'une jeune femme qui se serait penchée sur elle.

Sur fond d'église comtoise, ces élégantes barques vous attendent pour de longues promenades. Laissez-vous tenter !

La proximité de la Source Bleue et de ses émouvantes légendes explique certainement l'intensité de ce bleu dans lequel viennent se mirer les pimpantes maisons de Port-Titi.

carnet pratique

OÙ DORMIR

• À bon compte

Hôtel du Lac – ☎ 03 81 69 34 80 - fermé 16 nov. au 17 déc. sf w.-end - 🅿 - 53 ch. : 230/380F - 🛏 50F - restaurant 120F. Après votre promenade sur le lac de St-Point gelé, réchauffez-vous dans cet hôtel à 50 m de là. Chambres un peu anciennes mais bien équipées, plus modernes dans l'annexe, à l'hôtel Beau Site. Salle à manger bourgeoise ou Restaurant du Fromage et ses jolies boiseries en mélèze.

• Valeur sûre

Hôtel Parnet – 25160 Oye-et-Pallet - 9,5 km au N de Malbuisson par D 437 - ☎ 03 81 89 42 03 - fermé 20 déc. à déb. fév. - 🅿 - 16 ch. : 295/350F - 🛏 45F - restaurant. Pour les amateurs de farniente, cette bâtisse régionale au centre du petit village sera parfaite avec son petit parc qui descend jusqu'au Doubs. Choisissez une chambre sur l'arrière, plus au calme. Piscine chauffée été-hiver et tennis.

OÙ SE RESTAURER

• Valeur sûre

Le Restaurant du Fromage – Grande-Rue - ☎ 03 81 69 34 80 - fermé 15 nov. au 17 déc. sf w.-end - 105/120F. Le décor en bois sculpté du sol au plafond évoque la maison en pain d'épice d'un conte pour enfants. Ce cadre chaleureux convient à merveille pour un repas de spécialités aux fromages et autres plats régionaux. Bien sûr, pain et pâtisseries maison.

LOISIRS

Piscine de plein air – Si les eaux du lac vous paraissent trop froides, tentez votre chance dans la belle piscine qui domine le lac. Elle est souvent prise d'assaut.

ARTISANAT

M. Bernardet – 12 r. Clos-du-Château, Touillon-et-Loutelet, ☎ 03 81 49 11 50. Oct.-déc., avr., juil.-août : tlj 14h-19h. Vac. sco. : ven.-dim. 14h-19h. Ven.-sam. 14h-19h pdt le reste de l'année. M. et Mme Bernardet vous feront partager leur amour des beaux objets et du « travail bien fait » en vous faisant visiter leur atelier de restauration et de fabrication d'horloges comtoises.

Ch. Obertino – 15 rte de Mouthe, Labergement-Ste-Marie, ☎ 03 81 69 30 72. Exposition-vente : lun.-sam. 9h-12h, 14h-19h. Atelier : sam. 10h-12h. Créé en 1834, cet atelier de fonderie est l'un des derniers du genre en France. Vous pourrez assister à l'ensemble du processus de la fabrication : moulage, coulée, démoulage, finition. La boutique offre un grand choix de produits qui peuvent être personnalisés : cloche, grelot, carillon de porte, porte-clé, coupe-papier...

Chaon
De la rive Nord du lac, on jouit de la meilleure perspective sur son plan d'eau.

Saint-Point-Lac
En s'élevant un peu au-dessus du village, belle vue.
Revenir à Malbuisson en bouclant le tour du lac, par Granges-Ste-Marie.

alentours

LA HAUTE VALLÉE DU DOUBS
La vallée des deux lacs

Quitter Malbuisson en direction de Mouthe.

Lac de Remoray-Boujeons
5 km au Sud par la D 437, la D 49 à droite puis la D 46 à gauche. Séparé du lac de St-Point par un seuil marécageux, il occupe un joli site.

Réserve naturelle du lac de Remoray
Juil.-août : visite guidée en fonction des conditions climatiques. 25F (enf. : 15F). S'adresser à la Maison de la Réserve.
À près de 1 000 m d'altitude, la réserve est caractérisée par la juxtaposition de milieux fort différents (lac, marais, tourbière, prairies, forêts et gravière) où évoluent de nombreuses espèces d'oiseaux dont une colonie de hérons cendrés. La flore également très riche comprend quelque quatre cents espèces.

Maison de la Réserve
Vac. scol. : 14h-18h ; hors vac. scol. : dim et j. fériés 14h-18h. Fermé de déb. nov. à déb. déc., w.-end Noël et Jour de l'An. 20F. ☎ 03 81 69 35 99.
À Labergement-Ste-Marie, la maison présente la faune et la flore locales : animaux naturalisés dans leur milieu naturel reconstitué, aquariums, collection de fossiles et d'ossements.

Belvédère des Deux Lacs★
Vers la fin du lac de Remoray-Bougeons en direction de Mouthe, prendre à droite une petite route vers Bougeons. Peu après le carrefour un petit parking est le point de départ vers le belvédère. Dominant l'ensemble de la vallée, il offre une très belle vue sur les deux lacs et sur la campagne environnante.

Val de Mouthe★ *(voir ce nom)*

Métabief-Mont d'Or⁕

Un championnat du monde en 1993, un championnat d'Europe en 1994, des épreuves de la coupe de France de descente, la station est devenue le paradis des vététistes. Professionnels et amateurs viennent s'entraîner ou se défouler sur les belles pistes du Mont d'Or. Métabief est également une station de sports d'hiver dotée de bons équipements pour le ski alpin mais surtout prisée pour le ski de fond et les promenades en raquettes.

La situation
Cartes Michelin nᵒˢ 70 pli 7 ou 243 plis 32, 33 (19 km au Sud de Pontarlier) – Doubs (25). La station regroupe six villages : Jougne, les Hôpitaux-Neufs, les Hôpitaux-Vieux, Métabief, Les Longevilles-Mont d'Or, Rochejean.
🛈 *1 place de la Mairie, 25370 les Hôpitaux-Neufs,*
☎ *03 81 49 13 81.*

Le nom
Métabief vient du vieux français *methe* (borne) et de *bief* (ruisseau). Son ruisseau servait en effet de frontière entre les terres des seigneurs de Jougne et de Pontarlier.

Les gens
800 « Chats gris », c'est le nom des habitants de Métabief. On ne sait pas vraiment pourquoi mais rassurez-vous, ils ne sont pas tachetés et sont vraiment très accueillants.

Comment résister ? Protégé par sa sangle d'épicéa, voici le fameux mont d'or dont le goût et le moelleux sont légendaires dans le monde de la gastronomie.

visiter

Musée de la Meunerie
À Métabief. Vac. scol. : tlj sf lun. 10h-12h30, 14h-18h ; hors vac. : w.-end 14h-18h. 25F. ☎ *03 81 49 13 22.*
◉ Sur les bords du bief Rouge, l'ancien moulin de la commune a été restauré pour présenter un travail aujourd'hui disparu.

carnet pratique

OÙ SE LOGER
Voir à Malbuisson.

OÙ SE RESTAURER
• *À bon compte*
Auberge La Boissaude – *25370 Rochejean - 6 km de Métabief par D 45 -* ☎ *03 81 49 90 72 - fermé 15 au 25 juin et 15 nov. au 15 déc., mar. soir et mer. hors sais. - 76/140F.* Ambiance montagnarde dans cette belle ferme comtoise perchée sur le Mont d'Or, avec son intérieur de bois. La charcuterie du Haut-Doubs, la croûte au morbier y ont un goût authentique, ainsi que les viandes et jambons grillés avec les pommes de terre à la braise.

SPÉCIALITÉ
Fromagerie du Mont d'Or – ☎ *03 81 49 02 36 - ouv lun.-sam. 9h-12h, 15h-19h, dim 9h-12h.* Cette fromagerie propose aux lève-tôt (visite à 9h) de découvrir les méthodes de fabrication du comté, du morbier ou du mont d'or et de visiter les caves d'affinage. Si d'aventure l'eau vous venait à la bouche, vous pourriez déguster les produits séance tenante et, dans la foulée, remplir votre panier à provisions dans la boutique.

SPORTS
École du ski français – ☎ *03 81 49 04 21.*
Jura Gliss'Passion – ☎ *03 81 49 25 11.*

Il va falloir vous entraîner pour vous lancer avec tant de brio sur les pentes de Métabief ! Chacun sa spécialité et vous préférerez peut-être de simples promenades ; dans tous les cas vous en rapporterez d'inoubliables souvenirs.

Église Sainte-Catherine

Aux Hôpitaux-Neufs. Discrète dans la station, l'église cache un véritable trésor. Poussez sa porte et vous pourrez admirer un des plus beaux **décors baroques**★ de la région. Le retable central, les chapelles latérales, tout le mobilier sculpté est d'une remarquable unité.

séjourner

Activités estivales

Pendant que certains paressent et bronzent autour du lac de Saint-Point, les sportifs peuvent s'entraîner sur les pistes de VTT de Métabief. Car depuis les championnats du monde, le village est devenu une référence. La qualité de ses équipements est en effet exemplaire : pistes permanentes de haut niveau pour les différentes pratiques du VTT (descente, cross-country et trial). Randonnées accompagnées de découverte pour ceux qui veulent avant tout découvrir la région.

Domaine skiable

Ski alpin – Le ski de descente se pratique sur les quelque 42 km de pistes en continu dont une est éclairée pour les nocturnes. La cinquantaine de canons à neige suppléent à un enneigement irrégulier. Les 7 télésièges et les 17 téléskis desservent un vaste domaine constitué de longues pistes de tous niveaux.
Les accès principaux sont Métabief (parking X. Authier), Jougne (Piquemiette-les-Tavins) et Super-Longevilles.
Le téléski de Métabief permet de rejoindre quasiment toutes les pistes.

Ski de fond – La station est le paradis des fondeurs qui peuvent profiter des 120 km de pistes « plan-lisse » et de 23 km d'itinéraires de la Grande Traversée du Jura ; les pistes sont doublées pour la pratique des différentes techniques.

Autres possibilités

Un **snow-parc** (monoski, surf) comblera les amateurs de glisse « branchée ».
Pour ceux qui préfèrent le dépaysement d'une randonnée en **raquette**, plusieurs circuits sont balisés ; un accompagnement par des guides est conseillé.

se promener

Le Coni'fer

Mer. à 17h30, sam. à 15h30, dim. à 15h30 et 17h30. Tarif non communiqué. ☎ *03 81 49 13 81.*
Ⓒ C'est un formidable pari qui est à l'origine de ce petit train touristique qui tente de faire revivre l'ancienne ligne Pontarlier-Vallorbe déposée depuis 1971. Tracté par une vénérable machine à vapeur, il parcourt les 7,5 km qui sépare les Hôpitaux-Neufs d'une curiosité naturelle baptisée « Fontaine ronde ». Nombreuses animations.

Le Mont d'Or★★

🚶 Alt. 1 463 m. *Environ 10 km, puis 1/2h à pied AR. Quitter Métabief par la D 45. Aux Longevilles-mont d'Or, 200 m avant que la D 45 ne passe sur le tunnel de la voie ferrée, tourner à gauche dans une route signalée « Le Mont d'Or, sommet », qui conduit, au-delà du chalet de la Barthelette, à un autre chalet : « la Grangette-Mont d'Or ». La route se termine à une vaste plate-forme (parking).* De là, gagner le belvédère des Chamois, d'où l'on découvre un **panorama** très étendu sur la vallée de Joux, les lacs suisses et les Grandes Alpes.

Le Morond★

🚶 Alt. 1 419 m. *1/2h de télésiège AR. À l'église de Métabief, prendre à gauche vers la gare inférieure du télésiège.* Du Morond, beau panorama sur les chaînes jurassiennes, les lacs de Remoray, Léman et sur les Alpes.

alentours

Les Fourgs

Baptisée le « toit du Doubs », cette petite commune est en effet la plus élevée du département car elle s'élève de 890 à 1 246 m. Longtemps coupée du monde, elle s'ouvre progressivement au tourisme. Son domaine skiable est très apprécié des fondeurs tant pour la beauté de son environnement que pour la qualité de l'enneigement.

> **EN PISTE !**
> Le village des Fourgs est une véritable mini-station qui propose plus de 60 km de pistes de ski de fond (skating et alternatif), dont une piste éclairée et 2 pistes de compétition. Possibilités de ski alpin (modestes), ou de balades en raquettes ou en traîneau. Renseignements à l'Office de tourisme, ☎ 03 81 69 44 91.

Plateau des Mille Étangs★★

Encadré par les vallées de l'Ognon et du Breuchin, le plateau des Mille Étangs doit son nom à une multitude de petits étangs de formation glaciaire. Isolé et souvent oublié, il a le charme indéfinissable de ces lieux où l'homme vit en complète harmonie avec la nature. Les forêts, les chemins ou les tourbières ont gardé leur magie et sont le théâtre de nombreuses légendes qui hantent toujours le pays.

La situation

Cartes Michelin nos 66 pli 7 ou 243 plis 8 et 9 – Haute-Saône (70). Aux confins des Vosges et de la Haute-Saône, le plateau est accessible à partir de Luxeuil, Lure ou Melisey. La route touristique des Mille Étangs a été créée par le Parc naturel des Ballons des Vosges.

Le nom

Il n'y en a peut-être pas mille et nous vous invitons à les recenser ; en tout cas, ils sont nombreux et très beaux.

Les gens

La plupart des étangs sont privés, mais quelques-uns ont été aménagés par les communes à Écromagny, Belonchamp, et St-Germain.

circuit

CIRCUIT DES ÉTANGS

28 km – environ 1h. Le circuit proposé emprunte une partie de la « route des Étangs » (70 km), fléchée au départ de Lure.

Faucogney

Cette ancienne place forte comtoise, située sur le Breuchin, a connu un destin mouvementé. Elle opposa une résistance courageuse aux troupes françaises en 1674, pendant la conquête de la Franche-Comté par Louis XIV. Le château et les fortifications furent rasés. La ville est dominée par le mont St-Martin qui marque le début du plateau. L'église compte parmi les plus anciennes de la région.
Quitter Faucogney par la D 286, en direction de la chapelle et du belvédère de St-Martin.

« Calme et sérénité » pourrait être la devise du pays des Mille Étangs où l'on prend le temps de vivre au rythme de la nature.

carnet d'adresses

Belvédère de Saint-Martin

Suivre une petite route fléchée qui s'embranche à droite sur la hauteur. La route serpente dans un cadre sauvage ; les sombres bois de sapins s'éclaircissent par endroits pour révéler des petits étangs bordés de bouleaux et couverts de nénuphars. *S'arrêter près de la chapelle.* Un sentier pédestre en fait le tour et conduit au belvédère qui offre une belle vue panoramique sur la vallée.

Rejoindre la D 286 en direction de La Mer. Nombreux étangs sur la gauche de la route. À La Mer, prendre à droite la D 266 vers Melay ou Ternuay (possibilité de voir le saut de l'Ognon en suivant la D 315 vers Servance). À Melay, poursuivre sur la D 293 en direction de Mélisey.

La route est jalonnée par de beaux calvaires de pierre. Une importante pierre isolée rappelle l'origine glaciaire de la région.

Mélisey

Sur la rive droite de l'Ognon, cette bourgade est dominée par son église au chevet roman (12e s.).

Prendre deux fois à droite et remonter vers Écromagny sur la D 73.

Écromagny

Ce petit village est dominé par son église en grès rouge, couronnée de son traditionnel clocher comtois. Un des nombreux étangs qui l'entourent a été aménagé : l'étang Pelvin.

Prendre à gauche vers la Lanterne (D 137) puis à droite la D 72 qui ramène à Faucogney.

DUR, DUR !

C'est dans la région de Ternuay qu'était autrefois exploité un gisement d' « ophite verte », roche très dure d'où provient le soubassement du sarcophage de Napoléon Ier aux Invalides.

Dépaysement garanti dans cette région qui n'est pas sans rappeler les paysages finlandais.

Château de **Moncley**★

Brillant et rare témoignage d'architecture néo-classique en France et particulièrement en Franche-Comté, le château séduit d'abord par la ligne concave de sa façade. Si l'on considère également sa majestueuse rotonde et sa riche décoration intérieure, on peut sans difficulté le classer parmi les grands chefs-d'œuvre d'architecture comtoise. Il trouve donc logiquement sa place sur la route historique des Monts et Merveilles de Franche-Comté.

La situation
Cartes Michelin nos 66 pli 15 ou 243 pli 19 (14 km au Nord-Ouest de Besançon) – Doubs (25). Le château s'élève un peu à l'écart du village, à proximité de l'ancienne forteresse qu'il remplace.

Le nom
L'association de « mont » et de l'adjectif « clair » pourrait être à l'origine du nom Moncley.

Les gens
C'est François Terrier de Santans, président du Parlement de Besançon, qui a fait construire le château en 1778.

visiter

De mi-avr. à déb. oct. : visite guidée (1h1/2) un dim. par mois à 15h sur demande. 37F. Office de tourisme. ☎ 03 81 80 92 55.
Dominant la vallée de l'Ognon, le **château de Moncley** a été construit au 18e s. par Bertrand, près de l'emplacement d'un ancien château féodal. La façade sur le jardin s'orne d'une rotonde coiffée d'une coupole. À l'intérieur, le vestibule ne manque pas d'intérêt. Douze colonnes à chapiteaux corinthiens soutiennent noblement une tribune à balustrades à laquelle on accède par un escalier majestueux, à double révolution.
Au premier étage, on peut admirer des tableaux de famille et du mobilier Louis XVI ainsi que des trophées de chasse et des animaux naturalisés de toutes sortes.

alentours

Étuz
5 km au Nord-Est. Cette petite localité est agrémentée de deux **temple-lavoirs** situés côte à côte, supportés par de très belles colonnes ioniques.

Voray-sur-l'Ognon
10 km au Nord-Est. Ce modeste village possède une église aux proportions imposantes. Reconstruite en 1770 en forme de croix grecque, elle est considérée comme l'un

carnet d'adresses

OÙ DORMIR
• *À bon compte*
Chambre d'hôte Les Pétunias – 70150 Hugier - 7 km de Marnay par D 67 et D 228 - ☎ 03 84 31 58 30 - ⛌ - 3 ch. : 180/210F. Ce couple d'Alsaciens, anciens horticulteurs, a vraiment le sens de l'hospitalité. Il vous invitera à profiter de la jolie véranda aux plantes vertes, du barbecue dans le jardin et de la piscine. Décor soigné et mobilier familial dans les chambres confortables.

• *Valeur sûre*
Hôtel La Vieille Auberge – Pl. de l'Église - 25870 Cussey-sur-l'Ognon - 7 km de Moncley par D 14 puis D 230 - ☎ 03 81 48 51 70 - fermé 15 au 31 août, dim. soir et lun. - 7 ch. : 250/280F - ⛭ 35F - restauration 100/210F. Cette maison en pierre de taille couverte de vigne vierge est accueillante avec ses chambres douillettes et sa salle à manger au plafond de bois. La patronne aux fourneaux vous invite à goûter ses spécialités locales.

Très stylé, le château de Moncley ! Sa façade incurvée présente, en son centre, un groupe de quatre colonnes ioniques supportant un fronton triangulaire.

des chefs-d'œuvre de l'architecte Nicolas Nicole. L'intérieur est surprenant de grandeur sobre et massive. La coupole qui surmonte la croisée du transept est décorée en trompe l'œil et soutenue par des piliers à chapiteaux doriques. Dans le chœur, tableau du peintre comtois M. Wyrsch représentant l'Assomption (1780).

Marnay

11 km à l'Ouest. Baignée par l'Ognon, Marnay est dominée par son **château** féodal. Très remanié, il aurait abrité le roi Louis XIV en 1674, lors de la conquête de la Franche-Comté. On peut encore voir les murs d'enceinte, la tour carrée, la porte du pont-levis. Près de la place principale, bordée de quelques façades des 15e et 16e s., s'élève l'ancien **hôtel Terrier de Santans** (mairie). C'est une élégante demeure Renaissance dont la façade est percée de belles fenêtres à meneaux.

Montbéliard★

Tel un phare dominant la ville, l'acropole alémanique (de culture allemande) de Montbéliard reste depuis des siècles un repère au cœur d'une agglomération bouleversée par son incroyable développement économique et industriel. La ville a conservé un patrimoine original largement influencé par le succès des thèses luthériennes dans l'ancienne principauté. Une politique de recolorisation liée à une abondante décoration florale redonne à la vieille ville les couleurs chaudes si particulières aux cités sous influence allemande dont les façades de maison étaient peintes.

La situation

Cartes Michelin nos 66 pli 8 ou 243 pli 10 – Doubs (25).
À la limite Nord du Doubs, Montbéliard est desservie par l'A 36 qui la relie à Belfort et Besançon. La vieille ville est essentiellement piétonnière et il est conseillé de se garer vers la gare ou au pied du château.
🛈 *1 rue Henri-Mouhot, 25200 Montbéliard,* ☎ *03 81 94 45 60.*

Le nom

La plus ancienne forme du nom connu, *Mons Beligardae,* est une appellation latine de la butte qui domine la ville.

Les gens

Agglomération : 117 510 habitants. 29 005 Montbéliardais et Montbéliardaises ; à ne pas confondre avec « montbéliarde » qui qualifie spécifiquement une race de vache laitière ou une saucisse très réputée.

VOUS AVEZ DIT « BOITCHU » ?
Dans le monde de la saucisse la concurrence est rude, et la montbéliarde est défendue depuis les années 1970 par la **Confrérie des compagnons du boitchu** qui a repris le nom d'un impressionnant couteau à viande. Respectant une charte très précise, les compagnons apposent un scellé garantissant la qualité de leurs produits.

Avec une statue, une rue et un musée à son nom, **Georges Cuvier** figure honorablement dans les célébrités de la ville. Autre célébrité locale, **Henrich Schickhardt** n'est pas né à Montbéliard mais a vraiment marqué la ville en la dotant d'une parure de monuments exceptionnels.

comprendre

LE PAYS DE MONTBÉLIARD

Héritier d'un *pagus* (mot dont nous avons fait « pays ») gallo-romain, le pays de Montbéliard regroupait, avant 1793, les seigneuries d'Héricourt, Châtelot, Clémont, Blamont et Étobon qui constituaient la Principauté de Montbéliard, enclave wurtembergeoise au sein du territoire français.

Une Principauté alémanique – La déchéance de Mandeure au 8ᵉ s. fit grandir l'importance stratégique de « Mons Beligardae », bourg castral posté sur une échine rocheuse au confluent de la Lizaine et de l'Allan. Il devint siège d'un comté indépendant, à la tête duquel se succédèrent plusieurs familles, dont celle des Montfaucon. Le dernier des Montfaucon étant mort sans héritier mâle, le comté revint à une de ses petites-filles, Henriette d'Orbe qui, en épousant en 1397 le prince Eberhard IV de Wurtemberg, fit basculer Montbéliard dans l'empire germanique.

Ce statut d'enclave indisposa souvent les rois de France, notamment quand commencèrent à se propager les idées de la Réforme, introduite à Montbéliard dès 1524 et officiellement adoptée dans la Principauté au milieu du 16ᵉ s. Mais leurs différentes tentatives de mainmise échouèrent.

De l'apogée à l'annexion – Sous le grand règne de Frédéric de Wurtemberg (1581-1608), tandis qu'affluent les réfugiés huguenots, la ville se mue en cité princière pénétrée du souffle de la Renaissance : elle s'agrandit avec la construction, au-delà des fortifications médiévales, de la Neuve ville, et se métamorphose, sous la houlette de l'architecte Henrich Schickhardt *(voir p. 216)*. La Principauté sera finalement rattachée à la jeune République française le 10 octobre 1793.

découvrir

LE VIEUX MONTBÉLIARD★

Pour commencer, profiter de sa fraîcheur physique pour grimper au château en empruntant, naturellement, la rue du Château.

Château

Mai-sept. : tlj sf mar. 10h-12h, 13h30-18h30 (juil.-août : tlj) ; oct.-avr. : tlj sf mar. 14h-18h. Fermé 1ᵉʳ janv., 1ᵉʳ mai, 1ᵉʳ nov., 25 déc. 10F (expo. été : 30F). ☎ *03 81 99 22 61.*

En arrivant sur l'esplanade, remarquer le **logis des Gentilshommes** qui possède un élégant pignon à volutes typique de l'architecture souabe ; il est l'œuvre de Heinrich Schickhardt.

Du château construit aux 15ᵉ et 16ᵉ s., il ne reste que deux tours massives surmontées d'un lanternon, la tour Henriette (1422-1424) et la tour Frédéric (1575-1595). Tous les autres éléments ont été rasés au milieu du 18ᵉ s. pour faire place à des bâtiments de style classique. Une belle grille en fer forgé, œuvre de Jean Messagier, ferme le porche conduisant à la tour Henriette.

Le **musée** qui occupe l'intérieur du château est en cours de réaménagement. Il abrite un circuit historique, le muséum Cuvier et de très belles expositions temporaires.

Redescendre la rue du Château et prendre à gauche la rue A. Thomas. Tourner encore à gauche dans la rue Cuvier jusqu'à la rue de l'Hôtel-de-Ville qui conduit à la place Saint-Martin.

GEORGES CUVIER
Le 23 août 1769 naît à Montbéliard Jean, Léopold Cuvier prénommé Georges par ses proches. Après de brillantes études, il enseigne dès 1794 au cours d'anatomie du Jardin des Plantes, puis en 1799 au Collège de France, enfin au Muséum en 1802. Membre de l'Académie française en 1818, il est considéré comme le créateur de l'anatomie comparée et de la paléontologie.

UNE VILLE SOUS INFLUENCE
▶ Du 15ᵉ au 18ᵉ s. la cité héberge une administration wurtembergeoise, accueille des artistes et artisans d'outre-Rhin ; bien que continuant à parler le français, les habitants de la Principauté privilégient la relation avec les pays alémaniques dans les domaines économique, culturel, religieux...

carnet pratique

BON WEEK-END EN VILLE

Deux nuits pour le prix d'une et de nombreuses réductions. Pourquoi ne pas se laisser tenter par cette offre vraiment adaptée à un week-end de découverte ? Mais il ne faut pas oublier de s'y prendre à l'avance. Renseignements auprès de l'Office de tourisme.

OÙ DORMIR

• À bon compte

Hôtel Bristol – *2 r. Velotte -* ☎ *03 81 94 43 17 - fermé août -* 🅿 *- 43 ch. : 205/430F -* 🍽 *35F.* À quelques pas du quartier piétonnier et du château, cet hôtel date des années 1930. Même si le plancher craque un peu par endroits, la plupart des chambres donnent sur l'arrière et sont tranquilles !

• Valeur sûre

Hôtel de la Balance – *40 r. Belfort -* ☎ *03 81 96 77 41 - fermé 24 au 28 déc. et sam. midi -* 🅿 *- 41 ch. : 270/400F -* 🍽 *- restaurant 100/185F.* Au pied du château, c'est une ancienne demeure qui a gardé tout son charme avec sa façade pastel. Montez dans votre chambre par le bel escalier en bois sculpté. La salle à manger du restaurant au joli parquet et boiseries est très chaleureuse.

Hôtel Vieille Grange – *25310 Blamont - 18 km au S de Montbéliard par D 35 -* ☎ *03 81 35 19 00 - fermé 23 déc. au 3 janv. - 10 ch. : 270F -* 🍽 *35F - restaurant 160/230F.* Cette ferme du 18e s. a gardé son pittoresque, au calme, à la sortie du village. Les chambres sobres sont dans un bâtiment plus récent. Salle à manger campagnarde avec ses deux cheminées. Cuisine régionale simple.

OÙ SE RESTAURER

• Valeur sûre

Les Bouchons – *47 Gd'Rue - 25400 Audincourt -* ☎ *03 81 30 44 96 - fermé 1er au 18 août, 1er au 8 janv., sam. midi et dim. - 130/155F.* Ce petit restaurant joue les « bouchons » lyonnais. L'ambiance est décontractée avec ses nappes à carreaux et sa musique d'ambiance qui réjouira les amateurs de jazz et de blues. Une cuisine de bistrot variée à prix raisonnables.

OÙ PRENDRE UN VERRE

Café de la Paix – *12 r. des Febvres -* ☎ *03 81 91 03 62 - mar.-sam. 7h30-22h.* Ce petit café sans prétention est le seul en ville à proposer régulièrement des animations le samedi soir : soirées philo du mois d'octobre au mois d'avril, et concerts de jazz du mois de mai au mois de septembre.

Le Central – *11 pl. Denfert-Rochereau -* ☎ *03 81 91 00 14 - ouv. tlj 8h-21h.* Le décor cossu de la salle du Central et sa belle terrasse en font l'un des bars les plus agréables de la ville. Idéal pour faire une pause, à deux pas du quartier commerçant du centre-ville.

Le Pub – *R. des Halles* ☎ *03 81 94 95 98 - lun.-jeu. 17h-1h, ven.-sam. 17h-2h.* Bonne ambiance et accueil sympathique dans cet établissement qui demeure le plus original de la ville. Le mur du fond est un vestige des anciens remparts de la ville : il mesure près d'1,30 m d'épaisseur...

SPÉCIALITÉS

Gourmandise – *10 r. Clemenceau -* ☎ *03 81 91 09 55 - lun.-sam. 8h-19h.* D'inoubliables friandises attendent les plus gourmands chez ce confiseur-chocolatier. Spécialités maison : les Montbéliardes (amandes enrobées de chocolat) et les cailloux du Doubs (amande, nougatine et chocolat)...

Franche-Comté Salaisons – *10, r. du Port -* ☎ *03 81 98 28 02.* Vous y trouverez de véritables « boitchus » : bon appétit !

CULTURE

Visite guidée de la ville – *De juin à sept. et en déc.* C'est l'atelier du Patrimoine, installé à l'hôtel Beurnier-Rossel, qui organise ces visites de 2h. Elles sont l'occasion de découvrir certains secrets de la ville et de visiter quelques monuments habituellement fermés, comme le temple St-Martin.

Centre d'Art et de Plaisanterie – *Hôtel de Sponeck, 54 r. Clemenceau, BP 236, 25204 Montbéliard Cedex -* ☎ *03 81 91 37 11.* Le Réveillon des Boulons, c'est eux, l'Atelier des Bains Douches, c'est encore eux ; ce centre culturel pas comme les autres foisonne d'idées originales voire iconoclastes, et leur programmation décoiffante rythme gaillardement la vie culturelle de la ville.

RENDEZ-VOUS

Les Lumières de Noël – Depuis 1986, le mois de déc. consacre le succès des « Lumières de Noël » qui rétablissent, bretzels, vin chaud et verts sapins à l'appui, la tradition alémanique des marchés de Noël.

Le Réveillon des Boulons – C'est la « Méca Fête » le soir du 31 déc., toutes les années impaires. Rien, pas même le froid, ne pourrait empêcher des milliers de spectateurs de descendre dans la rue pour admirer les étranges cortèges corsetés de métal, nés d'une imagination débridée et des savoir-faire de l'industrie automobile.

MONTBÉLIARD

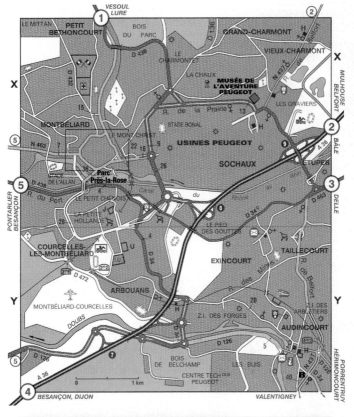

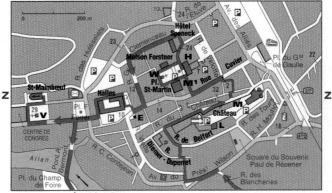

Place Saint-Martin

C'est le cœur battant du vieux Montbéliard, où s'ancrent les principales manifestations populaires. La place rassemble en outre plusieurs monuments essentiels pour la connaissance de la ville.

Hôtel Beurnier-Rossel★

♿ *Mêmes conditions de visite que le musée du château. 10F.*
☎ *03 81 99 24 93.*
Élevé en 1772-1773 par l'architecte Ph. de la Guêpière, il offre l'aspect typique d'un hôtel particulier de grande ville du 18e s. Il a gardé son caractère que l'on retrouve dans les appartements reconstitués des Beurnier-Rossel. L'atmosphère est recréée par la présence de portraits de famille et de mobilier d'époque ; remarquer les meubles marquetés de l'ébéniste montbéliardais Couleru, le beau poêle en faïence créé par Jacob Frey, l'incontournable bibliothèque des Encyclopédistes...
Les deux derniers étages sont consacrés à l'histoire de la ville et de la région. Les collections sont variées : imagerie populaire des frères Deckherr, objets de culte des églises luthériennes, riche ensemble de coiffes traditionnelles nommées « bonnets à diairi ».

Voilà une belle « diaichotte ». C'était en effet le nom des Montbéliardaises qui portaient ces superbes « bonnets à diairi ». On ne les voit plus que dans les manifestations folkloriques : dommage.

Temple Saint-Martin

Visite guidée uniquement (voir carnet pratique).
Construit entre 1601 et 1607 par Schickhardt, c'est le plus ancien édifice de France affecté au culte réformé. L'architecture des façades s'inspire principalement de la Renaissance toscane. L'intérieur du temple St-Martin serait très austère s'il ne s'égayait des décors polychromes d'origine, récemment retrouvés, du **buffet d'orgues** (milieu du 18e s.) et de la tribune.

HEINRICH SCHICKHARDT, LE « LÉONARD DE VINCI SOUABE »

Urbaniste visionnaire et architecte virtuose, mais aussi ingénieur, technicien, topographe, écrivain, Heinrich Schickhardt a profondément marqué de son empreinte Montbéliard, qu'il s'est attaché à organiser, équiper et décorer. Originaire de Herrenberg en Souabe, ce fils de menuisier travailla dans l'atelier d'architectes des ducs de Wurtemberg avant d'être appelé au service de Frédéric Ier qui le prit sous sa protection et l'accompagna en Italie où les deux hommes purent parfaire leur connaissance de la Renaissance. Nommé en 1600, à l'âge de 42 ans, superintendant des bâtiments de la Principauté, l'artiste révèle alors toute sa puissance créative, permettant à Montbéliard de connaître tardivement les « feux de la Renaissance », s'exprimant également à Freudenstadt, à Stuttgart... Promu architecte ducal à Stuttgart en 1608 après le décès de Frédéric, il mourra assassiné en 1635. Un « circuit Schickhardt » de 2,8 km fait connaître son œuvre par le détail (plaquette disponible à l'Office de tourisme).

Maison Forstner

Occupé aujourd'hui par la Banque de France, cet hôtel particulier date sans doute de la fin du 16e s. Sur sa façade se déploie harmonieusement le registre décoratif de la Renaissance.

Hôtel de ville

Édifié de 1776 à 1778. À l'intérieur, l'escalier d'honneur précédé de colonnes de grès rose assez majestueuses est bordé d'une belle rampe en fer forgé. Devant la façade en grès rose, statue de Cuvier par David d'Angers (1835).

Hôtel Sponeck

En retrait de la place près de l'hôtel de ville, cet ancien hôtel particulier du 18e s. accueille aujourd'hui le **centre d'Art et de Plaisanterie** (*voir le « carnet pratique »*).
Faire le tour de l'hôtel en suivant la rue du Général-Leclerc, puis à gauche, la rue Georges-Clemenceau. Suivre la rue qui tourne à gauche et rejoint la rue des Febvres. Tourner à droite et rejoindre les halles.

Ces vastes halles fermées ne passent pas inaperçues ; les fenêtres à meneaux au premier étage et la belle toiture surmontée d'un clocheton lui donnent une allure très germanique.

Les halles

Le bâtiment des **halles** (16e et 17e s.) se signale par une imposante toiture et de longues façades ajourées de grandes fenêtres à doubles meneaux verticaux. Très vaste, il abritait avant 1793 le Conseil Souverain, l'« éminage » (entrepôt des grains), le marché, la douane...

Gagner la place F.-Ferrer, puis le faubourg de Besançon jusqu'au temple Saint-Georges.

On entre dans le faubourg, la « Neuve ville », dont la construction fut confiée à Schickhardt en 1598 pour faire face à l'arrivée massive de réfugiés huguenots.

Temple Saint-Georges

Ce vénérable temple fut construit de 1674 à 1676 pour renforcer le temple Saint-Martin devenu insuffisant. Il est aujourd'hui un centre de conférences.

L'église Saint-Maimbœuf

Au-dessus du temple, l'église marque par sa position dominatrice et ses outrances ornementales la volonté de reconquête de l'Église catholique après le rattachement à la France de ce bastion luthérien. L'intérieur de Saint-Maimbœuf est très théâtral : monumentale tribune à colonnes corinthiennes, abondants décors en bois stuqué, retables inspirés du baroque allemand...

Au lieu de rentrer au centre-ville, il est possible d'aller faire une halte au parc urbain du Près-la-Rose.

Pour cela, revenir sur la place Ferrer, prendre la rue Ch.-Lalance, traverser le pont A.-Bermont et suivre l'Allan jusqu'à un escalier qui descend vers le parc.

Le Près-la-Rose

Parc de 10 ha à vocation scientifique et technique aménagé à deux pas du centre ancien en lieu et place d'une friche industrielle, agrémenté de sculptures monumentales : le « Vaisseau », l'étonnante « Fontaine Galilée », etc. Expositions, possibilités de restauration.

Une passerelle traverse l'Allan et conduit à la rue des Blancheries. Prendre à gauche l'avenue du Président-Wilson puis à droite la rue de la Chapelle.

Un petit détour par la rue de Belfort est une occasion de découvrir une rue particulièrement bien restaurée.

SOCHAUX

Ce faubourg industriel s'est développé autour des usines Peugeot, la société ayant installé en 1908 dans la plaine de Sochaux-Montbéliard son plus important complexe de constructions automobiles.

Le décollage industriel du pays de Montbéliard – Dès la fin du 18e s. le pays de Montbéliard s'affirme comme pôle économique franc-comtois. La facilité des communications et les nouveaux débouchés offerts par le rattachement à la France, le dynamisme des voisins suisses, badois ou alsaciens, l'ouverture du patronat luthérien aux idées économiques anglo-saxonnes vont faire du pays de Montbéliard une région à vocation nettement industrielle, bientôt incarnée par des sociétés comme Japy ou Peugeot.

LA « PIERRE À POISSONS »

Sur la place Denfert-Rochereau on peut voir la fameuse « pierre à poissons », dalle du 15e s. qui servait d'étal les jours de marché. En 1524 Guillaume Farel, premier réformateur de Montbéliard, l'aurait utilisée pour ses prêches.

JAUNE ET BLEU

Ces deux couleurs de l'équipe de foot de Sochaux font vibrer le stade Bonnal et la France depuis les années 1930. Cette prestigieuse équipe lancée par Pierre Peugeot a marqué l'histoire du ballon rond grâce a un parcours exceptionnel. De grands noms y ont laissé leur empreinte ; parmi eux on peut citer François Remetter (gardien), André Curtois, Franck Sauzée, et bien d'autres...

LA SAGA PEUGEOT

Au 18e s., Jean-Pierre Peugeot est tisserand à Hérimoncourt. En 1810, ses deux fils aînés, Jean-Pierre et Jean-Frédéric, créent une fonderie d'acier au moulin de Sous-Cratet. C'est le point de départ d'une grande société industrielle. Bientôt, des usines surgies à Terre-Blanche, dans la vallée du Gland, à Valentigney, Pont-de-Roide, sortent de l'acier laminé, des lames de scies et de ressorts, des outils, des articles ménagers, etc., et de celle aménagée au moulin de Beaulieu divers modèles de vélocipèdes ou de bicyclettes, puis en 1891 la « Vis-à-Vis », première automobile Peugeot équipée d'un moteur à explosion, devant son nom à la position de ses passagers les uns en face des autres. Depuis lors, plus de 600 modèles d'automobiles se sont succédé.

Musée de l'Aventure Peugeot★

Tlj 10h-18h. Fermé 1er janv. et 25 déc. 30F. ☎ 03 81 94 48 21.
⊙ Il rassemble dans une ancienne brasserie une belle collection d'automobiles, de cycles, d'outillage et autres objets (machines à coudre, moulins à café...) illustrant la production de la firme Peugeot depuis ses origines.
Près de 75 modèles évoquent l'évolution des automobiles à l'emblème du Lion. Parmi les plus anciennes, remarquer celle élégamment décorée pour le bey de Tunis (1892). La Double Phaéton Type 81B de 1906, avec ses quatre places face à la route et ses pneus gonflables, témoigne déjà de progrès considérables. La Bébé, petite voiture créée en 1911 par Ettore Bugatti, connut un franc succès. La Phaéton Lion Type V4C3, avec banquette arrière pliante, date de 1913.
À partir de la 201 (1929), tous les modèles de la marque seront identifiés par un numéro à trois chiffres comportant le zéro au milieu. La 201 fut l'arme principale de Peugeot face à la Grande Crise économique ; la version « confort », sortie en 1932, sera la première voiture de grande série dotée de roues avant indépendantes. Fin 1935 la 402 inaugure la ligne « Fuseau Sochaux », intégrant les dernières découvertes en matière d'aérodynamique ; un prototype à base de 402 construit à six exemplaires par l'ingénieur J. Andreau, présenté au Salon de 1936, réalisait une économie de carburant de l'ordre de 35 %. La 402 Limousine équipée d'un gazogène et d'un coffre à charbon de bois (consommation 15 kg par heure) témoigne quant à elle de l'intensité de la pénurie énergétique en 1941.

◄ **A**près la guerre, Peugeot innove avec la 203 et sa caisse monocoque tôlée. Suivent les modèles plus récents et les voitures de compétition : le roadster 302 Darl'mat qui s'illustra au Mans en 1938, la 205 Turbo 16, championne du monde des rallyes en 1989, la 405 T 16 et, la belle et tonique 206 qui connaît un franc succès...

Visite des usines Peugeot

Visite guidée (3h) tlj sf w.-end et j. fériés à 8h30. Fermé en août et entre Noël et Jour de l'An. Gratuit. ☎ 03 81 33 28 25 ou 03 81 33 27 46.
Sochaux est le centre de production le plus important d'automobiles Peugeot, précédant les sites de Mulhouse, Poissy et Valenciennes. L'usine ne cesse de s'agrandir. Le détournement de la rivière Allan s'est traduit par un gain de 12 ha qui autorise désormais une application optimale du principe des « flux tendus ». On fabrique à Sochaux des 605, des 106 et surtout des 406.

Des formes futuristes, des couleurs flamboyantes, les prototypes Peugeot en jettent plein la vue !

circuit

TRÉSORS DU PAYS DE MONTBÉLIARD
Quitter Montbéliard au Sud-Est en direction d'Audincourt.

Église du Sacré-Cœur à Audincourt
Œuvre de Novarina à laquelle collaborèrent les paroissiens, cette église consacrée en 1951 exprime bien les préoccupations des artistes contemporains de l'immédiat après-guerre. Le visiteur est accueilli par une mosaïque aux coloris vifs, due à Bazaine qui souhaitait que la façade « fût avant tout un appel, un appel joyeux et fort comme la rivière en été ». À l'intérieur, la nef est couverte d'une simple voûte de chêne à caissons illuminée par des vitraux de Fernand Léger.
Continuer sur la D 126 en direction de Beaucourt.

> **D**ans le **baptistère**★ inondé de lumière aux tons jaunes et violets des vitraux de Bazaine, la grandeur rayonnante s'allie à la simplicité, avec pour tout ornement une cuve baptismale taillée dans un bloc de pierre de Volvic.

Beaucourt
Devenue depuis la guerre de 1870-71 troisième ville du Territoire de Belfort, après avoir fait partie de la principauté de Montbéliard, puis du département du Haut-Rhin, Beaucourt a connu une période de prospérité au 19e s., grâce à l'implantation d'une usine d'horlogerie Japy.

JAPY
Cultivateur et maréchal-ferrant, Jacques Japy s'adonne aussi à la serrurerie et à la réparation d'outils divers. Dans cette même localité, son fils Frédéric Japy crée en 1777 un atelier d'horlogerie qui, durant 180 ans, va se trouver à la pointe du développement industriel de la région. Des usines s'implantent à la Feschotte, à L'Isle-sur-le-Doubs, à Voujeaucourt, à Anzin près de Lille, à Arcueil dans la banlieue parisienne. Au fil des années, leurs activités se diversifient : la fabrication de pièces d'horlogerie conduit à la production de matériel de quincaillerie, d'électromécanique en passant par la confection de poupées dansantes, de miroirs à alouettes, etc. Japy construit dès 1910 des machines à écrire sous licence étrangère et, en 1955, commercialise sa propre production, devenue la Société belfortaine de mécanographie en 1967, toujours installée à Beaucourt. Aujourd'hui, la SBM ne produit plus de machines à écrire, la production a été transférée en Suisse.

Musée Frédéric-Japy – *Tlj sf lun. et mar. 14h-17h, dim. 14h30-17h30. Fermé 1er janv., 1er mai, 1er nov., 25 déc. 10F.* ☎ *03 84 56 57 52.*
Il est aménagé dans l'ancien atelier d'horlogerie. Cet industriel de génie inventa les premières machines pour la fabrication des montres alors réalisées entièrement à la main. On peut voir des ébauches de montres, premiers produits fabriqués à Beaucourt, des réveils, des horloges, des pendules de voyage et de cheminée. De nombreux articles de visserie, de lustrerie, des pièces en émail, des machines à écrire dont la production s'échelonna de 1910 à 1973, des moteurs, des pompes témoignent de l'esprit créatif de cette maison.
Au niveau de l'église, prendre la D 57 en direction de Saint-Dizier-l'Évêque.

Réveil garanti avec Japy ! Pas de bip stressant ni de de voix langoureuse, mais une sonnerie efficace pour vous sortir du lit, même pendant les pannes de courant !

Saint-Dizier-l'Évêque
Vous avez des doutes sur votre santé mentale ou sur celle d'un des membres de votre famille ? Cela peut arriver mais rassurez-vous, rien n'est désespéré ! En effet ce petit village, pourtant très calme, a longtemps été un lieu de pèlerinage très fréquenté par les aliénés. À l'origine de cette curieuse spécialité, saint Dizier, évêque du 7e s., fut attaqué et tué par des bandits de grand chemin près de Delle. Son sarcophage, placé dans la crypte de l'église, fut à l'origine de nombreux miracles et guérisons ; ce furent d'abord les maux de tête, puis tous les troubles de l'esprit. Il faut dire que le traitement était radical car il se terminait par un court séjour dans le sarcophage depuis baptisé « la pierre aux fous ».

Quitter Saint-Dizier au Sud par la D 26 jusqu'à Fahy, puis prendre à droite la D 34 jusqu'à Hérimoncourt. Tourner à gauche sur la D 480 qui longe la vallée du Gland jusqu'à Blamont. Gagner Pierrefontaine, au Sud, puis Montéchéroux par la D 121.

Musée de la Pince à Montéchéroux

Visite guidée (1h1/2) sur demande préalable. 15F. ☎ 03 81 92 50 00

Le village de Montéchéroux fut un centre très important de production de pinces entre 1790 – date à laquelle des « paysans-horlogers » se mirent à fabriquer des pinces pour les ateliers d'horlogerie – et les années 1950. Plusieurs dizaines d'établissements proposaient un choix de 117 modèles, depuis la pince à découper les hosties jusqu'à la poinçonneuse de tickets de métro. Le petit musée aménagé dans une ancienne polisserie évoque cet illustre passé.

Rejoindre la D 437 à Noirefontaine en suivant la D 36E2. Remonter en direction de Montbéliard.

Pont-de-Roide

Dans un site agréable, Pont-de-Roide, sur les rives du Doubs, doit en partie son activité aux usines de fabrication d'aciers spéciaux Ugine. Son église renferme un bénitier de bronze du 15e s. ainsi que de beaux vitraux exécutés par la maison J. Benoît, de Nancy. Dans la chapelle voisine Notre-Dame de Chatey se trouve une Pietà du 14e s. Le bois de Chatey, tout proche, permet de belles promenades en forêt.

Poursuivre sur la D 437 pendant environ 6 km et bifurquer vers Mandeure.

Théâtre romain de Mandeure

L'antique Epomanduodorum des Romains conserve les vestiges d'un théâtre (2e s.) qui témoignent, par leurs dimensions, de l'importance de cette cité située sur l'axe commercial du Rhin à la Méditerranée.

Rejoindre la D 438 en direction de Monbéliard. Après avoir franchi le Doubs, tourner à gauche en direction de Bavans (N 463). Environ 400 m après le pont, prendre à droite la route étroite en forte montée traversant une partie de la forêt du Mont-Bart.

Mont-Bart : le fort

Juin-sept. : 14h-18h (dernière entrée 1h av. fermeture), dim. et j. fériés 14h-19h ; mai et oct. : dim. et j. fériés 14h-19h. Possibilité de visites guidées (1h1/2) sur demande uniquement. Fermé nov.-avr. 15F. ☎ 03 81 97 51 71.

Alt. 487 m. Cet important ouvrage appartient au type des forts semi-enterrés en maçonnerie dit **« Séré de Rivières »**, conçu au début de la IIIe République par le général Raymond Séré de Rivières pour répondre à l'invention du canon rayé et à l'augmentation des portées, de la précision et de la puissance de feu qui en découlait. Construit de 1873 à 1877, il a conservé certains éléments spectaculaires de son architecture, comme la casemate entièrement blindée dite « du commandant Mougin » (première casemate cuirassée de fonte dure, pesant 100 t) et la **rue intérieure couverte**, bordée par les bâtiments du casernement. La mise au point en 1885 de l'obus-torpille, puis celle en 1897 du canon de 75 vont faire perdre beaucoup d'efficacité à ce type de construction et imposer de nouvelles solutions techniques, tels les carapaces en béton et les cuirassements en acier.

Retour à Montbéliard par la N 463.

Silence, on tourne !

C'est dans l'étonnante rue intérieure du Mont-Bart qu'a été tourné en 1999 le film « Les Saigneurs » de J.-P. Mocky. De nombreux Comtois des environs ont été sélectionnés comme figurants.

Du sommet de la fortification (que l'on atteint en fin de visite), belle **vue** sur Montbéliard, la trouée de Belfort, la vallée du Doubs et sa confluence avec l'Allan, le canal du Rhône au Rhin, etc.

Montbenoît

C'est la minuscule capitale du val et de la république du Saugeais. Elle est bâtie sur la pente d'un coteau que dominent des falaises rocheuses, au bord du Doubs qui paresse, ici, comme une riante rivière normande. Son ancienne abbaye, qui compte parmi les belles curiosités architecturales de Franche-Comté, attire de nombreux visiteurs.

La situation

Cartes Michelin nos 70 pli 7 ou 243 plis 21, 33 – Doubs (25).
La république du Saugeais regroupe 10 communes : Montbenoît, La Longeville, Ville du Pont, Hauterive, Les Alliés, Arçon, Bugny, La Chaux de Gilley, Maisons du Bois-Lièvremont et Montflovin.
🚩 *25650 Montbenoît,* ☎ *03 81 38 10 32.*

Le nom

Un Benoît peut en cacher un autre ; ce n'est pas le saint fondateur des Bénédictins mais un ermite homonyme qui est à l'origine du nom et de l'abbaye.

Les gens

238 Saugets. Mme Pourchet, présidente de la république du Saugeais veille depuis 1972 au maintien des traditions sur cet étonnant territoire. La sécurité des frontières est assurée par deux douaniers.

ICI
vous êtes dans
la
REPUBLIQUE
DU SAUGEAIS

Vous êtes bien prévenu !
Vous entrez dans un territoire pas comme les autres où l'accueil est un art de vivre.

---

comprendre

L'abbaye : grandeur et décadence – L'abbaye de Montbenoît a eu pour initiateur un ermite qui s'appelait Benoît. En 1150, le sire de Joux, dont dépend la région, veut s'attirer la clémence divine, dont il a grand besoin *(voir p. 190)*. Il offre à Humbert, archevêque de Besançon, pour les premiers occupants de Montbenoît, le val épanoui où coule le Doubs, à la sortie de Pontarlier.
Montbenoît ne devient pas, comme l'abbaye de Saint-Claude, une principauté ecclésiastique, elle reste sous la suzeraineté féodale des sires de Joux.
L'abbaye subit la même décadence que Saint-Claude. À partir de 1508, elle tombe en commende : les abbés en touchent les revenus sans être astreints à la direction ni même à l'état religieux. Les deux plus connus sont le cardinal de Granvelle et Ferry Carondelet. Ce dernier, entré dans les ordres après son veuvage, devient conseiller de Charles Quint. C'est un fastueux mécène qui fait reconstruire le chœur de l'église et la dote de ses plus belles œuvres d'art. Il comble également de ses dons la cathédrale Saint-Jean à Besançon, dont il est chanoine et où il est enterré. À la Révolution, l'abbaye est décrétée bien national et ses domaines sont vendus.

> **À TOUT SEIGNEUR TOUT HONNEUR**
> Chaque fois qu'un nouvel abbé est élu, le seigneur se présente à la porte du monastère, entouré de ses vassaux et de ses hommes d'armes. L'abbé, crosse en main et mitre en tête, l'accueille et lui offre les clefs de la maison sur un plat d'argent. Pour bien marquer son autorité, le sire gouverne la communauté pendant toute la journée.

carnet d'adresses

Où DORMIR

Chambre d'hôte Le Crêt l'Agneau – *25650 La Longeville - 5,5 km de Montbenoît par D 131 jusqu'à La Longeville-Auberge -* ☎ *03 81 38 12 51 - fermé en été -* 🍽 *- 7 ch. : 420F - repas 140F.* Dans cette jolie ferme franc-comtoise du 17e s. entre sapins et pâturages, l'accueil est amical, les chambres douillettes et la cuisine généreusé. Pain et confitures maison. Découverte de la nature à pied ou ski de fond. Accueil réservé aux enfants de 4 à 13 ans en juillet et août.

SALAISONS

Tué du « Papy Gaby » – *25650 Gilley -* ☎ *03 81 43 33 03.* Réputé pour sa saucisse de Morteau, l'impressionnant tuyé vous accueille avec ses automates. La présence du douanier ne doit pas vous inquiéter car il n'est pas besoin de déclarer vos achats.

Ce ne sera pas toujours la présidente de la République du Saugeais qui viendra vous contrôler à la frontière. Mais rassurez-vous, les douaniers sont eux aussi très sympathiques !

Naissance d'une république – Au 12e s. l'archevêque Humbert fait venir du Valais des moines augustins qui élèvent une église et des bâtiments encore en partie debout. Pour aider au défrichement et à la mise en culture du pays, ils font appel à des compatriotes suisses, des Saugets, dont le val a pris le nom avec une orthographe légèrement différente, Saugeais. Les habitants sont par contre toujours des Saugets et des Saugettes. Ces paysans ont gardé, au cours des siècles, leur forte individualité. Les villages qui entourent Montbenoît ont encore leur patois particulier, leurs coutumes, leurs types d'habitation.

En 1947 le préfet se fait interpeller par un aubergiste facétieux qui lui demande son laissez-passer pour entrer dans la république du Saugeais. Intrigué et amusé le préfet nomma son hôte, M. Pourchet, président de la nouvelle république. Après son décès en 1968, c'est sa femme, élue à l'applaudimètre, qui prend sa succession.

visiter

Ancienne abbaye★

Église abbatiale – *Juil.-août : visite guidée (1h) 10h-12h, 14h-18h, dim à 11h15 et 14h-18h ; vac. scol. : tlj sf dim. et lun. 10h-12h, 14h-17h. 15F. ☎ 03 81 38 10 32.*

LES YEUX LEVÉS
La combinaison de voûtes d'arêtes ou d'ogives et la présence de certains éléments de décoration (pilier à colonne baguée, cordons, corbeaux) paraissent empruntés à l'art cistercien.

Marquée par un riche passé historique, l'église a connu plusieurs remaniements et présente aujourd'hui des éléments d'architecture variés. Le clocher-porche, de style néo-gothique, a été reconstruit lors d'une restauration en 1903. La majeure partie du vaisseau remonte aux origines de l'abbaye au 12e s. La sobriété de la nef contraste avec la lumineuse décoration du chœur (16e s.) qui reprend de nombreux éléments à la Renaissance italienne.

Nef – Adossé au 1er pilier de droite : le monument de Parnette Mesnier (1522). Poursuivie par un galant, la jolie Parnette grimpa sur l'échafaudage du chœur, alors en construction, et, sur le point d'être rejointe, se précipita dans le vide. Le bon Ferry Carondelet tint à perpétuer le souvenir de la vertueuse Saugette.

Dans la chapelle Ferrée à gauche du chœur, Pietà en pierre sur l'autel et statue de saint Jérôme (16e s.). Dans la chapelle des trois Rois, à droite du chœur, belles portes sculptées, de l'ancien jubé du 16e s.

Chœur – L'abbé Ferry Carondelet, qui avait parcouru l'Italie comme ambassadeur, voulut retrouver ici un peu de la richesse et du goût de la Renaissance italienne. Il choisit lui-même les décorateurs qui, en deux ans, achevèrent cet ensemble de sculptures et de vitraux, une des réussites de la première Renaissance en Franche-Comté. Sur les voûtes à pendentifs, ornées de fines nervures, rinceaux et arabesques ont conservé l'éclat de leurs couleurs.

Les magnifiques **stalles**★★ ont été exécutées de 1525 à 1527, avec beaucoup d'art et de verve ; malheureusement peu de motifs sont conservés intacts. Quelques scènes, habilement sculptées, contribuent à la richesse de l'ensemble et illustrent des idées empruntées au Moyen Âge (la « Correction d'Aristote » représente la Science corrigée par la Vérité).

À droite de l'autel belle **niche abbatiale**★ en marbre et à côté piscine également en marbre (1526).

Au-dessus de la porte de la sacristie, bas-relief représentant le sire de Joux, à cheval, en tenue de combat. Du socle émerge une curieuse tête d'homme qui représente sans doute Ferry Carondelet jetant sur son œuvre un regard satisfait.

Cloître – Il date du 15e s. et témoigne bien de l'hésitation comtoise en matière d'architecture : l'arc en plein cintre continue d'être employé tandis que les portes d'angle sont surmontées d'accolades et ornées de tympans sculptés, à la manière du gothique flamboyant.

Salle capitulaire – Donnant sur le cloître, elle présente des voûtes dont les arêtes ogivales partent du sol ; elle abrite les statuettes de la Vierge tenant Jésus et des Rois Mages en bois polychrome du 16e s.

Cuisine – Remarquer une pendule Louis XIV à une seule aiguille, une belle armoire Louis XIII et le vaste manteau de la cheminée.

Mais où est passée la légendaire douceur féminine ! La célèbre scène que l'on retrouve dans les stalles de Montbenoît symbolise en fait la Vérité terrassant l'Erreur.

Espace de calme et d'harmonie le cloître de Montbenoît combine les styles avec bonheur. Les colonnettes doubles ont des chapiteaux aux sculptures archaïques : feuillages, poissons, animaux.

alentours

Défilé d'Entreroche
2 km au Nord. Sur la D 437, il succède au val épanoui du Saugeais en aval de Montbenoît ; la vallée forme une gorge sinueuse. La route est taillée entre de remarquables escarpements calcaires où s'ouvrent deux grottes.

La grotte du Trésor
8 km au Nord. La voûte d'entrée est d'une ampleur étonnante. Elle se trouve à 5 minutes de la D 437 et en contre-haut. Le sentier qui y mène, sous bois, est signalé à son embranchement sur la route nationale.

La grotte-chapelle de N.-D. de Remonot
9 km au Nord. Lieu de pèlerinage, dont l'eau passe pour guérir les maladies des yeux. Elle s'ouvre au niveau de la route ; une grille en protège l'entrée.

Entre Remonot et Morteau, le Doubs, la voie ferrée et la route se côtoient et serpentent, resserrés entre des versants boisés et abrupts. À la sortie du défilé, la vallée s'élargit, formant le bassin de Morteau.

Monts Jura*

Au Sud du massif Jurassien, au début de la vallée de la Valserine, les villages de Mijoux et de Lélex se sont regroupés pour former avec le col de la Faucille la station la plus méridionale du Jura. La plus élevée aussi, car son grand domaine skiable s'élève jusqu'à 1 680 m en offrant de spectaculaires panoramas et d'impressionnants dénivelés.

La situation

Cartes Michelin nos 244 pli 7 ou 70 pli 15 – Ain (01). La D 991 suit la Valserine qui se déroule paresseusement entre Pont-des-Pierres et Mijoux, à l'ombre des monts du Jura. Près de Mijoux la D 436 traverse la vallée et offre, en direction de Lajoux, une belle vue d'enfilade sur la Valserine.
i *01410 Mijoux,* ☎ *04 50 41 30 25 et 01410 Lélex,* ☎ *04 50 20 91 43.*

Le nom

Anciennement appelée Mijoux-Lélex-La Faucille, la station a été renommée Monts Jura en 1999. Les deux villages de la station se développent dans une partie de la vallée de la Valserine appelée Valmijoux.

Les gens

Avec moins de 500 habitants sur les deux communes, la station reçoit régulièrement le renfort des milliers de vacanciers venus profiter de ces magnifiques paysages.

se promener

Lélex

À Lélex, le caractère montagnard de la haute vallée s'affirme ; observez les maisons bardées de tavaillons pour les protéger du côté exposé aux intempéries.

Ascension du crêt de la Neige★★

Juil.-août : dép. à 9h, 10h, 11h, 16h et en continu 12h-13h, 14h15-15h, 17h-17h30, dim. et j. fériés en continu 9h-13h, 14h15-17h30 ; de fin déc. à fin avr. : en continu 9h-16h45. Fermé mai-juin et de sept. au 20 déc. 39F AR., 29F A.
🏃 Alt. 1 717 m. Au départ de Lélex, prendre la télécabine de la Catheline *(10mn aller).* À l'arrivée se diriger vers la droite en direction du crêt de la Neige. Compter 3h à

carnet pratique

INFORMATIONS PRATIQUES
Transports en commun : TGV Paris-Genève avec arrêt à Bellegarde-sur-Valserine. Liaisons par car avec la station.
Répondeur météo – État des pistes, ☎ 04 50 20 94 94.

OÙ DORMIR ET SE RESTAURER
• *Valeur sûre*
Hôtel la Mainaz – *01170 Gex - 12 km du col de La Faucille par N 5 -* ☎ *04 50 41 31 10 - fermé 21 au 30 juin, fin oct. à fin nov. -* **P** *- 23 ch. : 340/500F -* 🍽 *75F - restaurant 150/310F.* Cet imposant chalet de bois domine la descente du col. Le spectacle est splendide par temps clair avec la chaîne des Alpes, le Mont Blanc et le lac Léman. Chambres lambrissées douillettes. Salle à manger avec joli plafond de bois et cheminée de briques rouges.

Petite Chaumière – *01170 Gex - 12 km du col de La Faucille par N 5 -* ☎ *04 50 41 30 22 - fermé 11 oct au 18 déc. et 6 au 24 avr. -* **P** *- 34 ch. : 295/360F -* 🍽 *45F - restaurant 99/168F.* Vos nuits seront douces dans ce chalet jurassien au pied des pistes. Chambres au décor montagnard, lambris et murs crépis blanc. Été comme hiver, installez-vous sur la grande terrasse prolongeant la salle à manger.
Chambre d'hôte Le Boulu – *01410 Mijoux - 4 km de Mijoux par D 991 vers Lélex -* ☎ *04 50 41 31 42 - fermé mai, juin et d'oct. au 20 déc. -* 🍽 *- 5 ch. : 322F - repas 110F.* Cette ferme familiale du 18e s. a fière allure. Les chambres, sobres, ont vue sur le jardin, les oies et les canards, ou bien la forêt et la Valserine, jolie rivière paisible. Son propriétaire cultive la convivialité avec ses hôtes (non-fumeurs) et les régale de ses produits.

pied AR par un sentier non dangereux, mais glissant. *(Des chaussures de montagne à semelles antidérapantes sont recommandées.)*

Après le Grand Crêt, on découvre à l'Est les monts du Jura, le lac Léman, Genève et son jet d'eau.

Du sommet, le panorama est saisissant sur la chaîne des Alpes, depuis les Alpes bernoises jusqu'à la barre des Écrins.

Entre Lélex et Mijoux, le Valmijoux offre ses sites au charme agreste et reposant. La rivière coule paisiblement à travers des prés verdoyants et des pâturages.

Mijoux

Cet agréable village est décoré de fresques murales qui illustrent d'anciens métiers de la région.

À Mijoux, prendre à droite la D 936 qui s'élève au-dessus du Valmijoux et en vue de la forêt du Massacre jusqu'au col de la Faucille.

Col de la Faucille★★

Il franchit à 1 320 m d'altitude la grande échine qui sépare la dépression du Rhône et du lac Léman à l'Est et la Valserine à l'Ouest. Ce col est célèbre puisque c'est l'un des principaux passages de la chaîne du Jura. Il est emprunté par la N 5, une des grandes routes de circulation franco-suisse. La descente vers le pays de Gex offre des panoramas vraiment inoubliables.

Allez, hue ! On s'y croirait presque mais il s'agit d'une des nombreuses fresques murales qui décorent le village de Mijoux.

séjourner

Ski alpin

Les deux domaines skiables regroupent 35 pistes de descente de tous niveaux, desservies par 31 remontées mécaniques dont 3 télécabines. Ces domaines offrent les meilleurs dénivelés du Jura : 800 m.

Lélex-Crozet (900-1 700 m) – Dans le village, un « jardin d'enfants » permet aux plus jeunes de s'initier sans risque aux joies de la glisse. La télécabine de Lélex conduit à La Catheline d'où l'on peut rejoindre toutes sortes de pistes et le sommet de la station qui culmine à 1 680 m (Monthoisey).

Mijoux-La Faucille (1 000-1 550 m) – Un nouveau télésiège a été inauguré en 1998 pour relier Mijoux au col de la Faucille. Une télécabine et un télésiège conduisent de là au sommet du Mont-Rond (1 534 m) déconseillé aux débutants car la plupart des pistes sont rouges. Très longue descente (pistes bleues et vertes) vers Mijoux.

Ski de fond

La réputation des domaines de ski de fond du massif n'est plus à faire et ceux de la Vattay et de la Valserine figurent parmi les meilleurs.

> **EN PISTE**
> De très belles pistes vertes et rouges descendent du sommet vers la Catheline, puis Lélex. Le secteur du Crozet est un peu plus difficile (pas de pistes vertes) avec une majorité de pistes bleues et rouges.

Les plus grands viennent s'y entraîner, pourquoi pas vous ? Véritable paradis de fondeurs (ski de fond) le domaine de la Vattay offre un large choix de pistes accessibles à tous.

La Vattay (1 300-1 500 m) – Sa renommée internationale est largement justifiée, tant par son accueil (restaurant, bar, location de matériel, école de ski nordique...) que par la qualité de ses 80 km de pistes damées en double largeur (patineur et trace) ou ses pistes de compétition.

La Valserine (900-1 080 m) – Moins connu mais très agréable, ce domaine dévoile les charmes de cette belle vallée encore sauvage. Les 60 km de pistes sont également damées pour le pas du patineur et le pas alternatif.

Sous le soleil d'été

Le cadre verdoyant de la vallée et les reliefs sont également très recherchés l'été grâce aux nombreuses activités qui y sont proposées. La randonnée est certainement la plus prisée. L'accès aux sommets est facilité par les télécabines ; celles de Lélex et de Crozet sont équipées pour accrocher les VTT. Un circuit de luge d'été est accessible à partir du col de la Faucille.

alentours

Mont-Rond★★

🏃 *500 m au départ du col.* Sur la N 5, à la Faucille, s'embranche la route d'accès à la télécabine du Mont-Rond qui conduit au chemin du Mont-Rond (interdit à la circulation).

C'est l'un des belvédères les plus fameux du Jura. Il comporte le Petit et le Grand Mont-Rond. C'est le premier le plus intéressant.

Belvédère du Petit Mont-Rond – *On y accède généralement du col de la Faucille. Suivre une large route qui part au Sud du col ; à 500 m, laisser la voiture au parc de stationnement et prendre la* **télécabine**. *De fin juin à déb. sept. et de mi-déc. à mi-avr. : dép. du col de la Faucille (1/4h) : 26F AR, 20F A.*

En hiver, on peut également emprunter à Mijoux un télésiège qui conduit à la station inférieure de la télécabine du col de la Faucille.

◄ Près de la gare supérieure de la télécabine s'élève un relais de radio et de télévision.

PANORAMA

De la table d'orientation du Petit Mont-Rond (de là on peut poursuivre jusqu'au Colomby de Gex) l'impression est saisissante ; d'un seul coup se révèlent le grandiose panorama qui, au-delà de l'effondrement où s'est formé le lac Léman, embrasse les Alpes sur 250 km de large et 150 km de profondeur, ainsi que toute la chaîne du Jura et de la Dôle (Suisse).

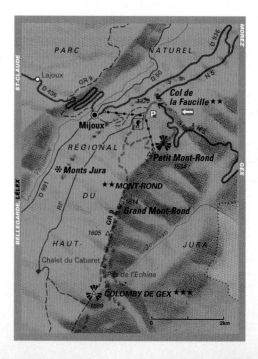

Colomby de Gex★★★

🚶 *6 km au départ du col.* Même accès que pour le Mont-Rond. À la ramification, prendre au centre la route forestière. C'est l'un des points culminants (1689 m) de la plus haute chaîne du Jura, celle qui plonge directement sur l'effondrement de la plaine suisse ; il offre un superbe panorama très semblable à celui du Mont-Rond.

On y accède du col de la Faucille. Suivre une large route qui part au Sud du col ; à 500 m, laisser la voiture au parc de stationnement.

Prendre la télécabine pour atteindre le belvédère du Petit-Mont-Rond ou partir à pied en passant devant la gare de la télécabine et suivre le chemin balisé (GR) qui longe la ligne de crête *(durée : 4h aller).*

Panorama – Du sommet, au-delà de l'effondrement où s'est formé le lac Léman, le regard embrasse la chaîne des Alpes sur un développement de 250 km.

itinéraire

DE LA CURE À GEX

27 km – environ 1/2h
En venant de la Cure, la N 5 laisse à droite la forêt du Massacre au-delà de la dépression du Valmijoux où coule la Valserine, alors que sur la gauche s'élève la Dôle (1 677 m) en territoire helvétique.

Col de la Faucille★★

À proximité du col, la route traverse d'abord un certain temps deux murailles de sapins, puis tout d'un coup dévoile, exactement dans l'axe de la route, le géant des Alpes : le Mont Blanc. En fin d'après-midi, par beau temps, l'apparition soudaine de cette masse dont la neige étincelante est teintée de rose par le soleil déclinant est un moment inoubliable. Des abords du col, belle **vue★** sur le fond de la vallée de la Valserine que l'on domine de plus de 300 m.

Descente sur Gex★★

Le col franchi, on traverse des bois de sapins puis, après l'hôtel « la Mainaz », la route s'en dégage et effectue un grand lacet, au-dessus des pâturages et des hôtels du Pailly. Laisser la voiture dans la partie élargie de ce coude pour jouir du **panorama★★** splendide. Le lac Léman baigne généralement dans une atmosphère brumeuse ; parfois même, une mer de nuages le recouvre tout entier, mais alors les sommets des Alpes se découpent très nettement. Plus bas, dans un autre lacet très serré qui contourne une maison, on verra, sur le bord de la route, la fontaine Napoléon, datant de la construction de cette voie magnifique (1805) et rappelant le nom de son initiateur.

Peu après, le pays de Gex apparaît en entier, étalé au pied des pentes. L'impression est tout autre que dans le Jura ; les prés, les bois ont fait place à un vaste jardin, inondé de soleil, auquel les champs donnent l'aspect d'un damier.

Gex *(voir p. 163)*

VARIATIONS SAISONNIÈRES
Les gentianes bleues, les anémones jaunes et les crocus blancs tapissent le sommet au printemps ; les asters des Alpes et les chardons de montagne forment une parure plus sévère en été et en automne dans le cadre de la Réserve naturelle du Haut-Jura.

Morez

Au fond d'une cluse composant un site curieux, Morez, métropole de l'industrie horlogère jusqu'en 1860, est aussi un grand centre de production de lunettes, depuis maintenant deux siècles. Désenclavée par d'audacieux viaducs, la ville s'étire sur près de 3 km au fond de la vallée de la Bienne qui a longtemps été pour elle une source d'énergie capitale.

La situation

Cartes Michelin nos 70 pli 15 ou 243 pli 43 – Schéma p. 278 – Jura (39). Morez est sur la route qui conduit au col de la Faucille ou au col de St-Cergue. Cette route offre une vue plongeante sur l'agglomération, les lacets des routes qui la desservent et les ouvrages d'art effectués pour faire arriver le chemin de fer.

🛈 *Place Jean-Jaurès, 39400 Morez,* ☎ *03 84 33 08 73.*

Le nom

Un certain Étienne Morel s'installe en 1565 dans la vallée et crée de petites fabriques. Il a donnée son nom à la ville. Il faut préciser que le Z de Morez ne se prononce pas : dire *Moré*.

Les gens

6 957 Moréziens. On ne s'attend pas, a priori, à trouver beaucoup de jeunes dans cette vallée encaissée. Et pourtant, la ville accueille environ 700 étudiants venus se former au lycée technologique Victor-Bérard (École nationale d'optique).

comprendre

Profession : lunetier – Cloutiers, horlogers, forgerons, émailleurs ont longtemps prospéré sur les bords de la Bienne mais la ville a fini par se spécialiser dans la lunetterie. L'usage des lunettes remonte au 13e s. Le premier atelier de lunetterie s'installe aux environs de Morez en 1796. Il fabrique des besicles faites de deux branches de fer forgé, soudées à des cercles. Cette fruste fabrication a un succès local. Vers 1830, un artisan de Morez va proposer sa marchandise à la foire de Beaucaire. Il noue des relations d'affaires qui font connaître les lunettes jurassiennes dans toute la France. De nouvelles fabriques se créent. Vers 1840, Morez lance le pince-nez, entreprend la fabrication des verres d'optique et devient la métropole de la lunetterie : elle a produit jusqu'à 12 millions de pièces en une année. Actuellement Morez compte 42 entreprises lunetières et produit 55 % du marché français de la lunetterie. Lunettes de vue, lunettes de soleil, lunettes accessoires de mode, Morez est de tous les combats quand il s'agit de faire évoluer ce produit qui peut nous changer la vue et la vie.

> **« FEMME À LUNETTES... »**
> Le succès des lunettes de soleil dans les années 1960 est liée à la médiatisation des stars comme Brigitte Bardot qui se protégeaient ainsi des assauts du soleil et d'une popularité envahissante. Accessoire de la vue, les lunettes sont ainsi devenues un accessoire de mode décliné par les plus grands créateurs français.

Rare exemple d'intégration d'un site industriel dans la rude montagne jurassienne, la ville de Morez se reconnaît facilement aux grands bâtiments des lunetteries et aux élégants viaducs.

MOREZ

visiter

Musée de la Lunetterie

&. *Juil.-août : tlj sf lun. et mar. 10h-12h, 15h-18h30 ; sept.-juin : tlj sf lun. et mar. 15h-18h30. Fermé de déb. nov. à mi-déc., 1er janv., 1er mai., 25 déc. 17F.* ☎ *03 84 33 39 30.*
Machines et outils donnent un aperçu de la fabrication des différentes pièces d'une monture des débuts de cette industrie à nos jours. Des vitrines contiennent une grande variété de lunettes anciennes (en métal, à branches, pince-nez) et actuelles (lunettes de soleil, lunettes de protection pour le sport ou l'industrie). Audio visuel sur les entreprises moréziennes.

Artisanat

Il est souvent possible, pendant la saison touristique, de visiter des ateliers de lunetier, d'horloger ou de tailleur sur pierre *(renseignements à l'Office de tourisme).*

Ancienne artère vitale de la ville, la Bienne n'a plus d'ateliers à entraîner et se contente de couler des jours heureux.

alentours

Morbier

2 km au Nord. Le morbier est de retour ! Cette petite ville qui domine Morez est également très portée sur la lunette mais doit sa réputation à un fromage AOC qui porte son nom mais qui n'était plus fabriqué sur place. Une nouvelle fromagerie vient de réparer cette incroyable lacune.

Le « morbier »

Ce fromage a la dimension d'un gros port-salut. Le lait (70 à 80 litres pour un fromage) est d'abord caillé avec la présure. Après le décaillage, on brasse et on chauffe à 40° environ. Recueilli dans un moule circulaire, le fromage est pressé légèrement et égoutté ; on le partage ensuite en deux disques dont on enduit les faces de suie de bois, ce qui fera apparaître un joint noir au milieu. Mis sous presse, il va en cave pendant deux mois environ pour l'opération finale de l'affinage. Un concours annuel du meilleur morbier a lieu dans la ville de Morbier en février.

Le morbier se reconnaît à la fine raie de charbon végétal qui traverse sa pâte molle et goûteuse.

Belvédère de la Garde

À 500 m à l'Ouest de Morez, un belvédère aménagé au bord de la route de St-Claude (D 69) fait découvrir les viaducs, étagés sur les escarpements encadrant la ville, et offre, vers la droite, une vue d'enfilade de l'agglomération. **La roche au Dade★** –  *1/2h à pied AR. Suivre la petite route qui s'amorce sur la D 69 (Nord-Ouest du plan), un peu à l'Ouest du belvédère de la Garde, puis le sentier balisé par des marques rouges, qui passe à proximité de la maison familiale de Lamartine. Du belvédère,* **vue★** *sur l'entaille de la Bienne, Morez et ses viaducs, et la Dôle.*

Saint-Laurent-en-Grandvaux

12 km au Nord. Ce bourg est une station d'altitude et le centre commercial du Grandvaux. On nomme ainsi le haut plateau ondulé que dominent, à l'Est, d'environ 200 m, la crête de la Joux-Devant et la Forêt du mont Noir. Saint-Laurent, détruit par un incendie en 1867, a été reconstruit de façon banale.

Lac de l'Abbaye

18 km à l'Ouest. Autorisation de navigation payante pour bateaux, s'adresser villa Piot sur la plage. Plus de location de barques.

Situé à 887 m d'altitude, ce lac a une superficie de 97 ha et compose, avec l'église, un très beau décor.

Morteau

Son nom réjouit les gourmands qui imaginent tout de suite une savoureuse saucisse et son cortège de légumes. Aussi agréable soit-elle, cette image cache une petite ville qui s'épanouit dans une large portion de la vallée du Doubs. Détruite par le feu en 1865, cette « ville neuve » a su se faire un nom grâce à son artisanat et particulièrement l'horlogerie qui y a longtemps été une activité d'appoint pour la population rurale.

La situation

Cartes Michelin nos 70 pli 7 ou 243 pli 21 – Doubs (25). La ville est située sur la rive gauche du Doubs, dans un val très élargi, aux vertes prairies, où la rivière s'alanguit en méandres.

🖪 *Place de la Halle, 25500 Morteau,* ☎ *03 81 67 18 53.*

Le nom

Il n'y a pas un grand effort d'imagination pour trouver l'origine du nom : eau morte, c'est-à-dire sans mouvement. Mais peut-on dire qu'il s'agit du Doubs qui se repose avant son fameux saut ? Rien n'est moins sûr !

Les gens

6 458 Mortuaciens. Le val de Morteau a été défriché dès le début du 12e s. par des bénédictins qu'évoquent encore de truculentes légendes alors qu'aucun monument n'a subsisté.

visiter

Château Pertusier

À la sortie de la ville en direction de Pontarlier. Cette élégante maison Renaissance a été construite en 1576 par la famille Cuche. Bombardé par les Suédois au 17e s., saisi à la révolution, endommagé par un incendie en 1938, le « château » a retrouvé son lustre d'antan et accueille dans son décor ouvragé un musée de l'horlogerie et des expositions temporaires.

On ne peut rester qu'admiratif devant cette superbe horloge astronomique réalisée par un horloger paysan et présentée au musée de l'Horlogerie du Haut-Doubs

carnet pratique

OÙ SE RESTAURER

• À bon compte

Auberge de La Motte – *25500 Les Combes - 7 km à l'E de Morteau par D 48 -* ☎ *03 81 67 23 35 - www.Auberge.de.la.motte.fr - fermé lun. et mar. soir hors sais. - 70/210F.* Dans un tout petit village du plateau, cette ferme du 19e s. est tranquille. Plats régionaux, classiques ou végétariens..., le jeune chef de la maison a tous les talents. Le week-end, il cuit son pain dans le vieux four. Chambres claires à l'étage avec sanitaires sur le palier.

SPÉCIALITÉS

La ville possède, entre autres, une spécialité gastronomique bien connue : la saucisse de Morteau, appelée « Jésus » par les Comtois.
Chocolatier Klaus – *3 r. Victor-Hugo, 25500 Morteau -* ☎ *03 81 67 47 43.* Créée en 1856, cette maison franco-suisse reste une référence de qualité pour sa production de chocolats et de caramels.

ARTISANAT

Automates et horloges Y. Cupillard – *14 r. des Moulinots, 25500 Morteau -* ☎ *03 81 67 10 01.* Fabrication des traditionnelles horloges comtoises. Petite exposition d'horloges et d'automates réalisés par l'artisan.

LOISIRS

Théâtre – Particulièrement dynamique, il rythme la vie culturelle de la ville avec une riche programmation.
Espace Morteau – *25502 Morteau Cedex -* ☎ *03 81 67 48 72.* Organisation de toutes activités sportives en été comme en hiver : VTT, escalade, randonnée, spéléo, ski...

Musée de l'Horlogerie du Haut-Doubs – *Mai-sept. : 10h-12h, 14h-18h ; oct.-avr. : tlj sf w.-end 10h-12h, 14h-17h30. Fermé 1er janv. et 25 déc. 22F.* ☎ *03 81 67 40 88.* Aménagé depuis 1984 dans cet écrin de pierre, le musée est un hommage à l'exceptionnel talent des artisans horlogers de la région. Leur ingéniosité s'exprime en premier lieu dans la conception des outils de fabrication qui permettent une précision remarquable. La production des différentes pièces d'une montre était sous-traitée dans les familles qui rivalisaient d'habileté ; les enfants étaient formés très jeunes. La qualité de cette main-d'œuvre rurale est illustrée par la collection de montres et horloges ; remarquez l'exceptionnelle **horloge astronomique**★ (1855). Ce savoir-faire n'est pas perdu et la dernière salle présente la reconversion réussie du val de Morteau.

alentours

Grand'Combe-Châteleu

4 km au Sud-Ouest par la D 437 puis à gauche la D 47.
☉ Le hameau Les Cordiers possède encore de belles **fermes anciennes**★ à tuyé (cheminée de bois où l'on fume la viande).
Ferme ancienne M. Marguet – ⟨⟩ *Visite guidée (1h) 10h-18h, dim. sur demande préalable. Fermé Pâques, Toussaint, 25 déc.* ☎ *03 81 68 81 58.*
Le propriétaire explique le fonctionnement de la cheminée. On admire les poutres en sapin de l'immense grenier et une grande variété d'outillages anciens. La ferme, dont les pièces contiennent des meubles comtois, a servi de décor aux téléfilms « Le Regard dans le miroir » et « Le Crépuscule des loups » (Jean Chapot, 1985 et 1987).
Fermes-musée du Pays horloger – *De mi-juin à mi-sept. : visite guidée (1h1/2) 14h-18h (juil.-août : 10h-12h, 14h-18h). 20F.* ☎ *03 81 68 86 90.*

La ferme-atelier, installée dans une maison du 17e s., comprend l'atelier d'un forgeron et d'un charron tel qu'il existait vers 1920. Dans la grange, collection d'outils retraçant les principales activités de la vie rurale de la région au siècle dernier. La visite conduit également dans une ferme à « tuyé » (ou tué) où sont présentées les pièces d'habitation et les installations agricoles.

Cirque de Consolation★★ *(voir ce nom)*
13 km au Nord par la D 437 puis la D 461.

Saut du Doubs★★★ *(voir Villers-le-Lac)*
À partir de Villers-le-Lac, 6 km à l'Est.

circuit

ROUTE HORLOGÈRE FRANCO-SUISSE

Après la visite du musée de l'Horlogerie du Haut-Doubs et éventuellement de l'atelier Y. Cupillard, quitter Morteau par la D 461 en direction de Villers-le-Lac.

Villers-le-Lac★ *(voir ce nom)*
Continuer sur la D 461, franchir la frontière (voir conditions dans les Renseignements pratiques) et poursuivre en direction de Le Locle.

Le Locle
Cette petite ville frontalière est le berceau de l'horlogerie qui s'y est développée depuis le 17e s. à l'initiative d'un astucieux bricoleur, Daniel Jean-Richard.

Musée de l'Horlogerie★ – Sur les hauteurs du Locle, le **château des Monts**, élégante demeure classique du 18e s. entourée d'un beau parc, abrite un musée qui complète parfaitement celui de La Chaux-de-Fonds. On peut y admirer un appartement témoin du style de l'époque, agréablement orné d'une belle collection d'horloges et de pendules. Le musée retrace assez complètement l'histoire de la montre et des instruments de mesure du temps.

La Chaux-de-Fonds
Ville natale de Le Corbusier, La Chaux-de-Fonds est aussi le plus grand centre horloger de la Suisse.

Musée international de l'Horlogerie★★ – Fondé en 1902 et installé dans des salles souterraines dont l'entrée se situe à l'intérieur d'un petit parc, le musée expose de façon chronologique l'histoire de la mesure du temps (« l'Homme et le Temps ») depuis l'Antiquité, illustrée par plus de 3 000 pièces de valeur, suisses et étrangères. À l'extérieur, s'impose à l'attention l'ensemble monumental du Carillon, dressé en 1980, structure tubulaire de 15 tonnes en acier et à lamelles colorées conçue par le sculpteur italien Onelio Vignando.

Gorges du Doubs★
Le plus rapide est de rentrer par le même chemin mais si vous disposez de temps, la route qui traverse les gorges du Doubs vous offrira une très belle alternative.

Pour cela quitter la Chaux-de-Fonds au Nord (direction Belfort).

La route s'élève au milieu des bois avant de plonger dans les profondes gorges. Curieusement la frontière n'est pas au niveau du Doubs mais de l'autre côté, sur les hauteurs.

Poursuivre sur la D 464 en direction de Maîche. À la sortie de Charquemont prendre à gauche la D 201 qui conduit à Frambouhans. La D 437 que l'on prend à gauche ramène à Morteau.

Le massif du Jura ne s'arrête pas aux frontières et les savoir-faire non plus comme en témoignent ces superbes montres du musée international de l'Horlogerie de la Chaux-de-Fonds.

Val de **Mouthe**★

Entre la Chapelle-des-Bois et Mouthe, un micro climat particulièrement sévère permet un enneigement assez régulier qui en fait un site d'entraînement très recherché par les skieurs de fond ; la pratique du combiné nordique est également possible grâce aux impressionnants tremplins de Chaux-Neuve.

La situation
Cartes Michelin nos 70 pli 6 ou 243 pli 32 – Doubs (25).
Voie de liaison entre les stations des Rousses et de Métabief-Mont d'Or, la val de Mouthe offre de nombreuses alternatives pour ceux qui aiment la nature à l'état pur.
🄳 *3bis rue de la Varée, 25240 Mouthe, ☎ 03 81 69 22 78.*

Le nom
Mouthe est un ancien nom de motte ou butte qui devait être surmontée d'un fortin.

Les gens
Mouthe compte 898 Meuthiards. L'enfant célèbre de la région est le Doubs (ça coule de source) qui prend naissance à la sortie du village.

itinéraire

Mouthe
C'est souvent avec un petit frisson qu'on évoque ce village qui a la réputation d'être le plus froid de France. C'est pourtant un atout important dans une région dont l'enneigement est assez irrégulier.

Source du Doubs – Gagner la source du Doubs en prenant la route qui part du monument aux Morts de Mouthe ; parc de stationnement à 100 m de la source. Le Doubs prend naissance dans le val de Mouthe, couvert de prairies et de bois de sapins. À l'altitude de 937 m, il sort, limpide, d'une caverne située au pied d'une hauteur abrupte de la forêt du Noirmont.

Chaux-Neuve
Réputés pour ses vertigineux tremplins, Chaux-Neuve complète les possibilités d'entraînement au combiné nordique. C'est également le paradis des chiens de traîneau.
Prendre à gauche la D 46 en direction de Chapelle-des-Bois.
L'Odyssée Blanche★ – *Le Cernois-Veuillet, 25240 Chaux-Neuve. Avr.-oct. et vac. scol. Toussaint : 14h-17h (juil.-août : 10h-12h, 14h-18h) ; de mi-déc. à fin mars : 10h-12h, 14h-17h. Tarif non communiqué. ☎ 03 81 69 20 20.*

« Envole-moi... » ! Ou plutôt envolez-vous, si vous avez du courage et un minimum d'entraînement, sur ces impressionnants tremplins de Chaux-Neuve. Les sauts sont spectaculaires !

Vous voulez vivre la grande aventure ? C'est possible ; il n'y à qu'à rendre visite à l'Odyssée Blanche où les chiens vous attendent de pied ferme.

☺ Qui n'a jamais rêvé de partir en expédition dans les vastes étendues sauvages du Grand Nord avec une meute de chiens ? Un petit détour à Chaux-Neuve s'impose. Le parc du chien polaire propose une fascinante rencontre avec l'une des plus grandes meutes européennes de chiens nordiques (visite commentée, exposition, films).

Si vous avez le goût de l'aventure, vous pouvez devenir musher et conduire votre propre attelage (3 à 4 chiens) pour des randonnées hors-pistes de 15 à 30 km dans les grands espaces blancs. Possibilité de nuitée sous tipis.
Poursuivre sur la D 46 qui traverse la combe des Cives.

Chapelle-des-Bois

De simple village montagnard (alt. 1 100 m) entouré de pâturages, Chapelle-des-Bois, blotti au fond d'une vaste combe, au sein du Parc naturel du Haut-Jura, est devenu un haut lieu du ski de fond. Les environs offrent, en été, de nombreuses possibilités de randonnées.

En empruntant la D 46, qui suit la combe des Cives, on arrive à la maison Michaud devenue Écomusée.

Écomusée – *De juil. à mi-sept. : tlj sf lun. et mer. 10h-12h, 13h30-18h30 (dernière entrée 1h av. fermeture), w.-end et j. fériés 13h30-18h ; de mi-sept. à fin juin : ven. 10h-12h, 14h-18h, w.-end et j. fériés 14h-18h (de mi-déc. à fin mars : ouv. mar., ven., w.-end et j. fériés). Fermé de nov à mi-déc., 1ᵉʳ janv., 1ᵉʳ mai., 25 déc. 20F. ☎ 03 81 69 27 42.*
☺ Cette solide construction est l'une des plus anciennes fermes de la région. Bâtie vers la fin du 17ᵉ s., elle a été entièrement restaurée. Son immense toit et sa pittoresque cheminée – ou tuyé – sont recouverts de tavaillons. La visite permet de comprendre ce qu'était la vie, autrefois, dans une habitation isolée ; on peut voir notamment comment celle-ci s'organisait autour du tuyé qui, à l'intérieur, constituait une véritable pièce, lieu de réunion de la famille autour du feu et où l'on cuisait le pain, fumait les salaisons, fabriquait le morbier. *Vente de pain et gâteaux.*

GUY OU GUILLAUME ?
Deux doubles médaillés olympiques régionaux de combiné nordique, c'est un luxe. Fabrice Guy à Mouthe et Sylvain Guillaume à Foncine font logiquement la fierté du pays et ont donné leur nom à des pistes assez... athlétiques ! Ce sont en effet des pistes noires et il faudra vous aussi vous entraîner avant d'essayer de suivre leurs traces.

Mouthier-Haute-Pierre★

Niché au centre d'un vaste amphithéâtre rocheux, Mouthier est, avec Ornans, le site le plus attachant de la vallée de la Loue. Mouthier-Bas est sur le bord même de la rivière, que franchit un vieux pont. Mouthier-Haut couronne une colline et groupe autour de son église nombre de maisons anciennes. Fin avril, début mai, les cerisiers en fleur donnent à la vallée un merveilleux air de fête accompagné du kirsch du pays.

La situation

Cartes Michelin nᵒˢ 70 pli 6 ou 243 pli 20 – Doubs (25). Plusieurs belvédères décrits dans l'itinéraire que nous proposons offrent des vues imprenables sur le site.

Le nom

Hautepierre est l'ancien nom toponymique auquel est venu se rajouter Mouthier qui signifie monastère ; la cité doit son existence à un monastère de bénédictins mentionné dès 870. À la Révolution, l'église fut détruite et le prieuré vendu à des particuliers.

Les gens

356 Guilloux. Ils montent chaque 25 décembre sur la colline Sainte-Foy et se réunissent autour d'un grand bûcher. Commence alors le rituel des « failles », longues branches de tilleuls enflammées qu'ils brandissent et font tournoyer, sans doute pour rendre hommage au soleil... Les païens !

carnet d'adresses

Où DORMIR

• À bon compte

Hôtel des Sources de la Loue – 25520 Ouhans - 6 km au S de Mouthier-Haute-Pierre par D 376 - ☎ 03 81 69 90 06 - fermé vac. de Toussaint, 20 déc. au 1er fév. et mar. sf vac. scolaires - 🅿 - 15 ch. : 180/220F - 🍽 30F - restaurant 98/185F. Un petit hôtel sans prétention dans une bâtisse régionale. Au bar, vous y rencontrerez tous les villageois venant s'y désaltérer. Les chambres lambrissées de bois sont simples. Cuisine régionale.

• Valeur sûre

Hôtel de la Cascade – ☎ 03 81 60 95 30 - fermé 12 nov. au 19 fév. - 🅿 - 19 ch. : 290/360F - 🍽 42F - restaurant 110/290F. La vallée de la Loue s'étend au pied de cet hôtel. Les chambres sont bien équipées, certaines avec balcon. Au restaurant, réservé aux non-fumeurs exclusivement, vous dégusterez une cuisine bien tournée à prix raisonnables.

Où SE RESTAURER

• À bon compte

Ferme-auberge Le Rondeau – 25580 Lavans-Vuillafans - 17 km de Mouthier-Haute-Pierre par D 67 vers Vuillafans, puis D 27 - ☎ 03 81 59 25 84 - fermé déc. et lun. hors sais. - 🚫 - réserv. conseillée - 90/145F. Cette coquette ferme franc-comtoise est un véritable chalet au milieu des champs. Les chambres douillettes sont ornées de bois du sol au plafond. Mieux vaut réserver pour venir savourer les produits d'élevage de la maison (chèvres et sangliers).

visiter

Église

Elle fut édifiée au 15e s., agrandie au siècle suivant et comblée de dons par le cardinal de Granvelle qui fit élever le clocher dont la flèche est en pierre de tuf de la région. Remarquez ses boiseries (retable, stalles, confessionnal, chaire) et ses statues en bois (13e et 14e s).

alentours

Point de vue de la roche de Hautepierre★

🚶 5 km, puis 1/2h à pied AR. À Mouthier-Haut, suivre la D 244 jusqu'à l'entrée de Hautepierre-le-Châtelet. Laisser la voiture à hauteur du cimetière. Là, prendre un sentier pierreux un peu raide, qui devient herbeux et plat en suivant en retrait la crête des rochers.

À 882 m d'altitude, après la chapelle votive de la Croix de la Roche, le regard s'étend sur le plateau, entaillé nettement par les gorges et la vallée de la Loue ; au loin se dressent les premiers chaînons du Jura et, par temps clair, la silhouette du Mont Blanc.

À l'entrée des célèbres gorges de Nouailles, le village s'étage sur les pentes qui dominent les premiers méandres de la Loue.

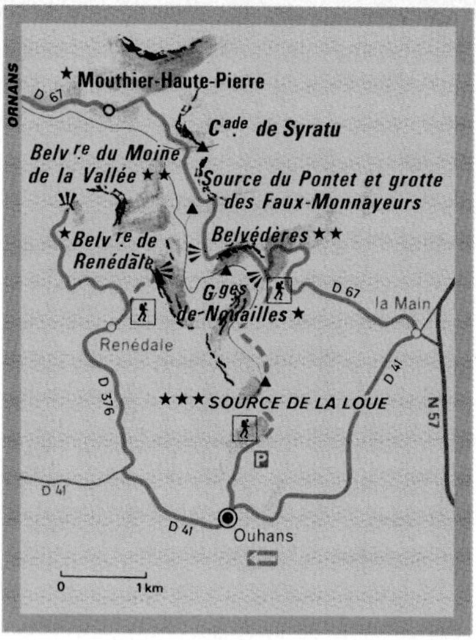

itinéraire

LA LOUE DE LA SOURCE À ORNANS

40 km – environ 4h1/2 – schéma ci-dessous

> C'est entre la source de la Loue et Ornans que la vallée présente le plus d'intérêt : en quelque 20 km, la rivière perd 229 m d'altitude.

◄ La Loue au débit régulier, est facile à descendre en canoë depuis Mouthier-Haute-Pierre jusqu'à son confluent avec le Doubs. Son cours capricieux, les quelques rapides qui l'accidentent, ses eaux toujours limpides, le charme et le pittoresque de ses rives rendent le parcours très attrayant. Elle coule au fond de gorges souvent boisées, taillées vigoureusement dans le plateau jurassien. En mai, les coteaux sont blanchis par les cerisiers en fleur ; en été, le meilleur éclairage se présente en fin d'après-midi.

UN « APÉRO » GARGANTUESQUE

Un jour de l'été 1901, André Berthelot, fils du célèbre chimiste, se trouvant en promenade à la source de la Loue, remarqua que l'eau avait la couleur et l'odeur de l'absinthe. Il la goûta : la Loue était bien transformée en apéritif gratuit. Or, l'avant-veille, à Pontarlier, au cours d'un incendie à l'usine Pernod, un million de litres d'absinthe s'étaient déversés dans le Doubs. La Loue semblait donc être une résurgence du cours d'eau jurassien.

La démonstration scientifique en fut faite par le grand savant Édouard-Alfred Martel. Il repéra, près de Pontarlier, une crevasse dans le lit du Doubs et y déversa un puissant colorant vert. Soixante-quatre heures plus tard, la source de la Loue était du même vert magnifique.

Source de la Loue★★★

🚶 *Rejoindre Ouhans et gagner la source par la D 443 en très forte pente. Laisser la voiture au parc aménagé devant la buvette du « Chalet de la Loue », puis descendre (1/2h à pied AR) le chemin tracé au fond du vallon.* Le site est l'un des plus beaux du Jura. Brusquement, après un tournant, l'hémicycle impressionnant où se produit la résurgence de la Loue apparaît. On a vu que la Loue reçoit des eaux du Doubs. Elle est, en outre, alimentée par des pertes du Drugeon et par l'infiltration des pluies que reçoit le plateau. Son débit ne tombe donc jamais très bas, aussi est-on assuré de toujours voir jaillir une belle masse liquide.

> La source débouche d'une vaste grotte qui s'ouvre au pied de la falaise, haute d'une centaine de mètres. On peut gagner l'entrée de la caverne où l'on appréciera mieux la force et l'importance du débit de la Loue.

◄ Quand il pleut, les eaux grossissent rapidement ; elles restent troubles quelque temps, alors qu'en régime normal elles sortent très limpides.

Revenir à Ouhans, là, prendre à droite la D 41 en direction de Levier, puis bientôt à droite, la D 376. Au sortir de Renédale, laisser la voiture à proximité du portail d'entrée du sentier qui conduit au belvédère.

Belvédère de Renédale★

🚶 *1/4h à pied AR.* Dominant un à-pic de 350 m sur les gorges de Nouailles, ce sentier, d'un parcours agréable, aboutit à une plate-forme d'où l'on a une belle **vue** plongeante sur les gorges et, en face, sur les falaises au flanc desquelles serpente la D 67.

Reprendre la D 376 vers le Nord ; après 2,5 km, la route se termine au pied d'un relais de télévision et devant un belvédère aménagé.

Belvédère du Moine de la Vallée★★

Superbe **panorama** sur la vallée de la Loue jusqu'à Vuillafans, au Nord-Ouest, sur la montagne de la Roche et le village de Mouthier-Haute-Pierre.

Revenir sur ses pas à Ouhans et continuer à suivre la D 41 jusqu'à la jonction avec la D 67 que l'on prend à gauche en direction de Besançon.

Gorges de Nouailles★

Ces gorges étaient le repaire favori de la Vouivre, serpent ailé des légendes franc-comtoises qui glisse dans l'air comme une lueur rapide. L'escarboucle qu'elle portait au front fut souvent convoitée par d'audacieux paysans avides de richesse.

🚶 *Du café « la Creuse » on peut faire la promenade (1h1/2 à pied AR) à la source de la Loue par le sentier des gorges qui s'embranche sur la D 67. Le sentier serpente sous bois, accroché au flanc de la falaise à pic.*

Ce sentier offre de belles **échappées**★ sur les gorges, profondes de plus de 200 m. On descend ainsi jusqu'au fond du cirque où naît la Loue. Une passerelle pour piétons permet d'accéder à la grotte d'où sort la Loue.

Belvédères★★ – On rencontre successivement deux belvédères au bord de la D 67, d'où l'on voit le plus beau des méandres des gorges ; on domine le lit du torrent de 150 m. En contrebas, à 300 m, autre point de vue connu encore sous le nom de **belvédère de Mouthier**. La **vue**★★ est remarquable sur Mouthier et la haute vallée de la Loue, à la sortie des gorges de Nouailles. Dans le creux, on aperçoit l'usine hydro-électrique de Mouthier.

Source du Pontet et grotte des Faux-Monnayeurs

🚶 *3/4h à pied AR à partir de la D 67.* La promenade s'effectue en grande partie sous bois, en gravissant quelques pentes raides. On pénètre dans les deux grottes par des échelles de fer. Celle des Faux-Monnayeurs n'est pas à conseiller à ceux qui craignent le vertige. La source du Pontet est une résurgence qui sourd d'une grotte, au fond d'un creux boisé.

> **TRAFIC**
> La grotte des Faux-Monnayeurs (on y aurait fabriqué de la fausse monnaie au 17e s.) s'ouvre à une trentaine de mètres au-dessus : c'est l'ancienne issue de la rivière.

La nature s'offre parfois quelques fantaisies comme les curieuses gorges de Nouailles, très prisées – à ce qu'on dit – par l'insaisissable Vouivre.

Cascade de Syratu

En remontant la vallée remarquer, à la sortie de Mouthier-Haute-Pierre, la cascade de Syratu tombant d'une haute falaise.

Mouthier-Haute-Pierre★ *(voir p. 234)*

Lods

Ce village (prononcer Lô) est situé au bord de la Loue dont le cours est coupé par des chutes, fort belles en hautes eaux. Sur la rive opposée, bâtiments des anciennes forges de Lods.

Vuillafans

De vieilles demeures bourgeoises et seigneuriales y subsistent. Un pont charmant du 16e s. enjambe la Loue.

Montgesoye

Musée du Costume comtois – *14 r. de Besançon. Juil.- août : tl sf mar. 14h-18h ; juin et sept. : dim. 14h-18h. 12F. ☎ 03 81 62 18 48.*

Même monsieur devrait se laisse séduire par cette exceptionnelle collection de costumes comtois. Malgré des lieux trop exigus, la présentation est particulièrement soignée et mise en valeur par des reconstitutions de scènes de vie familiale d'un autre temps.

La D 67 gagne Ornans.

Ornans★ *(voir ce nom)*

Résultat d'un travail méticuleux, cette très belle « coiffe à diairi » de la région de Montbéliard (musée de Montgesoye) témoigne de la diversité et de la richesse des costumes comtois.

Nancray★

Deux villages en un ? C'est bien une réalité dans cette petite commune située à une quinzaine de kilomètres à l'Est de Besançon. En effet, un peu à l'écart de l'ancien village, se développe depuis quelques années le musée de plein air des Maisons Comtoises. Il regroupe déjà plus de vingt-quatre édifices représentatifs de l'architecture rurale comtoise. Voués à la démolition ou à la ruine, ces bâtiments ont été soigneusement démontés puis remontés sur le site où ils sont disposés selon la configuration du terrain et leur région d'origine.

La situation

Cartes Michelin n°s 66 pli 16 ou 243 pli 20 – Doubs (25).
Un peu sur la hauteur du village, le musée de plein air est totalement indépendant avec son parking, ses animations et ses possibilités de restauration. Il devient par contre bien désert à la tombée de la nuit !

Le nom

La première partie du nom, comme Nans ou Nantua, évoque une vallée. Cray pourrait se rapporter à la nature calcaire du sol, ce qui reste à démontrer.

On se croirait presque en Alsace et on en n'est pas loin. Cette maison est en effet caractéristique du Territoire-de-Belfort, à l'extrême Nord de la Franche-Comté.

Un chapelet sur le mur et pas de télévision ? Ce n'est pas si étonnant car cet intérieur comtois du musée de Plein air reconstitue l'organisation intérieure traditionnelle, et donc « à l'ancienne ».

Les gens

L'association du Folklore Comtois qui est à l'origine du domaine doit beaucoup à l'abbé Garneret qui a bien œuvré pour la sauvegarde du patrimoine rural.

découvrir

Le musée de plein air des maisons comtoises★

Juin-août : 10h-19h (dernière entrée 1h av. fermeture) ; avr.-mai, sept.-oct., vac. scol. fév. et Toussaint : 14h-18h ; mars et nov. : dim. et j. fériés : 14h-17h. Fermé déc.-fév. 35F. ☎ 03 01 55 29 77.

La superficie et le relief des lieux permettent la réalisation d'ensembles régionaux homogènes.

Le **Territoire de Belfort** se reconnaît facilement à ses maisons à colombage garni de torchis, coiffées de hautes charpentes sans poutre faîtière (maisons de Joncherey, Recouvrance, Boron et Meroux).

Plus nombreux, les bâtiments du **Doubs** sont très diversifiés : les caractéristiques de l'habitat du Haut-Doubs se retrouvent dans la maison des Arces, reconnaissable à son « tuyé » (cheminée) fermé par deux tournevents et à son toit de tavaillons (planchettes). La maison de Magny-Châtelard, maison des plateaux du Doubs, se caractérise par une « levée de grange » qui permet d'accéder à la partie agricole située au-dessus de l'habitation. La maison forestière (maison de Villeneuve d'Amont) est également représentative de cette région très boisée.

La **Haute-Saône** n'est pas en reste grâce à la belle maison de la Proiselière, remarquable par son entrée sous le « chari » et son toit de laves (ou lauses) en grès ; elle est composée de trois « rains » (travées) et réunit sur un même niveau l'habitation, la grange et les écuries.

Le **Jura** est également présent sous la forme d'un « hébergeage » (grange, écurie, remise) caractéristique des confins Ouest du Jura où l'influence bressane est nette.

Les intérieurs ont été fidèlement reconstitués : cuisines, chambres, granges, écuries. Mais cet effort serait incomplet sans la restitution de l'environnement naturel qui est à l'origine de cet habitat rural : jardins et vergers traditionnels, vaches montbéliardes, faune et flore des étangs...

> **L**'architecture rurale ne se résume pas aux habitations et doit également sa richesse à de nombreuses constructions aux formes variées et aux fonctions précises : greniers, citerne d'alpage, loge, fours à pain, remises, « soues » (abris pour cochon)...

Nans-sous-Sainte-Anne

À proximité de la fameuse source de Lison, ce charmant village a longtemps profité de la puissante rivière qui actionnait ses nombreux moulins et sa fameuse taillanderie particulièrement bien conservée. Mais ce site est également un point de départ priviliégié pour de superbes excursions sur les falaises, dans les bois ou sur les bords de la rivière.

La situation
Cartes Michelin nos 70 pli 5 ou 243 pli 31 – Doubs (25).
13,5 km à l'Est de Salins-les-Bains par la D 492.

Le nom
Nans proviendrait d'un mot gaulois qui désigne une vallée.

Les gens
142 Nanais. L'écrivain Louis Pergaud, auteur de la célèbre *Guerre des boutons*, a passé de nombreux étés dans la commune.

comprendre

Les éclipses du Lison – Les cours d'eau comtois ne manquent généralement pas de caractère et le Lison ne fait pas exception à la règle en prenant un départ tumultueux. En réalité ce n'est pas sa source mais plutôt sa résurgence qui est spectaculaire au cœur d'un site sauvage riche en curiosités naturelles réputées comme l'impressionnant Creux Billard et la grotte Sarrazine. Le Lison, affluent de la Loue, prend véritablement sa source sur les pentes de la forêt du Scay, et porte alors le nom de Lison-du-Haut. Il se perd un moment, réapparaît, puis disparaît à nouveau dans des entonnoirs. Sa course dans le sous-sol est jalonnée, à la surface, par une curieuse vallée, généralement à sec. Elle s'encaisse de plus en plus, se transforme en gorges, que franchit le **pont du Diable**, sur la route de Crouzet-Migette à Ste-Anne (*D 229*). Après les grandes pluies seulement, la vallée est parcourue par un torrent qui se déverse en cascade dans le Creux Billard.

Il faut reconnaître que cette tête de démon est peu engageante, mais vous pouvez traverser le pont sans danger. Sans doute échaudé par sa mésaventure, le diable ne s'y risque plus.

LE PONT DU DIABLE
Sur la route de Crouzet-Migette à Ste-Anne, le pont du Diable fut à l'origine d'une curieuse aventure. Pour faciliter les communications entre la Montagne et le Bas-Pays, on décida de bâtir un pont. Un maçon audacieux se chargea de la construction. Le but était presque atteint, quand, une nuit, l'ouvrage s'écroula. Le maçon tenace ne perdit pas courage et recommença. Mais le sort s'obstinait et le pont s'écroula de nouveau. Le maçon était sur le point de renoncer quand se présenta devant lui le diable en personne. Le malin s'avoua responsable des effondrements successifs et proposa de tout reconstruire, à une seule condition : que le maçon lui livrât en échange l'âme du premier passant qui emprunterait le fameux pont. Le marché était dur ; le maçon s'y résigna tout de même et la construction fit l'admiration de tous. Mais dans la nuit, l'imprudent fut pris de violents remords et dans son délire appela un prêtre. Le curé, pour aller au plus vite, emprunta le premier le pont. Aussitôt le diable se précipita au-devant de lui pour s'emparer de son âme ; mais, ébloui par l'éclat du ciboire, Satan enjamba le parapet et sauta dans le vide, d'où le nom du pont.

visiter

Taillanderie
Mai-sept. : visite guidée (1h1/2) 10h-12h30, 14h-18h30 (juil.-août : 10h-19h) ; avr., oct. et vac. scol. : 14h-18h ; mars et nov. : dim. et j. fériés 14h-18h. Fermé déc.-fév. 27F. ☎ 03 81 49 54 57.

⊡ Un peu à l'écart du village *(suivre la signalisation)* se situe une ferme-atelier du 19e s. où l'on fabriquait jusqu'en 1969 des outils agricoles, principalement des faux. Lorsqu'il fonctionnait pleinement, l'atelier comptait 25 ouvriers, dont la plupart vivaient sur place. L'Arcange, affluent du Lison, fournissait l'énergie hydraulique. Au cours de la visite des ateliers sont expliquées les différentes étapes de fabrication d'une faux. On peut voir fonctionner la grande roue hydraulique (1891) de 5 m de diamètre qui actionnait les martinets.

alentours

Grotte Sarrazine★★
🚶 *1/2h à pied AR.* Cette cavité, haute de 90 m, s'ouvre dans une falaise abrupte et boisée par un gigantesque porche naturel dont l'ampleur s'apprécie particulièrement lorsque la résurgence, à sec, permet de s'avancer dans la grotte. En temps de pluie, la résurgence qui s'en échappe, alimentée en partie par une dérivation souterraine du Lison, est d'une abondance remarquable.

Reprendre la route sur la droite ; 200 m plus loin part le sentier, en montée, qui conduit à la source.

Source du Lison★★
🚶 *1/h à pied AR.* Le site est moins grandiose qu'à la source de la Loue mais la végétation, plus abondante, donne au lieu un charme riant. Après une période de pluie, le spectacle est particulièrement beau.

Le Lison naissant débite déjà 600 l à la seconde, en basses eaux. C'est, après la Loue, la plus puissante résurgence du Jura. Peu après, il traverse le village de Nans-sous-Ste-Anne où il absorbe le ruisseau du Verneau. Il va ensuite se jeter dans la Loue.

Pour pénétrer à l'intérieur de la caverne, il faut passer sous un petit tunnel percé dans le roc *(se munir d'une lampe de poche et tenir la rampe – sol glissant),* qui conduit à une plate-forme appelée la Chaire à prêcher.

Revenir sur ses pas et prendre à droite l'amorce du sentier signalé qui monte en lacet, sous bois. La descente vers le Creux est assez difficile.

Creux Billard★★
🚶 *1/2h à pied AR.* Ce cirque profond de plus de 50 m est très impressionnant par sa hauteur et par la lumière étrange qui y règne. Il représente, en quelque sorte, un « regard » sur le cours souterrain du Lison, dont la source « officielle » sort de la grotte voisine. La réapparition au jour de la rivière est, cette fois, définitive. Un accident a confirmé la communication du Creux Billard avec la source du Lison. En 1899, une jeune fille se noyait dans le gouffre. Trois mois après, on aurait retrouvé son corps à l'aval de la source.

> **TOUJOURS À PIED**
> Parmi les nombreuses promenades pédestres *(voir le panneau sur le parking, à côté de l'école)*, nous vous conseillons celle qui mène à la source et à la cascade du **Verneau** *(durée 3/4h AR ; direction Montmahoux).*

Les rivières jurassiennes aiment bien se donner en spectacle, à l'image du Lison qui ne ménage pas ses effets pour son entrée ou plutôt, sa résurgence.

Nantua★

Sévère Nantua ? Sa position au fond d'une imposante cluse couverte de sapinières pourrait le faire penser mais ce serait oublier son grand lac qui ouvre une large perspective sur le pays et offre toute une gamme de loisirs aquatiques. Située sur un ancien axe routier très fréquenté, Nantua est aujourd'hui contournée par l'A 40 qui, franchissant des tunnels et de vertigineux viaducs, survole la cluse avant de s'élancer vers Genève. Mais Nantua est également une ville gastronomique rendue célèbre par ses fameuses quenelles de brochet à la sauce Nantua.

La situation

Cartes Michelin n°s 74 pli 4 ou 244 pli 6 – Ain (01). La ville se laisse découvrir par son côté le plus attrayant en suivant la N 84 qui longe le lac. En arrivant à Nantua, les bords du lac sont jalonnés d'établissements de loisirs. La ville elle-même, très étroite, se parcourt en boucle.

🛈 *Place de la Déportation, ☎ 04 74 75 00 05. Dans l'ancienne gare de la ville.*

Le nom

Le surnom de Catholard donné aux habitants viendrait, selon une très vieille légende, d'une « cathole » (crotte de bique) et d'autres souvenirs, dont le lac, laissés par Gargantua après un plantureux repas ! Plus sérieusement, ce nom aurait été donné par les Suisses protestants à cause des « cathèles » (systèmes de cordes et poulies) utilisées comme potence pendant les guerres de Religion.

Les gens

3 602 Nantuatiens ou Catholards. Le plus célèbre est sans doute Jean-Baptiste Baudin dont la statue orne la place d'Armes. Il fut tué à Paris, sur la barricade du faubourg St-Antoine, le lendemain du coup d'État du 2 décembre 1851, en prononçant le célèbre : « vous allez voir comment on meurt pour 25 francs » (les salaires des députés étaient alors de 25F par jour).

comprendre

Nantua doit son origine à une abbaye bénédictine installée en cet endroit dès le 8e s. Au Moyen Âge, ville franche entourée de bons remparts, elle entre dans le tourbillon des querelles qui opposent les gens du Bugey,

carnet pratique

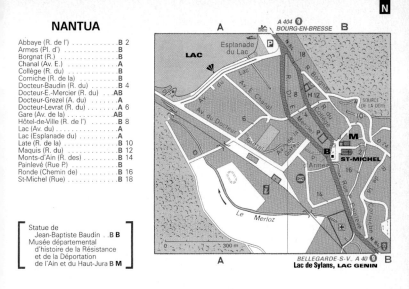

de la Comté, de la Savoie, de Genève, sans compter la France et l'Empire. Entre 1440 et 1449, un prieur de l'abbaye, Amédée VIII de Savoie, devient un des papes du Grand Schisme d'Occident sous le nom de Félix V. En 1601, Henri IV l'annexe au domaine royal. Au temps des diligences, elle connaît une grande animation : c'est le relais entre Bourg-en-Bresse et Genève. Puis, au 19e s., quand le chemin de fer a tué les beaux attelages, Nantua tombe dans le marasme et l'oubli. Le développement de l'automobile, le goût du tourisme, du séjour en montagne ont redonné la vie à ce site d'exception.

visiter

Église St-Michel★

Possibilité de visite guidée sur demande auprès de l'Office de tourisme.

Dominée par un élégant clocher du 19e s. très ouvragé, l'église conserve les derniers vestiges d'une ancienne abbaye bénédictine (12e s.) détruite à la Révolution. Son beau portail a été mutilé, il faut donc entrer à l'intérieur pour découvrir ses trésors. À gauche en entrant, fermée par une belle grille en fer forgé, la chapelle Ste-Anne a conservé sa voûte Renaissance ornée d'un superbe réseau d'arcatures moulurées. Dans le chœur, l'autel de pierre porte de très beaux anges de marbre sculpté. L'orgue, construit à Mirecourt en 1847, est une des plus belles réalisations du facteur N.-A. Lété.

Des répétitions, des concerts, surtout pendant le Festival international de musique (août), sont d'excellentes occasions d'apprécier l'acoustique des lieux.

*Exceptionnel et inattendu, le magnifique **Martyre de saint Sébastien**★★ (1836), par Eugène Delacroix, à gauche dans le chœur (une commande d'éclairage se trouve à la croisée du transept du côté opposé).*

Musée départemental d'Histoire de la Résistance et de la Déportation de l'Ain et du Haut-Jura

De mai à fin sept. : tlj sf lun. 9h-13h, 14h-18h. 25F. ☎ *04 74 75 07 50.*

L'ancienne maison d'arrêt de Nantua est le cadre de ce musée du souvenir. Mises en valeur par des scénographies audioguidées, les collections (uniformes, armes, drapeaux, lettres et vêtements de déportés...) retracent la montée du fascisme et du nazisme, l'Occupation, la Résistance, l'organisation des maquis et la Déportation. Le montage de films d'époque, « L'Ain dans la tourmente », rappelle les événements douloureux et le combat courageux des maquisards.

se promener

Le lac★

Long de 2,5 km, large de 650 m, le lac s'est formé dans la cluse, derrière un dépôt laissé par un ancien glacier. De nombreuses sources contribuent à l'alimenter, dont la source de Neyrolles. Par le « Bras du lac », ses eaux se jettent dans l'Oignin, affluent de l'Ain. L'esplanade du lac, ombragée de beaux platanes, et l'avenue du Lac offrent de belles vues sur le plan d'eau encadré par les hauteurs du Haut-Bugey dont les falaises du côté Nord s'achèvent par un talus d'éboulis boisé. Base nautique assez complète, le lac est pendant la haute saison le théâtre de nombreuses activités sportives et de loisirs : pédalos, voile, ski nautique, pêche...

> #### MARIA-MÂTRE OU LA GOURMANDISE PUNIE
> Si vous randonnez sur les hauteurs de Nantua, peut-être rencontrerez-vous un rocher en forme de statue avec une sorte de galette sur la tête. Une légende affirme qu'il ne s'agit pas d'une madone mais d'une femme du pays, l'infortunée Maria-Mâtre. La bonne chère n'est pas un vain mot en pays catholard, et Maria-Mâtre était une fameuse cuisinière qui n'avait sa pareille derrière les fourneaux. Gourmande mais inventive, elle réalisa un jour une superbe et croustillante galette aux écrevisses. Elle ne put s'empêcher de la goûter et la trouva si bonne qu'il n'en resta plus au retour de son mari. Affamé et courroucé, ce dernier invoqua la justice divine qui s'abattit sans tarder sur la malheureuse, la transformant en statue de pierre.

alentours

Quitter Nantua par la N 84, au Sud du plan. Après Neyrolles, on longe le lac de Sylans.

Lac de Sylans

8 km à l'Est. Ce grand lac (2 km de long et 300 m de large) occupe le fond d'une cluse où l'éboulement des pentes a formé un barrage derrière lequel les eaux se sont accumulées. Elles s'écoulent dans deux directions

Les majestueux cygnes blancs patrouillent tranquillement sur le lac en attendant l'arrivée de l'été et de son cortège d'estivants.

opposées : une partie rejoint la Valserine, affluent du Rhône, tandis que de l'autre côté les eaux vont rejoindre le lac de Nantua qui fait partie du bassin de l'Ain. Enchâssé dans un val profond et étroit le lac profite peu des rayons du soleil, surtout à la fin des beaux jours. Pendant les hivers rigoureux, il se couvre d'une épaisse couche de glace. Au début du siècle, avant l'apparition de la glace artificielle (1921), celle du lac a été largement exploitée, surtout pour approvisionner Paris.

Après le lac, à Moulin-de-Charix, prendre à gauche la D 95 par laquelle on gagne le lac Genin.

Lac Genin★

16 km au Nord-Est. De taille plus modeste, ce petit lac est situé dans un joli **site★** encadré de prairies et de pentes boisées. Ses rives ombragées constituent d'agréables promenades. Possibilités de baignade (non surveillée).

OÙ SE RESTAURER
Auberge du Lac Genin
– 01130 Charix - 10 km au NE de Nantua par D 74 jusqu'à Molet puis D 95 - ☎ *04 74 75 52 50 - fermé 15 oct. au 1er déc., dim. soir et lun. - 69/115F.* Donnez-vous un peu de peine pour dénicher cette auberge de montagne... Cachée au cœur d'un bois en bordure d'un lac. Le site vaut le détour et la tranquillité y est absolue. Les menus sont à base de grillades et les chambres campagnardes.

circuits

① LE HAUT-BUGEY, UN PAYS DE TRADITIONS

Compter une journée. Quitter Nantua au Nord par la N 84. À Montréal-la-Cluse, prendre à gauche. 2 km après Ceignes, prendre à droite une route qui se détache de la N 84 et la suivre sur 300 m.

Grotte du Cerdon (Labalme-sur-Cerdon)

De mai à mi-sept. : visite guidée (1h) 10h-18h. 35F (enf. : 25F). ☎ *04 50 23 74 06 ou 04 74 37 36 79 (été).*
Le circuit suit de bout en bout l'ancien lit de la rivière ▶ souterraine aujourd'hui disparue. C'est le lac de Nantua (beaucoup plus important autrefois) qui alimentait cette rivière. La galerie présente de belles stalactites (le dais), stalagmites (la statue cambodgienne) et draperies sonores ; elle conduit à une immense salle qui s'ouvre au jour par une arche de 30 m de haut. Une galerie mène à l'ancienne résurgence de la rivière en pleine falaise.
Poursuivre sur la N 84.

À MÛRIR
Au dessous d'anciennes fortifications, la grotte a longtemps été utilisée comme cave de mûrissage pour le fromage local. Elle est aujourd'hui aménagée pour la visite et un petit train folklorique conduit les visiteurs à l'entrée de la grotte.

Belvédère de Cerdon

En direction de Cerdon, un belvédère a été aménagé sur la droite de la route. Il offre une magnifique **vue★★** panoramique sur le vignoble de Cerdon et les paysages du Haut-Bugey.

Val d'Enfer

À hauteur du village de Cerdon, la route pénètre au creux d'une courbe du Valromey. Dans le site sauvage du pont de l'Enfer, un monument commémoratif a été érigé au maquis de l'Ain représenté par un buste de femme adossé à une muraille, là où s'étaient regroupées d'importantes forces du maquis et près de Cerdon qui eut cruellement à souffrir des représailles nazies.

Cerdon★

Réputée pour ses vins rosés pétillants, Cerdon est niché ▶ au creux d'une vallée profonde mais ensoleillée que l'on découvre soit par le belvédère de Cerdon, soit en arrivant par la D 11. Les rues, très étroites, sont agrémentées de nombreuses fontaines et de ponts de pierre qui enjambent de petits cours d'eau. *Il est conseillé de laisser sa voiture dans le bas du village pour mieux le découvrir.*
La Cuivrerie★ – *Visite guidée sur rendez-vous. 22F.* ☎ *04 74 39 96 44.*
Établie sur le site d'un ancien moulin, elle a réussi à se maintenir, non sans difficultés, depuis 1854. Le temps semble s'être arrêté dans ces ateliers spécialisés dans le travail de la feuille de cuivre : emboutissage, martelage, étamage, dinanderie, polissage... Les gestes n'ont pas changé et la plupart des machines, d'âge vénérable, sont encore actionnées par d'anciens systèmes de poulies et courroies. Un atelier moderne d'émaillage (Presti-France) complète la production. Magasin très fourni.

PÉTILLANT
Le pétillant de Cerdon qui bénéficie de l'appellation VDQS doit être fabriqué selon la méthode champenoise ou celle de Die. Il doit être dégusté frais. Une bonne adresse : le Caveau Marcheroux, près de la Cuivrerie.

Vous verrez rarement des cuivres aussi étincelants. Normal, vous êtes dans l'une des rares cuivreries artisanales qui perpétuent les savoir-faire ancestraux.

Rejoindre la N 84 que l'on prend à droite en direction de Pont-d'Ain. Environ 6 km après, prendre à gauche la D 36 vers Ambronay. Il est également possible de rejoindre plus directement Jujurieux par la D 63 qui s'embranche en face de la sorte de Cerdon ; faire attention car la route, très pittoresque, est assez dangereuse.

Jujurieux

Même si la crise industrielle lui a fait perdre de sa superbe, ce village aux 13 châteaux (excusez du peu !) conserve d'importants témoignages de l'extraordinaire développement qu'il a connu grâce au tissage au siècle dernier.

Soieries Bonnet★ – *8h30-12h, 13h30-17h30. 25F.* ☎ *04 74 37 12 26.*

Le pari du haut de gamme et de la qualité a été la seule chance pour les Soieries Bonnet qui produisent aujourd'hui du velours façonné sur fond de soie. Visite des ateliers de tissage et de peinture sur soie, espace muséographique, vente de tissus de luxe.

Rejoindre la D 12 que l'on suit jusqu'à Hauteville-Lompnes.

Hauteville-Lompnes

Située sur un plateau élevé (850 à 1 200 m), Hauteville-Lompnes (*prononcer « Lone »*) est réputée pour l'exceptionnelle pureté de son air. Station de moyenne montagne, elle bénéficie d'un cadre privilégié et d'équipements sportifs complets (VTT, ski de fond, équitation...).

Prendre à droite la D 21.

Gorges de l'Albarine★

De la route, on peut voir, à l'origine des gorges, la **chute**★ de l'Albarine appelée « cascade de Charabotte », particulièrement majestueuse après de fortes pluies. L'eau tombe de 150 m du haut des falaises en hémicycle qui marquent le rebord du plateau de Hauteville.

Retourner à Hauteville-Lompnes et prendre la D 9 par le col de la Rochette (1 112 m) jusqu'à Ruffieu. Prendre, au Nord, la D 31, la D 31ᶠ à la sortie de Jalinard puis à gauche, la D 39 et à droite la D 55ᶜ. Gagner les Neyrolles par les Granges-du-Poizat et la D 55ᴰ. Arrivé aux Neyrolles, prendre à gauche la D 39.

Après quelques lacets, on jouit d'une **vue**★★ admirable sur les escarpements de la cluse de Nantua et son lac ; au coucher du soleil, le spectacle est magnifique.

Retourner au village des Neyrolles, où la D 39 rejoint la N 84 qui, à gauche, ramène à Nantua.

② LES GORGES DE L'AIN ET LA PLASTICS VALLÉE

Compter une journée. Quitter Nantua par la N 84 jusqu'à la Cluse. Prendre en face la D 979 en direction de Bourg-en-Bresse.

Après le col du Berthiand, un belvédère aménagé dans la descente dévoile une partie de la vallée de l'Ain.

Avant le pont, prendre à droite la D 91ᶜ vers Serrières.

Serrières-sur-Ain

Très beau site autour d'un pont qui enjambe l'Ain d'une seule arche.

Prendre la D 91 en direction de Merpuis. Environ 2 km après le pont, tourner à droite vers le site de Merpuis, puis vers le plan d'eau d'Allement (très forte descente).

Promenade sur l'Ain

De mai à fin sept. : promenade (1h1/4) 14h-19h. 40F (-12 ans : 30F). ☎ 04 74 50 81 61.

Embarquez sur un bateau à fond plat qui vous fait découvrir quelques secrets de cette vallée autrefois utilisée pour le flottage du bois et largement modifiée par les ouvrages hydroélectriques.

Revenir à Serrières et continuer sur la D 91 qui suit les gorges en direction de Thoirette.

La route suit le relief et découvre de superbes vues sur la rivière qui prend parfois des couleurs irréelles.

Viaduc de Cize-Bolozon

Détruit en 1944, cet élégant viaduc a été reconstruit en 1950. Dans un site assez sauvage, il en impose avec ses 280 m de long et ses quelque 53 m de haut.

Continuer en direction de Thoirette.

Barrage de Cize-Bolozon

Surmonté d'une grue, ce barrage n'est pas de première jeunesse car il a été construit entre 1928 et 1931. Il est de type « mobile » et d'une longueur de 156 m.

La vallée s'élargit progressivement mais garde une majesté mise en valeur par les reliefs qui la bordent.

Arrivé au Port, ne pas traverser le pont mais prendre la D 18 en direction d'Oyonnax.

Après Matafelon-Granges, la route traverse le retenue formée par le barrage de Charmines.

Par la D 13, rejoindre Oyonnax.

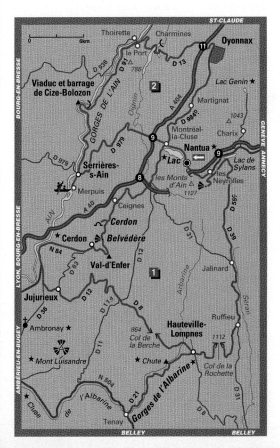

La sophistication et l'élégance de ce superbe peigne illustre à merveille la virtuosité des artisans (musée d'Oyonnax).

Oyonnax

Jadis célèbre pour ses peignes en bois, Oyonnax est aujourd'hui une cité industrielle très réputée pour le travail des matières plastiques. En 1986 a été créée la « Plastics Vallée », qui groupe dans un rayon de 50 km 1 200 entreprises spécialisées. Une telle concentration d'industries a fait d'Oyonnax la capitale des matières plastiques. Siège du lycée technique Arbez-Carme (École nationale des matières plastiques) depuis près d'un siècle, la ville est aussi celui du Pôle européen de plasturgie (ouvert en automne 1991), destiné à former, au niveau national, des ingénieurs plasturgistes.

DES PEIGNES DE CHARME À LA « PLASTICS VALLÉE »

La fabrication, en hiver, par les montagnards, de très beaux peignes avec le buis des forêts jurassiennes, mais aussi avec le bois de hêtre et de charme est dans la région une tradition ancienne. À la fin du 18e s. viennent s'ajouter progressivement d'autres matériaux, notamment la corne. En 1869, le celluloïd est découvert aux États-Unis et cette matière plastique est pour Oyonnax, dès 1878, l'occasion de nouveaux développements de la fabrication non seulement du peigne, mais aussi des objets de parure auxquels viennent s'adjoindre les jouets. Quand, plus tard, la galalithe, la bakélite, l'acétate de cellulose, etc., apparaissent sur le marché, Oyonnax les utilise sans tarder et maintient sa prépondérance. À partir de 1924, une matière thermoplastique, le rhodoïd, contribue de manière importante à la prospérité économique de la ville.

Musée du Peigne et de la Plasturgie – *Centre culturel Aragon, 2e étage.* &. *Juil.-août : tlj sf dim. 14h-18h30 ; sept.-juin : tlj sf dim. et lun. 14h-18h. Fermé j. fériés. 20F.* ☎ 04 74 81 96 82.

De nombreux objets telles les mantilles en celluloïd et les lunettes en plastique témoignent de l'habileté et du goût artistique des fabricants.

◄ Les collections de ce musée illustrent parfaitement l'évolution et la variété de la production oyonnaxienne : peignes en buis, corne et celluloïd, lunettes, boutons, boucles, bijoux, fleurs artificielles, etc. Des machines ayant servi à la fabrication de peignes en corne et en celluloïd, de nombreux peignes du monde entier complètent l'exposition.

En sortant du parking du musée, prendre à droite en direction de l'A 404, puis de Martignat et de Montréal-la-Cluse (D 984D).

Nozeroy★

Fief de la puissante famille de Chalon, porte du séduisant val de Mièges, le vieux bourg est bâti dans un site impressionnant, au sommet d'une colline isolée qui domine un vaste plateau couvert de pâturages. Cette ancienne place forte si redoutée a été démantelée mais a gardé son cachet ancien et conservé quelques vestiges de ses remparts.

La situation

Cartes Michelin nos 70 pli 5 ou 243 pli 31 – Jura (39). Que l'on vienne de Champagnole ou de Pontarlier, il faut suivre la D 471 jusqu'à Charbonny. La D 119 conduit à Mièges où vous ne pouvez plus vous perdre ; vous êtes entré au cœur du fief des Chalon.

C'EST LA FÊTE !
Nozeroy ne peut ni ne veut oublier son passé ; elle organise fin juillet des **fêtes médiévales** qui trouvent dans ses murs une réelle authenticité. ☎ 03 84 51 19 80.

Le nom

Anciennement *Nuceria*. C'est peut-être le noyer, mais plus vraisemblablement le noisetier, qui est à l'origine du nom de la ville. La butte qui porte la forteresse était autrefois appelée le « mont des Noisetiers ».

Les gens
416 Nozeréens. Le plus célèbre de la famille de Chalon est **Jean l'Antique** (1190-1267). Grand stratège et fin diplomate, il a usé en virtuose des armes, de l'argent, des alliances et est ainsi arrivé à posséder plus de cinq cents fiefs. Pas mal !

comprendre

Un château des Chalon – Le château, autour duquel s'est blotti Nozeroy, a été construit par Jean l'Antique au 13ᵉ s. Cette famille, qui a eu plusieurs branches, Chalon-Vienne, Chalon-Auxerre, Chalon-Arlay, a joué un rôle capital en Comté. Son histoire est très agitée : ses membres se disputent la dignité comtale, luttent contre les féodaux rivaux, font l'union de la noblesse comtoise contre les empiétements des princes étrangers. Après les succès de Jean l'Antique, ses nombreux enfants, les Chalon-Arlay, héritent de la seigneurie de Nozeroy et enrichissent leur patrimoine. En 1386, Jean de Chalon-Arlay III acquiert par son mariage le titre de prince d'Orange. Au 15ᵉ s., le château est rasé et remplacé par un véritable palais que décorent les artistes de la cour de Bourgogne. Un siècle plus tard, le dernier des Chalon, Philibert, généralissime des armées espagnoles et vice-roi de Naples, y organise des fêtes grandioses.

Nozeroy et la Hollande – À la mort de Philibert, en 1530, les biens des Chalon passent à la maison des Orange-Nassau, qui est leur alliée. Le château est animé d'illustres visiteurs : sainte Colette qui fonda un couvent de clarisses à Poligny, le futur Louis XI, Charles le Téméraire s'y sont arrêtés. En 1684, un créancier de Guillaume de Nassau, stathouder de Hollande, puis roi d'Angleterre, se fait attribuer les domaines comtois du prince. Ils sont aujourd'hui morcelés. Le château fut complètement ruiné pendant la Révolution.

se promener

Porte de l'Horloge
Reste de l'ancienne enceinte fortifiée, elle est percée dans une haute tour carrée à mâchicoulis.

Grande-Rue
On y voit plusieurs maisons anciennes.

Place des Annonciades
Un magnifique marronnier l'ombrage. Prendre la promenade, bordée d'arbres (buste de Pasteur), qui contourne les ruines du château, offrant de belles vues sur les environs.

Église
Elle date, dans sa majeure partie, du 15ᵉ s. On peut y voir des stalles (15ᵉ s.) et une chaire de bois sculpté. Remarquez, dans la chapelle de droite, un devant d'autel fait de

Entre passé et présent, Nozeroy reste à l'heure grâce à son incontournable et historique tour de l'Horloge.

broderies en paille tressée (17e s.), œuvre patiente des religieuses annonciades de Nozeroy. Adossée à un pilier du bas-côté droit, Vierge à l'Enfant du 15e s., en pierre polychrome.

Promenade des Fossés de Trébief

Elle borde les anciens remparts dans leur partie la plus intéressante.

alentours

Mièges

À proximité de la forêt de la Joux *(p. 284)*, ce petit village, situé dans le val qui porte son nom, est né d'un prieuré fondé au 16e s. par des moines de l'abbaye de St-Claude.

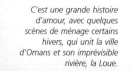 **Église** – Elle date des 15e-16e s. et présente un portail Renaissance dont la voussure extérieure est sculptée de pampres et un clocher-porche de 1707. À l'intérieur de l'édifice, remarquez les stalles du chœur du 17e s.

À 200 m de l'église, le petit ermitage consacré à Notre-Dame est un but de pèlerinage, qui a lieu chaque année le lundi de Pentecôte et le 8 septembre, fête de N.-D. de Mièges ou le dimanche le plus proche.

Source de l'Ain★ *(voir à Champagnole)*

Ornans★

Perle de la Loue, Petite Venise, Ornans est la capitale et l'attrait majeur de la célèbre vallée. Elle doit en effet son succès à l'une des plus belles rivières comtoises qui a fasciné les peintres et particulièrement Courbet. La coulée de la rivière entre sa double rangée de vieilles maisons sur pilotis compte parmi les vues pittoresques du Jura.

La situation

Cartes Michelin nos 66 Sud du pli 16 ou 243 pli 20 – Doubs (25). Il est très facile de venir de Besançon par la D 67 mais il serait dommage d'éviter la vallée de la Loue. Rejoindre la vallée par Quingey, puis la D 101, la D 102 et la D 103. 🄱 *7 rue Pierre-Vernier, 25290 Ornans,* ☎ *03 81 62 21 50.*

C'est une grande histoire d'amour, avec quelques scènes de ménage certains hivers, qui unit la ville d'Ornans et son imprévisible rivière, la Loue.

Le nom

Une interprétation celtique de *or-nanto* (rivière froide) pourrait se justifier par la position de la ville sur la Loue. Elle est cependant contestée par d'éminents linguistes.

Les gens

4 016 Ornanais. La ville a vu naître le chancelier Perrenot de Granvelle, Pierre Vernier inventeur du « vernier » (instrument de mesure), mais aussi et surtout le célèbre peintre Gustave Courbet (1819-1877).

comprendre

Une commune dynamique

Le « magistrat » – Ornans, dont il n'est fait mention qu'au début du Moyen Âge, reçoit dès 1244 une charte du souverain de la Comté. Elle est administrée par un conseil municipal, qu'on appelle le « magistrat », présidé par le maire qu'assistent quatre échevins (les adjoints actuels) et douze jurés (les conseillers). Ces personnages sont élus, chaque année, par les chefs de famille âgés de plus de 25 ans. Le magistrat désigne, parmi les contribuables les plus imposés, douze notables qui surveillent la gestion communale. Toutes ces fonctions sont gratuites.

La milice – Les hommes sont armés et forment la milice. Ils entretiennent les défenses du château, y assurent le guet et en constituent la garnison en cas d'attaque. Ils n'apprécient guère le séjour dans ces tours féodales, si fortement ventées qu'on les a surnommées « engoulevent », ou, de façon plus réaliste, « froidcul ». Un concours annuel a lieu : le vainqueur est exempté d'impôts pour l'année ; s'il triomphe trois fois de suite, cette faveur lui est acquise jusqu'à la fin de ses jours.

Les processions – Les processions sont les grandes fêtes locales. En tête, le curé et ses vingt chapelains chantent à pleine voix ; puis se pressent les corps de métier, en costumes traditionnels, bannières au vent : confréries de St-Vernier (vignerons), St-Fiacre (jardiniers), St-Crépin (cordonniers), St-Éloi (serruriers), St-Étienne (tailleurs), St-Antoine (bouchers), St-Michel (marchands), St-Yves (gens de loi).

GENS DE CHICANE

La ville possède le droit d'asile et en exige le respect, même du Parlement. Celui-ci, ayant fait saisir un réfugié pour l'emprisonner à Dole, le magistrat porte l'affaire devant Charles Quint et obtient la restitution du prisonnier. La chicane est en honneur à Ornans, comme dans toute la Comté : 1 500 habitants mettent sur les dents huit avocats, huit avoués, sept huissiers, six notaires.

GUSTAVE COURBET

Le grand peintre, maître de l'école réaliste, est né à Ornans en 1819, de parents vignerons. On le destine au notariat, mais il abandonne le droit pour le chevalet. Ses œuvres soulèvent des tempêtes d'éloges et de critiques. Très attaché à Ornans, il puise au pays natal la plupart des sujets. Ses paysages reflètent la nature sauvage et attachante de la Franche-Comté : *Le Château d'Ornans*, la *Source de la Loue*. C'est parmi sa famille et ses amis qu'il prend ses modèles : *L'Après-Dînée à Ornans*, un *Enterrement à Ornans*. En psychologie, il excelle dans les portraits, surtout de femmes : *L'Exilée polonaise*. Aussi révolutionnaire en politique qu'en peinture, il prend part à la Commune en 1871. Rendu responsable du déboulonnement de la colonne Vendôme, il est condamné à 6 mois de prison, 500 francs d'amende et, en 1873, au remboursement des 323 000 francs qu'a coûtés la remise en place de la colonne abattue. Ruiné, écœuré par les horreurs dont il a été témoin, ne pouvant plus exposer – le Salon lui retourne ses toiles sans examen –, il s'exile en Suisse. En 1877, il meurt près de Vevey, à la Tour-de-Peilz, ruiné par la haine de ses contemporains. Son corps a été ramené au cimetière d'Ornans.

L'ŒIL DU MAÎTRE

La fameuse haute vallée de la Loue qui a tant séduit le peintre a plutôt bien conservé sa beauté sauvage. De sa source à Cléron, un circuit jalonné de reproductions de tableaux offre une superbe occasion de découvrir la sensibilité et le génie de cet artiste hors norme.

---

se promener

Grand Pont

C'est le site le plus célèbre d'Ornans. Il offre une **vue**★ très pittoresque sur les vieilles maisons de la cité reflétées par la Loue.

En se dirigeant vers l'église, admirer la façade et la grille de l'**hôtel Sanderet de Valonne** (17ᵉ s.). Ne pas manquer non plus l'**hôtel de Grospain** (15ᵉ s.) qui a longtemps servi d'hôtel de ville.

carnet pratique

OÙ DORMIR

• À bon compte

Hôtel de France – R. P.-Vernier - ☎ 03 81 62 24 44 - fermé déc., janv. et dim. soir sf vac. scol. - 🅿 - 30 ch. : 160/450F - ☕ 45F - restaurant 150/320F. Face au pont qui enjambe la Loue et adossée à une colline, cette ancienne maison du pays a une certaine allure. Il vaudra mieux choisir une chambre plus au calme sur le jardin en terrasses. Salle à manger rustique avec ses poutres, sa cheminée et ses boiseries.

OÙ SE RESTAURER

• Valeur sûre

Château d'Amondans – 25330 Amondans - 12 km au SO d'Ornans sur D 101 puis D 103 - ☎ 03 81 86 53 14 - fermé 1er au 15 août, fév., dim. et lun. sf j. fériés - 195/350F. Cette belle demeure bourgeoise, dans un petit village perdu dans la campagne du Doubs, n'a pas fini de vous étonner. Savourez un repas étoilé dans la salle à manger décorée de tableaux anciens. Piscine et joli parc. Quelques chambres dans une maison face à la cour du château.
Moulin du Prieuré – 25620 Bonnevaux - 8 km au NO d'Ornans par D 67 puis D 280 - ☎ 03 81 59 21 47 - fermé 12 nov. au 14 mars, mer. midi et mar. - 150/350F. Laissez-vous bercer par le chant de la rivière. Dans cet ancien moulin, vous serez au calme et si l'envie vous prend de pêcher la truite, vous en aurez tout le loisir. Admirez l'ancien mécanisme de la roue dans la salle à manger. Quelques chambres simples.

LOISIRS SUR LA LOUE

Syratu Tourisme et Loisirs – Route de Montgesoye, 25290 Ornans - ☎ 03 81 57 10 82. Sorties accompagnées en canoë-kayak pour tous niveaux. Organisation de journées canyoning, rafting (Alpes), escalade, VTT... Espace de détente Canoë café au bord de la rivière.
Sport Nautique Bisontin (SNB) – Base nautique de Vuillafans - ☎ 03 81 60 97 98.
Cap Loisirs Émotions – Les Promenades, 25440 Quingey - ☎ 03 81 63 69 41. Sorties en canoë dans la partie basse de la rivière. Petit complexe de loisirs agréable à Quingey.

PÊCHE

Maison nationale de l'Eau et de la Pêche – 36 r. Saint-Laurent - ouvert d'avr. à sept., ☎ 03 81 57 14 49. Tout ce que vous vouliez savoir sur la pêche : techniques, matériel français.
Vente de cartes de pêche – Hôtel le Progrès à Ornans.

Église

Visite guidée mar., jeu., w.-end 14h30-17h. La clé peut être empruntée au presbytère.
Reconstruite au 16e s., elle a conservé de l'édifice roman qui la précédait le bas du clocher (12e s.). Le dôme et le lanternon datent du 17e s. Ornans doit son église au chancelier et au cardinal de Granvelle.

Miroir de la Loue

Au-delà de l'église, prendre la rue du Champliman et longer la rivière. C'est le nom donné au plan d'eau tel qu'on le voit du pont situé en aval de la ville. L'église, la ville et les falaises se reflètent dans le miroir des eaux.

visiter

Musée Courbet

Tlj sf mar. 10h-12h, 14h-18h (avr.-oct. : tlj). Fermé j. fériés. 20F. ☎ 03 81 62 23 30.
Le musée est installé dans la maison natale de l'artiste, bel immeuble du 18e s., ancien hôtel Hébert. Il présente des œuvres (paysages jurassiens, dessins et sculptures)

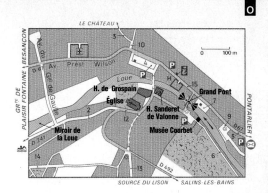

ORNANS

du maître, de ses élèves et amis ainsi que de nombreux souvenirs sur la vie artistique au 19e s., à Paris et en Franche-Comté. On admire *L'Autoportrait à Ste-Pélagie*, *Le Château de Chillon* et *La Papeterie d'Ornans sur le ruisseau de Bonneille*. Les salles du sous-sol sont réservées aux expositions temporaires.

alentours

Point de vue du Château★

2,5 km au Nord par une petite route en forte montée. Du promontoire qui porte l'ancienne forteresse, on a une belle vue sur Ornans et la vallée de la Loue.

Grotte de Plaisir Fontaine

8,5 km au Nord. Quitter Ornans à l'Ouest par la D 67.
La route suit la vallée de la Loue puis remonte celle de la Brême connue sous le nom de **ravin du Puits Noir**. Ses sites ombragés dans un joli paysage inspirèrent à Courbet de nombreux tableaux, parmi les plus beaux qu'il ait peints. Dans un virage, à 5,5 km d'Ornans, prendre à droite la D 280 qui remonte le ravin dans lequel prendre à gauche vers la grotte. Au-delà du parking, poursuivre à pied jusqu'à l'établissement de pisciculture ; juste avant se présente à gauche le sentier *(1/4h à pied)* qui s'élève vers la grotte. De celle-ci naît une résurgence dont les eaux vont se joindre au ruisseau de la Brême, affluent de la Loue.

Malbrans

6,5 km au Nord-Ouest. Quitter Ornans à l'Ouest par la D 67. À droite de la route, au lieu dit Les Combes de Punay, se situe une ancienne **tuilerie**. Construite en 1839 et équipée d'une machine à vapeur en 1846, elle a fonctionné comme tuilerie jusqu'en 1928, puis a été transformée en scierie ; celle-ci a fermé ses portes en 1965.

Trépot

12,5 km au Nord. Quitter Ornans à l'Ouest par la D 67. À 8,5 km, prendre à droite la D 112.
La fromagerie – ৬ *De juil. à fin août : visite guidée (3/4h) 10h30-12h, 14h-18h, dim. et j. fériés 14h-18h ; juin : dim. et j. fériés 14h-18h. 16F.* ☎ *03 81 86 71 06.*
Elle fut fondée en 1818. Huit ou neuf cultivateurs y apportaient le lait servant à la fabrication quotidienne de quatre comtés. Une baisse de la production et de la qualité laitières a entraîné la fermeture de la fromagerie en 1977. Le matériel et les outils – chaudrons en cuivre rouge, presses, tranche-caillé, barattes – sont restés en place. Audiovisuel.

Gouffre de Poudrey

14 km au Nord-Est. Au premier carrefour après la traversée de la N 57. Juil.-août : visite guidée (dernier dép. 1/2h av. fermeture) 9h30-19h ; mai-juin et sept. : 9h-12h, 13h30-18h

> **ÇA C'EST UNE TUILE !**
> Les anciens bâtiments de la tuilerie ont été conservés et on distingue les espaces destinés au façonnage et au séchage, à la cuisson et au stockage des tuiles.

Les gouffres sont parfois effrayants et ce n'est vraiment pas le cas à Poudrey. On y revient même, pour admirer les belles concrétions mises en valeur par un son et lumière.

(fermé mer. en sept.) ; mars-avr. : tlj sf mer. à 11h, 14h, 15h30, 17h ; oct. : tlj sf mer. à 11h, 14h, 15h, 16h ; nov. : dim. à 14h, 15h, 16h (tlj pdt vac. scol. Toussaint). Fermé déc.-fév. 32F. ☎ 03 81 59 22 57.

Ce **gouffre** *(150 marches)* dans lequel le professeur Fournier pénétra le 5 février 1899, avant d'y revenir avec le célèbre spéléologue Édouard-Alfred Martel, ouvre dans le plateau jurassien une immense salle souterraine d'effondrement dont le périmètre se développe sur 600 m et dont le **plafond**★, très régulier, mesure quelque 200 m de portée. Des concrétions d'une grande régularité s'observent au fond de la salle : stalactites et stalagmites mises en valeur par un spectacle « son et lumières ». La variété des formes est étonnante et souvent évocatrice : méduse, orgues, sapins, Tour de Pise, etc. Le ruisseau souterrain qui parcourt ce gouffre alimente une résurgence distante de 15 km qui, sous le nom de source de la Brème, est un affluent de la Loue.

itinéraire

D'ORNANS À QUINGEY

65 km – environ 5h

Exception faite des derniers kilomètres sur la N 83, on suit une série de petites routes amusantes qui tour à tour longent la Loue et s'en éloignent pour retrouver la rivière à Quingey. Mais c'est entre Cléron et le confluent de la Loue et du Lison que le parcours est le plus pittoresque.

Quitter Ornans à l'Ouest par la D 67 et, à 2,5 km, prendre à gauche la D 101.

Chapelle de N.-D.-du-Chêne

Cette chapelle, qu'on aperçoit de la D 101, a été élevée pour célébrer la découverte, dans le fût d'un chêne, d'une statue de la Vierge. C'est en 1803 qu'une jeune fille du pays en eut la révélation. L'arbre, ouvert, livra une Notre-Dame en terre cuite cachée à une époque antérieure, et sur laquelle l'écorce s'était refermée. Cette statuette, conservée dans la chapelle, est l'objet de pèlerinages : le lundi de Pentecôte, le dimanche de la Fête-Dieu, le 15 août, le mercredi après le 15 août et le premier dimanche de septembre. Sur l'emplacement du chêne, on a dressé une Vierge en bronze.

Miroir de Scey

Accès signalé de la route. On appelle de ce nom un passage de la Loue dont le cours dessine une belle courbe, où se mirent la végétation des rives et les ruines d'un château féodal, le Châtel-St-Denis.

Superbement restauré, un rien coquet malgré son aspect militaire, le château de Cléron se plaît à mirer ses hautes tours dans les belles eaux de la Loue.

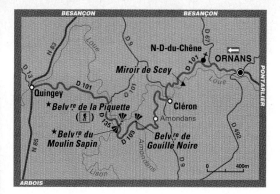

Cléron

Du pont qui franchit la Loue, vers l'aval on aperçoit un **château**★ des 14e et 16e s., bien conservé, qui se reflète dans la rivière et constitue, avec son parc, un tableau ravissant. Vers l'amont, la vallée offre une vue très pittoresque. *De mi-juil. à mi-août : visite extérieure 14h30-18h. 15F.*

Entre Amondans et le confluent de la Loue et du Lison, trois belvédères sont aménagés *(parcs de stationnement)* au bord des escarpements dominant la vallée étroite et déserte.

Belvédère de Gouille Noire

Vue plongeante sur le ruisseau d'Amondans, petit affluent de la Loue, qui coule entre deux éperons rocheux.

Belvédère de la Piquette★

⚡ *1/4h à pied AR à partir de la D 135. Suivre un large chemin sur 100 m, puis prendre un sentier à droite ; au bord de l'escarpement, tourner à droite.*

Vue sur un méandre encaissé de la Loue autour d'un éperon boisé.

Belvédère du Moulin Sapin★

Aménagé au bord de la D 135. Il offre une belle **vue** sur la tranquille vallée du Lison. Le pont franchit le Lison tout près de sa jonction avec la Loue. Le **site**★ du confluent est empreint d'une grandeur paisible. Le Lison naît près de Nans-sous-Ste-Anne ; sa source est célèbre. La route fait apprécier, ensuite, le site des anciennes forges de Châtillon. En amont du barrage, joli coup d'œil sur les petites îles boisées.

Quingey

Une promenade, plantée de platanes, borde la rive gauche de la Loue. De là, on a – surtout le matin – une jolie vue du bourg qui, de la rive opposée, se reflète dans la rivière.

COMTE ET PAPE
Il est difficile, en flânant dans la petite ville de Quingey, d'imaginer le riche passé de la cité qui aurait vu naître Guy de Bourgogne, plus connu sous le nom de Calixte II. Ce pape est à l'origine du concordat de Worms et du 1er concile œcuménique de Latran (1123).

Passavent-la-Rochère

À l'extrême Nord de la Haute-Saône, Passavent est bordée de vastes forêts qui s'étendent vers le Nord. Mais le site est surtout connu pour sa très ancienne verrerie qui perpétue depuis des siècles le savoir-faire des maîtres verriers.

La situation

Cartes Michelin n°s 62 pli 14 ou 242 pli 33 – Haute-Saône (70). À un peu plus de 21 km au Nord de Jussey, la verrerie est idéalement située près d'un cours d'eau et d'un important massif forestier. Elle est également très proche du canal de l'Est.

Le nom

Comme Montjoie, Passavent pourrait venir d'un des nombreux cris de guerre que se lançaient les chevaliers.

Les gens

874 habitants. Le premier verrier connu est Simon de Thyzac en 1475. Plusieurs familles se sont depuis succédé dont la famille Fouillot qui gère la verrerie depuis 1858.

visiter

La précision du geste se cultive depuis des siècles dans cette verrerie dont la production allie traditions et créativité.

Verrerie et cristallerie de la Rochère★

&. *De fin mars à fin juil. et de fin août à déb. oct. : tlj sf dim., j. fériés et 13 sept. 10h-12h, 14h30-17h30 ; oct. : tlj sf dim. 14h30-17h30. Magasin d'exposition-vente : de fin mars à déb. oct. : 10h-12h, 14h30-18h, dim. et j. fériés 14h30-18h ; oct. : 14h30-18h ; déc. : 14h-17h30. Fermé 25-26 déc. Gratuit.* ☎ *03 84 78 61 00.*

Fondée en 1475, c'est la plus ancienne verrerie d'art de France, encore en activité. Les visiteurs ont accès à l'atelier de fabrication où ils peuvent observer les différentes phases de travail du verre suivant la méthode traditionnelle « fait main » et « soufflé bouche ». Un ancien bâtiment, dont la charpente en bois date de 1660, sert de cadre à une exposition-vente. La galerie St-Valbert, derrière les ateliers, est un antique caveau voûté d'arêtes, bâti en pierres de grès de la forêt voisine au 17e s. Un programme audiovisuel *(1/4h)* et un exposé retraçant l'histoire du verre depuis l'Antiquité jusqu'à nos jours complètent la visite.

alentours

Jonvelle

12 km au Sud-Ouest.

Ce vieux bourg rural abrite une église ancienne plusieurs fois remaniée. Le chœur, de la fin du 13e s., est orné d'une chatoyante verrière, réalisée en 1868 par un élève de Viollet-le-Duc, et d'un élégant maître-autel du 17e s. en bois doré ; on remarquera un curieux passage creusé dans l'épaisseur du mur entre le chœur et le collatéral Nord, ancienne chapelle seigneuriale, et qui permettait aux occupants de cette dernière de suivre les offices.

À 1 300 m à l'Ouest du bourg, par la route passant devant le cimetière, on peut visiter les **thermes**, mis au jour depuis 1968, d'une villa gallo-romaine du 2e s. ; remarquez les soubassements de briques des piscines et l'élégante mosaïque qui pave encore l'une d'elles. *D'avr. à fin oct. : dim. et j. fériés 14h-18h (de juil. à mi-sept. : tlj sf mar.). 15F.* ☎ *03 84 92 54 37.*

Un **musée** de Machines agricoles anciennes a été aménagé dans un hangar voisin.

Pesmes

Cette petite localité, juchée au-dessus de l'Ognon, porte encore l'empreinte du passé. Quelques vestiges de ses fortifications enserrent le labyrinthe de ses ruelles étroites et fleuries, bordées de façades à niches, statuettes et fenêtres à meneaux.

La situation

Cartes Michelin nos 66 pli 14 ou 243 pli 18 – Haute-Saône (70). Une terrasse et une promenade près du château offrent une vue agréable sur les fortifications, les maisons qui bordent l'Ognon et sur l'île de la Sauvageonne. De même, à la sortie Sud de Pesmes, du pont sur l'Ognon : vue sur la ville haute et sur le château.
🛈 *La Tourelle, route de la Tuilerie, 70140 Pesmes,* ☎ *03 84 31 23 37.*

Le nom

Aucune certitude sur l'origine du nom mais la ville semble avoir tranché en prenant un palme (paume) de main comme emblème ; d'autres y voient une évolution de *Pessimi,* les pires, alors que les voisins de Malans seraient les *Mali,* les mauvais.

Les gens

1 006 Pesmois. Une reine à Pesme ! Quelle belle histoire d'amour que celle d'Ursula Salima Machamba (1874-1964), reine de Mohéli aux Comores, qui accepta de renoncer à son trône pour suivre le gendarme Paule à Pesme.

visiter

Église St-Hilaire

Construite au 12e s., elle a conservé le portail roman, quelques éléments du clocher, la chapelle du Sacré-Cœur, et les murs du chœur, éclairé par deux grandes baies flamboyantes.

La **chapelle d'Andelot** édifiée vers 1560 par Pierre d'Andelot, abbé de Bellevaux, est particulièrement riche. Marbres noirs et rouges, pierre rouge de Sampans (Jura) lui confèrent beaucoup de majesté. Le retable est orné de niches renfermant trois statues en marbre de Poligny (Jura), et surmonté d'une belle Vierge au manteau.

Dans la Grande Chapelle (ou chapelle de la Vierge), on remarque une Vierge à l'Enfant du 15e s. en albâtre et une sainte Catherine du 16e s. en pierre tendre, toutes deux de l'école bourguignonne.

Dans le chœur, triptyque peint sur bois de 1560, dû à Jacques Prévost, artiste pesmois élève de Raphaël.

Ville forte mais séduisante, Pesme surveille toujours attentivement le cours de l'Ognon du haut de ses remparts.

Poligny

Pour le plus grand bonheur des gastronomes avertis, Poligny associe avec bonheur la production de ses vins réputés à la fabrication du comté dont la ville est devenue la capitale. La richesse de ses terres au cœur du vignoble jurassien lui vaut depuis des siècles une réelle prospérité comme en témoigne encore son important patrimoine.

La situation
Cartes Michelin nᵒˢ 70 pli 4 ou 243 pli 30 – Jura (39). La ville est située à l'entrée d'une « reculée », la Culée de Vaux, dominée par la Croix du Dan.
🛈 *Rue Victor-Hugo, 39800 Poligny,* ☎ *03 84 37 24 21.*

Le nom
Poligny pourrait venir de *Poliniacum* (domaine de Paulinius).

Les gens
4 714 Polinois. La ville vit naître le rusé Jacques Coitier, médecin de Louis XI. Tombé en disgrâce et craignant pour sa vie, Coitier persuada son royal client qu'il mourrait trois jours après son médecin.

comprendre

Les vignerons de Poligny avaient bâti leurs demeures à l'abri d'une enceinte fortifiée et sous la protection supplémentaire du château dont les ruines couronnent aujourd'hui la hauteur de **Grimont**. Cette forteresse appartenait aux souverains de la Comté. C'est là qu'ils conservaient leurs archives, incarcéraient les vassaux rebelles. En 1455, Philippe le Bon réclame une contribution de 2 francs par ménage vivant sur chaque terre seigneuriale. Cette prétention fait scandale chez les féodaux. Jean de Grandson, seigneur de Pesmes, est

---

LE PÉNITENCIER

Au temps des quatre grands ducs, les prisons de Grimont ne chôment point. Ces puissants souverains ont rendu les plus hauts seigneurs justiciables du Parlement de Dole. Les chats fourrés (magistrats) de la Chambre du Conseil infligent, sans sourciller, 20 ans de geôle, quand ce n'est pas la peine de mort, au noble sire qui prend les armes sans l'autorisation du duc.

POLIGNY

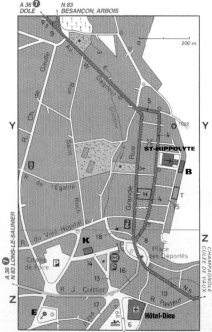

carnet pratique

OÙ DORMIR

• À bon compte

Chambre d'hôte La Ferme du Château –
*39800 Bersaillin - 9 km à l'E de Poligny par
N 83 puis D 22 -* ☎ *03 84 25 91 31 -
9 ch. : 230/250F -* 🍽 *30F - repas 80F.*
Dans cette ferme du 18e s. remarquablement
restaurée, votre séjour sera assurément
enchanteur. Chambres confortables, sobres
mais élégantes, ouvertes sur la campagne au
levant ou au couchant. Expositions de
peintures et concerts en été.

OÙ SE RESTAURER

• À bon compte

Le Chalet – *7 rte de Genève -* ☎ *03 84 37
13 28 - fermé 15 au 31 janv., mar. hors sais.
- 85/150F.* Montbéliarde à la cancoillotte,
volaille aux morilles et vin jaune ou beignets
au comté... les spécialités locales sont à

l'honneur dans ce restaurant simple et
sympathique. Vous les dégusterez avec
les meilleurs vins du Jura, en bouteille,
en pichet ou au verre.

• Valeur sûre

La Maison du Haut – *Les Bordes - 39230
St-Lothain - 6 km de Poligny par D 259 -*
☎ *03 84 37 31 08 -* 🍽 *- réserv. obligatoire
- 100F.* Au calme, en pleine campagne,
goûtez au bonheur simple d'une vraie
cuisine locale et familiale dans cette jolie
fermette du 18e s. Chambres, simples mais
agréables, et dortoir pour une étape ou un
séjour charmants. Écurie et parc pour les
chevaux.

DÉGUSTER

Caveau des Jacobins – ☎ *03 84 37
14 58.* Dégustation de vins du Jura dans le
cadre d'une ancienne église du 13e s.

---

particulièrement ulcéré et le fait bien voir. Il est alors
saisi et emprisonné au château de Grimont. Le Parlement le condamne à mort, il est étouffé entre deux
matelas.

En 1635, Richelieu ordonne d'envahir la Comté. La ville de Poligny est prise et incendiée trois ans plus tard.

visiter

Collégiale St-Hippolyte★

*De juil. à fin août : possibilité de visite guidée mar. et jeu.
10h30-12h, 15h-17h30.*

À l'extérieur, sous le porche, le portail, dont le trumeau
supporte une Vierge en pierre polychrome du 15e s., est
surmonté d'un bas-relief figurant l'écartèlement de saint
Hippolyte. Au portail de droite, une Pietà du 15e s. est
placée sur une console blasonnée.

À l'intérieur, remarquable calvaire en bois, sur poutre de
gloire, dominant l'entrée du chœur, et belle collection de
statues★ de l'école bourguignonne du 15e s.

*Cette belle statue du 15e s.
est celle de sainte Catherine
d'Alexandrie, bien connue
grâce à la Légende dorée.
On la reconnaît à sa
couronne, à la fameuse roue
de son martyre, et à
l'empereur Maximien, son
persécuteur, qu'elle foule à
ses pieds.*

Couvent des Clarisses

Derrière l'église. Il s'ouvre par une grande porte brune. Il
a été fondé en 1415 par sainte Colette. Dans la **chapelle**,
reconstruite après la Révolution, une châsse contient ses
reliques.

Église de Mouthier-Vieillard

*De juil. à fin août : possibilité de visite guidée 10h-12h, 15h-
19h.* ☎ *03 84 37 29 12.*

Église romane (11e s.), dont subsistent le chœur, une partie du transept et le clocher surmonté d'une flèche en
pierre du 13e s. À l'intérieur, retable en albâtre de 1534,
calvaire en bois polychrome du 14e s. et statues des 13e
et 15e s. dont un saint Antoine.

Hôtel-Dieu

*Visite guidée (1/4h) tlj sf dim. et j. fériés 8h-18h, sam. 8h30-
16h. Gratuit.* ☎ *03 84 66 46 00.*

Cet édifice du 17e s. a conservé son cloître, sa pharmacie
(faïences de Nevers et de Poligny), son réfectoire voûté.

Maison du Comté

*Juil.-sept. : visite guidée (1h) à 10h, 11h, 15h15, 16h30 ; oct.-
juin : visite libre tlj sf w.-end 8h-12h, 14h-17h. 15F (visite
libre gratuite).* ☎ *03 84 37 23 51.*

Lors de la visite de cette maison, qui abrite également
le Comité interprofessionnel du comté, sont expliquées les différentes opérations de fabrication du comté, de l'apport du lait à l'affinage. ▶

**SI LE COMTÉ M'ÉTAIT
CONTÉ**

Le matériel exposé –
cuves en cuivre, presses,
tranche-caillé, barattes,
etc. – permet de suivre
l'évolution des
techniques. Un montage
audio visuel montre les
paysages et les activités
artisanales du pays de
production.

alentours

La Croix du Dan

Alt. 450 m. *3 km. Quitter Poligny au Sud par la D 68.* La route s'élève à flanc de falaise dominant à droite l'église de Mouthier.

Tourner à gauche, à angle aigu, dans la D 256, route étroite en montée, puis 900 m plus loin encore à gauche. Laisser la voiture sur le terre-plein.

🚶 Un belvédère aménagé au pied de la croix *(1/4h à pied AR)* permet de découvrir l'originalité du site de Poligny à l'entrée de la reculée : la vieille ville est blottie contre la falaise tandis que la ville neuve s'étend dans la plaine.

Oussières

12 km au Nord-Ouest par la N 5 puis à Aumont la D 9, à gauche. Ce village de plaine, d'allure presque bressanne, est connu pour les admirables chênes centenaires qui s'élèvent dans les prairies alentour de fermes isolées.

Pontarlier

Porte franco-suisse commandée par le célèbre fort de Joux, Pontarlier profite d'une intéressante situation au pied de la montagne jurassienne et au bord du Doubs. Jadis célèbre pour sa production d'absinthe, Pontarlier est aujourd'hui un agréable point de départ pour des excursions en été ou pour les sports de glisse en hiver.

La situation

Cartes Michelin nos 70 pli 6 ou 243 pli 32 – Doubs (25). Le TGV relie Pontarlier à Paris en 3h. La ville est un point de départ privilégié pour rejoindre le lac St-Point, le fort de Joux ou la station Métabief-Mont d'Or.

🛈 *14 bis rue de la Gare, BP 187, 25300 Pontarlier,* ☎ *03 81 46 48 33.*

Le nom

Après la disparition de l'absinthe en 1915, Pontarlier a donné son nom à un apéritif anisé produit dans les grandes distilleries de la région.

Les gens

18 104 Pontissaliens. Les troupes du général Billot se sont sacrifiées en 1871 dans le défilé de Pontarlier pour couvrir la retraite vers la Suisse de l'armée du général Bourbaki.

Quel déchirement que cette interdiction de l'absinthe dans la région de Pontarlier et la Suisse voisine. L'imagerie populaire traduit de manière très... explicite le choc engendré par la tragique fin de la « fée verte ».

LE BAROICHAGE

Au milieu du 13e s., Pontarlier et dix-huit villages des environs forment une petite communauté administrative et ecclésiastique : le Baroichage, constitué sous l'impulsion des bourgeois de Pontarlier, à l'indépendance cependant toute relative même si l'on a parlé de « république ».

comprendre

Du Moyen Âge au 17e s. – Dès le 11e s., l'histoire de Pontarlier est étroitement liée à celle des maisons de Salins et de Joux ainsi qu'à celle des abbayes de Montbenoît et de Mont-Ste-Marie, au gré des conflits qui opposent leurs différents suzerains.

Jusqu'au 17e s., la ville de Pontarlier connaît un essor économique grâce aux échanges internationaux transitant par le col de Jougne et aux quatre foires annuelles. **Les années terribles : 1639 et 1736** – Lors de la guerre de Dix Ans, la Franche-Comté subit les assauts des troupes mercenaires à la solde de la France. Pontarlier capitule le 26 janvier 1639 après un siège de quatre jours mené par les troupes suédoises de Bernard de Saxe-Weimar. La ville est pillée, incendiée, plus de 400 personnes y trouvent la mort. Au cours du 18e s., de nombreux incendies dus à l'importance du bois dans la construction ont endommagé la ville. Le plus dramatique fut celui du 31 août 1736 qui détruisit la moitié de la ville.

UNE AVENTURE DE MIRABEAU

En 1776, le marquis de Monnier passe la belle saison en son château de Nans. Le président a épousé, à 75 ans, un tendron de 20 ans, Sophie de Ruffey, qui, maigrement dotée, a préféré ce mariage de raison au couvent. Mirabeau, emprisonné au château de Joux, mais qui jouit d'une grande liberté, est devenu l'ami du ménage... et il arrive ce qui devait arriver. L'intrigue découverte, ils doivent fuir. Sophie quitte Pontarlier de façon romanesque : à la tombée de la nuit, vêtue en homme, elle se sauve dans le parc, trouve une échelle placée d'avance contre le mur, l'enjambe, saute sur le cheval qui l'attend et, à bride abattue, rejoint Mirabeau à la frontière suisse. Le tribunal de Pontarlier, qui ne badine pas avec l'amour, condamne par contumace le séducteur à la peine capitale et l'épouse infidèle à la détention perpétuelle dans un couvent. Arrêtés à Amsterdam, les fugitifs sont ramenés en France. Mirabeau conserve sa tête ; Sophie, résignée, reste volontairement au couvent de Gien, où elle a été reléguée après sa fugue.

Il est à l'origine de la reconstruction de Pontarlier sur les plans de l'ingénieur Querret. Avec le rattachement de la Franche-Comté à la France en 1678, Pontarlier va désormais voir son destin lié à celui du pays.

visiter

Ancienne chapelle des Annonciades

C'est le seul vestige du couvent des Annonciades établi en 1612 ; son magnifique **portail**★ date du début du 18e s. Désaffectée, elle a été transformée en salle d'expositions.

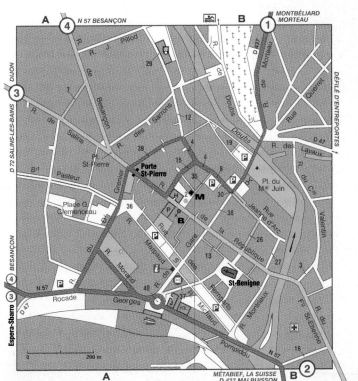

carnet pratique

Porte St-Pierre

Cet arc de triomphe a été élevé en 1771 sur les plans du chevalier d'Arçon, pour célébrer la reconstruction de la ville ; la partie supérieure, couronnée d'un clocheton, a été ajoutée au 19e s. On peut le rapprocher de la porte St-Martin à Paris qui commémore la conquête française de la Franche-Comté en 1678.

Église St-Bénigne

Reconstruite au 17e s. puis restaurée, elle a conservé un portail latéral flamboyant du 15e s. C'est un curieux édifice : une façade postiche, construite après l'incendie de 1736 pour s'harmoniser à la nouvelle place, se détache du flanc droit et le clocher-porche imite ceux des églises de la « montagne », qui devaient se protéger de la neige. À l'intérieur, il faut remarquer : deux tableaux, l'un à gauche du chœur représentant le Christ entouré d'anges, l'autre à droite du chœur dénommé « Lactation de saint Bernard » ; la chaire (1754), habilement sculptée par les frères Guyon de Pontarlier ; un christ gisant du 17e s. et une statue (18e s.) de la Vierge noire d'Einsiedeln dont le culte était très répandu dans le Haut-Doubs. Le buffet d'orgues, également des frères Guyon, date de 1758.

Flamboiement de lumière et de couleurs dans les vitraux (1975) de G. Manessier qui illuminent la cathédrale St-Bénigne ; ils ont pour thème la symphonie pascale.

LA FÉE VERTE

Il ne s'agit pas d'une des innombrables légendes comtoises mais d'une boisson que sa disparition a rendu mythique, l'absinthe. Vantée par Pline l'Ancien qui soulignait déjà ses qualités médicinales, l'absinthe apparaît en version alcoolisée dans le Val-de-Travers (Suisse) sous la Révolution. Après un franc succès dans les armées napoléoniennes, elle conquiert les hautes sphères en s'attachant les intellectuels et les artistes. Pontarlier devient la capitale mondiale de l'absinthe et produit plus de 10 millions de bouteilles par an au début du siècle. Mais son déclin sera aussi fulgurant que son ascension ; après une impressionnante campagne de critiques, elle est interdite en France le 7 janvier 1915. Motif de la sanction : l'absinthe rend fou ! La toxicité de la plante n'a jamais été prouvée mais l'on peut concevoir sans peine qu'une boisson qui titrait jusqu'à 73 degrés puisse avoir des conséquences secondaires ! C'est tout un mode de vie et des rites qui disparaissent avec elles, heureusement perpétués par de nombreux musées. Mieux encore, des distilleries tentent de trouver des produits très proches : le « Pontarlier anis à l'ancienne » de la distillerie Guy, « La Rincette » de Blackmint (Môtier, Suisse)...

Enseigne des temps modernes, cette œuvre spectaculaire signale les locaux d'Espera-Sbarro ; rien de si étonnant quand on connaît l'imagination et l'audace de ce styliste réputé pour ses bolides futuristes.

Musée municipal

 ♿ *Tlj sf mar. 10h-12h, 14h-18h, sam. 14h-18h, dim. et j. fériés 15h-19h. Fermé 1er janv., 1er mai, 1er nov., 25 déc. 15F. ☎ 03 81 38 82 14.*

Il est installé dans une ancienne demeure bourgeoise (plafonds à la française peints, vitraux modern style) réaménagée depuis le 17e s. à la place de petites maisons médiévales. Fidèle à sa vocation, il présente l'histoire de la ville depuis ses origines jusqu'à nos jours ; l'histoire de l'absinthe, la peinture comtoise (autoportrait de Courbet) et la faïence y sont largement évoqués.

Espera-Sbarro

Rocade G.-Pompidou, à la sortie de Pontarlier, direction Besançon-Montbéliard (N 57). ♿ Juil.-août : tlj sf mar. 10h-19h ; vac. scol. : tlj sf mar. 10h-12h, 13h30-18h ; hors vac. scol. : tlj sf mar. 13h30-18h. 30F. ☎ 03 81 46 23 67.

Cet espace de 4 000 m² accueille les œuvres les plus spectaculaires d'un magicien de l'automobile : Franco Sbarro. Il transforme des voitures de tourisme en bolides, redonne vie à certains modèles légendaires : répliques de la Ford GT 40, de la Mercedes 540 K... Mais son imagination débridée ne trouve sa mesure que dans la conception de prototypes futuristes ; que dire par exemple du « Monster », 4x4 surpuissant qui développe 350 ch et renferme une... moto de secours ! La mécanique n'est pas oubliée : la « Robur » (200 ch), la « Chrono » (500 ch), l' « Isatis » ou l'extravagante « Oxalis » cachent sous leurs robes colorées des motorisations très efficaces.

alentours

Cluse de Joux★★ *(voir p. 191)*

4 km. Quitter Pontarlier au Sud par la N 57.

Grand Taureau★★

11 km. Quitter Pontarlier au Sud par la N 57 et prendre à gauche la route qui gravit la montagne du Larmont.

C'est le point culminant (1 323 m) de la montagne du Larmont. Il est situé à moins de 1 km de la frontière franco-suisse.

Prendre la route qui s'embranche à gauche sur la N 57, à 1 200 m du centre de Pontarlier au Sud. Elle s'élève jusqu'au fort du Larmont-Supérieur, en ruine.

De ce point, la **vue**★ est étendue sur Pontarlier et vers l'Ouest sur les plateaux jurassiens. Le Larmont est aménagé le tourisme d'hiver. Pour avoir un panorama complet, il faut aller jusqu'au sommet.

La route se termine près d'un petit chalet avant lequel on peut laisser la voiture. Grimper sur le talus qui forme bordure, à droite, et faire quelques pas sur la crête qui domine la vallée de la Morte, prolongement du val de Travers.

> **FROMAGERIE DE DOUBS**
> *1 r. de la Fruitière, 25300 Doubs,*
> ☎ *03 81 39 05 21.*
> *Lun.-ven. 8h-12h, 15h-19h, sam. 14h-18h, dim. 10h-11h, 18h-19h.* Gourmandise et curiosité seront satisfaites à parts égales dans cet établissement où vous pourrez non seulement déguster et acheter des fromages régionaux (comté, mont d'or, morbier...), mais aussi découvrir leur mode de fabrication et d'affinage.

Panorama★★ – Très ample, il se développe sur les chaînes parallèles du Jura jusqu'au dernier alignement montagneux qui, du Chasseral au mont Tendre, se dresse en Suisse. Par temps clair apparaissent, au-delà, les sommets neigeux des Alpes bernoises.

Défilé d'Entreportes
4 km. Quitter Pontarlier à l'Est par la D 47.
C'est une cluse verdoyante, aux pentes couvertes de sapins, taillée dans un contrefort de la montagne du Larmont. À son extrémité orientale, elle présente de superbes rochers, sculptés et troués par l'érosion : ce sont les « Dames des Entreportes ». Dans ce cadre reposant, de fraîches prairies permettent de pique-niquer.
Faire demi-tour à l'extrémité de la cluse, devant le restaurant.

LES DAMES D'ENTREPORTES
Les silhouettes qui se dressent avec tant de grâce au-dessus de la vallée ne peuvent laisser indifférent. Leur histoire non plus, du moins la légende qui nous est parvenue.
Le seigneur de Joux était alors un seigneur puissant et redouté qui contrôlait la célèbre cluse qui conduit en Suisse. Enrichi par les nombreuses taxes qu'il prélevait sur les voyageurs, il comptait aussi beaucoup sur le mariage de ses trois filles pour étendre encore son influence. Il organisa un grand tournoi et promit ses filles aux valeureux gagnants. Puissants mais rustres et laids, les vainqueurs se marièrent sans tarder. Mais quelle ne fut pas leur déconvenue et leur fureur quand, en relevant leurs voiles, ils découvrirent des servantes du château. En effet éprises de beaux troubadours, les belles s'étaient enfuies vers la Suisse. Les seigneurs trompés les rattrapèrent et s'apprêtaient à les occire quand Dieu, écoutant la prière des malheureuses, les recouvrit d'un manteau de pierre.

Goux-les-Usiers
13 km. Quitter Pontarlier par la D 72. Prendre à droite la D 6 qui gravit la côte du Fol puis à Sombacour la D 48 à droite.
L'**église** de ce village renferme des boiseries intéressantes (18e s.) dues au sculpteur Fauconnet. Le **retable monumental★** du maître-autel en bois doré, le lutrin et la chaire retiennent plus particulièrement l'attention.

Ray-sur-Saône

Les nombreux plaisanciers qui suivent le cours de la Saône marquent toujours un arrêt respectueux devant l'imposante masse du château qui se détache au-dessus du fleuve. Peut-être imaginent-ils sous cette carapace tant de fois réparée les terribles assauts que lui a valu sa position stratégique au-dessus de la Saône et aux portes de la Bourgogne.

La situation
Cartes Michelin nos 66 pli 4 ou 243 pli 6 – Haute-Saône (70).
Mais où sont passées les 14 tours du château d'origine ? Même s'il a perdu de sa puissance passée, le château confirme son intérêt stratégique en offrant toujours le meilleur point de vue sur la région.

Le nom
Le village au bord de la Saône doit son nom à la baronnie de Ray dont les origines remonteraient à un parent du roi Gondebaud de Bourgogne (6e s.).

Les gens
201 Raylois. C'est la duchesse de Holstein qui releva le château au 18e s. en maintenant les éléments qui avaient résisté.

visiter

Château

Visite du parc uniquement : tlj sf dim. 8h30-18h30.

Le terre-plein situé en contrebas de ce château dominant la vallée de la Saône offre une **vue** très lointaine vers les Vosges, le plateau de Langres et les monts du Jura. Cet emplacement fut de tout temps occupé par une place forte. Il suffit d'arriver de Vellexon ou de Charentenay pour comprendre la situation stratégique.

Venant du village, on y accède soit par une petite grille située au début du mur d'enceinte, soit plus haut par la gauche d'une large avenue tracée dans un **parc** remarquablement entretenu. Légèrement en contrebas, on aperçoit l'ancienne poterne (restaurée au 18e s.) et les restes des fortifications.

Église St-Pancras

Elle abrite une belle Mise au tombeau de l'école troyenne (début 16e s.) et, à gauche du chœur (13e s.), un Christ aux liens en pierre polychrome (16e s.). Le bas-relief en pierre de l'autel est d'influence champenoise et représente l'Annonciation, la Nativité et l'Adoration des Mages. Observer le bénitier roman *(à gauche en entrant)* et les pierres tombales.

Tout y est : les plaisanciers font une petite pause, le village reste groupé autour de sa charmante église tandis qu'au-dessus, l'immense château veille sur la vallée.

> **R**uiné durant les combats de la guerre de Dix Ans , le château de Ray-sur-Saône fut reconstruit au 17e s. et au 18e s. avec une cour d'honneur offrant un bel exemple de symétrie architecturale ; sur la vallée, il préserve sa silhouette de forteresse et, notamment, sa tour romane du 13e s.

Ronchamp

Depuis les années 1950 le nom de Ronchamp évoque surtout la chapelle N.-D.-du-Haut, réalisation de l'architecte Le Corbusier. Mais cette ancienne ville minière a longtemps vécu grâce à ses Houillères qui ont cessé leur activité en 1958 ; un musée et un centre international d'archives minières rappellent l'importance de cette activité.

La situation

Cartes Michelin nos 66 pli 7 ou 243 pli 9 (12 km à l'Est de Lure) – Haute-Saône (70). La ville s'allonge dans la vallée du Rahin. Il faut emprunter une route en forte pente pour gagner la célèbre chapelle.

Le nom

Ronchamp pourrait venir de *Rotundo campo* ce qui signifie « champ rond » : cette étymologie, sans doute trop facile, est contestée.

Les gens

3 088 Ronchampois. Même si le succès touristique de Ronchamp est largement dû au chef-d'œuvre de Le Corbusier, ce sont les mineurs qui ont assuré pendant des décennies la prospérité de la ville.

« J'ai voulu créer un lieu de silence, de prière, de paix, de joie intérieure », a dit Le Corbusier après la construction de N.-D.-du-Haut sur cette colline, haute de 472 m, vouée au culte de la Vierge depuis le Moyen Âge.

visiter

Notre-Dame-du-Haut★★

Accès par une route en forte montée à 1,5 km au Nord de la ville. 9h-18h30. 10F. ☎ 03 84 20 65 13.

Entièrement construite en béton, la chapelle impressionne par la pureté plastique de ses formes curvilignes – accentuée par le contraste entre le béton brut de la coque du toit et les murs blanchis à la chaux qui la soutiennent.

◄ La chapelle **N.-D.-du-Haut**, reconstruite pour la troisième fois en 1955, domine le gros bourg industriel de Ronchamp dont le nom est désormais associé à cette œuvre essentielle de l'architecture religieuse moderne. Le Corbusier rompait ici avec le mouvement rationaliste et la rigidité de ses plans, au point que l'on a parlé de sculpture architecturale. À l'intérieur, on est immédiatement frappé par l'effet spatial suggéré par la légèreté de l'enveloppe de béton et la douceur d'une lumière traitée en clair-obscur. Ainsi, malgré des dimensions réduites, l'édifice semble spacieux tout en favorisant le recueillement. Les trois petites chapelles, correspondant aux trois tours extérieures, participent à ce jeu de lumière adoucie filtrant à travers les nombreux jours des parois inclinées. Cette adaptation au site est amplifiée par un sol épousant la déclivité même de la colline, en direction de l'autel qui est en pierre blanche de Bourgogne.

Musée de la Mine

Juin-août : tlj sf mar. 10h-12h, 14h-19h ; sept.-mai : 14h-18h. Fermé 1er et 8 mai, 14 juil. 15F. ☎ 03 84 20 70 50.

C'était un autre temps, mais ces anciennes lampes de mine nous éclairent toujours sur les conditions de vie des mineurs qui ont travaillé à Ronchamp pendant des générations.

Il retrace deux siècles d'activité minière. La première salle est réservée à l'exploitation de la houille : outillage complet, lampes de mine, collections de fossiles, évocation de drames souterrains. La seconde salle est consacrée à la vie des mineurs : fêtes, activités sportives et musicales mais aussi maladies (silicose du mineur) ; une place importante est réservée à la main-d'œuvre polonaise. Pour les spécialistes, documentation sur les mines de Ronchamp et les grands pays miniers du monde.

carnet d'adresses

alentours

Champagney

4,5 km à l'Est par D 4. Son église de style baroque comtois abrite une belle **Adoration des Mages** (début 16e s.) dans la nef gauche.

Maison de la Négritude et des Droits de l'Homme –
&. *Juin-oct. : tlj sf mar. 10h-12h, 14h-18h ; Pâques-mai : w.-end et j. fériés 10h-12h, 14h-18h. Gratuit.* ☎ *03 84 23 25 45.*

Parrainée par le président Senghor, cette maison rappelle que Champagney fut une des premières villes à condamner l'esclavage dans les cahiers de doléances, en 1789. Elle présente l'histoire de l'esclavage, son abolition, et les problèmes de racisme de la fin du 20e s.

Les Rousses**

À deux pas de la Suisse, sur un plateau du Haut-Jura, la station des Rousses est réputée pour ses vastes domaines skiables qui se développent de 1 100 m à 1 680 m d'altitude. La qualité des animations et une réelle convivialité assurent son succès auprès d'une clientèle souvent familiale. Et quand le massif perd son blanc manteau de neige, marcheurs et vététistes découvrent des paysages sauvages et des panoramas somptueux tandis que le lac des Rousses se drape d'une multitude de voiles et délasse les baigneurs.

La situation

Cartes Michelin nos 70 plis 15, 16 ou 243 plis 43, 44 – Jura (39). Bien que sinueuse, la N 5 est l'accès principal pour rejoindre la station, que l'on vienne de Morbier ou du col de la Faucille. La station regroupe quatre villages : Les Rousses, Prémanon, Lamoura et Bois-d'Amont.
🛈 *BP 8, 39220 Les Rousses,* ☎ *03 84 60 02 55.*

Le nom

C'est à une expression cynégétique, « aller aux rousses », que le village devrait son nom : les chasseurs désignaient sous ce nom le gibier de couleur rousse (faisans, renards...) très abondant dans la région.

Les gens

3 184 habitants dont 2 840 Rousselands. Repos ! Même le fort, réputé pour la rigueur de ses stages commando, a retrouvé une quiétude quasi monastique pour « l'élevage » des fromages. Place aux loisirs et à la bonne chère !

Une petite pause, et c'est reparti ! N'hésitez pas à vous lancer sur les pistes des Jouvencelles, il y en a pour tous les goûts et tous les niveaux.

carnet pratique

RENSEIGNEMENTS UTILES

Météo, enneigement de la station :
☎ 03 84 60 05 08.
Frontière : la proximité de la Suisse nécessite la connaissance des conditions de passage de la frontière. Se reporter au chapitre qui y est consacré dans les Informations pratiques en début de guide.

OÙ DORMIR

• *Valeur sûre*
Redoute – ☎ *03 84 60 00 40* - **P** -
26 ch. : 350/360F - 🖵 *39F - restaurant 85/195F.* Un hôtel familial sobre, à l'entrée de la station. Les chambres sont simples mais bien tenues. Grande salle à manger rustique. Bon choix de menus à prix raisonnables, dont un pour les enfants.

OÙ SE RESTAURER

• *Valeur sûre*
Arbez Franco-Suisse – *2,5 km au S des par N 5 -* ☎ *03 84 60 02 20 - fermé 1er au 15 nov., lun. soir et mar. hors sais. - 130/240F.* La tête en Suisse et les pieds en France ! C'est peut-être ce qui vous arrivera si vous dormez dans l'une des chambres de cet hôtel à cheval sur la frontière. Deux restaurations possibles : dans la salle à manger au cadre boisé ou à La Brasserie.

OÙ PRENDRE UN VERRE

Le Chalet du Lac – *1580 rte du Vivier -* ☎ *03 84 60 01 83 - mer.-lun. 10h-1h.* Le principal attrait de cet établissement réside dans son cadre : depuis la terrasse au bord de l'eau, la vue embrasse les contours du lac des Rousses jusqu'au massif du Noirmont. Un panorama propice au repos.

ARTISANAT

Boissellerie du Hérisson – *101 r. Pasteur -* ☎ *03 84 60 30 84 - mar.-sam. 10h-12h, 14h-19h, dim. 14h-19h.* Dans cette boutique, il est difficile de faire son choix parmi une multitude de beaux objets en bois : jouets comme autrefois, jeux de société, coffrets à peindre... Tous sont fabriqués par des artisans de la région.

SPORTS ET LOISIRS

Bowling – À Prémanon. Grande salle de 12 pistes internationales à proximité de la patinoire.
Excursion – Un petit train relie tous les jours La Cure à Nyon, sur les bords du lac Léman. Renseignements au ☎ 03 84 60 01 90.
Centre sportif des Rousses – Sur près de 2 000 m², ce centre offre toutes les possibilités de détente et de remise en forme. Forfaits à la sem.
☎ 03 84 60 52 89.
Centre équestre – Route du mont Saint-Jean. Cours de tous niveaux, balades, promenades en calèche ou en traîneau dans la station... ☎ 03 84 60 04 09.
Patinoire – À Prémanon. Grande patinoire couverte (36 m X 14 m).
☎ 03 84 60 77 39.
Parapente – Initiation et perfectionnement pendant les vac. de Pâques, en juil. et août. S'adresser à Jacky Bouvard.
☎ 03 84 60 09 83.

séjourner

LE COIN DES SURFEURS
Vous êtes branchés surf ? Pour pratiquer ce grand art, rendez-vous aux Jouvencelles ou éventuellement au Noirmont qui sont équipés d'un télésiège. Mais attention, vous ne serez pas seuls sur la piste !

LES SENTINELLES DE LA DÔLE
Reconnaissable à ses « radômes », curieuses sphères blanches, la station radar de la Dôle contrôle le trafic aérien pour l'aéroport de Genève. Souvent fréquenté par des chamois, le sommet est également un point de rendez-vous pour les randonneurs entraînés ; quand les conditions météorologiques sont favorables, le panorama sur le lac Léman et sur les Alpes est inoubliable.

Ski alpin

Pas moins de 4 domaines skiables, dont un en Suisse, offrent 40 km de pistes de tous niveaux : 16 vertes, 7 bleues, 16 rouges, 4 noires. Elles sont desservies par 40 remontées mécaniques. Différents forfaits regroupent plusieurs domaines ou la totalité du massif. Des navettes gratuites ski-bus relient Lamoura, La Serra, les Jouvencelles, Le Noirmont...

◀ **Les Jouvencelles** – Domaine privilégié des débutants et des familles. Nombreuses pistes pour enfants, très longues pistes vertes et 2 pistes rouges. À mi-piste, un bar-restaurant, le Beauregard, constitue une halte très agréable pour les marathoniens de ski. Altitude maxi : 1 420 m.

La Serra – Le niveau monte car malgré une très belle piste verte, le domaine s'adresse davantage aux habitués qui fréquentent les pistes bleues ou rouges. Altitude maxi : 1 495 m.

Le Noirmont – Débutants, s'abstenir ! Même la longue piste verte requiert un minimum d'assurance, ne serait-ce que pour utiliser sereinement le télésiège. Quant aux pistes rouges et noires, elles font la joie des surfeurs et autres équilibristes qui dévalent les pentes parfois verglacées. Altitude maxi : 1 560 m.

◀ **La Dôle** – Sommet du massif, la Dôle s'élève en Suisse, couronnée par une station de radars. Les bons skieurs y sont les bienvenus car ils trouveront abondance de pistes bleues, rouges ou noires ; les quelques pistes vertes sont très, très courtes ! Altitude maxi : 1 680 m.

Ski de fond

Les quelque 250 km de pistes font de la station et de ses environs un lieu privilégié pour les fondeurs. Les pistes sont balisées pour permettre la pratique du pas alternatif

Sagement alignés, ils n'attendent que vous ! La voile est une activité très prisée dès l'arrivée des beaux jours.

ou du pas de patineur. Tous les niveaux sont également prévus grâce à plus de 35 pistes de difficultés variées (de vertes à noires). Depuis 1979, la célèbre Transjurassienne, s'élance de Lamoura pour une course de 76 km.

Raquettes

Sport accessible à tous, la randonnée en raquettes requiert, comme la marche à pied, un minimum d'entraînement physique. Avant de vous lancer audacieusement dans de longues excursions, vous pouvez vous initier ou vous entraîner sur les quelques pistes balisées aux sorties de la station. Si le sens de l'orientation n'est pas votre point fort, ou si la faune et la flore locales vous sont inconnues, vous suivrez avec intérêt les randonnées organisées et encadrées par un accompagnateur de l'École du ski français (ESF).

se promener

Les Rousses

Au cœur d'un territoire longtemps disputé le village ne ► s'est développé que très tardivement autour de son église du 18ᵉ s. Les anciennes maisons de bois ont disparu, remplacées par des lotissements et des établissements hôteliers. De la terrasse de l'église, vue sur le lac des Rousses et sur la chaîne du Risoux.

Lac des Rousses – *2 km au Nord.* Ce lac de près de 100 ha s'anime chaque été dès les premières chaleurs. Ses plages et ses activités nautiques en font un lieu très apprécié des estivants.

Fort des Rousses – Construit au 19ᵉ s., le fort est un des plus vastes de France. Peu impressionnant à première vue, il cache un incroyable réseau de galeries souterraines qui pouvaient abriter jusqu'à 3 000 hommes. Aujourd'hui démilitarisé, il intéresse plusieurs entreprises séduites par son cadre exceptionnel. Les abords du fort sont désormais accessibles aux promeneurs.

Prémanon

Dominé à l'Ouest par le mont Fier (1 282 m), ce village et les hameaux avoisinants bâtis à plus de 1 000 m s'étagent par paliers depuis les bords de la Bienne, aux confins de Morez, jusqu'à la petite vallée des Dappes qui constitue la frontière, au pied de la Dôle en Suisse.

Forêt de Risoux

D'une cinquantaine de kilomètres de longueur, de 4 à 5 km de largeur, cette forêt a un tiers de sa superficie en France et le reste en Suisse. On peut faire, sous ses futaies, un grand nombre de promenades : fort du Risoux, crêt des Sauges, etc.

visiter

Centre polaire Paul-Émile-Victor

À Prémanon. 15h-19h, fermé lun. et mar. en mai-juin (de déb. juil. à mi-sept. et de déb. déc. à déb. mars : 10h-12h, 15h-19h). Fermé de mi-sept. à mi-oct. 25F. ☎ 03 84 60 77 71.

EN SIGNE DE PARTAGE
L'église présente une particularité géographique amusante : les eaux de pluie qui tombent sur la pente Nord de la toiture s'écoulent vers la mer du Nord par l'Orbe et le Rhin ; celles que reçoit la pente Sud vont à la Méditerranée par la Bienne et le Rhône.

PAUL-ÉMILE VICTOR (1907-1995)
À l'origine du musée, Paul-Émile Victor est né à Genève mais a passé toute son enfance à Lons-le-Saunier. Après de nombreux séjours chez les Esquimaux il est devenu un spécialiste mondialement reconnu des expéditions polaires en Arctique puis en Antarctique (Terre Adélie).

☺ Cette originale construction formant une heureuse combinaison de triangles blancs et couleur bois invite dès l'entrée à découvrir la vie des populations esquimaudes et lapones (objets traditionnels) ainsi que la faune du Grand Nord : le magnifique ours blanc naturalisé de 3,10 m de haut en est une saisissante illustration.

La maison de la Faune
Aux Jouvencelles, sur la commune de Prémanon. Tlj sf mar. (hors vac. scol.) : 9h-12h, 13h30-18h30. Fermé de déb. nov. à mi-nov. 25F. ☎ 03 84 60 78 50.
☺ Dans cette grande bâtisse, authentique ferme du Haut-Jura (1729), sont essentiellement présentés des oiseaux : plus de 150 espèces dont le grand tétras au superbe plumage *(voir illustration p. 55).*

Musée de la Boissellerie
À Bois-d'Amont. Vac. scol. et de mi-juin à mi-sept. : 14h-18h (de mi-juil. à mi-août : 10h-12h, 14h-18h) ; de mi-sept. à mi-juin : mer. et w.-end 15h-18h. Fermé de déb. nov. à mi-déc. 25F. ☎ 03 84 60 90 54.
Le village a longtemps été spécialisé dans le travail du bois et en particulier de l'épicéa. Cette activité traditionnelle est présentée dans une ancienne scierie restaurée et transformée en musée. Les différents métiers du bois et en particulier celui de boisselier (fabrication de boîtes) sont évoqués par des démonstrations et des documents audiovisuels.

Musée du Lapidaire
À la mairie de Lamoura. De Noël à Pâques et juil.-août : tlj sf w.-end 14h30-18h. 18F. ☎ 03 84 41 22 17.
À quelques lieues de la vallée de la Joux et des ateliers horlogers suisses, l'art de la taille des pierres précieuses a longtemps apporté un complément de revenu aux habitants isolés dans la montagne jurassienne. Quelques collections de pierres et d'outils, une petite démonstration et une vidéo illustrent ce savoir-faire aujourd'hui en voie de disparition dans la région.

circuit

FORÊT DU MASSACRE
Cette forêt est l'une des forêts les plus élevées du Jura français. Elle culmine au crêt Pela, à 1 495 m d'altitude : vue sur le Valmijoux et le Mont-Rond. Les boisements sont principalement constitués de peuplements d'épicéas. La forêt conserve de nombreuses espèces des époques glaciaires telles que la chouette chevêchette ou la chouette de Tengmalm pour l'avifaune, l'orchis vanillé, le camerisier bleu ou diverses tourbières pour la flore. Des **visites du massif** sont organisées en saison.
Circuit de 34 km, plus 1/4h à pied AR. Quitter Lamoura au Nord-Est par la D 25.
La pittoresque route de la combe du Lac passe parmi de beaux épicéas.
Aux Jouvencelles, tourner à droite en direction du parking de téléski, puis 100 m plus loin prendre le chemin communal des Tuffes. Après avoir dépassé les dernières habitations, tourner à gauche dans une route qui s'embranche sur la route forestière ; laisser la voiture 750 m après.

Belvédère des Dappes
🔼 Alt. 1 310 m. *1/4h à pied AR.* Vue *(table d'orientation)* sur les agglomérations des Rousses et de la Cure, le lac des Rousses, le Noirmont, la Dôle et, par temps clair, les Alpes suisses (les Diablerets).
Poursuivre par la route forestière tracée au cœur de la forêt du Massacre. D'un point situé à l'Est du crêt Pela s'offre une échappée sur le Mont Blanc par la trouée du col de la Faucille.
Par Lajoux, la D 436 et la D 25, regagner Lamoura.

POUR MÉMOIRE
Anciennement appelée **forêt de la Frasse**, la forêt a pris le nom de « forêt du Massacre » parce que les troupes du duc de Savoie qui assiégeaient Genève, en 1535, y refoulèrent et massacrèrent un détachement de mercenaires envoyé en renfort par François Ier.

Saint-Claude★

Saint-Claude est avant tout un site magnifique au confluent de la Bienne et du Tacon dans la montagne jurassienne. Cette situation exceptionnelle est à l'origine d'une très célèbre abbaye dont la prospérité a rapidement eu raison de l'esprit de pauvreté monastique et a entraîné sa décadence avant la Révolution. De cette période faste, la ville n'a gardé que la cathédrale, mais a retrouvé un réel dynamisme autour d'un artisanat, dont celui de la pipe, et autour du tourisme en s'intégrant dans le Parc naturel régional du Haut-Jura.

La situation

Cartes Michelin n°s 70 pli 15 ou 243 pli 43 – Jura (39). Pour apprécier le site de Saint-Claude, étroite terrasse dominant les deux torrents de la Bienne et du Tacon, se rendre sur le grand pont qui enjambe le Tacon : vue générale sur la ville et sur le cirque des Foules.
🖼 *19 rue du Marché,* ☎ *03 84 45 34 24.*

Le nom

Vous l'auriez deviné, mais nous confirmons que c'est bien saint Claude, archevêque de Besançon au 7e s., qui a donné son nom à la ville à partir du 12e s. L'ancien nom était *Condat* qui signifie « confluent ».

Les gens

12 704 Sanclaudiens. Comme pour la Ville éternelle deux frères sont à l'origine de la ville : saint Romain et saint Lupicin, deux ermites qui vécurent pauvrement dans la forêt, mais sans l'aide d'une louve, semble-t-il.

Saint-Claude n'est pas la capitale de la pipe pour rien. Ses artisans rivalisent de talent et d'imagination et il y en aura forcément une à votre goût ; ou alors... c'est que vous n'aimez pas la pipe !

comprendre

GRANDEUR ET DÉCADENCE

Les pionniers du Jura – Vers 430, un jeune homme, le futur saint Romain, voulant mener la vie d'anachorète, quitte Izernore, sa ville natale (à 45 km au Sud-Ouest de Saint-Claude), pénètre dans l'épaisse forêt du Haut-Jura et choisit comme abri un grand sapin qui se dresse auprès d'une source. Là s'élèvera plus tard la cathédrale de Saint-Claude. Il se nourrit de baies sauvages jusqu'à ce que le sol, qu'il défriche, fournisse quelque appoint. Son frère Lupicin le rejoint, puis des disciples se présentent, chaque jour plus nombreux, attirés par la sainteté et les miracles des deux ermites.

Quand, cinquante ans plus tard, saint Lupicin meurt, un monastère qu'on appelle **Condat** a surgi autour de l'arbre de saint Romain. De nombreux prieurés et quantité de « granges » (installations rudimentaires ne comprenant que deux ou trois moines) ont été créés dans le Haut-Jura et jusqu'en Suisse. Quinze cents religieux vivent sur ces domaines, qu'ils défrichent obstinément. Dans le buis des forêts, ils façonnent des objets de piété pour les pèlerins : statuettes, crucifix, chapelets, etc. C'est l'origine des articles en bois tourné qui seront plus tard la richesse de la région.

Les saints moines – Au 6e s. saint Oyend, au 7e s. saint Claude, grand seigneur, archevêque de Besançon, qui résigne sa charge pour se faire moine et gouverne l'abbaye pendant cinquante-cinq ans, ajoutent encore à l'illustration de la pieuse maison ; ils y créent une atmosphère de miracles. À partir du 12e s., le monastère et la ville qui en dépend prennent le nom de Saint-Claude. Sur les routes de Bourgogne se hâtent les pèlerins vers les reliques des saints moines. En 1482, Louis XI s'y rend, en exécution d'un vœu.

> ### SAINT LUPICIN
> #### AU FIL DES JOURS
> Il ne fait qu'un repas végétarien tous les deux jours, ne boit jamais : quand la soif le torture, il plonge ses mains dans l'eau froide qui, passant par les pores, rafraîchit son corps desséché. Vêtu de peaux de bêtes, il ignore le lit, dort assis dans une stalle de l'oratoire ou, quand il est malade, s'allonge dans une écorce de sapin roulée.

Relâchement – Aux 13e et 14e s., la discipline religieuse se relâche ; l'abbaye, dont la fortune, sous l'effet des dons qui accompagnent les pèlerinages, s'accroît sans cesse, est devenue trop riche. Dès lors, nombreux seront ceux qui se feront religieux par ambition cupide. Pour que ces bénéfices soient plus élevés, les moines diminuent leur nombre : à la maison mère de Saint-Claude, de cinq cents ils tombent à trente-six et même à vingt.

Les moines gentilshommes – La noblesse comtoise tourne vers les richesses de l'abbaye des regards d'envie. Elle se fait attribuer les places vacantes et, dès qu'elle a la majorité au chapitre, édicte que nul ne pourra entrer à Saint-Claude s'il n'est noble de père et de mère, depuis quatre générations. Ce haut recrutement a de graves conséquences. Chaque moine, s'il vit encore dans l'intérieur du monastère, a du moins sa maison particulière, au train de vie somptueux. Des moines prennent jusqu'à neuf mois de vacances par an. La gourmandise s'installe. On va dîner en ville, on chasse en costume laïque, perruque en tête, épée au côté. Les proches, les amis des deux sexes sont reçus librement...

Ne parvenant pas à réformer l'abbaye, le Saint-Siège décide, en désespoir de cause, de créer pour la ville (1737) un siège d'évêque, dont les moines deviennent les chanoines. Par ce biais, ils se trouvent ainsi libérés de l'observance bénédictine devenue pour eux insupportable.

La Révolution en marche – Les seigneurs chanoines, découronnés du prestige moral de leurs saints prédécesseurs, n'apparaissent plus, aux yeux des 14 000 habitants de leur terre, que comme une poignée de privilégiés sans vergogne. Vers 1770, six villages du Haut-Jura, entament un procès contre le chapitre afin d'obtenir leur affranchissement. Ce procès a un immense retentissement car Voltaire, alors à Ferney, vient au secours des serfs jurassiens par des pamphlets corrosifs. Après cinq années de procédure, ce sont les chanoines têtus qui triomphent. Leur droit reconnu, l'évêque propose de faire le geste spontané et généreux

---

D'ENRAGÉS PLAIDEURS

Du 15e au 18e s., l'abbaye entame ou soutient un nombre de procès incalculable avec la ville. Voici quelques échantillons des litiges : quelle cloche doit sonner le plus fort, celle du monastère ou celle de l'église paroissiale ? Après quarante ans de procédure, c'est Charles Quint qui résout, personnellement, ce grave conflit. L'abbé refuse, un jour, de faire aux jeunes gens de la ville, à l'occasion d'une fête, le cadeau traditionnel d'une mesure de noix : le Parlement pâlit sur la question pendant trente ans...

ST-CLAUDE

Exposition de pipes de diamants et pierres fines . . . . **Z** E

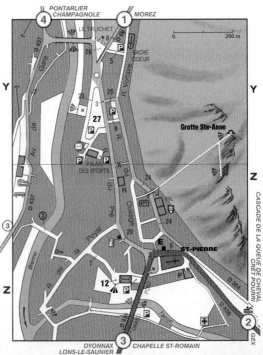

qui supprimera le servage. Nouveau refus. Il s'adresse au roi, mais Louis XVI n'ose trancher dans le vif. La Révolution va régler la question : la principauté religieuse de Saint-Claude est abolie, ses serfs libérés, ses biens confisqués et vendus. Il ne subsiste plus, de la glorieuse maison, que la cathédrale et quelques vestiges des bâtiments.

LA CAPITALE DE LA PIPE

Les Romains fumaient du chanvre dans des pipes en terre cuite ou en fer. En France, on n'a pas usé de la pipe avant 1560, date à laquelle Nicot, notre ambassadeur au Portugal, l'a introduite à la cour, en même temps que le tabac. L'instrument se compose d'un long tuyau terminé par un petit réchaud d'argent. Le succès est d'abord mince, mais à la fin du 18e s. la vogue s'affirme et les artisans de Saint-Claude, habiles tourneurs sur bois, s'intéressent au problème. À des fourneaux en porcelaine importés d'Allemagne, ils ajustent des tuyaux en bois ou en corne, fabriqués sur place, puis s'attaquent à la pipe en bois. Le buis, le merisier, le noyer, le poirier leur donnent bien des déboires : ils brûlent avec le tabac qui prend un goût affreusement âcre.

En 1854, un Corse propose à un pipier, Daniel David, habitant le village de Chaumont, près de Saint-Claude, de lui fournir de la racine de bruyère, bien supérieure au buis pour la fabrication des pipes. David essaie ce nouveau bois et vient s'installer à Saint-Claude. Le succès est triomphal. La racine de bruyère vient de Corse ou des pays du littoral méditerranéen. La souche est extraite – certaines pèsent 50 kg – et débitée sur place en petits morceaux appelés « ébauchons ». Expédiés à Saint-Claude, ils y sont séchés, découpés et calibrés à la scie. Après une vingtaine d'opérations, l'objet poli, verni, s'offre à la convoitise des fumeurs.

Jusqu'en 1885, la ville a détenu le monopole mondial de cette fabrication. Mais les guerres de 1914 et 1939 ont favorisé le développement de fabriques concurrentes à l'étranger. Cependant, cette industrie reste essentiellement sanclaudienne.

LA FÊTE DES SOUFFLACULS

Le mercredi des Cendres est un jour mouvementé pour les Sanclaudiennes. En effet, reprenant une ancienne tradition quelque peu parodiée, les hommes de la ville, vêtus de blanc et munis de soufflets, parcourent la ville en actionnant leur soufflet devant les dames. Curieusement ce sont les moines qui en sont à l'origine. Lors d'une cérémonie religieuse, les moines traversaient la ville avec des soufflets pour en chasser le démon ; un moine facétieux en profita pour souffler sous la jupe d'une femme connue pour ses mœurs légères ! Cette initiative amusa tellement les habitants qu'elle est devenue une fête traditionnelle.

se promener

Site★★

Gagner la place Louis-XI d'où la **vue★**, au-dessus des vieux remparts, est très belle.

Du bas de la pittoresque rue de la Poyat, on a une vue sur la vallée du Tacon. En pente très raide, la rue de la Poyat unissait le quartier haut (de l'abbaye) au quartier populaire et artisanal du faubourg et était l'un des deux accès dans la cité quand les ponts modernes n'existaient pas. C'est arrivant par là qu'il faut imaginer les cortèges des pèlerins qui montaient vers la châsse de saint Claude.

BELVÉDÈRES
Depuis la grotte Sainte-Anne, beau point de vue sur la ville que l'on surplombe de 200 m. Point de vue également depuis la terrasse de la place du 9-Avril-1944. Enfin, du milieu du viaduc, on appréciera mieux l'exiguïté des espaces plans qui a obligé les immeubles à « pousser » en hauteur.

carnet pratique

---

visiter

SAINT CLAUDE

Jusqu'en 1794, le tombeau de saint Claude attira des foules de pèlerins. Empereurs, rois, grands seigneurs sont venus le vénérer. Anne de Bretagne, jusqu'alors stérile, prénomma Claude – future femme de François Iᵉʳ – la fille qu'elle eut de Louis XII, après son pèlerinage jurassien. Du corps du saint brûlé pendant la Révolution, il reste quelques reliques aujourd'hui conservées dans la châsse placée dans la chapelle à droite du chœur.

Cathédrale Saint-Pierre★

Elle se trouvait au centre de l'abbaye. L'édifice actuel, élevé aux 14ᵉ et 15ᵉ s., dans le style gothique, a été terminé au 18ᵉ s. par l'adjonction de la façade classique. La tour du 15ᵉ s. a été surhaussée au 18ᵉ s. À l'extérieur, la partie la plus intéressante est l'abside, avec ses échauguettes surmontées de flèches.

À l'intérieur, elle comporte un beau vaisseau rectangulaire sobre et austère porté par 14 piliers octogonaux massifs. À gauche de l'entrée, un **retable★** est appliqué au mur de la nef. Il fut offert en 1533 par Pierre de la Baume, dernier évêque résidant à Genève, reconnaissant à saint Pierre d'avoir échappé aux troubles politiques et religieux.

Le chœur est orné de **magnifiques stalles★★** en bois sculpté commencées avant 1449 et achevées en 1465 par le Genevois Jehan de Vitry. Elles présentent sur les dorsaux les apôtres et les prophètes en alternance, puis d'anciens abbés du monastère ; sur les grandes et petites joués, des scènes de l'histoire de l'abbaye dont saint Romain et saint Lupicin qui en furent les fondateurs ; sur les parcloses et les miséricordes, les restaurateurs de la fin du 19ᵉ s. ont repris des scènes de la vie quotidienne. Malheureusement, la partie Sud de cet

Nulle part vous ne trouverez semblable cathédrale ! Seul vestige de l'abbaye, elle étonne surtout à l'extérieur où sa façade classique contraste avec sa curieuse abside fortifiée protégée par neuf échauguettes.

ensemble a été détruite par un incendie dans la nuit du 26 septembre 1983. Après un long travail de recherche, les stalles incendiées ont été reconstruites sous la direction de la Conservation régionale des monuments historiques.

Exposition de pipes, de diamants et pierres fines

Mai-sept. : 9h30-12h, 14h-18h30 (juil.-août : 9h30-18h30) ; oct.-avr. : tlj sf dim. et j. fériés 14h-18h. Fermé de nov. à mi-déc. 23F. ☎ *03 84 45 17 00.*

Collection de pipes des 18e et 19e s. d'une grande variété, certaines artistiquement décorées, et très diverses par leur matériau (écume, terre cuite, cuivre, émail, bruyère, corne...), par leurs dimensions, par leur origine (pipes du monde entier). La chancellerie présente la collection des pipes marquées des noms des personnalités intronisées dans la célèbre confrérie des Maîtres Pipiers de Saint-Claude. Remarquer une machine à sculpter, sur le principe du pantographe.

> **LA PIERRE DANS TOUS SES ÉTATS**
> L'exposition fait connaître les diamantaires, les pierres fines, naturelles et synthétiques, brutes et taillées, l'outillage du diamantaire et du lapidaire et la progression du travail de la taille. On remarque quelques couronnes et pièces d'apparat faisant partie de joyaux et de trésors célèbres.

alentours

Chapelle Saint-Romain

23 km par la D 436. Au pont de Lizon prendre à droite la D 470. À hauteur de Pratz, prendre à gauche le chemin de Saint-Romain, D 300. Laisser la voiture à l'entrée du hameau, et suivre tout droit (1/2h à pied AR) le chemin en descente qui mène à la chapelle.

De style roman bourguignon, la chapelle est située dans un site charmant. La **vue**★ plonge, à 270 m au-dessous de soi, sur la Bienne *(p. 277)*, sortie de ses gorges, qui décrit de paresseux méandres entre des versants boisés. Le lundi de la Pentecôte, la chapelle est un but de pèlerinage très populaire dans la région.

Revenir sur ses pas jusqu'à Lavans où, en prenant à gauche la D 118, on fera un détour par Saint-Lupicin.

Saint-Lupicin

En 445, saint Lupicin, abbé de Saint-Claude, fonda dans ce village un prieuré. L'église, mis à part la voûte du 17e s., est l'un des édifices romans les mieux conservés de la région. Sous l'autel de gauche se trouve la châsse contenant les ossements de saint Lupicin, sous l'autel de droite un bas-relief dû à Maurice Denis.

découvrir

LE PARC NATUREL RÉGIONAL DU HAUT-JURA

Grâce à une importante extension en 1998, le Parc naturel régional du Haut-Jura, dont le siège est à Lajoux, couvre une superficie de 145 000 ha englobant 96 communes dont St-Claude et Morez. Son objectif est de protéger le patrimoine naturel et culturel ; l'artisanat, particulièrement riche (pipes, jouets, travail du bois...), y retrouve toute sa place. Cette zone de moyenne montagne dont le point culminant est le crêt Pela (1 495 m), le plus haut sommet de Franche-Comté, est propice en hiver à la pratique du ski et en été aux randonnées.

① De gorges en crêts

Quitter Saint-Claude à l'Est et rejoindre la D 304.

Cascade de la Queue de Cheval★

5 km, puis 1h à pied AR. 🥾 *Laisser la voiture sur le parking à la sortie du village de Chaumont ; prendre à droite le sentier.*

Celui-ci conduit au pied de la cascade, haute de 50 m environ.

Continuer sur la D 304. Après un pont, laisser la voiture au hameau de la Main-Morte et prendre le sentier signalé en rouge vers le crêt Pourri.

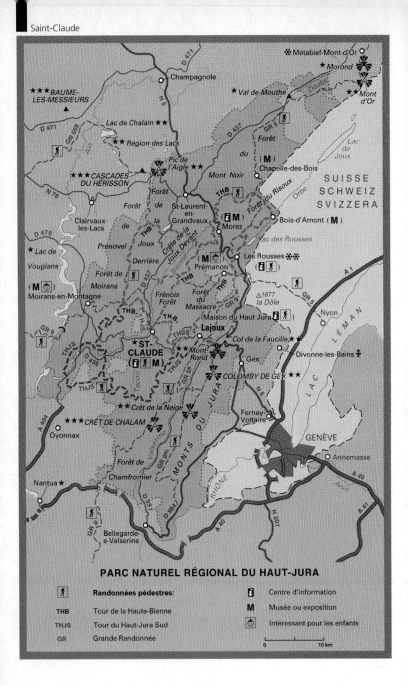

PARC NATUREL RÉGIONAL DU HAUT-JURA

	Randonnées pédestres:			Centre d'information
			M	Musée ou exposition
THB	Tour de la Haute-Bienne			Intéressant pour les enfants
THJS	Tour du Haut-Jura Sud			
GR	Grande Randonnée			

0   10 km

Le crêt Pourri★

Alt. 1 025 m. ⏱ *1/2h à pied AR.*
De la table d'orientation, beau **panorama★**.
Suivre la D 304 jusqu'à Lamoura que l'on traverse en
direction de Lajoux.

Lajoux

Cœur du parc naturel, Lajoux accueille en effet la **Maison du parc** et quelques artisans (layetier, potier) qui
perpétuent les savoir-faire de la région. Il est également
possible de voir un **grenier-fort** ; ces solides constructions, à l'écart des fermes à cause des incendies, abritaient les denrées rares et les objets ayant quelque valeur.
Par la D 292, gagner Le Molunes, puis Moussières. Remonter vers Saint-Claude par la D 25. Prendre la première route à gauche vers le belvédère.

MAISON
DU PARC
39130 Lajoux,
☎ *03 84 34 12 30.*
Minitel 3615 htjura.
Renseignements sur les
possibilités de
randonnée, activités,
découvertes.

Belvédère de la roche Blanche

Alt. 1 139 m. *Parking.* Vue étendue sur la vallée du Flumen, Saint-Claude et Septmoncel.

700 m plus loin, un autre belvédère est aménagé au bord de la route.

Belvédère de la Cernaise★

De ce promontoire, établi au-dessus du vide, on a une **vue** plongeante sur la vallée du Flumen, Saint-Claude et le plateau de Septmoncel.

Suivre la D 25 jusqu'au lieu dit l'Évalide et tourner à gauche vers Saint-Claude.

Gorges du Flumen★

Le torrent de Flumen, affluent du Tacon, a taillé des gorges sauvages au fond desquelles il bondit en cascades successives dont la plus belle se voit, de la route, entre le tunnel et le Chapeau de Gendarme. Certaines années, au mois d'août, on peut cueillir dans le fond de la vallée d'odorants cyclamens. Entre Saint-Claude et Septmoncel, la D 436 suit, en corniche, ces **gorges**★ célèbres, et ouvre sur elles des perspectives impressionnantes. Elle traverse, en tunnel, un éperon rocheux, puis offre une vue, en avant, sur la principale cascade du Flumen.

Belvédère du Saut du Chien

Parking. Belle vue sur les gorges.

Chapeau de Gendarme★

Des sinuosités appelées lacets de Septmoncel suivant le belvédère, on découvre la curiosité géologique qu'est le Chapeau de Gendarme *(parking)*, ensemble de strates épaisses, horizontales à l'origine, qui sous une lente pression ont été soulevées à l'ère tertiaire et se sont tordues sans se rompre.

2 Vallée de la Bienne

82 km. Quitter Saint-Claude par la D 69 en direction de Morez. Au premier grand tournant, prendre à gauche un sentier (1h à pied AR) vers la cascade des Combes.

Cascade des Combes

🚶 Elle constitue une promenade ombragée qui était, paraît-il, particulièrement appréciée par Lamartine.

En remontant vers Cinquétral, un belvédère aménagé dans un virage dévoile une superbe **vue**★★ sur le site de Saint-Claude que l'on domine alors de près de 400 m. Plus loin, la route ne procure que rares échappées sur les gorges dont on n'aperçoit pas le fond.

Vers Morez, la route dessert le belvédère de la Garde et offre de jolies vues sur le site et ses étonnants viaducs.

Morez★ *(voir ce nom)*

MAISON DES FROMAGES

Dans la zone de production du bleu de Gex, la coopérative fromagère de Moussières a aménagé une galerie vitrée pour assister à la fabrication. Vidéo et dégustation. Il est recommandé de venir le matin à partir de 8h15.

☎ 03 84 41 60 96.

Garde à vous ! Il se cache un peu dans la nature mais vous avez certainement reconnu le fameux Chapeau de Gendarme, copieusement arrosé par une belle cascade.

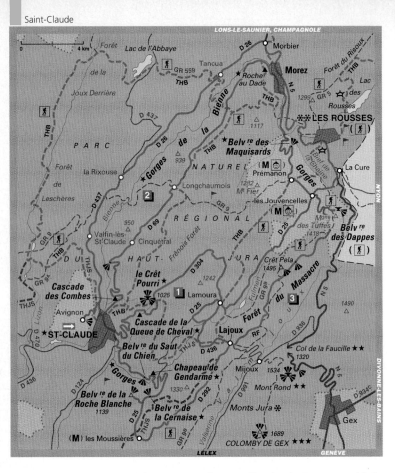

Quitter Morez par la N 5 en direction des Rousses et rejoindre
la D 25 à droite en direction de la Cure. Dans un virage très
serré est aménagé un spectaculaire belvédère.

Belvédère des Maquisards★

Il domine les gorges en aval du fort des Rousses, sur
l'autre rive à droite.

La D 25 au Sud-Ouest de la Cure, puis à gauche la D 29,
chemin de promenade, très sinueux, sous bois, offrent
quelques échappées sur le fond des **gorges** de la Haute-
Bienne et de son affluent, le bief de la Chaille.

*Regagner Morez par la N 5 qui passe par la station des
Rousses. À Morez, continuer sur la N 5 jusqu'à Morbier et
prendre la D 26 en direction de Tancua, les Mouillés, la
Rixouse.*

La route suit les **gorges**★ de la Bienne.

À la Rixouse, prendre la D 437 à gauche vers Saint-Claude.
Après Valfin-lès-Saint-Claude, on découvre une très belle perspective à gauche dans l'axe des gorges.

Peu avant de pénétrer dans Saint-Claude, prendre à
droite la petite route d'Avignon, en lacet et en forte
montée, qui offre à 1,5 km un beau point de vue sur
Saint-Claude.

Église de **Saint-Hymetière**★

Sur les bords du Revermont, la Petite Montagne et particulièrement le petit bourg de St-Hymetière s'enorgueillissent de posséder un joyau d'art roman. En effet, un peu excentrée à une sortie du village, l'harmonieuse silhouette de l'église veille impertubablement depuis le 11e s. sur la campagne jurassienne.

La situation
Cartes Michelin nos 70 pli 14 ou 243 pli 42 – Jura (39).
Que l'on vienne de St-Julien à l'Ouest ou d'Orgelet au Nord, c'est par la D 109 que l'on accède à ce petit village qui a la particularité de ne pas s'être développé autour de son église.

Le nom
C'est un moine de l'abbaye de Condat à St-Claude qui a donné son nom à l'église et au village.

Les gens
La paroisse relevait autrefois d'un prieuré mâconnais. Elle a depuis retrouvé son indépendance !

visiter

Église
Comment rester insensible à son élégant clocher octogonal, à son porche dallé de pierres tombales anciennes, à ses flancs épaulés de contreforts massifs, percés d'étroites fenêtres archaïques et ornés de hautes bandes lombardes ? À l'intérieur, le chœur en cul-de-four et le bas-côté droit évoquent l'édifice primitif alors que la voûte principale et le bas-côté gauche font apparaître les reprises de maçonnerie effectuées au 17e s.

alentours

Arinthod
Le village est situé dans une plaine fertile entre deux chaînons parallèles du Revermont. La place principale s'orne d'une fontaine de 1750 ; elle est bordée de maisons à arcades épaulées par de robustes contreforts.

Église – Elle s'ouvre par un grand clocher-porche desservi par un seuil surélevé ; à la retombée de ses arcs d'ogive, on peut reconnaître les symboles des quatre évangélistes. La nef est intéressante par son long berceau brisé dans lequel des fenêtres ont été ouvertes au 17e s. Remarquez la chaire (17e s.) et le grand crucifix suspendu à la première travée du chœur, œuvre de Rosset (18e s.).

C'est une miraculée. L'église de St-Hymetière est en effet l'une des rares églises romanes parvenues intactes jusqu'à nous, tant les conflits ont été dévastateurs dans la région.

Salins-les-Bains ⚓

Dominée par les forts Belin et St-André, la ville, bâtie tout en longueur, vaut surtout par son site dans l'étroite vallée de la Furieuse. Comme Dole, l'ancienne capitale du comté de Bourgogne, Salins a conservé des fragments de remparts et de vieilles tours. Elle est aujourd'hui une agréable petite ville thermale.

La situation

Cartes Michelin nᵒˢ 70 Ouest du pli 5 ou 243 pli 31 – Jura (39). 41 km au Sud de Besançon par la N 83 et la D 472. 🛈 *Place des Salines, 39110 Salins-les-Bains,* ☎ *03 84 73 01 34.*

Le nom

La présence de sel et son utilisation thermale ne laissent aucun doute sur l'origine du nom.

Les gens

3 629 Salinois. Au 17ᵉ s., Salins était la seconde agglomération de la Comté ; elle comptait 5 700 habitants (11 500 à Besançon). Au centre de la place des Alliés se dresse la statue du général Cler, tué à Magenta, en 1859.

comprendre

L'or blanc – On sait la rareté et le haut prix du sel autrefois ; une saline était une véritable mine d'or ; quiconque dérobait du sel était pendu haut et court. Au début du 13ᵉ s., Jean l'Antique, le plus illustre des Chalon *(voir p. 249)*, met la main sur les puits de Salins et la vente du précieux produit remplit ses coffres. Jean l'Antique se sert de ses écus comme les Anglais de la « cavalerie de St-Georges ». Il achète des fiefs, attire des vassaux, se ménage des intelligences chez les évêques, les moines, les soldats, les bourgeois. Son étonnante réussite s'en trouve facilitée. En reconnaissance, il accorde à la ville du sel, dès 1249, une charte communale.

« L'année de la grande mort » – En 1349, la peste noire dévaste Salins durant six mois, comme toute la Comté. Les autorités de la ville luttent courageusement contre le fléau. Lorsqu'un cas de peste se déclare, le malade est aussitôt transporté dans une des baraques de bois qui ont été construites, isolées dans la campagne. Les médecins, les chirurgiens-barbiers, les prêtres, les fossoyeurs qui s'occupent des pestiférés hors des murs ne peuvent plus rentrer en ville. Les porteurs de civière ont une clochette suspendue au cou afin que leur passage soit signalé et que chacun les évite. En dépit de ces efforts, les 8/10ᵉ de la population succombent.

La renaissance de la ville est lente. En 1374 est fondé un comptoir communal de prêts sur gages, appelé le Mont-de-Salins. C'est l'ancêtre le plus reculé du mont-de-piété moderne.

◀ **Une ancienne métropole du bois** – Pour chauffer les chaudières où l'on fait évaporer l'eau saline, il faut d'énormes quantités de bois que fournissent les forêts avoisinantes. Peu à peu, on y prélève aussi des bois de sciage ou d'industrie. Ce nouveau commerce vient s'ajouter à celui du sel et prend un très grand développement ; il rentre en ville, dans l'année, jusqu'à 60 000 charrettes chargées. La Furieuse anime douze grandes scieries.

LES « VOITURIERS DE LA MARINE »

C'était à Salins que s'achetaient les plus beaux mâts de vaisseaux. Les voituriers chantaient avec un tranquille orgueil :

« Quand nous sommes en chemin,
Pour venir à Salins,
Nous prenons en pitié
Les pauvres labouriers.
Des routes, la Marine
Tient le beau mitan
Et du roi la berline
Ne leur fait pas, d'un cran,
Lâcher l'avant ! »

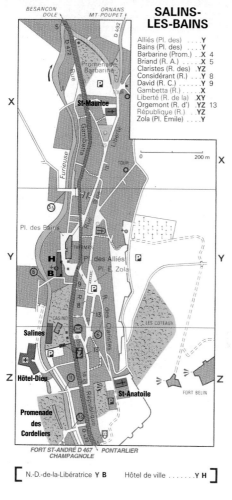

200 m

visiter

Hôtel de ville

Dans l'hôtel de ville (18e s.) est enclavée la **chapelle N.-D.-de-la-Libératrice** du 17e s., surmontée d'un dôme.

Les salines

Des vac. scol. Pâques à mi-sept. : visite guidée (1h) à 9h, 10h, 11h, 14h30, 15h30, 16h30, 17h30 ; de mi-sept. aux vac. scol. Pâques : visite à 10h30, 14h30, 16h. Fermé déc.-janv. et Toussaint. 25F. ☎ *03 84 73 01 34.*

Les visiteurs curieux de voir extraire l'eau salée du sol jurassien ne pourront satisfaire leur curiosité qu'à Salins. Les salines étaient déjà exploitées au temps des Romains (les salaisons de Séquanie étaient célèbres). Des mains des Chalon, elles passèrent à la couronne espagnole, puis à la couronne de France et enfin, en 1843, à l'industrie privée. Au Moyen Âge, plus de 800 saulniers, voituriers, bûcherons, tonneliers et maréchaux travaillaient pour les salines.

À la fin du 18e s., Ledoux construit une nouvelle saline en bordure de la forêt de Chaux. La saumure de Salins est ainsi transportée vers la Saline Royale d'Arc-et-Senans *(voir ce nom)* par un saumoduc long de 21 km.

Les galeries souterraines monumentales (13e s.), longues de 200 m, sont intéressantes à parcourir.

carnet d'adresses

OÙ DORMIR

• Valeur sûre

Grand Hôtel des Bains – *Pl. des Alliés -* ☎ *03 84 37 90 50 - fermé 5 au 20 janv. et dim. soir d'oct. à avril -* 🅿 *- 31 ch. : 295/395F -* 🍽 *42F.* En centre-ville, cet hôtel accède directement aux thermes, à sa piscine et son salon fitness. Les chambres aux murs crépis sont fonctionnelles. Préférez celles sur l'arrière, plus au calme.

OÙ SE RESTAURER

• Valeur sûre

La Rôtisserie – *39330 Mouchard - 9 km au NO de Salins-les-Bains par D 472 -* ☎ *03 84 37 80 34 - fermé 23 au 30 juin, 24 nov. au 15 déc. et mer. sf vac. scol. - 150F.* Écoutez et observez les viandes griller sur la braise dans la vaste cheminée. À la Rôtisserie du Chalet Bel Air, elles sont préparées devant vous, dans un cadre chaleureux.

THERMALISME

Les Thermes – *Place des Alliés -* ☎ *03 84 73 04 63.* Centre agréé pour les cures spécialisées : rhumatologie, gynécologie, enfants. L'établissement complètement rénové vous accueille aussi pour des séjours de remise en forme (fatigue, stress, minceur).

LOISIRS

Casino de l'Abbaye – *6 rue de la République -* ☎ *03 84 73 05 02.* Pocker, machines à sous, restaurant et discothèque, il y en a pour tous les goûts.

Le banc de sel est à 250 m de profondeur ; on l'atteint par des forages tubés de 30 cm de diamètre. Par l'intermédiaire d'un long madrier, une roue hydraulique met en mouvement la pompe qui aspire l'eau, saturée à raison de 33 kg de sel pour 100 l. Pour recueillir le sel, l'évaporation se faisait dans de vastes « poêles » de 45 000 l (l'une d'elles est encore visible) chauffées au charbon.

Église St-Anatoile

C'est la plus intéressante de Salins et l'un des meilleurs exemples du gothique bourguignon cistercien du 13e s. en Franche-Comté ; on y remarquera le goût des architectes de cette région pour les arcs en plein cintre. La façade a une belle porte romane encadrée de deux chapelles en saillie, de style gothique flamboyant.

À l'intérieur, au-dessus des arcades gothiques qui séparent la nef des bas-côtés, courent de jolies arcatures en plein cintre. Remarquer la chaire (17e s.) à droite, stalles à médaillons et boiseries (16e s.) ainsi que le buffet d'orgues en bois sculpté (1737).

Église St-Maurice

À l'intérieur, au fond de la chapelle de droite, statue équestre, en bois, de saint Maurice en costume du Moyen Âge. Pietà en albâtre (16e s.) dans le bas-côté droit.

Hôtel-Dieu

♿ *Sur demande auprès de l'Office de tourisme. Gratuit.*
Il date du 17e s. Dans la pharmacie, boiseries et belle collection de pots en faïence de Moustiers.

Les imposants bâtiments et les hautes cheminées des Salines se dressent toujours sur les bords de la Furieuse. L'exploitation du sel a cessé depuis longtemps mais la source salée est toujours utilisée par les thermes.

alentours

Fort St-André

4 km. Quitter Salins au Sud par la D 472, tourner à droite dans la D 94, puis à droite dans la D 271 et encore une fois à droite. Provisoirement fermé à la visite.

Construit en 1674, sur les plans de Vauban, le fort est un bel exemple d'architecture militaire du 17e s.

À droite au pied des remparts, un belvédère offre une belle **vue**★ sur Salins.

Mont Poupet★

10 km. Sortir par la D 492 au Nord du plan. À 5,5 km, prendre à gauche la D 273, puis à 1 km, toujours à gauche, une route qui arrive au pied de la Croix du mont Poupet (parc de stationnement).

Du belvédère (alt. 803 m), on découvre *(1/4h à pied AR)* une belle **vue**★ (table d'orientation et croix) : au premier plan le bassin de Salins dans sa cluse aux arêtes boisées, en arrière un paysage de pré-bois, à droite l'abrupt portant le fort St-André ; au loin, le regard porte d'une part sur le Mont Blanc, les hautes chaînes et les plateaux du Jura, d'autre part sur la plaine de Bresse avec, au fond, les monts de la côte Bourguignonne et du Beaujolais.

Poursuivre la route en montée, qui, à hauteur d'un relais de télévision, offre une vue très dégagée à l'Ouest sur la forêt de Chaux.

Route des **Sapins**★★

La route des Sapins constitue, sur une quarantaine de kilomètres, entre Champagnole et Levier, une admirable voie de traversée des forêts de la Fresse, de Chapois, de la Joux et de Levier. Notre itinéraire, qui s'en écarte par endroits, en suit la section la plus intéressante et la mieux aménagée.

La situation

Cartes Michelin nos 70 pli 5 ou 243 pli 31 – Jura (39).
La route est jalonnée de nombreux équipements qui en facilitent la découverte : parcs de stationnement, aires de jeux et de pique-nique, sentiers de promenade et de randonnée balisés, sentiers éducatifs.

Le nom

Les forêts de la Joux et de Levier constituent une immense sapinière. Le nom de *joux*, très courant dans la région, désigne un bois de sapins.

Les gens

Hommage doit être rendu au grand dignitaire de la forêt : le sapin président, élu à vie, est distingué pour son âge vénérable, ses imposantes proportions et son port altier.

carnet d'adresses

Des sapins, encore des sapins, et des épicéas, bien sûr. Vous êtes dans l'immense forêt de la Joux qui est une des plus belles sapinières de France.

itinéraires

DE CHAMPAGNOLE À LEVIER

55 km – environ 3h – voir schéma.

Champagnole *(voir ce nom)*

Quitter Champagnole, au Nord-Est, par la D 471. Dans un carrefour, à l'entrée d'Équevillon, laisser la D 471 et continuer tout droit sur la route des Sapins.

La route s'élève dans la **forêt de la Fresse**, offrant une échappée vers la gauche, sur Champagnole.

Tourner à droite dans la D 21 et, laissant sur la gauche la route des Sapins, continuer jusqu'à la bifurcation avec la D 288 que l'on prend à gauche.

La route suit, à la mi-pente, la combe où l'Angillon a creusé son lit, bordé à l'Est par la forêt de la Joux, aux magnifiques futaies, et à l'Ouest par la forêt de la Fresse qui est composée d'une belle sapinière de 1 153 ha.

Avant d'atteindre le village des Nans, tourner à gauche dans la route forestière dite du Larderet aux Nans, d'où l'on a un joli coup d'œil sur les Nans et la combe de l'Angillon.

Au carrefour des Baumes, on rejoint la route des Sapins, qui parcourt la partie Nord de la forêt de la Fresse, traverse le village de Chapois, puis pénètre dans la forêt de la Joux, en s'élevant à flanc de coteau.

Forêt de la Joux★★

C'est une des plus belles sapinières de France. Le massif forestier, d'une superficie de 2 652 ha, est séparé de la forêt de la Fresse par le torrent de l'Anglillon au Sud tandis qu'au Nord il est adossé à la forêt de Levier. Peuplée en majeure partie de résineux, la forêt conserve cependant quelques feuillus épars. Quelques sapins atteignent des dimensions exceptionnelles : certains ont jusqu'à 45 m de hauteur et 1,20 m de diamètre à 1,30 m du sol. Il faut aller sous les tropiques ou en Californie pour trouver des arbres plus importants.

La forêt est divisée par l'administration en cinq « cantons » appelés « séries ». Les plus beaux arbres se trouvent dans le canton de la Glacière et aux Sources.

Quitter à nouveau la route pour prendre, à droite, le chemin du belvédère de Garde-Bois, situé à côté d'une chapelle.

Belvédère de Garde-Bois – Jolie vue sur la vallée encaissée de l'Angillon et, plus loin, sur la forêt de la Fresse.

Poursuivre le long du chemin d'arrivée ; ce chemin se rabat vers l'Est et rejoint la route des Sapins qui présente, à partir du carrefour du Rond-du-Sauget, un très joli parcours.

Sapins de la Glacière – 🚶 *1/2h à pied AR. Suivre le sentier qui s'amorce sur la route des Sapins, à droite lorsqu'on vient de Champagnole.*

Au centre du canton de la Glacière, autour d'une excavation profonde, se trouvent des sapins splendides, aux fûts impeccablement droits. L'un d'eux, que l'on peut voir au bord du sentier, est particulièrement imposant par ses dimensions. Le visiteur sera saisi par une impression comparable à celle que l'on éprouve auprès des piliers d'une grande cathédrale. Le silence et la pénombre contribuent à créer une atmosphère de recueillement.

> **FRIGORIFIANT**
> Le secteur de la Glacière est ainsi nommé parce que c'est le plus froid de la forêt et, par conséquent, celui où la neige et la glace restent le plus longtemps.

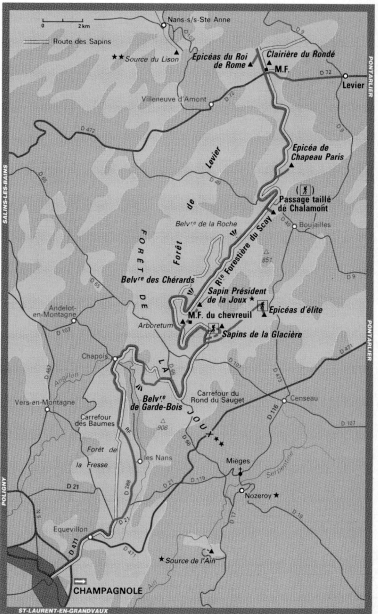

285

Épicéas d'élite –  *Prendre la route de la Marine. On peut aussi les atteindre par un sentier balisé au départ de la D 473 : entrée signalée à 1 km environ au Sud du passage à niveau de la station de Boujailles (1/2h à pied AR).* Ces arbres sont les plus beaux de la forêt d'épicéas d'Esserval-Tartre.

Maison forestière du Chevreuil – Elle est située dans une clairière qui constitue le principal centre d'attraction touristique de la forêt ; les passionnés de sylviculture pourront visiter l'**Arboretum**, plantation d'essai d'arbres étrangers à la contrée.

La route des Sapins se divise en deux branches, suivre celle de droite, signalée « Route des Sapins par les crêtes ».

Belvédère des Chérards – Échappée sur les plateaux boisés.

Sapin Président de la Joux★ – Il est le plus célèbre des sapins du canton des Chérards. Âgé de plus de deux siècles, il a 3,85 m de circonférence à 1,30 m du sol et 45 m de hauteur. Il pourrait fournir 600 « planches » correspondant à 22 m³ de bois d'œuvre.

La route poursuit son parcours en forêt à flanc de colline, découvrant une belle échappée, à gauche, sur la dépression de Chalamont.

Son fût remarquablement droit s'élance vers le ciel et son port altier le distingue de ses innombrables voisins ; c'est normal, c'est lui, le sapin Président.

Forêt de Levier

Ancienne possession de la maison de Chalon, confisquée en 1562 par Philippe II, roi d'Espagne, la forêt devint propriété du roi de France après la conquête de la Franche-Comté par Louis XIV en 1674. À cette époque, les produits de la forêt servaient à la construction navale et à l'approvisionnement des salines de Salins. Les usagers y venaient également chercher leur bois de chauffage. Aussi certaines zones étaient-elles entièrement plantées de feuillus. Aujourd'hui le massif, situé à une altitude comprise entre 670 et 900 m d'altitude et d'une superficie de 2 725 ha, est presque exclusivement peuplé de résineux (sapins 60 % et épicéas 12 %).

Route forestière de Scay – Légèrement accidentée, elle offre de belles perspectives et sert d'axe à la zone de silence de Scay comprise dans la forêt domaniale de Levier. Du **belvédère de la Roche,** vue sur le massif de Levier et la clairière dans laquelle a été implanté le village de Villers-sous-Chalamont.

Passage taillé de Chalamont –  Peu avant d'atteindre la D 49, un chemin à droite *(1/2h à pied AR)* permet de suivre une voie celtique, puis romaine. Observer la taille en gradins de la chaussée dans les passages pentus ou glissants ainsi que les ornières de guidage des roues des chars. Au sortir de la forêt, à hauteur des vestiges de la tour médiévale de Chalamont, la voie fut taillée en tranchée, tout comme le fut plus tard la route moderne voisine reliant Boujailles à Villers-sous-Chalamont.

Épicéa de Chapeau Paris – Cet arbre, qui est pour la forêt de Levier le pendant du sapin Président de celle de la Joux, mesure 45 m de haut avec une circonférence de 4 m et un volume de 20 m³ environ.

Suivre la route forestière de Ravonnet puis à droite la route du Pont de la Marine.

Clairière du Rondé – Dans cette clairière ont été aménagés un enclos à cerfs Sika et une maison forestière (exposition en été).

Épicéas du Roi de Rome – Ces arbres ont plus de 180 ans et dépassent parfois 50 m de haut.

Faire demi-tour pour prendre à gauche la D 72 et gagner Levier.

Vesoul

« T'as voulu voir Vesoul... » Chantée avec un peu de condescendance par Brel, peinte par Gérôme, la capitale de la Haute-Saône semble un peu timide. À l'ombre de la fameuse colline de la Motte, elle cache une vieille ville intéressante tandis que son lac de 95 ha devient une base de loisirs très fréquentée dès les beaux jours.

La situation
Cartes Michelin nos 66 plis 5, 6 ou 243 pli 8 – Haute-Saône (70). Entre Langres et Belfort, Vesoul est une étape très fréquentée sur la N 19. Les grands axes qui traversent ou contournent la ville permettent de rejoindre les grandes destinations comtoises. Vesoul est dominé par la colline de la Motte facilement reconnaissable à la chapelle N.-D. construite pour remercier la Vierge d'avoir protégé la ville du choléra en 1854.
🛈 *Rue des Bains, 70000 Vesoul,* ☎ *03 84 75 43 66.*

Le nom
La première mention connue de Vesoul est *castro vesulio* à la fin du 9e s.

Les gens
17 614 Vésuliens. C'est la patrie de l'astronome **Beauchamps** (1752-1801), qui accompagna Bonaparte en Égypte, et du peintre-sculpteur **Gérôme** (1824-1904). On ne saurait évoquer toutes les autres célébrités vésuliennes tant elles sont nombreuses. Citons quand même la comédienne Edwige Feuillère, l'écrivain André Blanchard et le célèbre champion de moto Stéphane Péterhansel (six fois vainqueur du Paris-Dakar).

Emblématique de la région, le sabot de Frotey est situé à l'extrémité d'un plateau qui domine la ville. Contrairement à ce que pourrait laisser croire ce vététiste, ce n'est pas un belvédère et son accès est périlleux.

comprendre

Naissance d'une capitale – Les hommes se sont d'abord installés, à l'époque préhistorique, sur la Motte qui domine la ville au Nord ; à cet établissement succéda un camp romain destiné à surveiller la route de Luxeuil à Besançon. Au 13e s., un petit bourg s'installa à l'abri des murailles du château construit sur la plate-forme.

carnet pratique

Où DORMIR
• *À bon compte*
Camping International du Lac – *2,5 km à l' O de Vesoul -* ☎ *03 84 76 22 86 - ouv. mars-oct. - réserv. conseillée - 152 empl. : 68F.* Vous vous en donnerez à cœur joie si vous aimez les activités sportives. Au sein d'une vaste zone de loisirs et au bord d'un lac de 90 ha. Piscine et plage. Tennis, ping-pong, tir à l'arc, basket, voile, pêche à la carpe de nuit. Sentier pédestre et parcours VTT.

Où SE RESTAURER
• *Valeur sûre*
Château de Vauchoux – *70170 Vauchoux - 3 km au S de Port-sur-Saône par D 6 -* ☎ *03 84 91 53 55 - fermé fév. - 160/420F.* Dans cette belle demeure du 18e s. au centre du village, prolongez votre repas par une promenade dans le parc arboré. Si vous vous sentez l'âme sportive, tentez la piscine ou une partie de tennis.

RENDEZ-VOUS
Chaque année la ville connaît une animation particulière au moment de la foire de la Ste-Catherine et du Carnaval (*voir le chapitre Calendrier en début de volume*).

Un peu plus tard, la population descendit dans la plaine et Vesoul devint un centre commercial, religieux et militaire actif. Assailli à plusieurs reprises, le château fut rasé en 1595.

À partir de 1333 et jusqu'à la Révolution, elle devint la capitale du bailliage d'Amont. En 1678, la Franche-Comté dont Vesoul faisait partie est rattachée à la France.

Dans la seconde moitié du 19e s., la construction des voies ferrées en fit un important nœud de communications et favorisa au Sud du Durgeon l'essor d'un quartier industriel.

visiter

Musée Georges-Garret

Tlj sf mar. 14h-18h, lun. 14h-16h. Fermé 1er janv., 1er mai, 14 juil., 1er nov., 25 déc. Gratuit. ☎ 03 84 76 51 54.
Installé dans l'ancien couvent des Ursulines (fin 17e s.), le musée se compose de deux niveaux. Le premier présente des expositions temporaires et une section archéologique comportant une admirable collection de **stèles funéraires** gallo-romaines. Le second est réservé à la peinture et à la sculpture ; important ensemble d'œuvres de l'artiste vésulien Gérôme. Beau Christ aux liens (15e s.) à l'entrée.

Église St-Georges

De juil. à fin août : visite guidée 8h-19h. Presbytère. ☎ 03 84 76 05 58.
C'est un bel édifice classique du milieu du 18e s. La nef et les bas-côtés sont de même hauteur, réminiscence de l'architecture gothique rhénane. Remarquer la splendide sculpture en marbre de l'Italien Canova, *La Foi*★ (18e s.), et la chapelle du Saint-Sépulcre, qui abrite une Mise au tombeau (16e s.).

*Très expressive, cette superbe **Omphale** vous invite à entrer dans l'une des trois salles du musée Georges-Garret consacrées au sculpteur et peintre Gérôme.*

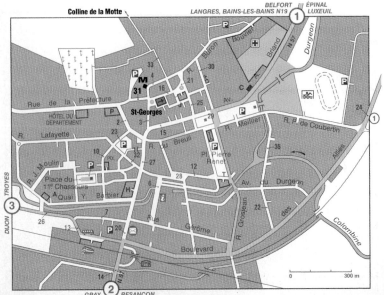

Le vent est un peu faible aujourd'hui, autant en profiter pour soigner son style ; à deux pas de la ville, le lac de Vesoul offre des moments de détente privilégiés pour les amateurs de baignade ou de voile.

se promener

Vieux Vesoul

La ville a conservé d'anciens édifices des 15e et 16e s., remarquables par leurs façades de style encore gothique ; parmi eux, l'hôtel Thomassin, rue Salengro et la maison Baressols, face au mur Nord de l'église.

Mais la période la plus prolifique a été le 18e s., représenté par de nombreux hôtels aux lignes harmonieuses et symétriques : hôtels Lyautey de Colombe et Raillard de Grandvelle, place du Grand-Puits, palais de justice sur la place du Palais...

Colline de la Motte

🏃 *1/2h à pied AR.* La colline de la Motte (alt. 378 m) est une butte témoin dominant la vallée d'environ 160 m. Une montée en lacet conduit à un terre-plein sur lequel s'ouvre une petite chapelle avec de nombreux ex-voto.

On gagne ensuite une terrasse où a été érigée une statue de la Vierge : beau **panorama**★ (table d'orientation en bronze reproduisant la forme de la vallée) à l'Ouest sur le plateau de Langres, au Sud sur les monts du Jura et parfois les sommets des Alpes.

alentours

Grotte de Solborde ; rocher de la Baume

5 km au Sud. Quitter Vesoul par la N 57. Après la Providence, prendre à droite.

Ces grottes, voisines, valent surtout par le site très agréable où elles se trouvent et par les promenades qu'il est possible d'entreprendre dans les bois environnants.

À la **grotte de Solborde**, dans un cadre frais et verdoyant, une chapelle dédiée à N.-D. de Solborde présente une charpente de bois apparente.

Tout près de là, le **rocher de la Baume** offre une vue sur le site de Solborde.

La promenade à travers bois se poursuit jusqu'au point où l'on découvre une belle **vue**★ sur le bassin de Vesoul avec la cité au pied de la colline de la Motte et sur la droite le fond de la reculée au débouché de laquelle s'est étendue Vesoul.

Lac de Vesoul

Situé à l'Ouest de la ville (par la D 13), il a été aménagé en base de loisirs.

itinéraire

LA MOYENNE VALLÉE DE LA SAÔNE

Quitter Vesoul à l'Ouest par la D 13. Après 6,5 km, prendre la D 104, à gauche.

Chariez

Blotti au fond d'une vallée, ce village présente une ancienne et ravissante architecture rurale, dont des maisons de vignerons (il n'y a plus de vignes aujourd'hui)

AU FIL DE L'EAU
Location de bateaux électriques pour 1h, 2h ou une demi-journée : **Navisaône**, 70360 Chassey-lès-Scey, ☎ 03 84 92 76 14. Location d'étonnants bateaux solaires ou à pédales : **Éco-invention** M. Wegman, 70160 Fouchécourt, ☎ 03 84 68 76 99.

remonant jusqu'au 15e s. Au centre de la localité, rare croix à double face. Dans l'église, Vierge de Piété (16e s.) et sainte Claire (17e s.) en bois sculpté.

Du haut des falaises calcaires, belle vue sur le village et la vallée.

Reprendre la D 13. Après 3,2 km, prendre la D 60, à droite. Après Traves, prendre la D 8. 1 km après Ovanches, tourner à droite, puis parcourir encore 500 m.

Tunnel de St-Albin

Datant des grandes réalisations de ce type entreprises sous la Restauration, les entrées de ce tunnel long de 800 m sont aménagées en terrasses, dans un style architectural urbain.

Revenir vers la D 8 et la traverser. Rejoindre la D 8E et tourner à droite.

Rupt-sur-Saône

De la D 8E, on aperçoit la **tour** haute de 33 m de l'ancien château (fin 12e s.). Son chemin de ronde, auquel on accède par un escalier raide et étroit construit dans l'épaisseur du mur (déconseillé aux personnes peu ingambes), offre une belle **vue** sur la vallée. Dans le **parc**, remarquer le petit château (début 16e s.), la ferme à l'italienne prévue pour pouvoir vivre en autarcie (début 19e s.) et le rendez-vous de chasse néo-gothique.

D'avr. à fin oct. : sam.-lun. et j. fériés 10h-12h, 14h-18h (de mi-juil. à fin juil. : tlj). Gratuit.

Prendre la D 23 puis la D 224.

Vy-lès-Rupt

L'église abrite un **mobilier** néo-classique remarquable (début 19e s.) récemment restauré.

Continuer la D 224, puis tourner à gauche après 500 m vers Grandecourt.

Grandecourt

Ce village de Haute-Saône mérite une visite pour son église du 12e s.

Église Ste-Marie-Madeleine – Cette église romane de campagne est d'une simplicité émouvante. La nef unique, couverte d'une charpente apparente (18e s.), aboutit au chœur qui conserve son bel autel-tombeau de pierre du 12e s. ; les fresques (13e s.) représentent un saint, un évêque et, au centre, le Jugement dernier. Le christ de bois date du 14e s. Sous le chœur, crypte du 11e s.

Prendre la D 43 vers Fédry, puis la D 23. Après Soing, prendre à droite la D 291 puis la D 256. Traverser la Saône par la D 27.

Ray-sur-Saône *(voir ce nom)*

Reprendre la D 27 vers Vellexon, puis la D 13.

Beaujeu

Son église à jolie toiture de tuiles vernissées a été presque entièrement reconstruite à la fin du 19e s. dans le style néo-gothique. À l'intérieur, la lumière pénètre dans le chœur à travers une baie flamboyante ornée d'un beau vitrail de la fin du 15e s.

La **mairie-lavoir** a été construite en 1830 sur le modèle d'une petite villa italienne Renaissance.

Continuer la D 13.

Gray *(voir ce nom)*

C'est jaune, curieux, écologique, et en plus... ça avance ! Ces étranges embarcations qui fonctionnent à l'énergie solaire n'attendent que vous pour de longues promenades sur la Saône.

Villers-le-Lac★

Entre Morteau et La Chaux-de-Fonds, Villers est une petite ville réputée pour sa gastronomie et son artisanat sur la route horlogère franco-suisse. Mais elle est aussi et surtout connue comme point de départ pour une des curiosités naturelles les plus fameuses de Franche-Comté, le Saut du Doubs.

La situation

Cartes Michelin n⁰ˢ 70 pli 7 ou 243 pli 21 – Doubs (25).
Sur la D 461 en direction de la Chaux-de-Fonds, Villers est le dernier village avant la frontière.
🛈 *Place Nationale, 25130 Villers-le-Lac,* ☎ *03 81 68 00 98.*

Le nom

On s'y attendait, c'est confirmé, il y a bien un lac à Villers ; on peut même vous dire qu'il s'agit du fameux lac de Chaillexon.

Les gens

4 203 Villeriers. Le temps s'est écoulé depuis les premiers habitants qui ont établi une cité lacustre au lieu dit La Roche-aux-Pêcheurs environ 3 000 ans avant J.-C.

visiter

Musée de la Montre★

Visite sur demande préalable. ☎ *03 81 68 08 00.*
Le pays horloger se devait d'avoir un musée de la montre et c'est chose faite grâce à ce beau musée qui retrace toute l'histoire de la montre depuis le 17e s. La belle collection dévoile des montres religieuses (impressionnante montre à forme de crâne), de somptueuses montres châtelaines ou d'étonnantes montres coquines dotées de caches pour masquer certains décors ! On peut également admirer de très beaux porte-montres, toute une gamme d'outils de précision et un présentation très didactique du fameux échappement à cylindre. Mais, pour être à l'heure, le musée n'a pas oublié les derniers prototypes : montre ordinateur, montre télévision...

On reconnaît bien Neptune, le dieu des mers, mais un peu moins l'objet qui est un porte-montre en bois sculpté polychrome du 18e s. Ces superbes décors sculptés ont perdu leur utilité avec l'apparition de la montre-bracelet (musée de Villers-le-Lac).

alentours

Lac de Chaillexon★

Il est constitué par une section de la vallée du Doubs obstruée par des éboulements de ses rives qui forment un barrage de retenue naturel. Il présente deux parties. Dans la première, il s'étend entre les pentes du val ; dans la seconde, il s'encaisse entre des falaises calcaires abruptes, formant les bassins. Très sinueux, il a une longueur de 3,5 km et une largeur moyenne de 200 m. Sa profondeur maximum est de 30 m.

carnet d'adresses

OÙ DORMIR

• *Valeur sûre*
Hôtel le France – *8 pl. Cupillard* - ☎ *03 81 68 00 06* - *fermé 20 déc. au 1er fév.* - *14 ch. : 340F* - 🛏 *50F* - *restaurant 160/390F.* Avant votre départ en bateau pour le Saut du Doubs, offrez-vous une halte dans ce restaurant étoilé. La salle à manger en demi-rotonde est lumineuse avec ses boiseries en pin. Cuisine régionale savoureuse.

CROISIÈRES

Vedettes du Saut du Doubs (Droz-Bartholet) – *Les Terres Rouges* - ☎ *03 81 68 13 25.* Croisières de Pâques à la Toussaint vers le Saut du Doubs.
Vedettes panoramiques (R. Michel) – *Embarcadère du Pont* - ☎ *03 81 68 05 34.* Destination Besançon, le Saut du Doubs.

*Quelle chute et quel débit !
Le Doubs a un sacré
caractère et peut se révéler
terrible quand il se met en
colère. C'est aussi un sportif
accompli qui n'hésite pas à
sauter ses 27 m. Qui dit
mieux ?*

À SAVOIR

Attention, attention !
Comme toutes les
cascades, le Saut du
Doubs a un débit très
variable en fonction des
saisons. L'excursion est
donc beaucoup moins
spectaculaire en été mais
devient grandiose à
l'automne après de
fortes pluies.

Saut du Doubs★★★

Abandonnant le niveau surélevé du lac, le Doubs
regagne son niveau naturel par une chute magnifique.

En bateau – C'est à Villers-le-Lac qu'a lieu le départ des
bateaux pour la visite du Saut du Doubs. On suit les
méandres de la rivière qui s'élargit pour former le lac de
Chaillexon, puis on atteint les gorges qui constituent la
partie la plus pittoresque du parcours. Arrivé au débar-
cadère, emprunter le chemin *(1/2h à pied AR)* qui
conduit aux deux belvédères dominant le Saut du Doubs
d'une hauteur de 27 m.

◀ **À pied** – 🏃 *Prendre derrière l'hôtel de France la rue Foch
(D 215) en direction de Maîche. À 5 km de Villers, prendre
à droite en direction du Pissoux puis une route en descente
conduisant à un parc de stationnement. De là gagner (1h1/2
à pied AR) l'extrémité, en aval, du lac de Chaillexon puis le
Saut du Doubs.*

Après les boutiques de souvenirs, suivre le sentier en
appuyant à gauche. On atteint le belvédère principal
protégé qui domine le point de chute du Doubs face au
« saut ». Il offre une très belle vue sur le spectaculaire
Saut du Doubs, et vers l'aval, où l'on aperçoit la cascade, de 27 m de hauteur, qui compose le début de la retenue du barrage de Chatelot.

Au-dessous, un autre belvédère est aménagé quasiment
au-dessus de la chute. En période de crue, la puissance
du Doubs est incroyable et sa chute devient un véritable
feu d'artifice avec des jaillissements d'eau sans cesse
renouvelés. On y resterait des heures ! *Par un chemin longeant la rive, regagner les abords des embarcadères ou le
parking.*

*Reprendre la voiture et gagner la route reliant Villers-le-Lac
au Pissoux. À l'entrée de ce village, emprunter la route de
droite qui se termine à un belvédère dominant de 70 m le
barrage et la retenue du Chatelot.*

Barrage du Chatelot

Le barrage, construit à cheval sur la frontière franco-
suisse, est une œuvre commune aux deux pays. C'est
un barrage-voûte prenant appui sur les rochers des
deux rives. Sa longueur est de 148 m, sa hauteur de
73 m, son épaisseur de 14 m à la base et de 2 m au
couronnement.

Villersexel

Connu pour son imposant château, Villersexel est au cœur d'un pays dynamique qui offre une large gamme de loisirs touristiques en profitant de sa position sur la vallée de l'Ognon.

La situation
Cartes Michelin n°s 66 pli 6 ou 243 pli 8 – Haute-Saône (70). Entre Vesoul et Montbéliard, Villersexel profite de sa proximité (21,5 km) de l'A 39.
🚏 *33 rue des Cités, 70110 Villersexel,* ☎ *03 84 20 59 59.*

Le nom
Sexel pourrait venir de *saxum* (rocher) et du suffixe *-ellum.* Selon d'autres sources, Villersexel serait une déformation de Villers-sur-Scey car le bourg domine la rivière Scey.

Les gens
1 460 Villersexellois. Le 9 janvier 1871, le général Bourbaki remporte sa dernière victoire sur les Prussiens avec son armée épuisée. Il sera défait peu de temps après et tentera de se suicider.

visiter

Château de Grammont
Visite guidée (3/4h) tlj sf lun. 14h-18h. 35F. ☎ *03 84 20 51 53.*
Achevé en 1890 sur les ruines du précédent, détruit pendant la fameuse bataille de Villersexel en 1871, le château de Grammont fut construit à l'aide de techniques contemporaines (ossatures métalliques de la salle à manger par Eiffel) dans un style Louis XIII (façade Sud par Garnier). L'intérieur renferme des meubles du 19e s. et divers objets anciens. Remarquez les tapisseries des Gobelins et le beau plafond à caissons du grand salon. Les écuries ont été dessinées par Claude-Nicolas Ledoux.

carnet d'adresses

Où DORMIR
• À bon compte
Terrasse – *Rte Lure -* ☎ *03 84 20 52 11 - fermé 13 déc. au 2 janv., dim. soir et lun. midi du 1er nov. au 15 avril -* 🅿 *- 14 ch. : 200/300F -* 🍽 *35F - restaurant 65/250F.* Une auberge familiale de campagne avec son jardin fleuri, un peu à l'écart du village. Les chambres sont fonctionnelles. Repas en terrasse l'été. Bon choix de menus dont un pour les enfants.
Camping Le Chapeau Chinois – *1 km au N de Villersexel par D 486 -* ☎ *03 84 63 40 60 - ouv. avr. au 15 oct. - réserv. conseillée en été - 64 empl.* 🍽 *65F.* Voici un petit camping tout simple, en bordure d'une rivière, avec emplacements ombragés, gîtes d'étape et bungalows. Baignade, pêche, canoë et kayak, terrains de jeux et base de loisirs à 200 m.
Camping Le Val de Bonnal – *25680 Bonnal - 8 km au SO de Villersexel par D 50, D 9 et D 49 -* ☎ *03 81 86 90 87 - ouv. du 15 mai au 15 sept. - conseillée 15 juil.-*
15 août - 272 empl. : 164F - resrauration. Entre une rivière, un lac et des bois, ce camping sans prétention est néanmoins bien situé : vous pourrez y pêcher, faire du ski nautique, de la planche à voile, du canoë-kayak... et même vous y baigner à moins que vous ne préfériez la piscine.

Où SE RESTAURER
• Valeur sûre
La Forge – *Val de Bonnal - 25680 Bonnal - 8 km au SO de Villersexel par D 50, D 9 et D 49 -* ☎ *03 84 92 34 14 - fermé 16 sept. au 14 juin, lun. et le midi sf dim. -* 🚭 *- 100F.* À l'entrée du domaine de val Bonnal, qui compte 150 ha de verdure consacrés à la détente et aux loisirs, ce restaurant saisonnier est très sympathique. Sis dans une ancienne forge au décor campagnard, il sert une cuisine simple, d'un bon rapport qualité/prix.

alentours

Il dresse toujours fièrement ses hautes murailles fatiguées qui ont résisté aux guerres et au temps. Le château d'Oricourt a beaucoup souffert mais reste debout en attendant l'aide de mains secourables.

Oricourt

Rare témoin de la construction militaire au 12e s., le château présente d'importants vestiges de son enceinte fortifiée, précédée de fossés dont il est possible de faire le tour. Une tour carrée de flanquement haute de 25 m (12e s.) et un corps de logis seigneurial (15e et 16e s.) illustrent l'ancienne importance d'Oricourt, dont le chancelier de Bourgogne Nicolas Rolin fut propriétaire.

Marast

Ce village conserve les vestiges d'un **prieuré roman** fondé en 1120 par des moines augustins venus des Vosges. L'église, un des rares édifices religieux romans subsistant en Haute-Saône, fut achevée en 1150. Les bas-côtés ont disparu, mais on admire la belle charpente en bois (16e s.) de la nef. Le clocher carré a été coiffé d'un bulbe en 1718. Belles pierres tombales dans l'abside.

Val de Bonnal

Aménagé dans des anciennes sablières, les plans d'eau sont réservés à la baignade et aux pêcheurs (*voir le « carnet d'adresses »*).

Montbozon

On remarque dans le village de belles maisons des 16e, 17e et 18e s. et une fontaine du 19e s. L'église abrite un beau maître-autel du 18e s. On peut y déguster une spécialité locale de biscuits.

Lac de **Vouglans**★

Un village englouti ! Ce terrible scénario qui a fait coulé presque autant d'encre que d'eau est souvent inévitable lors de la naissance d'une aussi gigantesque retenue. Mais les années et les rancœurs ont passé et ses eaux claires sont aujourd'hui la joie des vacanciers et des sportifs.

À LIRE
Parmi l'abondante littérature qui évoque la naissance de ce barrage, *Le Village englouti* et *Le Barrage de la peur* d'André Besson témoignent des douloureux bouleversements qu'il a engendré.

La situation

Cartes Michelin n°s 70 pli 14 ou 243 pli 42 – Jura (39).
C'est le plus long des lacs car il emprunte une ancienne partie des gorges de l'Ain. La plupart des belvédères sont situés sur la rive Est mais le meilleur moyen de le découvrir reste la croisière en bateau. Le plan d'eau de Vouglans a été aménagé pour favoriser les loisirs dans les zones de Surchauffant et de Bellecin sur la rive droite, de Mercantine sur la rive gauche.

Le nom

Le petit hameau de Vouglans a eu chaud ! Il termine avec celui de Menouille l'immense retenue qui s'étend sur pas moins de 32 km.

Les gens

Quelque 150 habitants ont dû quitter la partie de la vallée noyée lors de la mise en eau du barrage. La grotte de Varoz, un des repaires du légendaire Lacuzon, a également été engloutie.

1944
La vallée de l'Ain a été, en 1944, le théâtre d'opérations militaires. Le 11 juillet, 3 000 Allemands qui tentent de passer la rivière à Neuville sont retenus par 200 hommes des groupes AS (Armée secrète) de Neuville-sur-Ain et de Poncin.

comprendre

L'Ain est une belle et puissante rivière. Contrairement à sa voisine de naissance – il n'y a que 15 km entre sa source et celle du Doubs – l'Ain ne musarde pas en chemin et se fraye de force un chemin dans le difficile relief

carnet pratique

OÙ DORMIR

• À bon compte

Camping Surchauffant – *39270 La Tour-du-Meix - 1 km au SE de La Tour-du-Meix par D 470 - ☎ 03 84 25 41 08 - ouv. mai au 14 sept. - réserv. obligatoire en été - 180 empl. : 75F.* Amateurs de pêche, de baignade ou de ski nautique, vous pourrez pratiquer votre sport favori dans le lac de Vouglans, à deux pas de votre tente. Les enfants seront ravis aussi, un espace de jeux leur est réservé.

Camping Trelachaume – *39260 Maisod - 15 km au S de Clairvaux par D 470 puis D 27 - ☎ 03 84 42 03 26 - ouv. 19 juin au 29 août - réserv. conseillée - 180 empl. : 134F.* Endroit plaisant qui vaut surtout pour la vue sur le lac de Vouglans, les montagnes et les forêts environnantes. Vous y pratiquerez la voile sans restriction. Volley, pataugeoire et randonnée.

• Valeur sûre

Chambre d'hôte La Baratte – *39270 Présilly - 5 km d'Orgelet par D 52 puis D 175 - ☎ 03 84 35 55 18 - ⊠ - 4 ch. : 290/320F - repas 100F.* Dans ce qui fut jadis la grange ou les écuries, vous serez surpris d'y trouver tout le confort moderne. Charme d'antan des cadettes (dalles typiques) dans la salle à manger où sont partagées les spécialités franc-comtoises. Maisonnette pour les chevaux.

OÙ SE RESTAURER

• À bon compte

Ferme-auberge La Bergerie – *Crenans - 39260 Moirans-en-Montagne - 3 km de Moirans par D 296 - ☎ 03 84 42 00 50 - fermé 15 au 30 nov. - 80/175F.* Cette ferme-auberge est toute mignonne dans son village perché. Dégustez chèvres, lapins, volailles, et fromages dans l'une des salles à manger aménagées dans la grange ou en terrasse. Le tout arrosé de bons vins du Jura. Chambres très coquettes et gîte pour votre cheval.

Le Regardoir – *Le Belvédère de Moirans-en-Montagne - 39260 Moirans-en-Montagne - 3 km de Moirans par D 296 - ☎ 03 84 42 01 15 - fermé fin sept. à Pâques, lun. soir et mar. hors sais. - réserv. recommandée - 78/95F.* Réservez une table sous les chênes ou sur la terrasse abritée, pour un repas traditionnel ou une pizza au feu de bois. À 168 m au-dessus du lac, vous ne vous lasserez pas d'admirer l'eau turquoise lovée au creux des collines verdoyantes.

CROISIÈRE SUR LE LAC

D'avr. à fin oct. : dép. tlj. S'adresser à Jura Croisières fluviales, pont de la Pyle, 39270 La Tour-du-Meix - ☎ 03 84 25 46 78.

---

jurassien. La traversée du massif est donc une épreuve acrobatique de haut niveau que la rivière franchit avec brio : ses eaux tombent en cascade, bouillonnent sur des rapides ou se faufilent parmi les éboulis de rochers. Mais l'homme a remarqué l'intérêt d'une telle force et la rivière est désormais jalonnée d'usines hydroélectriques et de retenues qui domptent et canalisent son cours impétueux.

Gorges de l'Ain – Après la cluse de la Pyle, la rivière pénétrait dans des gorges très pittoresques ; enserrant maintenant les bassins plus ou moins épanouis créés par un escalier de barrages, ces gorges se prolongent jusqu'à sa sortie du Jura. Le confluent avec la Bienne partage la vallée en deux tronçons qui correspondent aux reliefs

Embarquez ! La croisière s'amuse en plein cœur du Jura, sur l'immense lac de Vouglans grâce à de superbes bateaux.

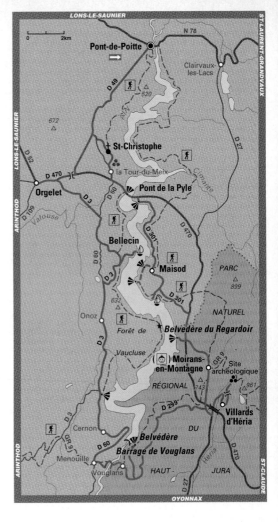

des régions traversées. Dans le premier, c'est le plateau que l'Ain a entaillé. Dans le second, c'est la montagne bugésienne. À Neuville-sur-Ain, le Revermont, rebord du massif jurassien, est franchi : la rivière développe désormais dans la plaine son cours sinueux et coule parallèlement au Rhône avant de lui apporter son tribut.

circuits

LE TOUR DU LAC★
Les gorges de l'Ain sont noyées sur 35 km par la retenue du barrage de Vouglans. Nous recommandons de les parcourir en fin d'après-midi. Il n'y a pas de route qui suit le lac sur sa totalité mais le parcours proposé ci-dessous s'en rapproche souvent et offre de superbes belvédères.

Pont-de-Poitte
Du pont, vue sur le lit de l'Ain. Aux basses eaux, les « marmites de géants » sont très apparentes. En hautes eaux, tout le seuil rocheux disparaît sous l'écume.

Quitter Pont-de-Pointe par la D 49 ; 6 km plus loin, prendre à gauche la D 60, puis tourner encore à gauche en direction de Saint-Christophe.

Saint-Christophe
Petit village adossé à une haute falaise que dominent les pans de mur d'un château et l'**église Saint-Christophe**. *Été : 9h-19h ; sur demande à partir d'oct. Mairie ☎ 03 84 25 43 97.*

Étape de pèlerinage. Édifiée au 12e et au 15e s., elle possède d'intéressantes œuvres d'art et statues en bois : saint Christophe (15e s.) d'inspiration germanique ; dans l'unique chapelle latérale, christ en albâtre, fragment d'un naïf retable en bois (16e s.) et Vierge à l'Enfant de l'École bourguignonne du 15e s.

Descendre au bourg de la Tour-du-Meix et prendre à gauche la D 470.

Pont de la Pyle

Ouvrage en béton précontraint, long de 351 m et large de 9 m, dont les eaux du lac masquent en partie les trois piles d'une hauteur de 74 m.

À 200 m du pont de la Pyle, prendre à droite la D 301.

Aussitôt belle **vue**★ d'enfilade sur la retenue ; cette route sinueuse procure, entre les chênes et les sapins qui la bordent, plusieurs **échappées**★ sur le lac.

Maisod

🔲 Dans Maisod, à l'entrée du château, un sentier balisé *(1h à pied AR)* et agréablement ombragé mène au bord de la falaise, puis la longe en dominant le lac.

Poursuivre le long de la D 301. 1,5 km après Maisod se détache, à droite, une route aboutissant au bord du lac.

Rejoindre la D 470 que l'on emprunte à droite, en direction de Moirans.

Belvédère du Regardoir★

1/4h à pied AR. De la plate-forme aménagée (longue-vue), **vue** superbe et dominante sur une section en croissant du lac de retenue dans un cadre de verdure.

Moirans-en-Montagne

Blottie dans une combe boisée, cette petite ville industrielle possède une église du 16e s., en partie remaniée au 19e s. Elle abrite une Pietà en bois du 17e s.

Moirans est un centre d'artisanat et de fabrication de jouets.

Musée du Jouet★ – *5 r. Murgin.* ⚒ *Juil.-août : 10h-18h30 (dernière entrée 1h av. fermeture) ; sept.-juin : 10h-12h, 14h-18h, w.-end 14h-18h. Fermé de mi-janv. à fin janv., 1er janv., 25 déc. 30F (3-5 ans : 12F, 6-15 ans : 15F).* ☎ *03 84 42 38 64.*
📷 Résolument moderne, ce musée étonne par son architecture ludique et colorée. La première partie présente la région et ses rapports étroits avec l'industrie du jouet ; plusieurs films vidéo retracent l'évolution des modes de fabrication, du travail du bois au moulage du plastique. Les collections rassemblent sur 2 étages plus de 5 000 jouets groupés par thème dans différentes vitrines. Boutique et espace de jeux pour les enfants.

Reprendre la D 470 vers le Sud.

Villards-d'Héria

Sur la gauche, une petite route en forte pente conduit aux fouilles.

> **TOUT LE MONDE SUR LE PONT !**
> Le pont de la Pyle a été construit en 1968 à l'occasion de la mise en eau de l'immense retenue de Vouglans. Cette ouvrage exceptionnel par ses dimensions et son élégance est aussi un très bon belvédère : en amont, la vue se dégage sur le bras d'eau qui a noyé l'ancienne cluse de la Pyle.

« C'est le pays des enfants heureux... » Même les enfants les plus gâtés ne peuvent imaginer une telle abondance de jeux. Immense coffre à jouets, le musée de Moirans n'a pas fini d'émerveiller petits et grands.

◀ **Site archéologique** – *De juil. à fin août : visite guidée (1h1/4) 10h-12h, 14h-18h. 15F.* ☎ *03 84 47 12 13.*
Récemment protégé par d'immenses structures de haute technologie (téflon translucide), ce site gallo-romain est un ancien lieu de culte composé de deux temples et d'installations balnéaires importantes ; il fut sans doute un lieu de pèlerinage pour les Séquanes qui habitaient la région au 1er s.

Belvédère du barrage de Vouglans

2 km à partir de la D 299. Plate-forme et abri. Vue intéressante sur le barrage de Vouglans et sur l'usine de l'EDF construite à son pied.

À Menouille, tourner à droite dans la D 60, qui passe à hauteur de la crête du barrage.

Barrage de Vouglans

Cet ouvrage du type voûte mince (6 m d'épaisseur à la crête pour un développement de 420 m), de 103 m de hauteur, mis en service en 1968 forme la troisième retenue de France (600 millions de m³ d'eau), après celles de Serre-Ponçon et de Ste-Croix *(Guide Vert Michelin Alpes du Sud)*.

Continuer sur la D 60 vers le Nord.

Au-delà de Cernon, un peu avant l'intersection avec la D 3, on domine l'un des plus beaux méandres de la vallée engloutie : **vue★★** sur une presqu'île boisée s'avançant jusqu'au milieu du lac dans un décor sauvage *(parking à droite de la route)*.

Un peu plus loin sur la droite, la forêt de Vaucluse porte le nom de la chartreuse qui a été engloutie lors de la mise en eau de la retenue. En remontant vers Orgelet, on passe à proximité de la **base nautique de Bellecin** où l'on peut, à la belle saison, se délasser par une séance de bronzage ou de natation sur la plage aménagée.

À l'embranchement avec la D 3, tourner sur la gauche vers Orgelet.

Orgelet

◀ À l'Ouest de l'église s'étend une vaste place herbue plantée de beaux platanes. L'**église** surprend intérieurement, par la hauteur de sa voûte gothique et par l'ampleur de ses tribunes qui surmontent la travée Ouest portant l'orgue et les premiers bas-côtés de part et d'autre de la nef.

Par la D 470, puis la D 49, rejoindre Pont-de-Poitte.

LES GORGES DE L'AIN ET LA PLASTICS VALLÉE *(voir p. 246)*
Circuit au départ de Nantua.

Index

Sources iconographiques

p.1 : Atelier M. Bevalot
p.4 : G. Magnin/MICHELIN
p.4 : Atelier M. Bevalot
p.5 : A. Elie/MICHELIN
p.5 : C. Vaisse/HOA QUI
p.16 : Atelier M. Bevalot
p.18 : G. Gsell/DIAF
p.18 : Atelier M. Bevalot
p.19 : Peres/CAMPAGNE CAMPAGNE
p.20 : M. Paygnard
p.21 : B. Marc/CAMPAGNE CAMPAGNE
p.22 : A. de Valroger/MICHELIN
p.22 : Atelier M. Bevalot
p.24 : P. Desclos/SCOPE
p.25 : G. Magnin/MICHELIN
p.26 : N. Thibault/EXPLORER
p.27 : Delhostal/Cristallerie
    de la Rochère
p.27 : M. Paygnard
p.28 : G. Magnin/MICHELIN
p.29 : Y. Perton/Atelier M. Bevalot
p.31 : J. Bouchayer/DIAF
p.31 : J.-P. Bevalot/Atelier M. Bevalot
p.33 : Y. Perton/Atelier M. Bevalot
p.34 : M. Paygnard
p.35 : Y. Vuillaume/DPPI
p.36 : B. à la Guillaume/CAMPAGNE
    CAMPAGNE
p.37 : J.-C. Gérard/DIAF
p.37 : G.B. à la Guillaume/
    Musée du Jouet, Moirans
p.39 : Les Eurochéennes
p.40 : Y. Perton/Atelier M. Bevalot
p.41 : J.-Ch. Gérard/DIAF
p.42 : B. Marc/CAMPAGNE CAMPAGNE
p.44 : B. Marc/CAMPAGNE CAMPAGNE
p.44 : Pratt-Pries/DIAF
p.45 : J.-Y. Michel/CAMPAGNE
    CAMPAGNE
p.46 : G. Magnin/MICHELIN
p.46 : G. Gsell/DIAF
p.47 : G. Magnin/MICHELIN
p.47 : R. Corbel
p.49 : Delon/CASTELET
p.50 : G. Magnin/MICHELIN
p.50 : B. Lightstein/CAMPAGNE
    CAMPAGNE
p.52 : A. de Valroger/MICHELIN
p.53 : Atelier M. Bevalot
p.54 : B. Lightstein/CAMPAGNE
    CAMPAGNE
p.54 : H. Choinet
p.55 : C. Nardin/JACANA
p.55 : H. Choinet
p.55 : M. Dewynter
p.56 : G. Magnin/MICHELIN
p.56 : DINOZOO
p.57 : Collection Christophe L.
p.58 : Atelier M. Bevalot
p.58 : Atelier M. Bevalot
p.59 : M. Paygnard
p.60 : B. Lightstein/CAMPAGNE
    CAMPAGNE
p.60 : R. Corbel
p.61 : R. Corbel
p.62 : Atelier M. Bevalot
p.62 : T. Petit/SCOPE
p.63 : Cahiers du cinéma
p.63 : C. Nardin/ODT Montbéliard
p.64 : J.-C. Gérard/DIAF
p.64 : Création J.-C. Alonet
p.65 : J.-C Gérard/DIAF
p.65 : Musée du Temps
p.66 : P. Guy/SCOPE
p.67 : J. Guillard/SCOPE
p.68 : J. Sierpinski/DIAF
p.68 : M. Joly/ANDIA
p.69 : Ph. Bruniaux/CRT
    Franche-Comté
p.69 : Atelier M. Bevalot
p.70 : GIRAUDON
p.71 : BRIDGEMAN/GIRAUDON
p.72 : LAUROS-GIRAUDON
p.73 : G. Magnin/MICHELIN
p.73 : Atelier M. Bevalot
p.73 : H. Gyssels/DIAF
p.74 : R. Corbel
p.75 : R. Corbel
p.76 : R. Corbel
p.77 : R. Corbel
p.78 : R. Corbel
p.79 : R. Corbel
p.80 : © F.L.C. © Adagp/Paris 2000
p.80 : W. Pix/CAMPAGNE CAMPAGNE
p.80 : G. Magnin/MICHELIN

p.81 : Perrodin/CAMPAGNE
    CAMPAGNE
p.82 : A. Thuillier
p.82 : J.-H.Lelièvre/EXPLORER
p.83 : B. Kaufmann
p.83 : Ph. Roy/HOA QUI
p.84 : BL-GIRAUDON
p.84 : LAUROS-GIRAUDON
p.85 : M. Paygnard
p.85 : G. Magnin/MICHELIN
p.86 : D. Thierry/DIAF
p.87 : D. Thierry/DIAF
p.88 : G. Magnin/MICHELIN
p.88 : G. Magnin/MICHELIN
p.89 : G. Magnin/MICHELIN
p.90 : G. Magnin/MICHELIN
p.91 : G. Magnin/MICHELIN
p.91 : G. Magnin/MICHELIN
p.91 : Atelier M. Bevalot
p.95 : CASTELET
p.97 : Ch. Gautier/PIX
p.98 : G. Magnin/MICHELIN
p.98 : PIX
p.100 : J.-Ch. Gérard/DIAF
p.101 : Jurafaune
p.102 : G. Magnin/MICHELIN
p.104 : M. Paygnard
p.105: J. Varlet/ANDIA
p.108 : C. Vaisse/HOA-QUI
p.109 : A. le Toquin/EXPLORER
p.113 : G. Magnin/MICHELIN
p.114 : G. Magnin/MICHELIN
p.115 : G. Magnin/MICHELIN
    ©Adagp, Paris 2000
p.115 : G. Magnin/MICHELIN
p.118 : G. Magnin/MICHELIN
p.120 : B. Chemin/HOA-QUI
p.121 : Ch. Gautier/PIX
p.121 : G. Magnin/MICHELIN
p.124 : G. Magnin/MICHELIN
p.126 : G. Magnin/MICHELIN
p.127 : G. Magnin/MICHELIN
p.128 : G. Magnin/MICHELIN
p.129 : G. Magnin/MICHELIN
p.130 : G. Magnin/MICHELIN
p.130 : M. Paygnard
p.133 : Atelier M. Bevalot
p.134 : G. Magnin/MICHELIN
p.135 : D. Czap/SCOPE
p.135 : Bosset/ANDIA
p.138 : G. Magnin/MICHELIN
p.138 : G. Magnin/MICHELIN
p.139 : G. Magnin/MICHELIN
p.140 : G. Magnin/MICHELIN
p.141 : Musée des Beaux-Arts de
    Besançon
p.143 : G. Magnin/MICHELIN
p.144 : G. Magnin/MICHELIN
p.145 : Atelier M. Bevalot
p.145 : Chocolaterie Pelen
p.146 : Hug/EXPLORER
p.147 : G. Benoît à la Guillaume/
    CAMPAGNE CAMPAGNE
p.149 : G. Magnin/MICHELIN
p.150 : P. Desclos/SCOPE
p.152 : M. Paygnard
p.152 : G. Magnin/MICHELIN
p.153 : A. Elie/MICHELIN
p.154 : C. Vaisse/HOA-QUI
p.154 : G. Magnin/MICHELIN
p.155 : A. de Valroger/MICHELIN
p.157 : J. Guillard/SCOPE
p.159 : Imp. Chopard
p.160 : G. Magnin/MICHELIN
p.161 : G. Magnin/MICHELIN
p.163 : J.-M. Bardes/SCOPE
p.164 : J.-C. Protet/PIX
p.166 : M. Paygnard
p.166 : Musée des Beaux-Arts de Dole
p.167 : G. Magnin/MICHELIN
p.168 : G. Magnin/MICHELIN
p.168 : G. Magnin/MICHELIN
p.171 : Chechillot/Musée des
    Beaux-Arts de Dole
p.172 : G. Magnin/MICHELIN
p.173 : G. Magnin/MICHELIN
p.174 : A. Thuillier
p.175 : G. Magnin/MICHELIN
p.175 : G. Magnin/MICHELIN
p.176 : Y. Perton/Écomusée du
    Pays de la Cerise
p.179 : G. Magnin/MICHELIN
p.180 : G. Magnin/MICHELIN
p.181 : G. Magnin/MICHELIN
p.185 : Musée Baron-Martin

p.186 : G. Magnin/MICHELIN
p.188 : B. Marc/CAMPAGNE
    CAMPAGNE
p.191 : B. Kaufmann
p.193 : P. Corne/EXPLORER
p.195 : G. Magnin/MICHELIN
p.196 : G. Magnin/MICHELIN
p.197 : M. Joly/ANDIA
p.198 : M. Paygnard
p.200 : J.-L. Mathieu/Musée des
    Beaux-Arts de Lons-le-Saunier
p.202 : G. Magnin/MICHELIN
p.203 : A. Thuillier
p.204 : G. Magnin/MICHELIN
p.205 : M. Paygnard
p.205 : B. Lighstein/CAMPAGNE
    CAMPAGNE
p.207 : J.-Ch. Gérard/DIAF
p.208 : Y. Vuillaume/DPPI
p.209 : G. Magnin/MICHELIN
p.210 : P. Hussenot/TOP
p.212 : E. Baret
p.214 : M. Paygnard
p.216 : G. Magnin/MICHELIN
p.217 : Atelier M. Bevalot
p.218 : G. Magnin/MICHELIN
p.219 : G. Magnin/MICHELIN
p.221 : G. Magnin/MICHELIN
p.222 : G. Magnin/MICHELIN
p.223 : E. Baret
p.223 : G. Magnin/MICHELIN
p.225 : G. Magnin/MICHELIN
p.225 : E. Baret
p.228 : Y. Perton/Atelier M. Bevalot
p.229 : M. Paygnard
p.229 : F. Subiros/TOP
p.230 : Musée de l'Horlogerie du
    Haut-Doubs
p.231 : G. Magnin/MICHELIN
p.232 : Musée international
    d'Horlogerie de la
    Chaux-de-Fonds
p.233 : Atelier M. Bevalot
p.233 : L'Odyssée Blanche
p.235 : G. Magnin/MICHELIN
p.236 : G. Magnin/MICHELIN
p.238 : G. Magnin/MICHELIN
p.238 : A. Thuillier
p.239 : G. Magnin/MICHELIN
p.240 : G. Magnin/MICHELIN
p.241 : E. Baret
p.242 : G. Magnin/MICHELIN
p.243 : G. Magnin/MICHELIN
p.244 : G. Magnin/MICHELIN
p.246 : G. Magnin/MICHELIN
p.248 : G. Magnin/MICHELIN
p.249 : G. Magnin/MICHELIN
p.250 : G. Magnin/MICHELIN
p.252 : Perrodin/CAMPAGNE
    CAMPAGNE
p.252 : G. Magnin/MICHELIN
p.254 : Gouffre de Poufrey
p.254 : G. Magnin/MICHELIN
p.256 : G. Magnin/MICHELIN
p.257 : G. Magnin/MICHELIN
p.259 : E. Baret
p.262 : G. Magnin/MICHELIN
p.263 : G. Magnin/MICHELIN
p.265 : M. Paygnard
p.266 : B. Kaufmann©FLC©Adagp,
    Paris 2000
p.266 : G. Benoît à la Guillaume/Musée
    des Techniques et cultures
    comtoises
p.267 : G. Guittot/DIAF
p.269 : M. Paygnard
p.271 : G. Magnin/MICHELIN
p.274 : A. de Valroger/MICHELIN
p.277 : G. Magnin/MICHELIN
p.279 : G. Magnin/MICHELIN
p.282 : G. Magnin/MICHELIN
p.282 : M. Paygnard
p.284 : Atelier M. Bevalot
p.286 : G. Magnin/MICHELIN
p.287 : M. Paygnard
p.287 : M. Paygnard
p.288 : G. Magnin/MICHELIN
p.289 : M. Paygnard
p.290 : M. Paygnard
p.291 : Musée de la Montre
p.292 : G. Magnin/MICHELIN
p.294 : M. Paygnard
p.295 : M. Paygnard
p.297 : G. Magnin/MICHELIN

La Fondation du Patrimoine

Par dizaines de millions, vous partez chaque année à la découverte de l'immense richesse du patrimoine bâti et naturel de la France. Vous visitez ces palais nationaux et ces sites classés que l'État protège et entretient. Mais vous admirez également ce patrimoine de proximité, ce trésor constitué de centaines de milliers de chapelles, fontaines, pigeonniers, moulins, granges, lavoirs ou ateliers anciens..., indissociables de nos paysages et qui font le charme de nos villages.

Ce patrimoine n'est pas protégé par l'État. Souvent abandonné, il se dégrade inexorablement. Chaque année, des milliers de témoignages de la vie économique, sociale et culturelle du monde rural, disparaissent à jamais.

La Fondation du Patrimoine, organisme privé à but non lucratif, reconnu d'utilité publique, a été créé en 1996. Sa mission est de recenser les édifices et les sites menacés, de participer à leur sauvegarde et de rassembler toutes les énergies en vue de leur restauration, leur mise en valeur et leur réintégration dans la vie quotidienne.

Les délégations régionales et départementales sont la clef de voûte de l'action de la Fondation sur le terrain. À partir des grands axes définis au niveau national, elles déterminent leur propre politique d'action, retiennent les projets et mobilisent les associations, les entreprises, les communes et tous les partenaires potentiels soucieux de patrimoine et d'environnement.

Rejoignez la Fondation du Patrimoine !

L'enthousiasme et la volonté d'entreprendre en commun sont à la base de l'action de la Fondation.

En devenant membre ou sympathisant de la Fondation, vous défendez l'avenir de votre patrimoine.

✂ ....

Bulletin d'adhésion

Nom et prénom :

Adresse :

Date :   Téléphone *(facultatif)* :

Membre actif *(don supérieur ou égal à 300F)*
Membre bienfaiteur *(don supérieur ou égal à 3 000F)*
Sympathisant *(don inférieur à 300F)*
Je souhaite que mon don soit affecté au département suivant :

Bulletin à renvoyer à :
Fondation du Patrimoine, Palais de Chaillot, 1 place du Trocadéro, 75116 Paris.
Merci de libeller votre chèque à l'ordre de la Fondation du Patrimoine.

Fondation du Patrimoine, Palais de Chaillot, 1 place du Trocadéro, 75116 Paris.
Téléphone : 01 53 70 05 70 – Télécopie : 01 53 70 69 79.

308

LE GUIDE VERT a changé, aidez nous à toujours mieux répondre à vos attentes en complétant ce questionnaire.

Merci de renvoyer ce questionnaire à l'adresse suivante :
Michelin Éditions du Voyage / Questionnaire Marketing G. V.
46, avenue de Breteuil 75324 Paris Cedex 07

1. Est-ce la première fois que vous achetez LE GUIDE VERT ?   oui   non
Si oui, passez à la question n° 3. Si non, répondez à la question n° 2 ·

2. Si vous connaissiez déjà LE GUIDE VERT, quelle est votre appréciation sur les changements apportés ?

	Nettement moins bien	Moins bien	Égal	Mieux	Beaucoup mieux
La couverture					
Les cartes du début du guide Les plus beaux sites Circuits de découvertes Lieux de séjours					
La lisibilité des plans Villes, sites, monuments.					
Les adresses					
La clarté de la mise en pages					
Le style rédactionnel					
Les photos					
La rubrique Informations pratiques en début de guide					

3. Pensez vous que LE GUIDE VERT propose un nombre suffisant d'adresses ?

HÔTELS :	Pas assez	Suffisamment	Trop
Toutes gammes confondues			
À bon compte			
Valeur sûre			
Une petite folie			
RESTAURANTS :	Pas assez	Suffisamment	Trop
Toutes gammes confondues			
À bon compte			
Valeur sûre			
Une petite folie			

4. Dans LE GUIDE VERT, le classement des villes et des sites par ordre alphabétique est, d'après vous une solution :

Très mauvaise	Mauvaise	Moyenne	Bonne	Très bonne

5. Que recherchez-vous prioritairement dans un guide de voyage ?
Classez les critères suivants par ordre d'importance (de 1 à 12).

6. Sur ces mêmes critères, pouvez-vous attribuer une note entre 1 et 10 à votre guide.

	5. Par ordre d'importance	6. Note entre 1 et 10
Les plans de villes		
Les cartes de régions ou de pays		
Les conseils d'itinéraires		
La description des villes et des sites		
La notation par étoile des sites		
Les informations historiques et culturelles		
Les anecdotes sur les sites		
Le format du guide		
Les adresses d'hôtels et de restaurants		
Les adresses de magasins, de bars, de discothèques...		
Les photos, les illustrations		
Autre (spécifier)		

7. La date de parution du guide est-elle importante pour vous ?   oui ☐   non ☐

8. Notez sur 20 votre guide :

9. Vos souhaits, vos suggestions d'amélioration :

Vous êtes :   Homme ☐   Femme ☐   Âge ☐

Agriculteurs exploitants	☐	Employés	☐
Artisans, commerçants, chefs d'entreprise	☐	Ouvriers	☐
Cadres et professions libérales	☐	Préretraités	☐
Enseignants	☐	Autres personnes sans activité professionnelle	
Professions intermédiaires	☐		

Nom et prénom :

Adresse :

Titre acheté :